Teodor D

E Varfër dhe E Bukur

"roman"

Titulli origjinal:
JENNIE GERHARDT by Teodor Dreiser

Përktheu: Artjola Hoxhaj
Redaktore: Mariglen Hysa
Përkujdesja grafike: Arjan Talo
Kopertina: Klara Xhingozi
ISBN 978 - 1- 936314 - 38 - 6

Realizoi botimin:
© Shtëpia Botuese "Stefan Cvajg"
Tiranë

Adresa: Rr. Sami Frasheri Tiranë.
Email: SCbotime@hotmail.com

Kapitulli 1

Një mëngjes vjeshte në vitin 1880, një grua në moshë të thyer, e shoqëruar nga një vajzë e re tetëmbëdhjetëvjeçare, u paraqit në tavolinën e informacionit të hotelit kryesor në Kolumbus të Ohajos dhe pyeti nëse kishte ndonjë vend pune të lirë, punë që ajo mund ta bëjë. Ajo ishte një grua e dobët nga fiziku, por me një sinqeritet, pamje të bukur dhe me një pafajshmëri të dyshimtë. Sytë e saj ishin të mëdhenj e të durueshëm, dhe në to mbizotëronte një hije dhembje sa vetëm ata që i shihnin me dashamirësi fytyrat e të varfërve të pafuqishëm e kuptonin këtë gjë. Çdokush mund të shihte se e bija prapa saj qëndronte gjithë frikë dhe shihte indiferente larg. Ajo ishte një krijim i ndjenjës, dashurisë së lindur të mendjes së paditur, por poetike të nënës së saj, e kombinuar me vetëpërmbajtjen që ishin karakteristikë për të atin. Varfëria po i rrënonte ato. Së bashku ata u paraqitën me një pamje prekëse që edhe vetë sportelisti ishte prekur.

- Për çfarë pune keni nevojë? - pyeti ai.

- Ndoshta keni nevojë për ndonjë pastrim apo larje, - u përgjigj ajo, me turp. Unë mund të laj dyshemetë, të pastroj...

Vajza, duke dëgjuar deklaratën, u kthye me ankth, jo sepse nuk donte të punonte, por sepse ajo e urrente që njerëzit të zbulonin për varfërinë që i bënte të arrinin deri në këtë pikë. Sportelisti u prek nga dëshmia bukurisë në fatkeqësi. Pafuqia e pafajshme e vajzës e bëri fatin e tyre të dukej me të vërtetë i vështirë.

- Prit një moment, - tha ai; dhe, duke hyrë në një zyrë mbrapa, ai thirri përgjegjësen e shtëpisë.

Kishte punë për t'u bërë. Shkallët dhe holli i sallës kryesore nuk ishin të pastruara për shkak të mungesës së një gruaje që të merrej me pastrimin.

3

- Ajo që e shoqëron është vajza e saj? - pyeti gruaja, e cila mund t'i shihte ata nga vendi ku qëndronte.

- Po, kështu besoj.

- Ajo mund të vijë këtë pasdite në qoftë se ajo dëshiron. Vajza mund ta ndihmojë atë, besoj?

- Ju shkoni të bisedoni me përgjegjësen, - tha sportelisti, me kënaqësi, ndërkohë që po kthehej në tavolinë.

- Pikërisht atje, - duke treguar në një derë afër. Ajo do të vendosë për ju.

Një varg fatkeqësish, nga të cilat kjo skenë e vogël mund të ishte quajtur kulmi tragjik, kishte ndodhur në jetën dhe në familjen e Uilliam Gerhardit, një përpunues xhami në profesion. Duke vuajtur ndryshimet kaq të zakonshme në sferat e ulëta të jetës, ky njeri u detyrua ta shihte gruan, gjashtë fëmijët dhe veten e tij të varur nga nevojat e jetës, në çfarëdo fatkeqësish që mund të sjellin në mëngjesin e çdo dite të përsëritur. Ai vetë ishte i sëmurë në shtrat. Djali i tij më i madh, Sebastian ose "Bass", si bashkëpunëtorët e tij e transformuan atë, punoi si një nxënës i një ndërtuesi lokal të makinave të mallrave, por merrte vetëm katër dollarë në javë. Xheneviva, më e madhja e vajzave, kishte kaluar tetëmbëdhjetë vjeç, por nuk ishte trajnuar ende për ndonjë punë të veçantë. Fëmijët e tjerë, Xhorxhi, katërmbëdhjetë vjeç; Marta, dymbëdhjetë, Uilliam dhjetë, dhe Veronika tetë, ishin shumë të rinj për të bërë diçka, dhe vetëm e bënin problemin e ekzistencës më të komplikuar. Mbështetja e tyre ishte shtëpia, e cila ishte blerë, duke marrë një hua prej gjashtëqind dollarësh. Ai kishte huazuar këto para në një kohë kur, pasi kishte ruajtur mjaftueshëm për të blerë shtëpinë, ai dëshironte të shtonte tre dhoma dhe një verandë, dhe kështu ta bënte atë të mjaftueshme për ata që të jetonin. Edhe disa vjet kishin ngelur për të paguar huan, por kohët ishin aq të këqija saqë ai ishte detyruar të përdorte jo vetëm atë pak që kishte shpëtuar për të paguar principalin, por edhe interesin vjetor. Zoti

Gerhardt ishte i pafuqishëm, dhe ndërgjegjja e situatës së tij të pasigurt - fatura e mjekut, interesi për shkak të huas, së bashku me shumat që i detyroheshin kasapit dhe bukëpjekësit, të cilët, duke e ditur se ishin absolutisht të ndershëm, kishin besim tek ai derisa nuk mund të besonin më shumë - të gjitha këto shqetësime peshonin në mendjen e tij dhe e bënë atë aq nervoz si dhe vononin shërimin e tij.

Znj. Gerhardt nuk ishte e dobët. Për njëfarë kohe ajo punoi duke larë enët, çfarë pak ajo mund të marrë, duke i kushtuar orët e ndërmjetme për të veshur fëmijët, duke gatuar, duke parë nëse ata ishin duke shkuar në shkollë, duke i rregulluar rrobat e tyre, duke pritur burrin e saj dhe herë pas here duke qarë.

Ndonjëherë ajo bënte një ushqim të përgatitur me misër (misri nuk kushtonte shumë), dhe kjo do të zgjaste, me pothuajse çdo gjë tjetër, për një javë të tërë. Edhe misri, kur bëhej qull, ishte më i mirë se asgjë, dhe kjo, me pak qumësht, bënte gati një gosti. Patatet e skuqura ishte më e afërta që ata arritën ndonjëherë në ushqim luksoz, dhe kafja ishte një trajtim i rrallë. Qymyri merrej duke e futur atë në kova dhe shporta, përgjatë labirintit të gjurmëve në oborrin e afërm të hekurudhës. Druri, merrej gjithashtu me udhëtime të ngjashme në oborret përreth lumit. Kështu ata jetonin nga dita në ditë, çdo orë duke shpresuar se babai do të bëhej më mirë dhe që punimi i xhamave do të fillojë së shpejti. Por ndërsa dimri iu afrua, zoti Gerhardt filloi të ndjehej i dëshpëruar.

Për t'i vënë kapakun gjithë këtyre problemeve, Veronika mori fruthin dhe, për disa ditë, mendohej se do të vdiste. Nëna la pas dore çdo gjë tjetër që të kujdesej për të dhe të lutej për të mirën. Doktor Ellvanger vinte çdo ditë, me keqardhje, dhe kontrollonte fëmijën. Ministri Luterian, Pastori Vundt, bëri thirrje për të ofruar ngushëllimin e Kishës. Të dy këta burra sollën në shtëpi një atmosferë të zymtë. Znj. Gerhardt u tremb nga fakti se mund të humbiste fëmijën e saj dhe e ruante me

5

trishtim nga ana e krevatit. Pas tri ditësh më e keqja mbaroi, por nuk kishte bukë në shtëpi. Pagat e Sebastianit ishin shpenzuar për mjekësi. Vetëm qymyri ishte i lirë për t'u mbledhur dhe disa herë fëmijët kishin frikë nga oborret hekurudhore. Znj. Gerhardt mendonte për të gjitha vendet ku mund të gjente punë dhe kjo gjë e çoi në hyrjen e hotelit. Tani, me një mrekulli, ajo kishte shansin e saj.

- Sa doni të paguheni?- e pyeti punonjësja.

Znj. Gerhardt nuk e kishte menduar se kjo pyetje do t'i bëhej asaj, por duhet ta mbështeste atë.

- A do të jetë shumë një dollar në ditë?

- Jo,- tha punonjësja; ka vetëm tri ditë punë për çdo javë. Nëse do të vini çdo pasdite ju mund ta bëni atë.

- Shumë mirë, - tha znj. Gerhardt. A do të fillojmë sot?

- Po, ejani pas meje t'ju tregoj se ku janë gjërat e pastrimit.

Hoteli, në të cilin u prezantuam në mënyrë të përmbledhur, ishte një ndërtesë mjaft e shquar për kohën dhe vendin. Kolumbi, duke qenë kryeqyteti i shtetit dhe duke pasur një popullsi prej pesëdhjetë mijë vetash dhe një dyndje të udhëtarëve të favorshëm, ishte një fushë krenarie për biznesin e hotelit. Struktura, pesë kate në lartësi, dhe shtrirje madhështore, qëndronte në një cep të sheshit qendror publik, ku ishin ndërtesa e Kapitolit dhe dyqanet kryesore. Holli ishte i madh dhe kishte qenë ridekoruar kohët e fundit. Të dyja katet dhe tavanet ishin me mermer të bardhë, të mbajtur me shkëlqim me lustrim të shpeshtë. Kishte një shkallë gjigante me shina me doreza arre dhe shiritat e shkallëve prej bronzi. Një cep tërheqës ishte krijuar për të lexuar një lajm, dhe kishte edhe mbajtëse cigaresh. Aty ku shkallët u zgjeruan, ishin vendosur tavolina dhe zyrat e sekretarit, të gjitha të bëra me dru të fortë dhe të zbukuruara me gurë të rinj. Çdokush mund të shihte përmes një dere në fund të hollit, berberhanen, me karriget e saj dhe grupin e pajisjeve të punës. Jashtë ishin zakonisht dy ose tre autobusë, që vinin ose niseshin, në përputhje me lëvizjen e trenave.

Për këtë hotel të madh erdhi pjesa më e mirë e patronazhit politik dhe social të Shtetit. Disa guvernatorë e kishin bërë vendin e tyre të përhershëm gjatë mandatit të tyre. Të dy Senatorët e Shteteve të Bashkuara, kurdoherë që i thërriste biznesi në Kolumbi, mbanin pa rezerva dhomat e sallës në hotel. Njëri prej tyre, Senator Brender, shihej nga pronari pak a shumë si një mysafir i përhershëm, sepse ai nuk ishte vetëm banor i qytetit, por një personalitet i rëndësishëm. Mysafirë të tjerë dhe më të përkohshëm përfshinin kongresmenë, ligjvënës shtetërorë dhe lobistë, tregtarë, burra profesionistë dhe, pas tyre, gjithë trazirat e pagabueshëm të cilët, duke ardhur e duke shkuar, përbëjnë shkëlqimin dhe ndezjen e kësaj bote madhështore.

Nëna dhe vajza, të cilat papritmas u futën në këtë fushë shkëlqimi të lartë, u ndjenë pafund të lumtura. Ata nuk guxuan të preknin gjë nga frika e prishjes së ndonjë gjëje. Korridori i madh me qilim të kuq, që atyre i ishte caktuar për t'u fshirë, kishte për ta dimensionin e një pallati; ata mbanin sytë poshtë dhe flisnin me tonin e tyre më të ulët. Kur erdhi koha për të pastruar cepat dhe për të lustruar punën prej bronzi të shkallëve të shkëlqyeshme, të dyja e kishin të nevojshme për të qetësuar veten, nëna kundër ndrojtjes së saj, vajza kundër turpit në një ekspozim kaq publik. Shumë poshtë ndodhej holli madhështor, dhe njerëzit, duke ndenjur, duke pirë duhan, duke kaluar vazhdimisht brenda dhe jashtë, mund t'i shihnin ato të dyja.

- A nuk është bukur? - pëshpëriti Xheneviva, dhe filloi nervozizmi në tonin e zërit të saj.

- Po, - u kthye nëna e saj, e cila, duke u gjunjëzuar, po e shtrinte pëlhurën e saj me dorë të zellshme, por të ngathët.

- Duhet të kushtojë shumë për të jetuar këtu, a nuk mendon kështu?

- Po, - tha nëna e saj. Mos harro të fshish në këto qoshe të vogla. Shiko këtu atë që ke lënë.

Xheni, e motivuar nga ky korrigjim, ra me zell në detyrën e saj dhe u ul me forcë, pa guxuar të ngrinte sytë.

Me kujdes të madh ata punuan poshtë deri në orën pesë; ishte errë jashtë, dhe i gjithë lobi ishte ndezur me shkëlqim. Tani ata ishin shumë afër fundit të shkallëve.

Nëpërmjet dyerve të mëdha lëkundës hyri brenda një zotëri i gjatë e i hijshëm, me moshë mesatare, me uniformë ushtarake e cila e shënjonte menjëherë, midis turmës së dembelëve të përgjithshëm, si diçka të rëndësishme. Fytyra e tij ishte e errët dhe solemne e hedhur, por i gjerë dhe i këndshëm në linjat e tij, dhe sytë e tij të ndritshëm ishin të hijezuara shumë me vetullat e trasha, të mbuluara me shkurre, të zeza. Duke kaluar në tavolinë, ai mori çelësin që kishte qenë tashmë i përgatitur për të, dhe filloi duke ardhur në shkallët.

Ai u soll shumë mirë me gruan pastruese kur ngjiti shkallët, madje i tha; mos lëvizni për mua.

Megjithatë, i kapi syri duke u ngritur lart, shikimin e saj të tronditur duke treguar se kishte frikë se ishte në rrugën e tij.

Ai u përkul dhe buzëqeshi me kënaqësi.

- Ju nuk duhet ta shqetësoni veten, - tha ai.

Xheni buzëqeshi lehtë.

Kur ai arriti sipër, një shikim impulsiv në anën e tij e siguroi, më qartë se më parë, pamjen e saj të pazakontë. Ai vuri në dukje ballin e lartë, të bardhë, me flokët e ndara dhe të thurura pa probleme. Sytë që ai pa ishin blu dhe çehrja e drejtë. Ai kishte edhe kohë për të admiruar gojën dhe faqet e plota - mbi të gjitha, forma e rrethuar, e hijshme, e mbushur me rini, shëndeti, të gjitha ishin tepër joshëse për të. Pa hedhur një vështrim tjetër ai shkoi me dinjitet në rrugën e tij, por imazhi i saj shkoi me të. Ky ishte senatori Xhorxh Silvester Brender.

- A nuk ishte një burrë i hijshëm ai që sapo u ngjit? - tha Xheni disa momente më vonë.

- Po, ishte, - tha nëna e saj.

- Ai kishte një bastun të larë me ar.

- Ti nuk duhet t'i shikosh në sy njerëzit kur kalojnë,- e paralajmëroi nëna e saj, me mençuri. - Nuk është mirë.

- Unë nuk e pashë atë,- iu kthye Xheni, pafajshëm. Ai u përkul për mua.

- Epo, ti nuk i njeh të pasurit, - tha nëna e saj. Atyre nuk i pëlqen kur ne i shikojmë.

Xheni vazhdoi punën e saj në heshtje, por magjia e botës së madhe nuk mund të mos ndikonte në shqisat e saj.

Në një ndarje të katit ishte restoranti, dhe nga shumica e enëve mund të thuhej se ishte përgatitur darkë. Në anën tjetër ishte salloni i pritjes, dhe aty erdhi njëri për të luajtur në piano. Kjo ndjenjë e pushimit dhe relaksimit që vjen përpara vaktit të mbrëmjes përhapi vendin. Ajo preku zemrën e vajzës së pafajshme, e mbushi plotë me shpresë dhe ëndrra, sepse ishte e re.

Më vonë, kur përgjegjësja e hotelit u kujtua për ta, erdhi dhe u tha atyre se mund të shkonin. Shkallët plotësisht kishin përfunduar dhe të dyja me një psherëtimë lehtësimi, pas vendosjes së mjeteve të tyre, nxituan në shtëpi, të lodhura, por nëna, të paktën, me kënaqësi mendonte se më në fund kishte diçka për të bërë.

Pasi kaluan pranë vilave të bukura, Xheni u prek përsëri nga emocioni gjysmë i përcaktuar, të cilin risia e paqëllimtë e jetës së hotelit i kishte krijuar në ndërgjegjen e saj.

- A nuk është bukur të jesh i pasur?- tha ajo.

- Po, - u përgjigj nëna e saj, e cila po mendonte për Veronikën që po vuante.

- A e kuptove se kishte një restorant të madh atje?

- Po.

9

- Uroj që të bëhemi të pasur një ditë, - murmuriti Xheni.

- Epo, ja s'bëhemi dot - shtoi nëna, në shtëpi s'do ketë asgjë për të ngrënë.

- Le të ikim te z. Bauman përsëri, - bërtiti Xheni me entuziazëm.

- A mendon se ai do të na besojë?

- Le t'i tregojmë se ku po punojmë, do ta bëjë.

- Epo, - tha nëna e saj, me lodhje.

Ata shkuan me nervozizëm në dyqanin e vogël, të ndezur, e cila ishte dy blloqe larg nga shtëpia e tyre. Zonja Gerhardt ishte gati të fillonte, por Xheni foli për herë të parë:

- A mund të na jepni bukë dhe gjalpë për një natë? Po punojmë tani në Shtëpinë e Kolumbit dhe të jeni i sigurt se do të paguajmë të shtunën.

- Po, - shtoi znj. Gerhardt, - kam një punë tashmë.

Bauman, i cili i kishte furnizuar me kohë para se të fillonte sëmundja dhe telashet, e dinte se ata u thoshin të vërtetën.

- Sa kohë keni që punoni atje? - pyeti ai.

- Vetëm këtë pasdite.

- Zonja Gerhardt të kuptoj shumë mirë, por unë jam i varfër gjithashtu. - Edhe unë kam familjen time për të mbajtur.

- Po, e di,- tha znj Gerhardt, e lodhur dhe i fshehu duart e saj. Xheni qëndronte në heshtje e tensionuar.

- Epo, - përfundoi z. Bauman, - po ju jap edhe këtë radhë hua, por do të më paguani të shtunën.

Ata dolën në rrugë të fshehtë dhe kaluan shtëpitë e ulëta për në shtëpinë e tyre.

- Unë pyes veten,- tha nëna, lodhshëm, kur ata iu afruan derës, - nëse ata kanë marrë qymyr?

- Mos u shqetëso, - tha Xheni. - Nëse nuk kanë marrë, do të shkoj unë.

- Kam marrë unë, ishte pothuajse përshëndetja e parë e Xhorxh kur nëna bëri kërkimin e saj për qymyrin. Megjithëse pak.

- Znj. Gerhardt vetëm buzëqeshi, por Xheni qeshi.

-Si është Veronika?- pyeti ajo.

- Ajo duket të jetë duke fjetur, - tha babai. - I dhashë ilaçet në orën pesë.

Ndërsa ishte duke ngrënë darkë, Sebastiani ofroi një sugjerim dhe përvoja e tij më e madhe në çështjet sociale dhe tregtare e bëri propozimin e tij me vlerë të konsideruar. Megjithëse ishte vetëm një nxënës i ndërtimit të makinave, pa ndonjë arsim, përveç atyre që kishin të bënin me doktrinën luteriane, për të cilën ai kundërshtonte shumë, ai ishte i mbushur me ngjyrë dhe energji amerikane. Emri i tij i transformuar i Bassit e përshtatej me saktësi. I gjatë, atletik, dhe i pajisur mirë për moshën e tij, ai ishte një stripling tipik i qytetit. Tashmë ai kishte formuluar një filozofi të jetës. Për të arritur diku duhet të bëjë diçka - duhet të shoqëroheshe, ose të paktën të duket se shoqëroheshe, me ata që ishin më kryesorja në botën e paraqitjeve.

Për këtë arsye djali i ri donte të rrinte në hotelin me pesë yje. I dukej se ky hotel ishte qendra dhe perimetri i gjithçkaje që kishte vlerë, në kuptimin shoqëror. Ai do të shkonte në mbrëmje në qytet, kur ai së pari siguroi disa para sa të blinte një kostum të mirë dhe të qëndronte rreth hyrjes së hotelit me shokët e tij, duke pirë puro dy ose pesë cent, me pamjen e tij elegante dhe kujdesin për vajzat. Rrobat ishin guri kryesor. Nëse meshkujt mbanin rroba të bukura dhe kishin unaza dhe kunja, çdo gjë që ata bënin dukej e përshtatshme. Ai donte të ishte si ata dhe të vepronte si ata, dhe kështu përvoja e tij e formave më të pakuptimta të jetës u zgjerua me shpejtësi.

- Pse nuk kërkoni të kaloni në punën në lavanderi?- pyeti Xhenin pasi kishte treguar përvojat e pasdites. Do të ishte më mirë se sa të pastronit shkallët.

- Ku të pyesim?- u përgjigj ajo.

- Pyesni sportelistin, natyrisht.

Ky plan e goditi Xhenin si shumë të vlefshëm.

- Nuk duhet të flisni ndonjëherë me mua, nëse më takoni atje,- paralajmëroi ai pak më vonë, privatisht. Bëni sikur nuk më njihni.

- Pse?- pyeti ajo, pafajshëm.

- Epo, ti e di pse,- u përgjigj ai, duke treguar më parë se kur ata dukeshin kaq të varfër, ai nuk dëshironte të turpërohej.

- Mirë, - u kthye me këmbëngulje, sepse edhe pse ky çapkën nuk ishte shumë i gjatë, eprori i tij do të dominonte.

Ditën tjetër në rrugën e tyre për në hotel ajo i foli nënës së saj.

- Bass tha se ne mund të marrim disa nga rrobat e njerëzve në hotel për të larë.

Znj. Gerhardt, mendja e të cilës kishte qenë e lodhur gjatë gjithë natës për problemin e shtimit të diçkaje në tre dollarë, e miratoi këtë ide.

- Kështu që mundemi,- tha ajo. Unë do t'ia kërkoj sportelistit.

Kur arritën në hotel, megjithatë, nuk u paraqit asnjë mundësi e menjëhershme. Ata punuan deri vonë në pasdite. Pastaj, përgjegjësja i dërgoi ata të pastronin dyshemenë pas tavolinës së sportelistit. Ky individ i rëndësishëm ndihej shumë mirë me nënën dhe vajzën. Pra, ai dëgjoi me dashamirësi kur Znj. Gerhardt u orvat për të thënë pyetjen që ajo kishte rrotulluar në mendjen e saj gjatë gjithë pasdites.

- A ka ndonjë zotëri këtu,- tha ajo, - që të më jepte rrobat e tij për t'i larë? Do të isha aq shumë borxhlije ndaj tij.

Sportelisti e shikoi atë, dhe përsëri e kuptoi se dëshira absolute u shkrua në të gjithë fytyrën e saj të shqetësuar.

- Le të shohim, - u përgjigj ai, duke menduar për senatorin Brender dhe Marshall Hopkins. Të dy ishin burra bamirësie, të cilët do të ishin më se të lumtur për të ndihmuar një grua të varfër. -Ti shko dhe shih Senatorin Brender, - vazhdoi ai. Ai është në dhomën njëzet e dy. Këtu, - shtoi ai, duke shkruar numrin, - shkoni dhe i thoni atij që të kam dërguar unë.

Znj. Gerhardt mori kartën me një tronditje mirënjohjeje. Sytë i panë fjalët që ajo nuk mund të thoshte.

- Kjo është në rregull,- tha sportelisti duke e parë emocionin e saj. Ju shkoni drejtë atje, do ta gjeni atë në dhomën e tij tani.

Me vështirësi më të madhe znj. Gerhardt trokiti në numrin njëzet e dy. Xheni qëndroi në heshtje anash saj.

Pas një çasti, dera u hap, dhe në shkëlqimin e plotë të dhomës së ndritshme qëndron Senatori. I tërhequr në një puro të bukur, ai dukej më i ri se në takimin e parë.

- Epo, zonjë, - tha ai, duke njohur çiftin, dhe veçanërisht vajzën, - çfarë mund të bëj për ty?

Nëna hezitoi në përgjigjen e saj.

- Do të donim të dinim nëse ke ndonjë rrobë për të larë?

- Larje?- ai përsëriti pas saj, në një zë që kishte një cilësi të veçantë tingëllues. Larje? Eja njëherë. Le të shoh.

Ai u largua mënjanë me shumë hijeshi, i përshëndeti dhe mbylli derën. - Më lejoni të shoh,- përsëriti ai, duke hapur dhe duke mbyllur sirtar pas sirtari të zyrës. Xheni studioi dhomën me interes. Një grup i tillë i sendeve dhe gjërave të bukura në mantelin dhe veshjen e rastit që ajo kurrë nuk e kishte parë më parë. Karrigia e lehtë e senatorit, me një llambë të gjelbëruar pranë saj, qilimi i pasur dhe rrugicës në dysheme - çfarë rehatie, çfarë luksi!

- Uluni poshtë, merrni ato dy karrige atje, - tha Senatori, me mirësjellje, duke u zhdukur në një dollap.

Nëna dhe vajza mendonin se ishte më i sjellshëm të zbriste, por tani Senatori kishte përfunduar hulumtimet e tij dhe ai përsëriti ftesën e tij. Shumë në siklet ata dhanë dhe morën karriget.

- A është kjo vajza juaj?- vazhdoi, me një buzëqeshje drejt Xhenit.

- Po, zotëri,- tha nëna; - ajo është vajza ime më e madhe.

- A është gjallë burri juaj? Cili është emri i tij? Ku jeton ai?

Për të gjitha këto pyetje znj. Gerhardt u përgjigj shumë përulësisht.

- Sa fëmijë keni?- vazhdoi ai.

- Gjashtë,- tha zonja Gerhardt.

- Epo,- u kthye, -kjo është mjaft familje e madhe. Ju e keni bërë detyrën tuaj për kombin.

- Po, zotëri,- u kthye znj. Gerhardt, e cila ishte prekur nga sjellja e tij e butë dhe interesante.

- Dhe ju thoni se kjo është vajza juaj më e madhe?

- Po zotëri.

- Çfarë bën burri yt?

- Ai është një punonjës xhami, por tani është i sëmurë.

Gjatë bisedës, sytë e gjelbër të Xhenit ishin të hapura plot interes. Sa herë që ai e shikoi, ajo e ktheu në fytyrë një shikim të tillë të sinqertë dhe të pafrenuar, dhe buzëqeshi në një mënyrë kaq të paqartë dhe të ëmbël, saqë nuk mund t'i largonte sytë nga ajo për më shumë se një minutë.

- Epo,- vazhdoi ai, me dashamirësi, - kjo është shumë e keqe! Unë kam disa rroba për të larë këtu, jo shumë, por ju jeni të mirëpritur. Javën e ardhshme mund të ketë më shumë.

Ai shkoi, i futi rrobat në një qese blu pambuku me një dizajn të bukur anash.

- I doni në ndonjë ditë të caktuar?- pyeti znj. Gerhardt.

- Jo,- tha ai, me reflektim; do të ishte mirë javën e ardhshme.

Ajo e falënderoi atë me një frazë të thjeshtë, dhe filloi të shkonte.

- Më lejoni të shoh,- tha ai, duke u larguar përpara tyre dhe duke hapur derën, - mund t'i sillni ato të hënën.

- Po, zotëri,- tha zonja Gerhardt. Faleminderit.

14

Ata dolën dhe Senatori u kthye në leximin e tij, por ishte futur në mendime të çuditshme.

- Shumë keq,- tha ai, duke mbyllur vëllimin e tij. Ka diçka shumë patetike tek ata njerëz.

Znj Gerhardt dhe Xheni u rikthyen sërish nëpër rrugët e fshehta. Ato ndiheshin të lumtura pa masë nga kjo punë me fat.

- A nuk ka një dhomë të bukur?- pëshpëriti Xheni.

- Po -, iu përgjigj nëna; - ai është një njeri i madh.

- Ai është senator, apo jo?- vazhdoi vajza.

- Po.

- Duhet të jetë mirë të jesh i famshëm, - tha vajza me butësi.

Kapitulli 2

Shpirtin e Xhenit - kush do ta shprehë atë? Kjo vajzë e varfër, e cila tani ishte duke marrë dhe mbartur rrobat e këtij qytetari të shquar të Kolumbit, ishte një krijesë plot hijeshi, të cilën fjalët nuk mund ta përshkruanin. Ka natyra të lindura nga trashëgimia e mishit që vijnë pa kuptim dhe që shkojnë përsëri pa u dukur se pse. Jeta, për sa kohë që ata e durojnë, është një vend i mrekullueshëm i vërtetë, një gjë me bukuri të pafundme, të cilën ata mund të dilnin në të, duke menduar, do të ishte qielli i mjaftueshëm. Duke hapur sytë, ata shohin një botë të përshtatur dhe të përsosur. Pemë, lule, bota e zërit dhe bota e ngjyrës. Këto janë trashëgimia e çmuar e shtetit të tyre. Nëse askush nuk u tha atyre -e imja-, ata do të enden me të shpejtë duke kënduar këngën që e gjithë toka ndonjëherë shpreson të dëgjojë. Është kënga e mirësisë.

Caged në botën e materialit, megjithatë, një natyrë e tillë është pothuajse pa ndryshim një anomali. Ajo botë tjetër e mishit në të cilën ka qenë e endur krenaria dhe lakmia duket një dyshim në idealistin, ëndërrimtarin. Nëse dikush thotë se është e ëmbël për të parë retë, përgjigjja është një paralajmërim kundër ngopjes. Nëse dikush dëshiron t'i dëgjojë erërat, do të jetë mirë me shpirtin e tij, por ata do të kapen nga pasuria e tij. Nëse e gjithë bota e të ashtuquajturit vonesë të pajetë, duke thirrur me butësi në tinguj që duket se janë tepër të përsosur për të qenë më pak se të kuptuarit, do të jetë e sëmurë me trupin. Duart e vërteta janë përgjithmonë duke iu afruar atyre siç janë këto - përgjithmonë duke kapur me lakmi me ta. Është e tillë që shërbëtorë të bëhen.

Në botën e vërtetë, Xheni ishte një shpirt i tillë. Nga mirësia dhe mëshira e saj më e hershme e rinisë i kishte formuar çdo impuls të saj. Sebastiani bie dhe plagos veten, ishte ajo që luftoi

16

me lodhje ankthi, e çoi në mënyrë të sigurt me nënën e tij. Xhorxh u ankua se ai ishte i uritur, ajo i dha të gjitha bukën e saj. Shumë ishin orët në të cilat ajo i kishte trembur vëllezërit dhe motrat e saj më të vegjël për të fjetur, duke kënduar me gjithë zemër dhe duke ëndërruar shumë ëndrra. Që nga periudha më e hershme e saj në këmbë ajo kishte qenë si dora e djathtë e nënës së saj. Çfarë pastrim, pjekje, punë, dhe detyra kishin qenë për të bërë ajo i bëri. Askush nuk e kishte dëgjuar kurrë ankimin e saj të ashpër, megjithëse shpesh mendonte për ngurtësinë e saj. Ajo e dinte se kishte edhe vajza të tjera jetët e të cilëve ishin pafundësisht më të lira dhe më të plota, por kurrë nuk kishte ndodhur që ajo të ishte ziliqare; zemra e saj mund të jetë e vetmuar, por buzët e saj vazhdonin të këndonin. Kur ditët ishin të bukura ajo shikonte nga dritarja e saj në kuzhinë dhe dëshironte të shkonte atje ku ishin livadhet. Kthesat dhe hijet e bukura të natyrës e preknin atë si një këngë. Kishte raste kur ajo kishte shkuar me Xhorxhin dhe të tjerët, duke i çuar ata aty ku lulëzonte një pemë, sepse kishte fusha të hapura, me hije për rehati dhe një përrua me ujë të freskët.

Kur thirrja e butë, e ulët ose pëllumbat e drurit, ato shpirtra të verës, dilnin nga distanca, ajo kthente kokën dhe dëgjonte, të gjithë cilësinë shpirtërore të saj duke rënë si flluska argjendi në zemrën e saj të madhe.

Kur drita e diellit ishte e ngrohtë dhe hijet u mbuluan me shkëlqimin e saj të shkëlqyer, ajo u kënaq duke u çuditur me modelin e saj, duke ecur atje ku ishte më e artë dhe duke ndjekur me vlerësim instinktiv rreshtat e shenjta të pemëve.

Ngjyra nuk humbi me të. Kjo shkëlqim i mrekullueshëm që mbush qiellin perëndimor në mbrëmje e preku dhe e shtyu zemrën.

- Unë pyes veten,- tha ajo një herë me thjeshtësinë e vajzërisë, - si do të ndihesha të fluturoja larg aty mes atyre reve?

Ajo kishte zbuluar një hardhi të rrushit të egër, dhe ishte ulur në të me Martën dhe Xhorxhin.

- Oh, do të ishte mirë nëse do të kishim një varkë atje, - tha Xhorxh.

Ajo po shikonte me fytyrë të ngritur në një re të largët, një ishull të kuq në një det të argjendtë.

- Vetëm duke menduar,- tha ajo,- njerëzit mund të jetojnë në një ishull të tillë.

Shpirti i saj ishte tashmë atje lart.

- Po ikën një bletë,- tha Xhorxh, duke vënë në dukje me gisht një bletë, që ikte në drejtim të kundërt.

- Po,- tha ajo, duke ëndërruar,- po shkon në shtëpi.

- A ka çdo gjë një shtëpi?- pyeti Marta.

- Pothuajse çdo gjë,- u përgjigj ajo.

- A shkojnë zogjtë në shtëpi?- pyeti Xhorxh.

- Po,- tha ajo, duke ndier thellësisht poezinë e saj,- zogjtë shkojnë në shtëpi.

- Po bletët shkojnë në shtëpi?- pyeti sërish Marta.

- Po, bletët kthehen në shtëpi.

- A shkojnë qentë në shtëpi?- tha Xhorxh, i cili e pa një që udhëtonte i vetmuar përgjatë rrugës aty afër.

- Po, natyrisht,- tha ajo,- ju e dini se qentë shkojnë në shtëpi.

- Oho, - bërtiti Xhorxh, me shumë neveri,- pyes veten se në çfarë shtëpish jetojnë.

- Dëgjoni!- ajo këmbënguli me butësi, duke e shtrirë dorën për ta mbajtur atë.

Ishte ora e kaltër kur Angelusi bie si një bekim në ditën e zbehtë. Dhe natyra, tani që ajo dëgjoi me kujdes, duket se kishte ndalur gjithashtu. Një robin me të kuq të ndezur kërcente në hapësirat e shkurtra mbi barin përpara saj. Një bletë bezdisëse, dhe disa kërcitje të dyshimta nga një ketër i fshehtë. Ajo dëgjoi derisa notat e gjata dhe të buta përhapeshin dhe veniteshin dhe zemra e saj nuk mund të mbante më. Pastaj ajo u ngrit.

18

- Oh,- tha ajo, duke shtrënguar gishtat e saj në një agoni të ndjenjës poetike. Në sytë e saj kishte shumë lot. Deti i mrekullueshëm i ndjenjave kishte sulmuar brigjet e saj. I tillë ishte shpirti i Xhenit.

Kapitulli 3

Senatori i ri, Brender, ishte një njeri i veçantë. Në të bashkohej, në një nivel të jashtëzakonshëm, mençuria e oportunistit dhe e natyrës simpatike të përfaqësuesit të vërtetë të popullit. Lindur vendas i Ohajos jugore, ai ishte rritur dhe edukuar atje, nëse dikush mund të mendonte dy vitet në të cilat ai kishte studiuar ligj në Universitetin e Kolumbias. Ai i njihte ligjet e zakonshme dhe ato penale, ndoshta, si çdo qytetar tjetër i shtetit të tij, por ai kurrë nuk e kishte praktikuar me atë përkushtim që duhet. Ai kishte bërë para dhe kishte pasur mundësi të shkëlqyera për të bërë shumë më tepër nëse ai do të kishte qenë i gatshëm ta zbuste ndërgjegjen e tij, por që ai kurrë nuk kishte qenë në gjendje ta bënte. Vetëm në zgjedhjet e fundit presidenciale ai kishte shfaqur mbështetjen e tij për një njeri për postin e Guvernator për të cilin, ai e dinte mirë, që nuk kishte asnjë pretendim për një ndërgjegje të ndershme.

Në të njëjtën mënyrë, ai kishte qenë fajtor për disa vendime shumë të diskutueshme, dhe një ose dy emërimeve të neveritshme. Sa herë që ndërgjegjja e tij e sëmbonte atë shumë fort ai do të përpiqej të ngushëllohej me frazën e tij për kafshët, -Të gjitha në një jetë. - Duke menduar për gjëra mjaft të vetmuara në karrigen e tij, ai ndonjëherë do të ngrihej duke thënë këto fjalë dhe do të buzëqeshte me ngacmim. Megjithatë ndërgjegjja e tij nuk ishte aspak e vdekur brenda tij.

Ky burrë, tre herë kongresmeni i rrethit në të cilin Kolumbi ishte pjesë dhe dy herë senatori i Shteteve të Bashkuara, nuk ishte martuar kurrë. Në rininë e tij ai kishte pasur një marrëdhënie serioze dashurie, por nuk kishte asgjë turpëruese për të, në faktin që mbaroi. Zonja e mendoi të papërshtatshme të priste për të. Ai ishte shumë larg për të fituar një kompetencë mbi të cilën ata mund të jetonin.

I gjatë, shpatulldrejtë, nuk ishte as i dobët as i shëndoshë, ai ishte sot një figurë imponuese. Duke marrë goditjet e tij më të vështira dhe duke duruar humbjet e tij, ishte pikërisht kjo gjë që preku dhe zgjoi simpatitë e imagjinatës. Njerëzit mendonin se ai ishte i këndshëm, dhe kolegët e tij senatorë e shihnin atë si jo shumë të zgjuar mendërisht, por personalisht një njeri të mirë.

Prania e tij në Kolumbi pikërisht në këtë kohë ishte për shkak të faktit që marrëdhëniet e tij politike kishin nevojë për ndryshime të kujdesshme. Zgjedhjet e përgjithshme e kishin dobësuar partinë e tij në legjislaturën e shtetit. Kishte mjaft vota për ta rizgjedhur, por kjo do të kërkonte manipulimin më të kujdesshëm politik për t'i mbajtur ato së bashku. Burrat e tjerë ishin ambiciozë. Kishte shumë kandidatë të mundshëm, ku secili prej tyre do të ishte gëzuar të ndërhynte në punët e tij. Ai i kuptoi nevojat e rastit. Ata nuk mund ta mundnin atë, mendoi ai; por edhe nëse kjo duhet të ndodhte, me siguri Presidenti do të jetë i detyruar t'i japi atij një ministri të çfarëdoshme.

Po, ai mund të quhet një njeri i suksesshëm, por gjithçka që senatori Brender ndjeu ishte se kishte humbur diçka. Ai kishte dashur të bënte kaq shumë gjëra. Ja tek ishte, pesëdhjetë e dy vjeç, i pastër, i nderuar, shumë i shquar, ashtu siç bota donte, por beqar. Ai nuk kishte askënd për t'u kujdesur për të. Dhoma e tij dukej e çuditshme herë pas here, dhe personaliteti i tij jashtëzakonisht i papëlqyeshëm.

- Pesëdhjetë!- mendonte ai shpesh për vete. -Vetëm - absolutisht vetëm.

Duke u ulur në dhomën e tij të shtunën pasdite, një trokitje në derën e tij e ringjalli atë. Ai kishte menduar mbi kotësinë e mendimeve të tij politike në dritën e pandryshueshme të jetës dhe famës.

- Çfarë lufte të madhe bëjmë për të mbështetur veten!- mendoi ai. - Sa pak ndryshim do të bëjë për mua disa vjet më vonë!

Ai u ngrit, dhe duke hapur derën e tij, dalloi Xhenin. Ajo kishte ardhur, ashtu siç i kishte sugjeruar nënës së saj, në vend të së hënës, në mënyrë që të jepte një përshtypje më të favorshme për shpejtësinë.

- Futu brenda,- tha Senatori; dhe, si në rastin e parë, ai me mirësjellje i hapi rrugën asaj.

Xheni u fut brenda, duke pritur për komplimente për shpejtësinë me të cilën ishte bërë larja e rrobave. Senatori nuk e kishte vënë re fare.

- Epo, zonjusha ime e vogël,- tha ai kur ajo e kishte vënë pakon poshtë, - si ndiheni këtë mbrëmje?

- Shumë mirë,- u përgjigj Xheni. Ne menduam më mirë t'jua sillnim rrobat tuaja sot në vend të së hënës.

- Oh, kjo nuk do të kishte bërë ndonjë ndryshim, - u përgjigj Brender lehtë. -Thjesht vendosi ato në karrige.

Xheni, pa marrë parasysh faktin se ajo nuk ishte paguar për shërbimin e dhënë, ishte gati të tërhiqej, nëse senatori nuk do e kishte lënë atë.

- Si është nëna jote?- ai e pyeti me kënaqësi.

- Ajo është shumë e mirë,- tha Xheni thjeshtë.

- Po motra juaj e vogël? A është ajo më mirë tani?

- Mjeku mendon kështu,- u përgjigj ajo.

- Ulu,- vazhdoi ai me dashamirësi. Dua të flas me ty.

Duke shkuar në një karrige afër, vajza e vogël u ul.

- Hmmm!- vazhdoi ai, duke kruajtur zërin me lehtësi,- çfarë problem duket të ketë ajo?

- Ajo ka fruthin, - u kthye Xheni. Menduam një herë se ajo do të vdiste.

Brender studioi fytyrën e saj ndërkohë që ajo tha këto fjalë, dhe ai mendonte se pa diçka jashtëzakonisht patetike aty. Rrobat e varfra të vajzës dhe admirimi i saj i mrekullueshëm për pozicionin e tij të lartë në jetë e preku atë. E bëri atë të ndihej pothuajse i turpëruar për rehatinë dhe luksin që e rrethonte. Sa lart ishte ai në botë, me të vërtetë!

- Unë jam i kënaqur që ajo është më mirë tani,- tha ai me mirësi. - Sa vjeç është babai yt?

- 57.

- Dhe a është ai më mirë?

- Oh po, zotëri, ai mund të lëvizë tani, edhe pse ai nuk mund të dalë vetëm ende.

- Unë mbaj mend se nëna juaj tha se ai ishte një përpunues xhami me profesion?

- Po, zotëri.

Brender i dinte mirë kushtet e rënda lokale në këtë degë të prodhimit. Ajo kishte qenë pjesë e çështjes politike në fushatën e fundit. Ata duhet të ishin në një gjendje të keqe vërtetë.

- A shkojnë të gjithë fëmijët në shkollë?- pyeti ai.

- Po, zotëri,- iu kthye Xheni, duke belbëzuar. Ajo kishte shumë turp të tregonte që njëri nga fëmijët ishte detyruar të largohej nga shkolla për shkak të mungesës së këpucëve. Shprehja e pavërtetësisë e trazoi atë.

Ai u mendua një çast; pastaj duke kuptuar se nuk kishte asnjë justifikim të mirë për ta mbajtur më tej atë, ai u ngrit dhe shkoi tek ajo. Nga xhepi i tij ai nxori një shtresë të hollë kartëmonedhash, dhe duke hequr një, ia dorëzoi asaj.

- Merri këto,- tha ai,- dhe thuaji nënës tënde se thashë se ajo duhet t'i përdorë ato për çfarëdo që dëshiron.

Xheni pranoi paratë me ndjenja të përziera; nuk ndodhi që ajo t'i kontrollonte ato për të parë sa ishin. Njeriu i mirë ishte aq pranë saj, dhoma e mrekullueshme në të cilën jetonte ishte kaq mbresëlënëse, saqë mezi kuptonte atë që po bënte.

-Faleminderit,- tha ajo. A ka ndonjë ditë që dëshironi të bëni pastrimin e rrobave tuaja?- shtoi ajo.

- Oh po, u përgjigj ai; të hënën - mbrëmjeve të së hënës.

Ajo u largua, dhe në një gjysmë ëndërrimi ai mbylli derën prapa saj. Interesi që ndiente për këtë njeri ishte i pazakontë. Varfëria dhe bukuria sigurisht krijonin një kombinim të rëndësishëm. Ai u ul në karrigen e tij dhe u dorëzua në mendimet e këndshme që ardhja e saj kishte shkaktuar. Pse të mos i ndihmojë ata?

- Do të zbuloj se ku jetojnë,- përfundoi ai më në fund.

Në ditët që pasuan Xheni vinte rregullisht për rrobat. Senatori Brender e gjeti veten gjithnjë e më shumë të interesuar për të dhe me kalimin e kohës arriti të largojë nga mendja e saj drojën dhe frikën që e kishin bërë atë të ndihej e parehatshme në praninë e tij.

Ai ndihej shumë i ri kur bisedonte me këtë vajzë dhe shpesh pyeste veten nëse nuk ishte e mundur për të që ta perceptonte dhe ta vlerësonte atë në anën e tij rinore.

Sa për Xhenin, ajo ishte marrë jashtëzakonisht me komoditetin dhe luksin që rrethonte këtë burrë, dhe pa vetëdije me vetë njeriun, më tërheqësin që kishte njohur ndonjëherë. Çdo gjë që ai kishte ishte mirë, çdo gjë që ai bënte ishte e butë, e dalluar. Jeta duhej të jetohej ashtu siç e kishte jetuar ai; privilegji për të qenë bujar veçanërisht e tërhiqte atë.

Pjesë e qëndrimit të saj ishte për shkak të nënës së saj, në mendjen e të cilës simpatia ishte gjithmonë një faktor më i fuqishëm sesa arsyeja. Për shembull, kur ajo i solli asaj dhjetë dollarë, zonja Gerhardt u mbështoll me gëzim.

- Oh,- tha Xheni,- nuk e dija derisa dola jashtë se ishin aq shumë. Ai tha që unë duhej të t'i jepja ty.

Znj Gerhardt e mori atë, dhe duke mbajtur atë lirshëm në duart e saj palosur, pa qartë para saj Senatorin e gjatë me sjelljet e tij të mira.

- Çfarë njeriu i shkëlqyer është!- tha ajo. Ai ka një zemër të mirë.

Shpesh gjatë mbrëmjes dhe të nesërmen, zonja Gerhardt komentoi mbi këtë thesar të mrekullueshëm, duke përsëritur përsëri dhe përsëri se sa e mirë duhet të jetë ose sa e madhe duhet të jetë zemra e tij. Kur erdhi koha për të larë rrobat e tij, ajo i bëri pothuajse copë-copë duke i larë në mënyrën më të mirë të mundshme, duke ndjerë se çdo gjë që ajo bënte, nuk mund të ishin mjaftueshëm. Gerhardt nuk duhej ta dinte. Ai kishte pikëpamje kaq të ashpra për pranimin e parave pa e fituar atë që edhe në fatkeqësinë e tyre, ajo do të kishte përjetuar disa vështirësi që ta bindte atë për t'i marrë ato. Rrjedhimisht ajo nuk tha asgjë, por e përdori për të blerë bukë dhe mish.

Xheni, që tani e tutje, e pasqyroi këtë qëndrim ndaj senatorit dhe, duke u ndier shumë mirënjohëse ndaj tij, filloi të fliste më lirshëm me të. Ata arritën të ishin në marrëdhënie aq të ngushta saqë i dha asaj një pikturë të vogël prej lëkure nga kabineti i tij që ajo e kishte parë atë duke e admiruar.

Jo rrallë herë ai mendoi ta ndiqte atë disa mbrëmje dhe të shihte vetë gjendjen e familjes së saj. Megjithatë, ai ishte Senator i Shteteve të Bashkuara. Lagja ku jetonin duhet të jetë shumë e varfër. Rrjedhimisht, vizita e parashikuar u anulua.

Në fillim të dhjetorit senatori Brender u kthye në Uashington për tre javë dhe të dyja znj. Gerhardt dhe Xheni u befasuan kur mësuan një ditë se ai kishte shkuar. Kurrë nuk i kishte dhënë atyre më pak se dy dollarë në javë për larjen e tyre dhe disa herë edhe pesë. Ai nuk e kishte kuptuar, ndoshta, se çfarë lëmshi do të kishte mungesa e tij në financat e tyre. Por nuk kishte asgjë për të bërë; ata arritën ta kapërcenin së bashku. Gerhardt, tani u bë më mirë, kërkoi punë në fabrika të ndryshme, dhe duke mos gjetur asgjë, bleu një këmbalec druvari dhe sharrë, dhe duke shkuar derë më derë, kërkoi të bënte punën e prerjes së drurit. Nuk kishte shumë gjëra për të bërë, por ai arriti nga puna serioze të fitonte dy, dhe nganjëherë tre dollarë në javë. Kjo bashkuar me atë që gruaja e tij fitonte dhe ajo që Sebastiani i jepte ishin të mjaftueshme për të siguruar bukën e gojës, madje pak më shumë.

Ishte në ardhjen e kohës së gëzueshme të Krishtlindjes kur hidhërimi i varfërisë i preku ata më së shumti. Gjermanët pëlqejnë të bëjnë një shfaqje të mrekullueshme në Krishtlindje. Është një sezon i vitit kur shfaqet plotësia e dashurisë së madhe të familjes së tyre. Të ngrohtë në vlerësimin e gëzimeve të fëmijërisë, ata duan të shohin fëmijët tek gëzojnë lodrat dhe lojërat e tyre. Gerhardt në këmbalecin e tij gjatë javëve para Krishtlindjes mendonte shumë shpesh rreth kësaj. Çfarë nuk do të meritonte Veronika pak pas sëmundjes së saj të gjatë! Sa do t'i pëlqente atij që t'i jepte secilit prej fëmijëve një palë këpucë të forta, djemve një kapele të ngrohtë, vajzave një kapuç të bukur. Lodra, lojëra dhe karamele që ata gjithmonë kishin pasur më parë. Ai urrente të mendonte për mëngjesin e Krishtlindjeve të mbuluar me borë dhe tryezën jo të mbushur plot me atë që zemrat e tyre do të dëshironin më shumë.

Sa për zonjën Gerhardt, mund të përfytyrosh më mirë se të përshkruash ndjenjat e saj. Ajo kishte arritur të linte mënjanë tre dollarë me shpresën për të marrë sa duhet për të blerë një ton qymyr, dhe kështu do t'i jepte fund udhëtimit të gjatë e të përditshëm të varfër të Xhorxh në oborrin e qymyrit, por tani, ndërsa java e Krishtlindjeve afrohej, ajo vendosi ta përdorte atë për dhurata. Ati Gerhardt po fshihte dy dollarë pa dijeninë e gruas së tij, duke menduar se në prag të Krishtlindjes ai mund ta përdorte atë në një moment kritik, dhe kështu të lehtësonte ankthin e saj.

Kur erdhi momenti , megjithatë, nuk ishte shumë për t'u thënë për ngushëllimin. I gjithë qyteti ishte i mbushur me atmosferën e Krishtlindjeve. Dyqanet ushqimore dhe tregjet e mishit ishin të mbushura me aguli. Dyqanet e lodrave dhe dyqanet e karameleve ishin të shkëlqyera me shfaqje të bukura të gjithçkaje që një Santa Klaus duhet të ketë për ta. Të dy prindërit dhe fëmijët i vëzhguan të gjitha - i pari me mendimet serioze të nevojës dhe ankthit, ky i fundit me dëshirë të egra dhe vetëm dëshira pjesërisht të shtypura.

Shpeshherë Gerhardt tha në praninë e tyre:

- Kriss Kringle është shumë i varfër këtë vit. Nuk ka aq shumë për të dhënë.

Por asnjë fëmijë, ndonëse i varfër, nuk mund të besonte këtë. Çdo herë pasi thoshte këto fjalë, duke thënë se ai shikoi në sytë e tyre, por përkundër paralajmërimit, pritje flakëruese pati në ta.

Krishtlindjet janë të martën, të hënën para se të mos kishte shkollë. Para se të shkonte në hotel, znj. Gerhardt kishte paralajmëruar Xhorxhin se duhet të sjellë qymyr të mjaftueshëm nga oborri për të kaluar gjatë ditës së Krishtlindjeve. Ky i fundit shkoi menjëherë me dy motrat e tij më të vogla, por duke qenë se kishte mungesë të marrjes së mirë, u duhej një kohë e gjatë për të mbushur shportat e tyre dhe natën ata kishin mbledhur vetëm një furnizim të pakët.

- A keni shkuar për qymyr?- pyeti znj. Gerhardt kur u kthye nga hoteli atë mbrëmje.

- Po,- tha Xhorxhi.

- A keni marrë mjaft dhe për nesër?

- Po,- u përgjigj ai,- besoj se po.

- Epo, tani, unë do të shkoj të shikoj,- u përgjigj ajo. Duke marrë llambën, ata dolën në pyllin ku ishte depozituar thëngjilli.

- Oh, Zot!- bërtiti ajo kur e pa atë; - pse, kjo nuk është e mjaftueshme. Ju duhet të shkoni menjëherë dhe të merrni më shumë.

- Oh,- tha Xhorxh, duke varur buzët e tij,- unë nuk dua të shkoj. Dërgo Bassin.

Bass, i cili ishte kthyer menjëherë në gjashtë e një çerek, ishte tashmë i zënë në dhomën e pasme të larjes dhe të veshjes përgatitore për të shkuar në qytet.

- Jo,- tha zonja Gerhardt. Bass ka punuar shumë gjatë gjithë ditës. Duhet të shkoni.

- Unë nuk dua,- tha Xhorxhi.

- Mirë,- tha zonja Gerhardt,- ndoshta nesër do të jeni pa një zjarr dhe pastaj çfarë?

Ata u kthyen në shtëpi, por ndërgjegjja e Xhorxhit ishte shumë e trazuar për të lejuar që ai ta konsideronte çështjen si të mbyllur.

- Bass, eja edhe ti,- i thirri ai vëllait më të madh kur ai ishte brenda.

- Ku do të shkojmë?- tha Bass.

- Për të grumbulluar qymyr.

- Jo,- tha i pari,- nuk besoj. Përse më do mua?

- Epo, atëherë, nuk do të marr,- tha Xhorxhi, me një kokëfortësi.

- Pse nuk e keni marrë këtë pasdite?- vuri në dyshim vëllain e tij;- ju keni pasur gjithë ditën për ta grumbulluar atë.

- Ah, e provova,- tha Xhorxhi. Nuk mundëm të gjenim mjaftueshëm. Nuk mund të grumbulloj kur nuk ka fare, apo jo?

- Unë mendoj që ju nuk e keni provuar siç duhet.

- Çfarë ka tani?- pyeti Xheni, e cila, duke ardhur pasi u ndal në ushqimore për nënën e saj, e pa Xhorxhin me një shprehje solemne në fytyrën e tij.

- Oh, Bass nuk do të vijë me mua për të mbledhur qymyr?

- A nuk keni mbledhur këtë pasdite?

- Po,- tha Xhorxh,- por mamaja thotë se nuk është e mjaftueshme.

- Unë do të vij me ju,- tha motra e tij. Bass, a do të vish me ne?

- Jo,- tha i riu, me indiferencë,- nuk do ta bëj. Ai po rregullonte kravatën e tij dhe ndjeu nervozizëm.

- Nuk ka asnjë,- tha Xhorxh,- vetëm nëse e marrim atë nga makinat. Nuk kishte makina aty ku isha.

- Ka,- bërtiti Bass.

- Nuk ka,- tha Xhorxhi.

- Oh, mos u grindni,- tha Xheni. Merrni shportat dhe le të shkojmë tani para se të bëhet shumë vonë.

Fëmijët e tjerë, të cilët patën një dashuri për motrën e tyre të madhe, nxorën jashtë pajisjen e furnizimit - Veronika një shportë, Marta dhe Uilliam një kovë, dhe Xhorxh, një shportë të madhe rrobash, të cilën ai dhe Xheni do ta mbushnin dhe mbanin bashkë. Bass, i nxitur nga vullneti i motrës së tij dhe duke pasur parasysh respektin që ai kishte ende për të, tani bëri një sugjerim.

- Do t'ju tregoj unë çfarë do të bëni Xhen,- tha ai. Ju shkoni atje me fëmijët në Rrugën e Tetë dhe prisni rreth atyre makinave. Unë do të jem atje për një minutë. Kur të vij tek ju pretendoni se nuk më njihni. Thjesht thoni, zotëri, a mund të na hidhni disa qymyr poshtë?- dhe pastaj unë do të ngrihem në veturë në lartësinë e duhur për të mbushur shportat. A kuptoni?

- Mirë,- tha Xheni, shumë e kënaqur.

Jashtë në natën me borë që ata shkuan, shkuan në gjurmët e hekurudhës. Në kryqëzimin e rrugës dhe të oborrit të gjerë hekurudhor ishin shumë makina të ngarkuara me qymyr bituminoz të sapo ardhur. Të gjithë fëmijët u mblodhën brenda hijes së njërit. Ndërsa ata po rrinin atje, duke pritur ardhjen e vëllait të tyre, arriti Uashingtoni Special, një tren i gjatë dhe i shkëlqyeshëm me disa makina të stilit të ri të vizatimit, dritaret e mëdha me xhama të mëdha të lëmuar që shkëlqenin dhe udhëtarët duke parë nga brenda jashtë në karriget e tyre të rehatshme. Fëmijët u tërhoqën instinktivisht ndërsa treni kaloi si vetëtimë.

- Oh, nuk ishte i gjatë?- tha Xhorxhi.

- A sa do të doja të isha një shofer,- psherëtiu Uilliam.

Xheni, vetëm, heshti, por në veçanti sugjerimi i udhëtimit dhe rehati e kishte tërhequr. Sa jetë e bukur duhet të jetë për të pasurit!

Tani Sebastiani u shfaq në distancë, një shfaqje prej burri në hapat e tij, dhe me çdo provë që ai e mori seriozisht. Ai ishte me atë kokëfortësi dhe vendosmëri të veçantë që i kishte lënë fëmijët të mos kryejnë planin e tij, ai shkoi qëllimisht dhe nuk pranoi t'i ndihmonte fare.

Marta, megjithatë, e mori situatën ashtu siç duhej të merrej, dhe u shpërnda nga fëmijët: Zotëri, a nuk do të na hedhësh poshtë disa qymyr?

Sebastiani ndaloi papritmas, dhe duke parë ashpër tek ata, sikur të ishte me të vërtetë një i huaj, bërtiti: - Pse, sigurisht, dhe vazhdoi të ngjitej në makinë, prej nga ai hodhi me shije të jashtëzakonshme copa më shumë se të mjaftueshme për të mbushur shportat e tyre. Pastaj, sikur të mos kujdesej të qëndronte më gjatë mes një shoqërie të tillë të pagdhendur, ai nxitoi në rrjetin e shinave të trenit dhe humbi nga sytë.

Në shtëpinë e tyre u ndeshën me një zotëri tjetër, këtë herë një të vërtetë, me kapelë të lartë dhe me pallto të shquara të mantelit, të cilin Xheni e njohu menjëherë. Ky ishte vetë senatori i nderuar, sapo ishte kthyer nga Uashingtoni dhe priste një Krishtlindje shumë të paleverdishme. Ai kishte ardhur me trenin ekspres i cili kishte tërhequr vëmendjen e fëmijëve, dhe po mbante kthetrat e tij të lehta për kënaqësinë e saj në hotel. Ndërsa kaloi, ai mendoi se njohu Xhenin.

- A jeni ju, Xheni?- tha ai, dhe u ndal për të qenë më i sigurt.

Kjo e fundit, e cila e kishte njohur Senatorin edhe më shpejt se sa ai e kishte njohur atë , bërtiti: - Oh, ky është z. Brender!

Pastaj, duke hedhur fundin e shportës së saj, me një kujdes që fëmijët ta merrnin shportën të pa dëmtuar, ajo nxitoi në drejtim të kundërt.

Senatori e ndoqi, duke thirrur me kot tre ose katër herë - Xheni! Xheni! Duke humbur shpresën për ta arritur atë, dhe duke menduar papritmas, dhe duke respektuar kështu, turpin e saj të thjeshtë vajzëror, ai u ndal dhe u kthye prapa, dhe vendosi të ndiqte fëmijët. Përsëri ndjeu atë ndjesi të njëjtë që ai merrte gjithmonë nga kjo vajzë - diferenca e madhe midis pasurisë së saj dhe të tij. Ishte diçka ndryshe që të ishte një senator këtë mbrëmje, ku këta fëmijë po merrnin qymyr. Çfarë mund të sillte festa e gëzueshme të nesërmen për ta? Ai endej me dashamirësi, dhe së shpejti i pa ata të hyjnë në derën e vilës së ulët. Duke kaluar në rrugë, ai qëndroi në hijen e dobët të pemëve të mbushura me borë. Drita po digjej me një shkëlqim të verdhë në një dritare të pasme. Gjithçka përreth ishte e mbuluar nga bora. Në degët e drurëve ai mund të dëgjonte zërat e fëmijëve, dhe për një çast ai mendoi se pa trupin e zonjës Gerhardt. Pas një kohe një person tjetër erdhi si hije, përmes portës anësore. Ai e dinte se kush ishte. Ai e preku atë shpejtë, dhe ngriti buzën e tij në mënyrë të mprehtë për të shtypur ndonjë shfaqje të mëtejshme të emocioneve. Pastaj u kthye me forcë në thembër dhe u largua.

Shefi i dyqaneve ushqimore të qytetit u vendos Maning, një anëtar i familjes së Brenderit. Tek ai në tryezën e tij erdhi Senatori këtë natë.

- Maning,- tha ai,- a mund t'ju kërkoj të bëni një punë të vogël për mua këtë mbrëmje?

- Sigurisht, senator, sigurisht,- tha njeriu i ushqimores. Kur u kthyet? Jam i lumtur të të shoh, sigurisht.

- Unë dua që ju të merrni gjithçka që do të bënte një ditë Krishtlindje të mirë për një familje me tetë veta, babanë, nënën dhe gjashtë fëmijët - pemën e Krishtlindjeve, sende ushqimore, lodra - ti e di se çfarë dua të them.

- Sigurisht, sigurisht, Senator.

- Pa marrë parasysh koston tani, dërgoni gjithçka, unë do t'ju jap adresën,- dhe ai mori një bllok për ta shkruar atë.

- Pse, unë do të jem i kënaqur, senator,- vazhdoi z. Maning, i prekur. Unë do të jem i kënaqur, ju keni qenë gjithmonë bujar.

- Këtu jeni, Maning,- tha senatori, i zymtë, nga domosdoshmëria e thjeshtë për të ruajtur dinjitetin e tij senatorik. Dërgo gjithçka menjëherë, dhe faturën ma dërgo mua.

- Unë do të jem i kënaqur,- ishte gjithçka që shitësi mund të thoshte.

Senatori kaloi, por duke kujtuar njerëzit e moshuar, vizitoi një rrobaqepës dhe një këpucar, duke menduar vetëm se cilat madhësi mund të kërkoheshin, porositi disa artikuj me të drejtën e këmbimit. Kur puna e tij mbaroi, ai u kthye në dhomën e tij.

- Mbajtja e qymyrit-, mendoi ai vazhdimisht. Me të vërtetë, ajo ishte shumë e pakujdesshme nga ana ime. Nuk duhet t'i harroj më.

Kapitulli 4

Dëshira për të ikur nga ajo që Xheni përjetoi duke parë përsëri Senatorin i atribuohet asaj që ajo e konsideronte si turpin e pozicionit të saj. Ajo kishte turp të mendonte se ai, i cili mendonte aq mirë për të, duhet ta zbulonte atë duke bërë një gjë kaq të zakonshme. Si vajzë, ajo ishte e prirur të imagjinonte se interesi i tij në të varet nga diçka tjetër veç personalitetit të saj.

Kur arriti në shtëpi znj. Gerhardt kishte dëgjuar për vrapimin e saj nga fëmijët e tjerë.

- Ku qëndron problemi me ju, gjithsesi?- pyeti Xhorxh, kur ajo hyri.

- Oh, asgjë,- u përgjigj ajo, por menjëherë iu kthye nënës së saj dhe tha, Z. Brender erdhi dhe na pa.

- Oh, a ishte ai?- bërtiti butë nëna e saj. Ai qenka kthyer atëherë. Çfarë të bëri të vrapoje, megjithatë, vajzë budallaqe?

- Epo, nuk doja që ai të më shikonte.

- Epo, ndoshta ai nuk ju ka njohur, gjithsesi,- tha ajo, me një simpati të caktuar për gjendjen e vajzës së saj.

- Oh po, ai më njohu,- pëshpëriti Xheni. Ai më thirri mua tre ose katër herë.

Zonja Gerhardt tundi kokën.

- Çfarë është?- tha Gerhardt, i cili kishte dëgjuar bisedën nga dhoma ngjitur, dhe tani po dilte.

- Oh, asgjë,- tha nëna, e cila urrente të shpjegonte rëndësinë që personaliteti i senatorit kishte në jetën e tyre. Një njeri i frikësoi ata kur ata po sillnin qymyrin.

Ardhja e dhuratave të Krishtlindjeve në mbrëmje e shndërroi shtëpinë në një trazirë. As Gerhardt e as nëna nuk mund t'u besonin syve të tyre kur një karrocë ushqimore ndaloi para vilës së tyre dhe një nëpunës i shkathët filloi të fuste brenda dhuratat. Pasi nuk arriti ta bindë nëpunësin se ai kishte bërë një gabim, shumëllojshmëria e madhe e gjërave të mira u vështrua me gëzim shumë njerëzor.

- Thjesht mos e vrisni mendjen,- ishte fjala autoritative e nëpunësit. Unë e di se çfarë jam duke bërë. Gerhardt, apo jo? E pra, ti je personi i duhur.

Znj Gerhardt lëvizi, duke fërkuar duart e saj me gëzim, dhe duke thënë shprehjen rastësore; epo, a nuk duket bukur tani!

Vetë Gerhardt u shkri në mendimin e bujarisë së bamirësisë së panjohur dhe ishte i prirur të besonte se ia kishte sjellë pronari i madh i mullinjve vendas, i cili e njihte dhe e donte. Znj. Gerhardt e dyshonte burimin, por nuk tha asgjë. Xheni e dinte, me instinkt, autorin e të gjitha gjërave.

Pasditen e ditës pas Krishtlindjes Brender hasi nënën në hotel, Xheni kishte qëndruar në shtëpi që të kujdesej për shtëpinë.

- Si po ja kaloni, znj. Gerhardt,- tha ai duke zgjatur dorën e tij.
Si e keni kaluar Krishtlindjen tuaj?

E gjora Znj. Gerhardt u nervozua; sytë e saj u mbushën me lot.

- Atje, atje,- tha ai, duke e rrahur atë në krah. Mos qaj, mos harroni të lani rrobat e mia sot.

- Oh jo, zotëri,- u kthye ajo dhe do të thoshte më shumë nëse ai nuk do të largohej.

Pas kësaj, Gerhardt dëgjoi vazhdimisht për senatorin e mirë që qëndronte në hotel, sa i këndshëm ishte ai dhe sa paguante për larjen e rrobave. Me thjeshtësinë e një punëtori gjerman, ai u bind lehtësisht që Z. Brender duhet të ishte një njeri shumë i mirë.

Xheni, ndjenjat e të cilës nuk kishin nevojë për inkurajim në këtë drejtim, ishte më shumë se kurrë në favor të tij.

Në të u zhvillua përsosmëria e gruas, forma e plotë e modelit, e cila nuk mund të ndihmonte por të tërhiqte çdo njeri. Tashmë

34

ajo ishte e ndërtuar mirë, dhe e gjatë për një vajzë. Sikur ajo të ishte veshur me fundin e një gruaje të modës, ajo do të kishte bërë një shok të përshtatshëm për një njeri në lartësinë e senatorit. Sytë e saj ishin mrekullisht të qarta dhe të ndritshme, lëkura e saj e drejtë, dhe dhëmbët e saj të bardhë dhe të barabarta. Ajo ishte gjithashtu e mençur, në një mënyrë të ndjeshme, dhe aspak të mangët në vëzhgim. Gjithçka që asaj i mungonte ishte trajnimi dhe siguria e të cilave njohja e varësisë së plotë e shkatërron dikë. Por kryerja e larjes së rrobave dhe detyrimi për të pranuar pothuajse çdo gjë si një favor, e vendosnin atë në disavantazh.

Në hotel Senatori shpesh i jepte asaj dhuratat e tij për vete ose për vëllezërit dhe motrat e saj dhe ai i fliste asaj në mënyrë të pafytyrë që në fund ndjenja e madhe e dallimit të madh midis tyre fshihej dhe e shikonte më shumë si një mik bujar se sa një senator të shquar. Ai e pyeti një herë nëse ajo do të donte të shkonte në një seminar, duke menduar gjithnjë sa atraktive do të ishte kur ajo të dilte. Së fundi, një mbrëmje, ai e thirri atë afër tij.

- Eja këtu, Xheni,- tha ai,- dhe qëndro pranë meje.

Ajo erdhi, dhe, duke lëvizur me një impuls të papritur, ai mori dorën e saj.

- Epo, Xheni,- tha ai, duke studiuar fytyrën e saj në një mënyrë të çuditshme, pyetëse,- çfarë mendon për mua, gjithsesi?

- Oh,- u përgjigj ajo duke parë instinktivisht jashtë. Nuk e di. Çfarë ju bën të më pyesni?

- Oh po, ti e di,- u kthye ai. Ju keni disa mendime për mua. Më tregoni tani, çfarë janë?

- Jo, nuk kam,- tha ajo, pafajshëm.

- Oh po, ke,- vazhdoi ai, me kënaqësi, i interesuar nga evazionet e saj transparente. Duhet të mendosh diçka për mua. Tani, çfarë është?

- Ti e ke fjalën nëse të pëlqej ty apo jo?- pyeti ajo, sinqerisht, duke parë poshtë në pjesën e madhe të flokëve të zeza të mbushura mirë me gri të varura në ballin e tij.

- Epo, po,- tha ai, me një ndjenjë zhgënjimi. Ajo ishte shterpë e artit të gruas lozonjare.

- Pse, sigurisht që unë ju pëlqej,- u përgjigj ajo, bukur.

- A nuk keni menduar ndonjë gjë tjetër për mua?- vazhdoi ai.

- Unë mendoj se jeni shumë i sjellshëm,- vazhdoi ajo, edhe më keq; ajo e kuptoi tani se ai ende po ia mbante dorën.

- Vetëm kaq?- pyeti ai.

- Epo,- tha ajo, me qepallat që fluturojnë,- nuk është e mjaftueshme aq?

Ai e pa atë, dhe drejtësia e gjallë, e shoqërueshme e përgjigjes së saj, e ngacmonte atë edhe më shumë. Ai e studioi fytyrën e saj në heshtje derisa u kthye dhe u përdrodh, duke ndier, por pa e kuptuar.

- Epo,- tha ai më në fund,- mendoj se je një vajzë e bukur. A nuk mendon se jam një njeri shumë i këndshëm?

- Po,- tha Xheni menjëherë.

Ai u përkul përsëri në karrigen e tij dhe qeshi me përgjigjen e pandërgjegjshme të saj. Ajo e pa në mënyrë interesante dhe buzëqeshi.

- Çfarë ju bëri të qeshni?- pyeti ajo.

- Oh, përgjigja jote- u kthye ai. Unë me të vërtetë nuk duhet të qesh, megjithatë. Ju nuk më çmoni më së paku, unë nuk besoj se ju më pëlqeni.

- Por unë ju pëlqej vërtet,- tha ajo me zell. Unë mendoj se jeni aq i mirë. Sytë e saj treguan shumë qartë se ajo e ndjente atë që ajo po thoshte.

- Epo,- tha ai duke e tërhequr atë me butësi afër vetes; pastaj, në të njëjtën çast, ai i shtyu buzët e saj në faqen e tij.

- Oh!- bërtiti ajo, duke u drejtuar, menjëherë e tronditur dhe e frikësuar.

Ishte një kthesë e re në marrëdhëniet e tyre. Cilësia senatoriale u zhduk në një çast. Ajo njohu në të diçka që ajo nuk e kishte ndjerë më parë. Ai dukej edhe më i ri. Ajo ishte një grua ndaj tij, dhe ai po luante rolin e një të dashuri. Ajo hezitoi, por duke mos ditur se çfarë të bënte, nuk bëri asgjë.

- Epo,- i tha ai,- a të frikësova?

Ajo e pa atë, por u zhvendos nga respekti i saj themelor për këtë njeri të madh.

- Po, më frikësove.

- E bëra sepse ti më pëlqen shumë.

Ajo meditoi mbi këtë moment, dhe pastaj tha: - unë mendoj se do të ishte më mirë të isha larguar.

- Tani, pra,- u lut ai,- a do të largoheni për shkak të kësaj?

- Jo,- tha ajo, e lëvizur nga një ndjenjë kurioze e mosmirënjohjes;- por unë duhet të shkoj, ata do të pyesin se ku jam unë.

- Jeni e sigurt që nuk jeni të zemëruar për këtë?

- Jo,- u përgjigj ajo, me një ajër më femëror sesa kishte treguar ndonjëherë më parë. Ishte një eksperiencë si nëpër romane për të qenë në pozitë kaq autoritative. Ishte e paharrueshme saqë ishte disi konfuze për të dy.

- Ju jeni vajza ime, gjithsesi,- tha senatori, duke u ngritur. Unë do të kujdesem për ju në të ardhmen.

Xheni e dëgjoi këtë, dhe i pëlqeu asaj. Ai ishte aq i pajisur, mendonte ajo, të bënte gjëra të mahnitshme; ai ishte asgjë më pak se një magjistar i vërtetë. Ajo mendoi për të dhe mendimi për të shkuar në një jetë të tillë dhe një atmosferë e tillë ishte qiellore. Jo se e kuptonte plotësisht kuptimin e tij, gjithsesi. Ai donte të ishte i mirë dhe bujar, dhe t'i jepte gjërat e bukura. Natyrisht ajo ishte e lumtur. Ajo mori pakon për të cilën ajo kishte ardhur, duke mos parë ose ndjerë mospërputhjen e pozicionit të saj, ndërkohë që ai e ndiente si qortim të drejtpërdrejtë.

- Ajo nuk duhet ta mbartë atë,- mendoi ai. Një valë e madhe simpatie e përfshiu atë. Ai mori faqet e saj në mes të duarve të tij, këtë herë në një mënyrë superiore dhe bujare. Mos u mërzit, vajzë e vogël,- tha ai. Ju nuk keni për të bërë gjithmonë këtë, unë do të shikoj se çfarë mund të bëj.

Rezultati i kësaj ishte thjesht një marrëdhënie më simpatike mes tyre. Ai nuk hezitoi t'i kërkonte asaj që të ulej pranë tij në krahun e karriges së tij herën tjetër kur ajo erdhi dhe ta pyeste të afërmin e saj rreth gjendjes së familjes dhe dëshirave të saj. Disa herë ai vuri re se ajo po shmangte pyetjet e tij, veçanërisht në lidhje me atë që po bënte babai i saj. Ajo kishte turp të tregonte se babai i saj ishte duke prerë dru. Frika se mos diçka më serioze po afrohej, ai vendosi të dilte disa ditë dhe të shihte vetë situatën.

Këtë e bëri kur u paraqit një mëngjes i përshtatshëm dhe detyrat e tij të tjera nuk e pengonin atë. Kishte tri ditë para se të fillonte lufta e madhe në legjislaturën, e cila përfundoi në humbjen e tij. Asgjë nuk mund të bëhej në këto pak ditë të mbetura. Pra, ai mori bastunin e tij dhe shkoi përpara, duke shkuar në vilë për një orë e gjysmë, dhe trokiti me guxim në derë.

Znj. Gerhardt e hapi atë.

- Mirëmëngjesi,- tha ai me gëzim; pastaj, duke parë ngurrimin e saj, shtoi: A mund të hyj unë?

Nëna e mirë, e cila ishte e habitur nga prania e tij e papritur, i fshiu duart e saj në mënyrë të fshehtë mbi përparësen e saj shumë të shndërruar, dhe duke parë se ai priste një përgjigje, tha:

- Oh po. Hyni brenda.

Ajo nxitoi përpara, duke harruar të mbyllte derën dhe, duke i ofruar atij një karrige, i kërkoi që të ulej.

Brender, duke ndjerë keqardhje që ai rast kishte sjellë kaq shumë konfuzion, tha: Mos u shqetëso, znj. Gerhardt, po kaloja dhe mendova të hyja. Si është burri juaj?

- Ai është mirë, faleminderit,- u kthye nëna. Ai është në punë tani.

- Pra ai paska gjetur punë?

- Po, zotëri,- tha znj. Gerhardt, e cila hezitoi, si Xheni, për të thënë se ku punonte.

- Fëmijët janë të gjithë mirë tani, dhe në shkollë, apo jo?

- Po,- iu përgjigj zonja Gerhardt. Ajo kishte hequr tashmë përparësen e saj, dhe e kishte vendosur atë në prehrin e saj nervozisht.

- Shumë mirë, dhe ku është Xheni?

Kjo e fundit, e cila kishte qenë duke hekurosur, kishte lënë tabelën dhe ishte fshehur në dhomën e gjumit, ku ajo ishte e zënë duke u kujdesur me frikën se nëna e saj nuk do të kishte menduar për të thënë se ajo ishte jashtë, dhe kështu ajo do të kishte një shans për të ikur.

- Ajo është këtu,- u kthye nëna. Po e thërras.

- Çfarë i tregove atij se për çfarë isha unë këtu?- tha Xheni, dobët.

- Çfarë mund të bëja?- pyeti nëna.

Së bashku ata ngurruan ndërsa Senatori e mbikëqyri dhomën. Ai ndjeu keqardhje të mendonte se njerëz të tillë meritues duhet të vuajnë kështu; ai kishte për qëllim, në një mënyrë të paqartë, që të përmirësonte gjendjen e tyre nëse ishte e mundur.

- Mirëmëngjesi,- i tha senatori Xhenit, kur më në fund ajo erdhi me hezitim në dhomë. Si po ja kalon sot?

Xheni u afrua, duke shtrirë dorën dhe duke u skuqur. Ajo e gjeti veten aq shumë të shqetësuar nga kjo vizitë saqë vështirë se mund të gjente gjuhën për t'iu përgjigjur pyetjeve të tij.

- Mendova,- tha ai,- të dilja dhe të zbuloja ku jetoni, është një shtëpi shumë e rehatshme. Sa dhoma keni?

- Pesë,- tha Xheni. - Ju do të keni për të justifikuar këtë mëngjes. Ne kemi qenë duke hekurosur, dhe kjo është e gjitha e mërzitshme.

- E di,- tha Brender, butësisht. A mendoni se unë nuk e kuptoj, Xheni? Ju nuk duhet të ndiheni të shqetësuar për mua.

Ajo vuri re tonin ngushëllues, personal që ai gjithmonë e përdorte me të kur ajo ishte në dhomën e tij dhe kjo gjë ndihmonte për t'i zbutur shqisat të saj të turbullta.

- Ju nuk duhet të mendoni diçka nëse kam ardhur këtu herë pas here. Kam ndërmend të vij. Unë dua të takoj babanë tuaj.

- Oh,- tha Xheni,- ai është jashtë sot.

Ndërsa ata po flisnin, megjithatë, druvari i ndershëm ishte duke ardhur në portë me sëpatën e tij dhe këmbalecin e druvarit. Brender e pa atë, dhe menjëherë e njohu atë me një ngjashmëri të vogël që ai kishte me vajzën e tij.

- Duhet të jetë ai, besoj,- tha ai.

- Oh, ai është?- tha Xheni, duke kërkuar jashtë.

Gerhardt, i cili i ishte dhënë spekulimeve këto ditë, kaloi nga dritarja pa parë lart. Ai e vuri këmbalecin e tij prej druri poshtë, dhe, duke e varur sëpatën e tij në një gozhdë në anën e shtëpisë, hyri brenda në dhomë.

Brender u ngrit dhe shtriu dorën. Gjermani i shpërqendruar dhe i rreshkur u afrua, dhe e pa atë me një shprehje pikëpyetëse të fytyrës.

- Ky është babai im, Z. Brender,- tha Xheni, me të gjitha shqetësimet e saj të shpërndara nga simpatia. Ky është zotëria nga hoteli senatori Z. Brender.

- Si e kishte emrin?- tha gjermani, duke e kthyer kokën.

- Brender,- tha Senatori.

- Oh po,- tha ai, me një theks të konsiderueshëm gjerman.

- Meqë kam pasur temperaturë nuk dëgjoj mirë, gruaja ime më foli për ty.

- Po,- tha Senatori. Mendova të dilja jashtë dhe të njihesha me ju. Ju keni një goxha familje.

- Po,- tha babai, i cili ishte i vetëdijshëm për rrobat e tij shumë të varfra dhe ishte në ankth për t'u larguar. Kam gjashtë fëmijë - të gjithë të rinj, ajo është vajza më e madhe.

Zonja Gerhardt tani u kthye, dhe Gerhardt, duke parë këtë rast, tha me ngut:

- Epo, nëse do të më falni, më duhet të shkoj, e theva sëpatën, dhe kështu më duhej ta ndaloja punën.

- Sigurisht,- tha Brender, me mirësjellje, duke kuptuar tani pse Xheni nuk kishte dashur të shpjegonte. Ai mezi donte që ajo të ishte e guximshme të mos fshehte asgjë.

- Epo, znj. Gerhardt,- tha ai, kur nëna u ul ngadalë,- dua t'ju them se ju nuk duhet të më shikoni mua si një të huaj. Përkundrazi unë dua që ju të më informoni se si po shkojnë gjërat. Xheni nuk më tregon gjithmonë.

Xheni buzëqeshi në heshtje. Znj. Gerhardt vetëm fërkoi duart e saj.

- Po,- u përgjigj ajo, me përulësi mirënjohës.

Ata biseduan për disa minuta, dhe pastaj Senatori u ngrit.

- Thuaji burrit tënd,- tha ai,- të vijë dhe të më vizitojë të hënën e ardhshme në zyrën time në hotel. Dua të bëj diçka për të.

- Faleminderit,- belbëzoi znj. Gerhardt.

- Nuk do të qëndroj më tani,- shtoi ai. Mos harroni t'i thoni atij që të vij.

- Oh, ai do të vijë,- u përgjigj ajo.

Duke veshur një dorashkë nga njëra anë, ai e zgjati tjetrin te Xheni.

- Këtu është thesari juaj më i mirë, zonja Gerhardt,- tha ai. Mendoj se unë do ta marrë atë.

- Epo, nuk e di,- tha nëna e saj,- nëse mund ta kurseja atë apo jo.

41

- Epo,- tha senatori, duke shkuar drejt derës, dhe duke i dhënë zonjës Gerhardt dorën e tij,- mirupafshim.

Ai tundi dorën dhe u largua, ndërsa një gjysmë duzinë fqinjësh, të cilët kishin vëzhguar hyrjen e tij, panë nga prapa perdeve dhe u tërhoqën me një pamje të habitur.

- Kush mund të jetë, gjithsesi?- ishte pyetja e përgjithshme.

- Shikoni çfarë më dha,- tha nëna e pafajshme për vajzën e saj, në momentin kur ajo kishte mbyllur derën.

Ishte një kartëmonedhë dhjetë dollarësh. Ai e kishte vendosur atë me butësi në dorën e saj ndërsa ai tha mirë.

Kapitulli 5

Duke qenë e udhëhequr nga rrethanat në një qëndrim të detyrimit ndaj Senatorit, nuk ishte e panatyrshme që Xheni të mbushej me një frymë bujare vlerësimi për gjithçka që ai kishte bërë dhe vazhdonte të bënte. Senatori i dha letrën e babait të saj një pronari lokal të një fabrike, i cili e pa se ai kishte marrë diçka për të bërë. Nuk ishte shumë, për të thënë të vërtetën, një punë e thjeshtë si roje nate, por e ndihmoi, dhe mirënjohja e Gerhardt ishte e tepruar. Kurrë nuk kishte ekzistuar për ta një njeri aq i mirë!

As znj. Gerhardt nuk ishte anashkaluar. Njëherë Brender i dërgoi asaj një fustan, dhe një herë tjetër një shall. Të gjitha këto mirësi ishin bërë në një frymë të bamirësisë së përzier me vetëkënaqësinë, por për Znj Gerhardt ata kishin një motiv. Senatori Brender ishte njeri me zemër të mirë.

Sa për Xhenin, ai iu afrua asaj në çdo mënyrë të mundshme, kështu që më në fund ajo arriti ta takonte atë në një dritë që do të kërkonte analizë të konsiderueshme për ta bërë të qartë. Ky shpirt i freskët, i ri, megjithatë kishte shumë pafajësi dhe gjallëri për të shqyrtuar për një moment pikëpamjen e botës. Që nga ajo vizitë e fundit dhe e qetë mbi të cilën ai kishte plaçkitur stinën e saj origjinale dhe kishte marrë një puthje të butë mbi faqen e saj, ata kishin jetuar në një atmosferë të ndryshme. Xheni ishte shoqëruesja e tij tani, dhe pasi ai gjithnjë e më shumë i pakundërshtueshëm, madje edhe me gëzim hodhi mënjanë format e dinjitetit të tij, perceptimi i saj për të u bë më i qartë. Ata qeshën dhe biseduan në mënyrë të natyrshme, dhe atë e kënaqte shumë kjo hyrje në botën e re dhe rrezatuese të lumturisë rinore.

Megjithatë, një gjë që e shqetësonte atë, ishte mendimi i rastit, të cilin ai nuk mund ta shtypte, se ai nuk po bënte gjënë e duhur. Njerëz të tjerë së shpejti mund të zbulonin se ai nuk po i kufizonte rreptësisht marrëdhëniet konvencionale me vajzën e larëses së tij. Ai dyshonte se administratorja nuk ishte pa njohuri se Xheni qëndronte pothuajse pa ndryshim nga një e katërta në tre të katërtat e një ore sa herë që vinte për të marrë ose për të kthyer rrobat e tij. Ai e dinte se kjo mund të vinte në vesh të punonjësve të hotelit, dhe kështu, në një mënyrë të përgjithshme, do të dilte për në qytet dhe do të bënte dëmtime serioze, por reflektimi nuk e bëri atë të modifikonte sjelljen e tij. Ndonjëherë ai ngushëllonte veten me mendimin se ai nuk po bënte ndonjë dëm ndaj saj, dhe në raste të tjera ai argumentonte se ai nuk mund ta hiqte këtë butësi të këndshme nga jeta e tij. A nuk dëshironte sinqerisht të bënte shumë mirë?

Ai mendonte për këto gjëra herë pas here, dhe vendosi që ai nuk mund të ndalet. Vetë-miratimi që një rezolutë e tillë mund ta sjellë, vështirë se ia vlejtën dhimbjen e pashmangshme të heqjes dorë. Ai nuk kishte shumë vite për të jetuar. Pse të vdiste i pakënaqur?

Një mbrëmje ai e vuri krahun përreth saj dhe e shtrëngoi atë në gjoks. Një herë tjetër ai e tërhoqi në gjurin e tij dhe i tha asaj për jetën e tij në Uashington. Gjithmonë tani kishte një puthje dhe një përkujdesje për të, por ishte akoma në një mënyrë të ndrojtur, të pasigurt. Ai nuk donte të arrinte shpirtin e saj shumë thellë.

Xheni i gëzonte të gjithave në mënyrë të pafajshme. Elementet e zbukuruar dhe gjëra të reja hynë në jetën e saj. Ajo ishte një krijesë jo e sofistikuar, emocionale, krejtësisht e papërvojë në çështjen e dashamirësisë dhe ende mjaft e pjekur mendërisht për të shijuar vëmendjen e këtij njeriu të madh, i cili ishte ulur kështu nga pozita e tij e lartë për t'u bërë shokë me të.

Një mbrëmje kur ajo po qëndronte pranë karriges së tij dhe, duke mos gjetur asgjë tjetër për të bërë, nxori orën e tij nga xhepi. Njeriu i madh u trondit kur pa pafajësinë e saj të bukur.

- Doni të keni edhe një orë?- e pyeti ai.

- Po, në të vërtetë, unë do të doja, - tha Xheni, me një frymëmarrje të thellë.

Ditën tjetër ai u ndal duke kaluar në një dyqan bizhuterish dhe bleu një. Ishte prej ari, dhe kishte rrip të zbukuruar shumë bukur.

- Xheni,- tha ai, kur ajo erdhi herën tjetër,- unë dua të të tregoj diçka. Shikoni se sa është ora me orën time.

Xheni tërhoqi orën nga xhepi i xhaketës dhe u befasua.

- Kjo nuk është ora juaj!- bërtiti ajo, fytyra e saj u mbush plot me çudi të pafajshme.

- Jo,- tha ai, i kënaqur me mashtrimin e tij të vogël. Është e jotja.

- E imja!- thirri Xheni. E imja! Oh, a nuk është e bukur!

- Kështu mendon?- tha ai.

Kënaqësia e saj e preku dhe e kënaqi atë jashtëzakonisht. Fytyra e saj shkëlqente me dritë dhe sytë e saj kërcenin në mënyrë të drejtë.

- Kjo është e juaja,- tha ai. Vendoseni atë tani, dhe mos e humbni.

- Jeni kaq i mirë!- bërtiti ajo.

- Jo,- tha ai, por ai e mbajti atë në krahun e gjatë në anë të belit, për të kuptuar se cili duhej të ishte shpërblimi i tij. Ngadalë ai e tërhoqi drejt saj derisa, kur ishte shumë afër, ajo i vuri krahët për qafën e tij dhe afroi faqen e tij në mirënjohje kundër vetes. Kjo ishte mënyra perfektë e kënaqësisë për të. Ai ndihej ashtu si kishte dashur të ndjehej për vite.

Përparimi i idilit të tij pësoi një kontroll kur lufta e madhe senatoriale erdhi në legjislaturën. Sulmuar nga një kombinim i rivalëve, Brenderit iu dha lufta e jetës së tij. Për habinë e tij ai zbuloi se një korporatë e madhe hekurudhore, e cila gjithmonë ishte miqësore, fshehte duke hedhur forcën e saj në emër të një kandidati tashmë të fuqishëm. I tronditur nga ky dëbim, ai u hodh alternuar në errësirën më të thellë dhe në paroksizmat e zemërimit. Këto hobe të fatit, megjithatë me sa duket ai pretendonte t'i merrte, kurrë nuk ia dolën ta prishnin atë. Kishte kohë që ai kishte pësuar një humbje - shumë kohë.

Gjatë kësaj periudhe Xheni mori mësimin e saj më të hershëm rreth kapriçove të burrave. Për dy javë ajo nuk e pa atë, dhe një mbrëmje, pas një konference jashtëzakonisht të parehatshme me udhëheqësin e tij, ai u takua me të me formalitetin më të frikshëm. Kur ajo trokiti në derën e tij, ai vetëm e trazoi atë për të hapur, duke thërritur pothuajse ashpër: Nuk kam nevojë për larje rrobash sonte. Eja nesër.

Xheni u tërhoq, u trondit dhe u befasua nga kjo pritje. Ajo nuk e dinte se çfarë të mendonte për të. Ai u rivendos në çast në fronin e tij të largët, të fuqishëm dhe u la për t'u qetësuar në paqe.

Një ose dy ditë më vonë ai u pendua me butësi, por nuk kishte kohë për të rregulluar gjërat. Larja e tij merrej dhe dorëzohej me formalitet të konsiderueshëm, dhe ai vazhdoi të lodhej për të harruar, derisa më në fund ai u mposht mjerisht me dy vota. I habitur nga ky rezultat, ai u tërhoq në një zhgënjim të zymtë të shpirtit. Çfarë duhej të bënte tani?

Në këtë atmosferë erdhi Xheni, duke sjellë me vete lehtësinë dhe rehatinë e disponimit të saj shpresëdhënës. I nxitur për dëshpërim nga mendimet e tij, Brender së pari i foli asaj për të zbavitur veten; por shpejt shqetësimi i tij u zhduk; ai e gjeti veten duke buzëqeshur.

- Ah, Xheni,- tha ai, duke i folur asaj siç mund t'i kishte bërë një fëmije,- rinia është në anën tënde. Ti zotëron gjënë më të vlefshme në jetë.

- Vërtet?

- Po, por ti nuk e kupton atë. Ti kurrë nuk do ta kuptosh derisa të jetë tepër vonë.

- E dua atë vajzë,- mendoi ai me vete atë natë. Unë dëshiroj ta mbaj gjithnjë afër vetes.

46

Por pasuria kishte një tjetër dëshirë që ai të durojë. Një vajzë që bën larje duhet të presë kritika nëse diçka e shtrenjtë shtohet në veshjet e saj. Xheni u pa duke veshur orën e artë. Nëna e saj u informua nga përgjegjësja.

- Mendova se duhet t'ju flisja për këtë,- tha ajo. Njerëzit po flasin. Ju nuk duhet ta lini vajzën tuaj të shkojë në dhomën e tij për lavanderi.

Znj. Gerhardt ishte shumë e habitur dhe e lënduar nga kjo shprehje. Xheni nuk i kishte thënë asaj ndonjë gjë, por edhe tani ajo nuk besonte se kishte ndonjë gjë për të treguar. Ora ishte miratuar dhe admiruar nga ajo. Ajo nuk kishte menduar se po rrezikon reputacionin e vajzës së saj.

Duke shkuar në shtëpi ajo u shqetësua pothuajse pa ndërprerje, dhe bisedoi me Xhenin për këtë. Kjo e fundit nuk e pranoi se gjërat kishin shkuar kaq larg. Në fakt, ajo nuk e shikonte atë në atë mënyrë.

- Është kaq e tmerrshme që njerëzit fillojnë të flasin!- tha nëna e saj. A me të vërtetë qëndron kaq gjatë në dhomë?

- Nuk e di,- u kthye Xheni, e detyruar nga ndërgjegjja e saj për të pranuar të paktën një pjesë të së vërtetës. Ndoshta.

- Ai kurrë nuk të ka thënë ndonjë gjë të pakëndshme ty, apo jo?

- Jo,- iu përgjigj vajza asaj, e cila nuk lidhi ndonjë dyshim të së keqes me atë që kishte kaluar mes tyre.

Nëse nëna do kishte shkuar vetëm pak më tej ajo mund të kishte mësuar më shumë, por ajo ishte shumë e lumtur, për paqen e saj të mendjes, për ta zbutur çështjen. Njerëzit po shpifnin për një njeri të mirë, që ajo e njihte. Xheni kishte qenë paksa e pasigurt. Njerëzit gjithmonë ishin aq të gatshëm për të folur. Si mund të bënte vajza e varfër, në rrethana të tilla të këqija? Kjo gjë e bëri atë të qajë.

Rezultati i të gjitha gjërave ishte se ajo vendosi të merrte vetë përsipër larjen.

Ajo shkoi në derën e tij të hënën e ardhshme pas këtij vendimi. Brender, i cili priste Xhenin, mbeti i habitur dhe i zhgënjyer.

- Pse,- tha ai,- çfarë i ka ndodhur Xhenit?

Duke shpresuar se ai nuk do ta vinte re, ose të paktën nuk do të komentonte mbi ndryshimin, zonja Gerhardt nuk dinte çfarë të thoshte. Ajo e vështroi atë në mënyrë të pafajshme, amësore, dhe tha: Ajo nuk mund të vinte sonte.

- Nuk është sëmurë, apo jo?- pyeti ai.

- Jo.

- Jam i lumtur ta dëgjoj këtë,- tha ai me dorëheqje. Si ke qenë?

Znj. Gerhardt iu përgjigj pyetjeve të tij me mirësi dhe u largua. Pasi ajo kishte shkuar, ai filloi të mendojë çështjen gjatë, dhe pyeste veten se çfarë mund të kishte ndodhur. Duket e çuditshme që ai duhet të mendonte për të.

Të shtunën, megjithatë, kur ajo i ktheu rrobat ai ndjeu se duhet të kishte diçka të gabuar.

- Çfarë problemi ka, znj. Gerhardt?- pyeti ai. A ka ndodhur ndonjë gjë me vajzën tënde?

- Jo, zotëri,- iu përgjigj, shumë e trazuar për ta mashtruar atë.

- A nuk vjen ajo më në lavanderi?

- Unë, Unë.. u sforcua nëna, duke belbëzuar në shqetësimin e saj; ajo, ata kanë folur për të,- më në fund e detyroi veten të thoshte.

- Kush ka folur?- e pyeti rëndë.

- Njerëzit këtu në hotel.

- Kush, çfarë njerëzish?- e ndërpreu ai, një prekje e bezdisshme u dallua në zërin e tij.

- Ndihmësja.

- Ndihmësja, eh!- bërtiti ai. Çfarë kishte ajo për të thënë?

Nëna i shpjegoi atij përvojën e saj.

- Dhe ajo ju tha atë, apo jo?- u shpreh ai me zemërim. Ajo përpiqet të shqetësojë veten në lidhje me punët e mia, apo ajo? Pyes veten nëse njerëzit mund të shikojnë punën e tyre pa ndërhyrë në timen. Vajza juaj, zonja Gerhardt, është krejtësisht e sigurt me mua. Nuk kam ndërmend ta lëndoj atë. Është një turp,- shtoi ai i indinjuar,- se një vajzë nuk mund të vijë në dhomën time në këtë hotel pa e vënë dikush në dyshim motivin e saj.

- Nuk besoj se ju mendoni se unë kam ndonjë lidhje me këtë gjë,- tha nëna në mënyrë apologjie. Unë e di që ju e pëlqeni Xhenin dhe nuk do ta lëndoni. Ju keni bërë kaq shumë për të dhe për të gjithë ne, Z. Brender, ndihem i turpëruar që ta largoj atë.

- S'ka problem, zonja Gerhardt,- tha ai në heshtje. Ju keni bërë gjënë e duhur. Unë nuk ju fajësoj më së paku. Është akuza e gënjeshtërt e kaluar në këtë hotel që unë kundërshtoj. Do të shikoj për këtë gjë.

Znj. Gerhardt qëndroi atje, tepër e zbehtë. Ajo kishte frikë se e kishte ofenduar thellësisht këtë njeri që kishte bërë kaq shumë për ta. Nëse ai mund të thoshte diçka, mendoi ajo, kjo do ta pastronte këtë çështje dhe do ta bënte atë të ndiente se ajo nuk ishte llafazane. Skandali ishte shqetësues për të.

- Mendova se po bëja gjënë e duhur,- tha më në fund.

- Kështu që ju ishit,- u përgjigj ai. Më pëlqen shumë Xheni. Jam gëzuar gjithmonë kur ajo ka ardhur këtu. Është qëllimi im që të bëj mirë ndaj saj, por ndoshta do të ishte më mirë të largohesha, të paktën për momentin.

Përsëri atë mbrëmje, senatori u ul në karrigen e tij të lehtë dhe u kujdes për këtë zhvillim të ri. Xheni ishte me të vërtetë shumë më e çmuar për atë se sa kishte menduar. Tani që nuk kishte shpresë ta shihte më atje, ai filloi të kuptonte se sa kuptim kishin këto vizita të vogla të saj. Ai e shqyrtoi çështjen me shumë kujdes, menjëherë kuptoi se nuk kishte ngelur asgjë për t'u bërë deri sa thashethemexhinjtë e hotelit ishin të interesuar, dhe arriti në përfundimin se ai e kishte vendosur me të vërtetë vajzën në një pozitë shumë të pakënaqshme.

- Ndoshta më mirë ta mbaroj këtë çështje të vogël,- mendoi ai. Nuk është një gjë e mençur për të vazhduar.

Me forcën e këtij përfundimi ai shkoi në Uashington dhe përfundoi mandatin e tij. Pastaj ai u kthye në Kolumbi për të pritur njohjen miqësore nga Presidenti që do ta dërgonte atë në ndonjë shërbim jashtë vendit. Xheni nuk ishte harruar aspak. Sa më gjatë ai qëndroi larg, aq më shumë ai bëhej i paduruar për t'u kthyer. Kur ai u vendos në mënyrë të përhershme në lagjet e tij të vjetra, ai mori bastunin e tij një mëngjes dhe filloi të shëtiste në drejtim të vilës. Kur ai mbërriti atje, ai vendosi të shkonte dhe duke trokitur në derë, u përshëndet nga zonja Gerhardt dhe vajza e saj me buzëqeshje të mahnitur dhe të çuditshme. Ai shpjegoi paksa se ai kishte qenë larg, dhe përmendi rrobën e tij sikur të ishte objekt i vizitës së tij. Pastaj, kur shansi i dha atij disa momente vetëm me Xhenin, ai u zhyt në guxim.

- A do të dëshironit të dilni me mua në mbrëmjen e nesërme?- e pyeti.

- Do më pëlqente,- tha Xheni.

Ai buzëqeshi, i lumtur që do ta shikonte përsëri. Çdo ditë dukej se e shtonte bukurinë e saj. I gëzuar me platformën e saj të pastër të bardhë, kokën e saj me formë të kurorëzuar nga lavdia e flokëve të thurura thjesht, ajo ishte një pamje e këndshme për çdo njeri që të shikonte.

Ai priti derisa znj. Gerhardt u kthye, dhe pastaj, pasi e arriti qëllimin e vizitës së tij, u ngrit.

- Unë do ta marr vajzën tuaj në mbrëmjen e nesërme,- shpjegoi ai. Dua të flas me të për të ardhmen e saj.

- Dakord? - tha nëna. Ajo nuk pa asgjë të papërshtatshme në propozim. Ata u ndanë me buzëqeshje dhe shumë shtrëngim duarsh.

- Ky njeri ka zemrën më të gjerë,- komentoi zonja Gerhardt. A flet gjithmonë kaq mirë? Ai mund të të ndihmojë në një arsimim. Duhet të jesh krenare.

- Unë jam,- tha Xheni sinqerisht.

- Nuk e di nëse duhet t'i kishim thënë më mirë babait tënd apo jo,- përfundoi zonja Gerhardt. Ai nuk pëlqen që të jeni jashtë në mbrëmje.

Së fundi ata vendosën të mos i thonin atij. Ai nuk mund të kuptojë.

Xheni ishte gati kur thirri. Ai mund të shihte nga llambat me modele të ndezura dhe të pakuptimta që ajo ishte e veshur për të, dhe se rasti kishte thirrur më të mirën që kishte. Një pendë e zbehtë e livandës, e krehur dhe e hekurosur, derisa ishte një model i pastrimit, ia hoqi figurën e saj të bukur përsosmërisë. Kishte pak pranga me dantella dhe një jakë tepër të lartë të ngjitur me të. Ajo nuk kishte doreza, as ndonjë bizhuteri, as një xhaketë mjaft të mirë për t'u veshur, por flokët e saj ishin kaq të shkëlqyeshme. Kur Brender sugjeroi që ajo duhet të veshi një xhaketë ajo hezitoi një moment; pastaj hyri dhe hodhi këmishën e nënës së saj, një lesh të hollë të përdredhur. Brender kuptoi tani se nuk kishte xhaketë dhe e vuajti këtë gjë.

- Ajo do të kishte duruar ajrin e gjallë të natës,- mendoi ai,- dhe nuk tha asgjë për këtë.

- Pse, Xheni,- tha ai, kur ajo e kishte ftuar atë të vërente se sa të butë pemët dukeshin, ku, të përvijuara me hidhërim ndaj hënës së re, ata u prekën me dritën e verdhë - ju jeni një njeri i madh. besoj se do të shkruanit poezi nëse do të ishit pak të shkolluar.

- A mendoni se mundem?- pyeti ajo pafajshëm.

- A mendoj, vajzë e vogël?- tha ai, duke marrë dorën e saj. A e mendoj, e di, natyrisht që mund të shkruash poezi, ti e jeton atë, je vetë poezi, e dashur, mos u shqetëso për të shkruar ndonjë.

51

Kjo lavdëri e preku atë si asgjë tjetër që mund të kishte bërë. Ai gjithmonë po thoshte gjëra të tilla të bukura. Askush nuk dukej se e pëlqente apo vlerësonte gjysmën e saj aq sa ai. Dhe sa i mirë ishte! Të gjithë e thanë këtë. Babai i saj.

Ata udhëtuan akoma më larg, derisa papritmas, ai tha: pyes veten se sa është ora, ndoshta do të ishte më mirë të ktheheshim?

Xheni filloi të shmangej sepse ora ishte një gjë për të cilën ajo nuk donte të fliste në këto momente, natyrisht nuk dinte ç'të thoshte...

Në mungesë të tij, financat e familjes ishin bërë kaq të tendosura saqë ajo ishte detyruar ta linte peng te argjendari. Marta kishte arritur deri në pikën, ku ajo nuk mund të shkonte më në shkollë, nëse nuk do të ofrohej një veshje e re për të. Dhe kështu, pas shumë diskutimesh, u vendos që ora duhet të shitej.

Bass e mori atë, dhe pas shumë argumentesh me argjendarin ai kishte qenë në gjendje për të sjellë në shtëpi dhjetë dollarë. Znj. Gerhardt i shpenzoi paratë për fëmijët e saj, dhe ngriti një psherëtimë lehtësimi. Marta dukej shumë mirë. Natyrisht, Xheni ishte e gëzuar.

Tani, megjithatë, kur Senatori foli për këtë, ora e saj e ndëshkimit dukej e gatshme. Ajo në të vërtetë u drodh, dhe ai vuri re çrregullimin e saj.

- Sikur u mërzite Xheni,- tha ai butësisht,- ku e ke orën që të kam dhuruar?

- Hmm.. unë...

Ajo pushoi, sepse i dukej e pamundur të thoshte një gënjeshtër të qëllimshme. Nuk kishte nga t'ia mbante dhe kështu që i rrëfeu gjithçka.

- Epo,- tha ai,- nuk ndihem keq për orën, por për situatën që ti je gjendur. Më pas kur të keni nevojë për ndonjë gjë, unë dua që ju të vini tek unë. Dua që ti të më premtosh, nëse nuk jam këtu, dua që ti të shkruash, unë do të jem gjithmonë në kontakt me ju tani e tutje. Do të keni adresën time. Vetëm më lejoni ta di, e do të të ndihmoj. A e kupton?

- Po,- tha Xheni.

- Ma premton?

- Po,- u përgjigj ajo.

Për një moment asnjëri prej tyre nuk fliste.

- Xheni,- tha më në fund,- kam vendosur që unë nuk mund të bëj më pa ju. A mendon se mund të jetosh pa mua tani e tutje?

Xheni shikoi larg, duke mos i kuptuar qartë fjalët e tij siç i kishte thënë ai.

- Nuk e di,- tha ajo paksa.

- Epo, mendoni për këtë,- tha ai me kënaqësi. Unë jam serioz. A do të jeni të gatshëm të martoheni me mua dhe të më lejoni t'ju çoj në shkollë për disa vite?

- Në shkollë?

- Po, pasi të martohesh me mua.

- A nuk ju interesoj fare, Xheni?- pyeti ai.

- Po!

- Megjithatë, kurrë nuk vjen më për rrobat e mia,- iu kthye patetikisht. Ajo e preku atë për ta dëgjuar atë të thoshte këtë.

- Nuk e bëra këtë,- u përgjigj ajo. Nuk mund ta ndihmoja, nëna mendonte se ishte më e mira për mua.

- Pra, ishte,- pranoi ai. Mos u ndje keq, po bëja vetëm shaka me ty.

Ai ia mori dorën dhe e shtyu atë në mënyrë të ndjeshme saqë të gjitha fjalët e tij me dashamirësi dukeshin dyfish të theksuara ndaj saj.

- Ti je aq i mirë për mua,- tha ajo me tonin e dashur të një vajze.

- Ju jeni vajza ime, Xheni,- tha ai me ndjenjë të thellë. Do të bëja gjithçka në botë për ty.

Kapitulli 6

Babai i kësaj familjeje të pafat, Uilliam Gerhardt, ishte një njeri me interes të konsiderueshëm në anën e tij personale. I lindur në mbretërinë e Saksonisë, ai kishte pasur karakter të mjaftueshëm për të kundërshtuar rekrutimin e padrejtë në ushtri, dhe për të ikur, në vitin e tij të tetëmbëdhjetë, në Paris. Prej aty ai kishte vendosur për Amerikën, vendin e mundësive.

Për të arritur në këtë vend, ai e kishte bërë rrugën e tij, nga fazat e ngadaltë, nga Nju Jorku në Filadelfia, dhe që andej në drejtim të perëndimit, duke punuar për një kohë në fabrikat e ndryshme të qelqit në Pensilvani. Në një fshat romantik të kësaj bote të re ai kishte gjetur idealin e zemrës së tij. Bashkë me të, një vajzë e thjeshtë Amerikane me prejardhje gjermane, ai ishte shpërngulur për në Youngstoën, dhe që andej në Kolumbus, çdo herë pas një prodhuesi qelqi me emrin Hammond, biznesi i të cilit lulëzoi dhe që u dobësua nga kriza.

Gerhardt ishte një njeri i ndershëm dhe ai pëlqente të mendonte se të tjerët e vlerësonin integritetin e tij. - Uilliam,- punëdhënësi i tij i thoshte atij,- dua që ti të qëndrosh, sepse mund të të besoj,- dhe kjo, për të, ishte më shumë se argjendi dhe ari.

Kjo ndershmëri, si bindjet e tij fetare, ishte tërësisht për shkak të trashëgimisë. Ai nuk kishte menduar kurrë për këtë. Babai dhe gjyshi përpara tij ishin artizanët të guximshëm gjermanë, të cilët kurrë nuk kishin mashtruar askënd qoftë edhe për një dollar, dhe kjo ndershmëri e qëllimit erdhi në venat e tij pa u pakësuar.

Prirjet e tij luteriane ishin forcuar nga vitet e vajtjes në kishë dhe nga bindjet fetare të jetës në shtëpi. Në vilën e atit të tij, ndikimi i ministrit luterian kishte qenë i gjithëfuqishëm; ai kishte trashëguar ndjenjën se Kisha Luteriane ishte një institucion i përsosur dhe se mësimet e tij ishin të një rëndësie të veçantë kur vinte çështja e jetës së ardhshme. Gruaja e tij, nominalisht e besimit Mennonite, ishte mjaft e gatshme të pranonte besimin e burrit të saj.

Pastor Vundt, pastori i kishës së Kolumbit, ishte një i krishterë i sinqertë dhe i zjarrtë, por fanatizmi i tij i ngathët dhe i fortë dhe i shpejtë e bëri atë të padurueshëm. Ai konsideroi se anëtarët e fesë së tij po rrezikonin shpëtimin e tyre të përjetshëm nëse kërcenin, luanin letra, ose shkuan në teatro dhe ai nuk hezitoi të deklaronte zhurmshëm se ferri ishte duke qarë për ata që nuk iu bindeshin urdhrave të tij. Pirja, edhe në mënyrë të ngrohtë, ishte një mëkat. Sjellja e drejtë në martesë, megjithatë, dhe pafajësia para atij shteti ishin thelbësore në jetesën absolute si i krishterë. Askush të mos flasë për shpëtimin, kishte thënë ai, për një vajzë që nuk e kishte mbajtur të pastër dëlirësinë e saj, ose për prindërit që me pakujdesinë e kishin lejuar që ajo të binte. Ferri po qeshte për të gjitha këto. Ju duhet të ecni në rrugën e drejtë dhe të ngushtë në qoftë se ju shpëtoni nga ndëshkimi i përjetshëm dhe një Perëndi i drejtë zemërohet me mëkatarët çdo ditë.

Gerhardt dhe gruaja e tij, dhe gjithashtu Xheni, pranuan doktrinat e Kishës së tyre, siç u shpjeguan nga Z. Vundt pa rezervë. Me Xhenin, megjithatë, pëlqimi ishte pak më shumë se nominale. Feja ende nuk kishte një goditje të mrekullueshme mbi të. Ishte një gjë e këndshme të dinim se kishte një parajsë, një frikë për të kuptuar se kishte edhe një ferr. Vajzat dhe djemtë e rinj duhet të jenë të mirë dhe t'u binden prindërve të tyre. Përndryshe, i gjithë problemi religjioz keqësohej në mendjen e saj.

Zoti Gerhardt ishte i bindur se gjithçka që thuhej nga klerikët e kishës së tij ishte gjithmonë e vërtetë. Vdekja dhe e ardhmja ishin realiteti për të.

Tani që vitet po kalonin dhe problemet e botës po bëheshin gjithnjë e më të pashpjegueshëm, ai u kap me ankth ndaj shkresurinave që përmbanin një zgjidhje. Oh, sikur ai të ishte aq i ndershëm dhe i drejtë saqë Zoti të mos kishte asnjë justifikim për ta përjashtuar atë. Ai dridhej jo vetëm për vete, por për gruan dhe fëmijët e tij. A nuk do të ishte ai përgjegjës për ato ndonjë ditë? Ai paraqiti në vetvete vuajtjet e ferrit dhe pyeste veten se si do të ishin orët e tij të fundit.

Natyrisht, një ndjenjë e tillë e thellë fetare e bëri atë të ashpër me fëmijët e tij. Ai ishte i prirur për të skanuar me sy të ngushtë kënaqësitë dhe habitjet e dëshirës rinore. Xheni kurrë nuk do të kishte një dashnor nëse babai i saj do të dëgjonte ndonjë gjë në këtë çështje. Çdo flirt me të rinjtë që mund të takonte në rrugët e Kolumbit nuk mund të kishte asnjë vazhdim në shtëpinë e saj. Gerhardt harroi se ishte dikur i ri, dhe dukej se mendonte vetëm për mirëqenien e shpirtit të saj. Pra senatori ishte një faktor kyç në jetën e saj.

Mënyra se si Senatori hyri në jetën familjare ishte aq origjinale dhe aq e besueshme sa ai u bë pjesë aktive para se ndonjëri të mendonte diçka për këtë. Vetë Gerhardt u mashtrua, dhe, duke pritur asgjë përveç se nderim dhe fitimin, pranuan interesin dhe shërbimin dhe u bashkuan në mënyrë paqësore. Gruaja e tij nuk i tha atij për dhuratat që kishin ardhur për Krishtlindjen e mrekullueshme.

Por një mëngjes kur Gerhardt po vinte në shtëpi nga puna e natës, një fqinj i quajtur Oto Vevër e priti atë.

- Gerhardt,- tha ai,- unë dua të flas një fjalë me ty, si një mik i juaj, dua t'ju tregoj atë që dëgjoj. Fqinjët, ju e dini, ata flasin tani për njeriun që vjen për të parë vajzën tuaj.

- Vajzën time?- tha Gerhardt, më shumë i hutuar sesa i lënduar nga ky sulm i papritur. Çfarë do të thuash? Unë nuk di ndonjë që vjen për të parë vajzën time.

- Ashtu?- pyeti Vevër, pothuajse aq i habitur sa marrësi i besimeve të tij. Njeriu i moshës së mesme, me flokë të bardhë, ndonjëherë mban një shkop, nuk e njeh?

56

Gerhardt u përpoq të kujtohej me një fytyrë të hutuar.

- Ata thonë se ai ishte një senator një herë,- vazhdoi Vevër, dyshues për atë që kishte dëgjuar,- unë nuk e di.

- Ah,- u kthye Gerhardt, i lehtësuar. Senatori Brender. Po, ka ardhur ndonjëherë tek ne.

- Kjo nuk është asgjë,- u kthye fqinji,- ata flasin, se ai nuk është më i ri, ju e dini, vajza juaj, ajo shkon me të disa herë, këta njerëz e shohin dhe tani flasin rreth saj. Mendova se mund të dëshironi të dini.

Gerhardt ishte i tronditur nga këto fjalë të tmerrshme. Njerëzit duhet të kenë një arsye për të thënë gjëra të tilla. Xheni dhe nëna e saj ishin seriozisht në faj. Megjithatë ai nuk hezitoi të mbrojë vajzën e tij.

- Ai është një mik i familjes,- tha ai konfuz. Njerëzit nuk duhet të flasin derisa ta dinë, vajza ime nuk ka bërë asgjë.

- Meqë qenka kështu. Nuk është asgjë,- vazhdoi Vevër. Njerëzit flasin para se të kenë ndonjë bazë, ti dhe unë jemi miq të vjetër, mendova se do të donit ta dinit.

- Më vjen mirë që ma the,- murmuriti ai ndërsa filloi të ikte për në shtëpi.

Gerhardt gjeti rastin e parë për të pyetur gruan e tij.

- Çfarë është kjo në lidhje me Senatorin Brender që vjen për të thirrur Xhenin?- pyeti ai në gjermanisht. Fqinjët po flasin për këtë.

- Asgjë,- iu përgjigj zonja Gerhardt, në të njëjtën gjuhë. Ajo u habit nga pyetja e tij.

- Nuk ma tregove,- u kthye.

- Jo,- u përgjigj ajo, absolutisht e pakënaqur. Ai ka qenë këtu vetëm dy ose tri herë.

- Dy ose tre herë!- bërtiti Gerhardt, me tendencën gjermane për të folur me zë të lartë. Dy ose tri herë, dhe të gjithë fqinjët flasin për këtë. Ç'është kjo, atëherë?

- Ai erdhi vetëm dy ose tre herë,- përsëriti znj. Gerhardt dobët.

-Vevër vjen tek unë në rrugë,- vazhdoi Gerhardt,- dhe më thotë se fqinjët e mi po flasin për burrin që po shkon vajza ime. Çfarë duhet të mendojnë të tjerët për mua?

- Nuk ka asgjë,- deklaroi nëna, duke përdorur një idiomë efektiv gjerman. Xheni ka ecur me të një herë apo dy herë, ai ka ardhur këtu në shtëpi. Çfarë ka tani që njerëzit të flasin për të?

- Por ai është një plak,- u kthye Gerhardt, duke shprehur fjalët e Vevër. Ai është një qytetar publik. Çfarë duhet të kërkojë me një vajzë si Xheni?

- Nuk e di,- tha zonja Gerhardt, në mbrojtje. Ai vjen këtu në shtëpi, nuk di asgjë tjetër veçse mirë për këtë njeri. A duhet t'i them atij të mos vijë?

Gerhardt ndaloi. E gjithë ajo që ai e dinte për senatorin ishte e shkëlqyer. Çfarë kishte tani që ishte aq e tmerrshme për këtë?

- Fqinjët janë aq të gatshëm për të folur, ata nuk kanë ndonjë gjë tjetër për të folur tani, kështu që ata flasin për Xhenin, ju e dini që ajo është një vajzë e mirë apo jo, dhe lotët rrodhën në sytë e nënës së butë.

- Kjo është në rregull,- murmuriti Gerhardt, - por ai nuk duhet të marrë një vajzë të moshës së saj për të ecur.

Në këtë moment hyri Xheni. Ajo kishte dëgjuar bisedën në dhomën e përparme, ku ajo flinte me një nga fëmijët. Tani nëna e saj u kthye prapa dhe u përkul mbi tavolinën për diçka, në mënyrë që vajza e saj të mos shihte sytë e saj të kuq.

- Për çfarë bëhet fjalë?- pyeti ajo, e turbulluar paksa nga heshtja e tensionuar në qëndrimin e të dy prindërve të saj.

- Asgjë,- tha Gerhardt me vendosmëri.

Znj. Gerhardt nuk bëri asnjë shenjë, por paqëndrueshmëria e saj i tha diçka. Xheni shkoi tek ajo dhe shpejt zbuloi se ajo kishte qarë.

- Për çfarë bëhet fjalë?- ajo përsëriti pyetjen, duke vështruar atin e saj.

- Oh, janë fqinjët,- ia ktheu nëna.

- Ata janë gjithmonë të gatshëm të flasin për diçka që nuk dinë asgjë.

- A jam unë përsëri?- pyeti Xheni, fytyra e saj u zbeh pak.

- Shikoni ju,- vuri re Gerhardt, me sa duket duke iu drejtuar botës në përgjithësi,- ajo e di, tani, përse nuk më thua se ai vinte këtu? Fqinjët flasin dhe nuk dëgjoj asgjë për këtë deri më sot.

- Oh,- bërtiti Xheni. Çfarë ndryshimi do të bënte kjo?

- Çfarë ndryshimi?- bërtiti Gerhardt, ende duke folur në gjermanisht, edhe pse Xheni u përgjigj në anglisht. A nuk ka ndryshim që burrat të më ndalojnë në rrugë dhe të flasin për këtë? Ju duhet të keni turp për veten tuaj për këtë. Gjithmonë mendoja mirë për këtë njeri, por tani, pasi nuk më flet për të, dhe fqinjët flasin, unë nuk e di se çfarë të mendoj. Apo duhet të marr vesh se çfarë po ndodh në shtëpinë time nga fqinjët e mi?

Nëna dhe vajza u ndalën. Xheni kishte filluar të mendonte se gabimi i tyre ishte serioz.

- Nuk kam mbajtur asgjë të fshehtë nga ju, sepse nuk ishte e keqe,- tha ajo.

- Po, por ti nuk më ke thënë,- u përgjigj babai i saj.

- Unë e di që nuk të pëlqen që unë të dal pasi bëhet errësirë,- u përgjigj Xheni. Kjo është arsyeja pse unë nuk e bëra. Nuk kishte asgjë tjetër për të fshehur në lidhje me të.

- Çfarë mund të bëjë ai me ju, përse ai vjen këtu?Ai është shumë i vjetër, gjithsesi, nuk mendoj se duhet të ketë diçka të bëjë me ty.

- Ai nuk dëshiron të bëjë asgjë, përveçse të më ndihmojë,- murmuriti Xheni. Ai dëshiron të martohet me mua.

- Të martohet me ty, përse nuk më thotë ai!- bërtiti Gerhardt. Unë nuk dua ta shoh më këtu përveç kësaj, ai është shumë i vjetër, dhe tashmë të gjithë fqinjët flasin për ty. Do t'ia tregoj unë atij, ai duhet ta dijë që është më mirë të qëndrojë larg përndryshe...

Ky kërcënim i Gerhardt, që ai do t'i thoshte Brenderit të qëndronte larg, dukej thjesht e tmerrshme për Xhenin dhe për nënën e saj. Çfarë e mire mund të vinte nga ndonjë qëndrim i tillë? Pse duhet të dukeshin keq para tij? Sigurisht që Brender dërgoi lajm përsëri, ndërsa Gerhardt ishte larg në punë, dhe ato u trembën që të mos e dinte babai për këtë. Disa ditë më vonë Senatori erdhi dhe e mori Xhenin për një shëtitje të gjatë. As ajo, as e ëma nuk i thanë asgjë Gerhardtit.

- A ka qenë Xheni përsëri me atë njeri?- pyeti znj. Gerhardt mbrëmjen tjetër.

- Ai ishte këtu natën e fundit,- ia ktheu ajo, në mënyrë të paqëndrueshme.

- A i tha ajo se ai nuk duhet të vijë më?

- Unë nuk e di, nuk mendoj kështu.

- Epo, tani, do ta bëj unë që kjo gjë do të ndalet,- tha babai i vendosur. Do të flas me të. Prit derisa të vijë përsëri.

Në përputhje me këtë, ai gjeti rastin që të dalë nga fabrika e tij në tri mbrëmje të ndryshme, çdo herë që vëzhgonte me kujdes shtëpinë, në mënyrë që të zbulonte nëse kishte ndonjë vizitor . Në mbrëmjen e katërt Brender erdhi, dhe pyeti për Xhenin, e cila ishte jashtëzakonisht nervoze, ai e mori atë për një shëtitje. Ajo kishte frikë nga babai i saj, që të mos ndodhte ndonjë gjë e pahijshme, por nuk e dinte saktësisht se çfarë të bënte.

Gerhardt, i cili ishte në rrugën e tij për në shtëpi në atë kohë, vuri re largimin e saj. Kjo ishte e mjaftueshme për të. Duke folur me gruan e tij, ai tha:

- Ku është Xheni?

- Ajo është diku jashtë,- tha nëna e saj.

- Po, e di ku,- tha Gerhardt. E pashë atë, tani prit derisa ajo të vijë në shtëpi, do t'ia tregoj unë.

Ai u ul qetësisht, duke lexuar një letër gjermane dhe duke mbajtur një sy mbi gruan e tij, derisa më në fund porta u hap dhe dera e dhomës u hap. Pastaj ai u ngrit.

- Ku ke qenë?- bërtiti ai në gjermanisht.

Brender, i cili nuk kishte dyshuar se ndonjë problem i këtij karakteri ishte në pritje, ndihej i acaruar dhe i parehatshëm. Xheni u bë konfuze. Nëna e saj vuante në agoni në kuzhinë.

- Unë isha jashtë për një shëtitje,- u përgjigj ajo konfuze.

- A nuk ju thashë të mos dilni më pasi të bëhet errësirë?- tha Gerhardt, duke injoruar plotësisht Brenderin.

Xheni e skuqur flakë në fytyrë, e paaftë për të folur një fjalë.

- Çfarë problemi ka?- pyeti Brender rëndë. Pse duhet të flisni me të kështu?

- Ajo nuk duhet të dalë pasi të bëhet errësirë,- ia ktheu babai me vrazhdësi. Unë i kam thënë dy ose tre herë tani, nuk mendoj se ju duhet të vini akoma më shumë këtu.

- Dhe pse?- pyeti senatori, duke ndaluar të merrte në konsideratë dhe të zgjidhte fjalët e tij. A nuk është kjo e çuditshme, çfarë ka bërë vajza juaj?

- Çfarë ka bërë ajo?- bërtiti Gerhardt. Ajo po del nëpër rrugë gjatë natës, kur ajo nuk duhet ta bëjë, unë nuk dua që vajza ime të shëtisë pas errësirës me një burrë të moshës sate. Çfarë dëshiron me të gjithsesi?

- Dua!- tha Senatori, duke u munduar të rifitonte dinjitetin e tij Dua të flas me të, natyrisht, ajo është mjaft e re që të jetë interesante për mua. Dua të martohem me të nëse ajo dëshiron.

- Unë dua që ju të dilni nga këtu dhe të qëndroni larg,- iu kthye babai, duke humbur të gjithë ndjenjën e logjikës, dhe duke zbritur në nivelin e zakonshëm të detyrimit prindëror. Unë nuk dua që ti të vish më rreth shtëpisë sime.

- Unë ju them sinqerisht,- tha Senatori, duke u ngjitur lart në lartësinë e tij,- që ju do të duhet ta kuptoni, nuk kam bërë asgjë

61

për të cilën më vjen turp. Tani, dua të di se çfarë do të thotë kjo e folur në këtë mënyrë.

- Unë dua të them,- tha Gerhardt, duke përsëritur me entuziazëm veten,- dua të them, dua të them se e gjithë lagja flet për mënyrën se si po vjen këtu, dhe ecni me vajzën time kur nuk jam këtu - kjo është ajo që dua të them. Unë dua të them se nuk je njeri me synime të ndershme, ndryshe nuk do të merreshe me një vajzë të vogël që është tamam për të qenë vajza jote. Njerëzit më tregojnë mirë se çfarë jeni. Ju duhet të shkoni dhe të lini rehat vajzën time.

- Njerëzit!- tha senatori. Epo, nuk më intereson asgjë për popullin tënd, e dua vajzën tënde, dhe unë jam këtu për ta parë atë, sepse e dua, është qëllimi im të martohem me të dhe nëse fqinjët kanë diçka për t'i thënë, le ta thonë. Nuk ka asnjë arsye pse duhet të sillesh në këtë mënyrë para se të dish se cilat janë qëllimet e mia.

I çuditur nga kjo grindje e papritur dhe e tmerrshme, Xheni ishte mbështetur te dera që çonte në dhomën e ngrënies, duke dëgjuar, tha:

- Oh,- duke frymëzuar me entuziazëm,- ai erdhi në shtëpi kur ishe larg. Çfarë të bëjmë? Ato u ngjitën së bashku nënë e bijë, dhe qanë në heshtje.

- Të martoheni, eee,- bërtiti babai. Këtë po thoni?

- Po,- tha senatori,- të martohemi, pikërisht këtë po themi, vajza juaj është tetëmbëdhjetë vjeç dhe mund të vendosë për veten e vet. Ti më ke fyer dhe jeni i zemëruar me ndjenjat e vajzës tuaj. Nëse dëshironi ta dini kjo nuk mund të ndalet këtu, nëse keni ndonjë gjë për të thënë kundër meje, përveç fjalëve të fqinjëve, mund t'i thoni.

Senatori qëndroi para tij, plot autoritet. Ai nuk po ngrinte as zërin, as ishte i zemëruar, por të jepte idenë e forcës dhe vendosmërisë.

- Unë nuk dua të flas me ju më,- u kthye Gerhardt, i cili e kontrolloi veten. Vajza ime është bija ime, unë jam ai që ajo do të pyesë nëse ajo do të dalë gjatë natës, ose nëse ajo do të martohet me ju. Kur ju takova së pari unë mendova se ishe një njeri i mirë, por tani, meqë shoh mënyrën se si silleni me vajzën time, nuk dua të kem të bëj asgjë me ty, vetëm të shkosh dhe të qëndrosh larg prej këtu.

- Më vjen keq, znj. Gerhardt,- tha Brender, duke u larguar me dashje nga babai i zemëruar,- nuk e kisha idenë se burri yt ishte kundër vizitave të mia, por unë do të largohem për momentin.

Gerhardt vështroi me habi.

- Unë do të shkoj tani,- tha ai, duke iu drejtuar përsëri Gerhardtit,- por ju nuk duhet të mendoni se po e lë këtë çështje me kaq. Ai u përkul dhe u largua.

Gerhardt e mbylli derën me vendosmëri. Tani,- tha ai duke u kthyer nga vajza dhe gruaja e tij,- do të shohim nëse do ta shpëtojmë apo jo.

Ditë pas kësaj, thuajse një fjalë u fol në vilën e tyre të vogël. Gerhardt filloi të kujdesej për faktin se ai e kishte pranuar vendin e tij nga senatori dhe vendosi ta braktiste. Ai iu bëri të ditur se nuk duhej të bëhej më larja e rrobave së senatorëve në shtëpinë e tyre dhe nëse nuk kishte qenë i sigurt se puna e znj. Gerhardt ishte për shkak të përpjekjeve të saj për ta gjetur atë, ai do ta kishte ndalur atë. Asnjë e mirë nuk do të dilte nga ajo, gjithsesi. Nëse ajo kurrë nuk do të kishte shkuar në hotel, gjithë kjo bisedë nuk do të ishte bërë kurrë në shtëpinë e tyre.

Për sa i përket Senatorit, ai u largua me vendosmëri nga kjo ngjarje e çuditshme. Shpifjet e lagjes janë mjaft të këqija në qytetin e tyre, dhe për një njeri me një reputacion si të tijin e gjithë kjo ishte një dëm për imazhin e tij. Ai nuk e dinte se çfarë të bënte në këtë situatë, dhe ndërkohë që po përpiqej të merrte një vendim, kaluan disa ditë. Pastaj ai u thirr në Uashington dhe u largua pa e parë Xhenin përsëri.

Në të njëjtën kohë, familja Gerhardt luftonte së bashku si më parë. Ata ishin të varfër, në të vërtetë, por Gerhardt ishte i gatshëm të përballonte varfërinë vetëm nëse mund të durohej me nder. Faturat e ushqimeve ishin të të njëjtës madhësi. Rrobat e fëmijëve ishin të vjetruara tashmë. Ekonomia duhej të ndryshonte dhe pagesat kishin mbetur në faturat e vjetra që Gerhardt po përpiqej të shlyente.

Pastaj erdhi një ditë kur kishte interes vjetor mbi hipotekën dhe një tjetër kur dy burra të ndryshëm të dyqaneve të ushqimeve takuan Gerhardtin në rrugë dhe pyesnin për faturat e tyre të vogla. Ai nuk hezitoi të shpjegonte se si ishte situata dhe t'u tregonte me ndershmëri bindëse se do të përpiqej shumë dhe do të bënte gjithçka që mundte. Por shpirti i tij u ndërpre nga fatkeqësitë e tij. Ai u mundua mjaft të shfrytëzonte çdo orë të ditës për të fituar sadopak duke e lodhur veten jashtëzakonisht shumë.

Zonja Gerhardt protestoi se ai po vriste veten kështu, por ai e bëri të kuptonte duke treguar nevojën e tyre.

- Kur njerëzit më ndalojnë në rrugë dhe më kërkojnë para nuk kam kohë për të fjetur.

Ishte një situatë shqetësuese për të gjithë.

Për t'i rënduar të gjitha, Sebastiani u fut në burg. Ishte mënyra e vjetër se si ata gjenin qymyrin për t'u ngrohur që solli gjithë këtë. Ai u ngjit në një makinë një mbrëmje, ndërsa Xheni dhe fëmijët e prisnin, dhe një hetues hekurudhor e arrestoi atë. Kishte pasur një numër të madh të vjedhjes së thëngjillit gjatë dy viteve të fundit, por për aq kohë sa ishte i kufizuar në sasi të moderuara, hekurudha nuk mori njoftim. Kur, megjithatë, klientët e transportuesve u ankuan se makinat nga fushat e Pensilvanisë humbën mijëra paund në transit në Kleveland, Kinkinati, Çikago dhe pika të tjera, detektivët ishin vendosur të zbulonin hajdutët. Fëmijët e Gerhardtit nuk ishin të vetmit që merrnin qymyr nga hekurudha në këtë mënyrë. Familje të tjera në Kolumbi, shumë prej tyre, vazhdimisht bënin të njëjtën gjë, por Sebastian ndodhi që të kapej si shembulli i Kolumbit.

- Çfarë po bën,- tha detektivi, duke u shfaqur papritmas si hija. Xheni dhe fëmijët e tjerë hodhën shportat dhe vrapuan për të shpëtuar jetën e tyre. Mendimi i parë i Sebastian ishte të hidhej dhe të vraponte, por kur ai e provoi, detektivi e kapi atë nga palltoja.

- Ndalo aty,- bërtiti ai. Të dua ty.

- Ah, më lër të shkojë,- tha Sebastian egërsisht, sepse ai nuk ishte i dobët.

- Më lër të shkoj, po ju them,- përsëriti ai, duke i dhënë një hov të fortë.

- Eja këtu tani,- tha detektivi, duke e tërhequr atë në mënyrë të egër në përpjekje për të vendosur autoritetin e tij.

Si përfundim e kapi dhe e goditi fortë me ndihmën e një agjenti tjetër.

Sebastiani ishte me një pallto të shqyer, me duar dhe me fytyrë të prerë, dhe një sy të zi , e ashtu siç ishte, e mbyllën në një depo.

Kur fëmijët u kthyen në shtëpi, nuk mund të thonin se çfarë kishte ndodhur me vëllain e tyre, por kur kaluan nëntë orë dhe pastaj dhjetë dhe njëmbëdhjetë, dhe Sebastiani nuk u kthye, zonja Gerhardt filloi të merakosej. Ai kishte qëndruar shpesh deri vonë jashtë, por nëna e tij kishte një parandjenjë të keqe sonte. Kur Sebastiani s'po dukej gjëkundi, ajo filloi të qajë.

- Dikush duhet të ngjitet dhe t'i thotë babait tuaj,- tha ajo. Ai mund të jetë në burg.

Xheni doli vullnetare por Xhorxh, i cili ishte duke fjetur, u zgjua për të shkuar së bashku me të.

- Çfarë!- tha Gerhardt, i habitur duke parë dy fëmijët e tij.

- Bass nuk ka ardhur ende,- tha Xheni, dhe pastaj tregoi historinë e aventurës së mbrëmjes se çfarë kishte.

Gerhardt e la punën menjëherë, duke u kthyer me dy fëmijët e tij në stacionin e policisë ku mendonte se mund ta kishin çuar. Ai mendoi se çfarë kishte ndodhur dhe zemra e tij ishte e trazuar.

Arriti në stacionin e shtëpisë, rreshteri përgjegjës i tha atij me kujdes se Bass ishte nën arrest.

- Sebastian Gerhardt?- tha ai, duke kërkuar mbi regjistrin e tij; Po, këtu është ai, është kapur duke vjedhur qymyr dhe duke i rezistuar një oficeri. A është ai djali juaj?

- Po!- tha Gerhardt,- oh zot!,- ai në të vërtetë shtrëngoi duart e tij në ankth.

- Dëshironi ta shihni atë?- pyeti rreshteri.

- Po, po,- tha babai.

- Merre me vete, Fred,- tha tjetri tek roja e vjetër përgjegjëse,-dhe le ta shohë djalin.

Kur Gerhardt qëndronte në dhomën e prapme, dhe Sebastianin e nxorën, ai i pa të gjitha shenjat dhe të nxirat, u prek dhe filloi të qajë. Asnjë fjalë nuk mund të nxirrte nga buzët e tij për shkak të emocioneve.

- Mos qaj, baba,- tha Sebastiani me guxim. Unë nuk mund të bëja asgjë. Do të jem jashtë në mëngjes.

Gerhardt e tronditi me pikëllimin e tij.

- Mos qaj,- vazhdoi Sebastian, duke bërë më të mirën për të mbajtur lotët e tij. Do të jem në rregull.

- E di, e di,- thoshte Gerhardt me kokë të përkulur,- por unë nuk mund të ndihmoj. Është faji im që të lejoj ta bësh këtë.

- Jo, jo, nuk është faji yt,- tha Sebastiani. Nuk mund të më ndihmoni. A di nëna ndonjë gjë për këtë?

- Po, e di,- u kthye. Xheni dhe Xhorxh erdhën dhe më thanë. Nuk dija asgjë për këtë deri tani,- dhe ai filloi të qajë përsëri.

- Epo, mos u shqetësoni,- vazhdoi Bass, pjesa më e mirë e natyrës së tij erdhi në dukje. Unë do të jem në rregull, kthehu në punë tani, dhe mos u shqetëso.

- Si e ke lënduar syrin?- pyeti babai, duke e parë atë me sy të kuq.

- Oh, pata pak mundje me njeriun që më ka kapur,- tha djaloshi, duke buzëqeshur me guxim. Mendova se mund të ikja.

- Ju nuk duhet ta bëni këtë, Sebastian-, tha babai. Kur është caktuar çështja jote?

- Në mëngjes, më thanë,- tha Bass. Në orën nëntë.

Gerhardt qëndroi me djalin e tij për një kohë dhe diskutoi çështjen e lirimit me kusht, gjobën dhe mundësinë e tmerrshme të dënimit me burg pa arritur në ndonjë përfundim të caktuar. Së fundi ai u bind nga Bass për të shkuar në punë, por largimi ishte një rast për një shpërthim tjetër mes lotësh; ai u largua tutje plot emocione të trishta.

- Është shumë e vështirë,- tha Bass në vetvete pasi u kthye përsëri në qelinë e tij. Ai mendonte vetëm për të atin. Mendimi për këtë e preku shumë.

Kapitulli 7

Gerhardt ishte në dëshpërim; ai nuk njihte asnjeri prej të cilit mund të kërkonte ndihmë mes orëve dy dhe nëntë në mëngjes. Ai u kthye për të biseduar me gruan e tij, dhe pastaj në punë. Çfarë duhej bërë? Ai mund të mendonte vetëm për një mik që ishte në gjendje, ose ndoshta i gatshëm të bënte ndonjë gjë. Ky ishte prodhuesi i xhamit Hammond; por ai nuk ishte në qytet. Megjithatë, Gerhardt nuk e dinte këtë.

Kur shkoi ora nëntë, ai shkoi vetëm në gjykatë, sepse mendonte se të tjerët duhet të qëndronin larg. Zonja Gerhardt do ta merrte vesh menjëherë se çfarë ndodhi. Ai do të kthehej menjëherë.

Kur Sebastiani u rreshtua brenda në dhomën e të akuzuarve, ai duhej të priste një kohë të gjatë, sepse para tij kishte disa të burgosur. Më në fund, emri i tij u thirr dhe djali u shty përpara në shirit.

Vjedhja e thëngjillit, dhe rezistimi ndaj arrestimit,- shpjegoi oficeri i cili e kishte arrestuar atë.

Gjyqtari e vështroi nga afër Sebastianin; ai ishte i impresionuar në mënyrë të pafavorshme nga fytyra e gërvishtur dhe e plagosur e djaloshit.

- E pra, i riu,- tha ai,- çfarë keni për të thënë për veten tuaj, si e keni marrë shenjën e zezë në sy?

Sebastiani shikoi gjykatësin, por nuk u përgjigj.

- E arrestova,- tha detektivi. Ai ishte në një nga makinat e kompanisë, ai u përpoq të largohej prej meje, dhe kur e kapa atë ai më sulmoi, ky njeri këtu ishte dëshmitar,- shtoi ai, duke iu drejtuar rojës së hekurudhës që e kishte ndihmuar.

- A është ky ai që iu goditi ju?- pyeti Gjykatësi, duke vëzhguar nofullën e fryrë të detektivit.

- Po, zotëri,- u kthye, i lumtur për një mundësi për t'u hakmarrë më tej.

- Nëse mundem,- foli Gerhardt, duke u përkulur përpara,- ai është djali im, ai u dërgua për të marrë qymyrin. Ai...

- Nuk na shqetëson se çfarë po marrin në oborr,- ndërpreu agjenti, por ai e hodhi atë nga makina në gjysmë duzinë të tjerë.

- A nuk mund të fitoni sa duhet për të mos marrë thëngjill nga makinat e qymyrit?- pyeti gjykatësi; por para se babai ose djali kishte kohë për t'u përgjigjur, ai shtoi: Cili është profesioni juaj?

- Ndërtues i makinave,- tha Sebastian.

- Po ju çfarë bëni?- pyeti, duke iu drejtuar Gerhardtit.

- Unë jam roje në fabrikën e mobilieve të Millerit.

- Uh,- tha gjykata, ndjenjën se qëndrimi i Sebastian mbeti i zymtë dhe i diskutueshëm. Epo, këtij të riu mund t'i hiqet akuza për vjedhjen e thëngjillit, por duket se është tepër i zoti me grushta. Kolumbia është krejt e pasur me këtë lloj dhune.

- Nëse ju lutem,- filloi Gerhardt, por oficeri i gjykatës tashmë e kishte shtyrë atë larg.

- Nuk dua të dëgjoj më shumë për këtë,- tha gjyqtari. Ai është kokëfortë, gjithsesi. Cila është rasti tjetër?

Gerhardt iu afrua djalit të tij, i hutuar dhe ende shumë i lumtur që nuk ndodhi më keq. Disi, mendoi ai, mund të fitonte më shumë para. Sebastiani e shikoi në mënyrë të kujdesshme teksa doli përpara.

- Është në rregull,- tha Bass me qetësi. Ai nuk më dha asnjë shans për të thënë asgjë.

- Unë jam i kënaqur vetëm se ia hodhe më lehtë,- tha Gerhardt me nervozizëm. Ne do të përpiqemi për të gjetur paratë.

Sa shkoi në shtëpi, Gerhardt informoi familjen e trazuar për rezultatin. Xheni dëgjoi të gjithë historinë me gojë të hapur dhe sy të zgjeruar. Ishte një goditje e tmerrshme ndaj saj. I shkreti Bass! Ai ishte gjithnjë kaq i gjallë dhe i dashur. Duket e tmerrshme që ai duhet të jetë në burg.

Gerhardt shkoi me nxitim në rezidencën e mirë të Hammondit, por ai nuk ishte në qytet. Ai pastaj mendoi për një avokat me emrin Xhenkins, të cilin e dinte në mënyrë të rastësishme, por Xhenkins nuk ishte në zyrën e tij. Kishte disa tregtarë të qymyrit të cilët ai i njihte mjaft mirë, por ai u detyrohej atyre para.

Ai thirri një ose dy të njohurit e tij, por këta, të befasuar me kërkesën e pazakontë dhe të veçantë, u tërhoqën. Në orën katër, ai u kthye në shtëpi, i lodhur dhe i rraskapitur. Nuk di ç'të bëj,- tha ai me dëshpërim.

- Nuk mund të mendoj vetëm.

Xheni mendoi për Brender, por situata nuk e kishte prekur dëshpërimin e saj deri në atë pikë ku ajo mund të guxonte të thyente urdhrin e babit të saj dhe të harronte fyerjen e tij të tmerrshme ndaj senatorit, për të shkuar e për të kërkuar ndihmë tek ai. Megjithatë asnjë zgjidhje tjetër nuk i vinte ndërmend.

Këshilli i familjes zgjati deri në dhjetë e gjysmë, por ende nuk kishin asgjë të vendosur. Znj. Gerhardt u kthye nga njëra anë në tjetrën dhe ia nguli sytë dyshemesë. Gerhardt kaloi dorën në flokët e tij të kuqërremtë i zhytur në mendime. Asnjë nga këto nuk është e dobishme,- tha më në fund. Unë nuk mund të mendoj për asnjë zgjidhje të duhur.

- Shkoni në shtrat, Xheni,- tha nëna e saj me padurim. Merr të tjerët dhe ikni të flini. Nuk ka asnjë dobi të rrini akoma zgjuar.

Xheni shkoi në dhomën e saj, por vetë mendimi i gjumit i shkaktonte pagjumësi. Ajo kishte lexuar në letër, pak pas grindjes së babait të saj me Senatorin, se ky i fundit ishte nisur për në Uashington. Nuk kishte pasur asnjë njoftim për kthimin e tij. Megjithatë ai mund të jetë në qytet. Ajo qëndroi para një pasqyre të vogël dhe të ngushtë. Motra e saj Veronika, me të cilën ajo flinte, tashmë ishte duke ëndërruar. E vendosi. Ajo do të shkonte për të takuar senatorin Brender. Nëse ai ishte në qytet ai do të ndihmonte Bassin. Pse jo, ai e donte atë. Ai e kishte kërkuar vazhdimisht të martoheshin. Pse nuk duhet të shkonte e të kërkonte ndihmë?

Ajo heshti pak kohë, pastaj duke dëgjuar frymëmarrjen e Veronikës rregullisht, ajo vuri kapelën e saj dhe xhaketën, dhe pa zë hapi derën në sallën e poshtme për të parë nëse ishte dikush.

Nuk kishte asnjë tingull, përveç asaj të Gerhardtit që lëvizte nervozisht nga një dhomë në tjetrën. Nuk kishte dritë përveç asaj të dhomës së vogël, dhomës së saj dhe një dritë nga dera e kuzhinës. Ajo u kthye dhe doli vërtik jashtë duke mbyllur derën me kujdes dhe u largua atë natë.

Një hënë e zjarrtë ndriçonte, dhe një ndjenjë e jetës e mbushi ajrin, sepse ajo po i afrohej pranverës përsëri. Ndërsa Xheni nxitoi përgjatë rrugëve me hije, ajo kishte një ndjenjë frike; a ishte ajo gati për të bërë diçka të nxituar si kjo? Si do ta pranonte senatori? Çfarë do të mendonte ai? Ajo qëndronte akoma, e lëkundur dhe e dyshimtë; atëherë kujtimi i Bassit në qelinë e tij i erdhi përsëri në mendje dhe ajo nxitoi.

Ndërtesa e Hotel Capitol ishte i tillë që nuk ishte e vështirë për një grua të gjente hyrjen në çdo orë të natës. Hoteli, jo ndryshe nga shumë të tjerë të asaj kohe, nuk ishte në asnjë mënyrë i udhëhequr lirshëm, por metoda e tij e mbikëqyrjes ishte e pakuptimtë. Çdo person mund të hynte dhe, duke aplikuar në një hyrje të pasme në hollë, vihej në dijeni një nëpunës. Përndryshe nuk do të merrej informacion kush erdhi dhe kush iku.

Kur ajo arriti në derë, ishte errët, përveç një dritë të ulët të djegur në hyrje. Distanca në dhomën e Senatorit ishte vetëm një rrugë e shkurtër përgjatë sallës së katit të dytë. Ajo nxitoi hapat, nervoze dhe e zbehtë, por nuk dha asnjë shenjë tjetër të stuhisë që po niste brenda saj. Kur ajo erdhi te dera e tij e njohur ndaloi; ajo kishte frikë se nuk mund ta gjente në dhomën e tij; po

71

dridhej përsëri duke menduar se mund të ishte atje. Një dritë shkëlqeu përmes anës së pasme, dhe, duke mbledhur gjithë guximin e saj, ajo trokiti. Një burrë po kollitej dhe e mori veten.

Pikëllimi i tij kur ai hapi derën nuk njihte kufij. Po kjo qenka, Xheni!- tha ai. Sa e çuditshme unë isha duke menduar për ty. Hyr Hyr.

Ai e mirëpriti atë me një përqafim të zjarrtë.

- Unë jam nisur për të ardhur për t'ju parë ju, më besoni, por pas gjithë asaj që ndodhi jam stepur, dhe tani ti erdhe, por çfarë ka ndodhur?

Ai u tërhoq një hap dhe vështroi fytyrën e saj. Në bukurinë e Xhenit iu duk sikur pa freskinë e zambakëve të sapo këputur. Në zemër i vërshoi një valë dhembshurie.

- Kam ardhur të lutem për diçka,- ia doli të thoshte më në fund. Vëllai im është në burg, kemi nevojë për dhjetë dollarë për ta nxjerrë jashtë, dhe nuk e dija se ku të shkoja tjetër.

- E gjora vajza ime!- tha ai, duke i dhënë duart. Ku tjetër duhet të shkosh? A nuk të kam thënë që gjithmonë të vish tek unë? A nuk e di, Xheni, unë do të bëja gjithçka për ty?

- Po,- u përgjigj ajo.

- E pra, mos u shqetësoni për këtë më shumë. Por si arriti vëllai yt që të përfundonte në burg?

- Ata e kapën atë duke na hedhur qymyr poshtë nga makina,- u përgjigj ajo.

-Ah!- ia bëri Brenderi me siklet. Këtë djalosh e arrestuan dhe e dënuan me gjobë për diçka që e ka detyruar vetë jeta. Dhe kjo vajzë erdhi tek ai natën për t'ju lutur për dhjetë dollarë. Kjo shumë parash asaj i dukej mjaft e madhe ndërsa atij një hiç.

- Do ta rregulloj unë punën për vëllain tënd,- tha ai shpejt. Mos u shqetëso, unë mund ta nxjerr jashtë për gjysmë ore. Ti rri këtu tani dhe shplodhu derisa të kthehem.

Brender e dinte sherifin që kishte mbikëqyrje të burgut të qarkut. Ai e njihte edhe gjyqtarin që kishte dënuar Sebastianin.

72

Ishte vetëm një punë pesë minutëshe për të shkruar një letër për gjykatësin duke i kërkuar atij që të ndryshonte vendimin. Iu deshën edhe dhjetë minuta të tjera, që të shkonte vetë në burg për të bindur mikun e tij sherifin që ta lëshonte menjëherë Sebastianin.

- Ja ku janë paratë,- tha ai. Nëse gjoba do të anulohet ju mund ta ktheni atë tek unë. Lëreni të shkojë tani.

Sherifi ishte shumë i kënaqur që t'i bindej. Ai nxitoi poshtë për të zbatuar personalisht detyrën, dhe Sebastiani, i habitur, u lirua. Asnjë shpjegim nuk iu dha atij.

- Gjithçka në rregull,- tha gardiani. Jeni i lirë. Dhe shkoni në shtëpi dhe mos lini që ata t'ju kapin për diçka të tillë përsëri.

Basi u nis për në shtëpi i çuditur, kurse ish-senatori u kthye në hotel, duke menduar se çdo të bënte më tej. Ishte një situatë delikate. Siç dukej Xheni erdhi tek ai pa dijeninë e të atit. Ai kishte qenë shpresa e saj e fundit. Dhe tani po e priste në dhomën e tij.

Ekzistojnë krizat në të gjitha jetët e njerëzve, kur ata lëkunden mes përmbushjes së rreptë të drejtësisë dhe detyrës apo të rendin drejt joshjes së lumturisë. Ky kufi, midis të hijshmes dhe të pahijshmes nuk është përherë aq i dallueshëm. Brender e kuptonte se dhe të martohej me Xhenin nuk do të qe aq e lehtë për shkak të kokëfortësisë së të atit. Pengesë tjetër për ta ishte dhe opinioni publik. Çfarë do të mendonin njerëzit?! Vajza kishte një butësi shpirtërore, të cilën turma qe e paaftë ta kuptonte. Edhe ai vetë s'ia kuptonte se ç'ishte ajo, por e merrte me mend pasurinë e botës së brendshme shpirtërore të vajzës dhe kjo do të tërhiqte këdo në vendin e Brenderit, edhe pse mendja e Xhenit ishte ende e pazhvilluar dhe i mungonte përvoja jetësore.

- Vajzë e mrekullueshme,- mendoi ai, duke e parë atë qartë me syrin e mendjes.

Duke medituar për atë që duhet të bënte, ai u kthye në dhomën e tij. Kur ai hyri, ai u mahnit përsëri me bukurinë e saj. Në shkëlqimin e abazhurit, iu duk një perri nga ndonjë botë e panjohur.

- Epo,- tha ai, duke u përpjekur të dukej i qetë,- u mora me punën e vëllait tënd. Tani ai është i lirë.

Xheni ofshau dhe u ngrit, duke shtrënguar duart, pastaj eci drejt Brenderit. Ajo u ngrit. Sytë i ishin mbushur me lot mirënjohje. Ai ia pa lotët dhe iu afrua pranë.

- Për hir të zotit, mos qaj Xheni! Ti je engjëll! Je vetë mirësia! Veç ta mendosh se sakrifikove aq shumë dhe tani qan! Pastaj e tërhoqi nga vetja. Ndjeu vetëm diçka, po realizohej ajo për të cilën i pati dhembur shpirti aq shumë. Më në fund pas kaq fatkeqësish fati po i dhuronte atë çka priste me shumë se gjithçka - dashurinë, gruan e dashur. Ai e përqafoi dhe e puthi përsëri e përsëri.....

Shkrimtari anglez Xhefris, ka thënë se vajza e përkryer del veç një herë në njëqind e pesëdhjetë vjet. Hiret e saj do të krijojnë të gjitha magjitë e tokës dhe të ajrit. Edhe shirokën që do të fryjë për njëqind e pesëdhjetë vjet mbi fushat e grunjta; edhe kundërmimin e barit të lartë, që do të përkulet mbi kokrrat e rënda të tërfilit të artë, dhe lulet e qeshura të Veronikës, që do t'i mbyllin sythet për t'ua penguar rrugën bletëve; edhe kaçubet, ku kanë çelur petalet e trëndafilave, edhe hijen gjelbëroshe të pishave.

E gjithë mrekullia e përrenjve gjarpërues mbi brigjet e të cilëve kacavjerrë drejt diellit lule shpatoret, i gjithë nuri hijerëndë i pyjeve të fjetur; të gjitha kodrat e largëta, prej të cilave fryn dihatja e lirisë,- të gjitha këto përsëriten sërish e sërish me qindra vjet.

Zambakët, lule-këmborët, manushaqet, pranvera e purpurt, dhe vjeshta e praruar, drita e diellit, shirat e rrëmbyeshëm dhe

74

vesa mëngjesore, netët e pavdekshme; përsëri çdo njëqind vjet do të përsëriten.

Nëse e keni ndjerë dhe vlerësuar mrekullinë e lule këmborëve të pyllit, të përsëritur me qindra herë; nëse trëndafilat, muzika, purpuret e lindjes dhe të perëndimit, ta kanë detyruar ndonjëherë zemrën të të rrahë; nëse e gjithë kjo bukuri është kalimtare- dhe ja ku t'u dha në dorë. Përpara se bota të të rrëshqasë sërish prej duarve, - a do ta kundërshtoje vallë?

Kapitulli 8

Ne s'e kemi përherë të qartë kuptimin e ndryshimeve të jashtme dhe të brendshme që na ndodhin ndonjëherë në jetë. Ndihemi të trembur, të tronditur dhe pastaj se si kthehemi sërish në jetën e mëparshme, por ndryshimi tashmë ka ndodhur.

Duke menduar për marrëdhënien e papritur që pati me senatorin atë natë, ku e shtyu dëshira për të nxjerrë vëllain nga burgu, Xheni nuk arrinte t'i kuptonte ndjenjat e saj. Ajo ndjente habi, kureshtje, pasiguri dhe në të njëjtën kohë, qe sinqerisht e lumtur dhe e qetë. Brenderi ishte njeri i mirë, tani iu bë edhe më i afërm se më parë. Ai e donte. Marrëdhënia e tyre e re do të ndryshonte patjetër dhe pozitën e saj shoqërore. Tani jeta do të qe krejt ndryshe. Brenderi e siguronte vazhdimisht e vazhdimisht për dashurinë e tij të palëkundur.

- Të them, Xheni, mos u shqetëso për asgjë,- i përsëriste, kur ajo u largua. Pasioni doli më i fortë se mua, por unë do të martohem me ty. Shko në shtëpi dhe mos i thuaj gjë njeriu. Paralajmëroje tët vëlla, nëse nuk është ende vonë, ta mbajë të fshehtë të gjithë këtë. Do të martohem me ty dhe do të largoj që këtej. Nuk mundem ta bëj këtë gjë tani. Dhe mere këtë (ishte një kartëmonedhë njëqind dollarësh - gjithë çfarë kishte me vete). Tani je e fejuara ime. Ti je e imja. Dhe e pushtoi me ëmbëlsi.

Xheni doli në errësirën e natës. Padyshim ai do ta mbante fjalën. Me mend ajo jetonte tashmë një jetë tjetër, të re e të mahnitshme. Natyrisht ai do të martohej me të. Do të shkonte në Uashington, në atë qytet të largët e të panjohur. Kurse të atit dhe të ëmës nuk do t'u duhej të punonin kaq shumë. Ajo ishte mbushur plot gëzim kur mendonte sa shumë gjëra mund të bënte për ta.

Pasi kaloi lagjen, ngadalësoi hapat dhe atë e arriti Brenderi; ai e shoqëroi deri tek porta e shtëpisë dhe ndaloi, kurse ajo duke kontrolluar me kujdes vrapoi në majë të gishtave dhe hyri brenda. Dera nuk qe e mbyllur. U kthye një çast për t'i treguar atij se çdo gjë ishte në rregull dhe hyri brenda. Në shtëpi ishte qetësi. Ajo u afrua në dhomën e saj dhe dëgjoi dihatjen e përgjumur të Veronikës. Pastaj, pa zhurmë hyri në dhomën ku flinin Basi dhe Xhorxhi. Dukej se po flinin por kur hyri ajo, ai pëshpëriti:

- Xheni, ti je?

- Unë.

- Ku ishe?

- Dëgjo,- pëshpëriti ajo,- u takove me babain dhe nënën?

- Po.

- E dinë ata që kisha dalë nga shtëpia?

- Mamaja e di. Ajo nuk deshi që të pyesja për ty. Ku ishe?

- Vajta te senator Brender që t'i kërkoja ndihmë për ty.

- A, kjo paska qenë. Mua s'më thanë pse po më nxirrnin.

- Mos i thuaj asgjë askujt të lutem. Nuk dua ta dijë askush.

- Mirë,- i tha Basi.

Por ishte kureshtar të dinte se ç'mendoi për të senatori, çfarë bëri ai dhe si bisedoi me të Xheni. Ajo ia tregoi shkurtimisht, dhe atë çast u dëgjuan pas dere çapet e së ëmës.

- Xheni,- e thirri me pëshpërimë zonja Gerhardt.

Xheni shkoi tek ajo.

- Nuk mund të veproja ndryshe mama. Më duhej të bëja diçka.

- Po përse ndenje kaq vonë?

- Ai donte të fliste me mua.

E ëma e vështroi me shqetësim të madh me sytë e rraskapitur.

- Ah sa frikë kisha. Yt atë deshi të hynte në dhomën tënde por i thashë se po flije. Ai e mbylli derën e hyrjes por unë e hapa sërish. Kur erdhi Basi, deshi të shihte përsëri, por e binda të priste deri në mëngjes. Dhe ajo vështroi me hidhërim tek e bija.

77

- Gjithçka në rregull mama,- i tha për ta qetësuar Xheni. Nesër do të tregoj gjithçka. Shko të flesh. Çfarë mendoi babai për shkakun pse e lëshuan Basin?

- Nuk e di. Mendon ndoshta, ngaqë e kishin të qartë se Basi nuk do të ishte në gjendje ta paguante gjobën. Xheni e përqafoi me përkëdheli.

- Ik të flesh,- i tha.

Ajo tashmë mendonte dhe sillej në atë mënyrë, sikur të ishte shumë vjet më e madhe. Ditën e nesërme, Xheni e jetoi si një ëndërr. Vazhdimisht e sillte në mendje ngjarjen e jashtëzakonshme të asaj mbrëmjeje. Nuk e pati të vështirë t'i thoshte së ëmës se senatori i foli sërish për martesën, se ai donte të martohej, kur të kthehej nga Uashingtoni, se i dha njëqind dollar dhe se i premtoi se do t'i jepte dhe shumë të tjera. Ai ia dërgoi paratë e premtuara që të nesërmen me një njeri të besuar - katërqind dollar. Ish-senatori e lajmëronte se ishte në udhë e sipër për në Uashington, por do të kthehej, ose do ta merrte me vete. - Bëju trime,- i shkruante. Të presin ditë më të mira.

Brenderi u largua dhe fati i Xhenit varej në fije të perit. Por ajo e ruajti të gjithë naivitetin dhe shpirtçiltërsinë e rinisë. Natyrisht, ai do ta thërriste pranë vetes. Tashmë ajo mendonte për vende të largëta, të mrekullueshme. Madje kishte në bankë edhe ca para dhe tashmë mund të ndihmonte dhe të ëmën. Siç ndodh përherë me vajzat e reja, nuk priste gjë tjetër veçse të mira. E gjithë qenia e saj, jeta dhe e ardhmja - gjithçka varej në qime të flokut.

Xhenit përjetimet e reja i shfaqeshin veçse në mendimet e pikëlluara që i shfaqeshin në çfarëdolloj gjëje që bënte. Ndonjëherë habitej që s'po i vinte asnjë letër tjetër nga Brenderi, por pastaj u kujtua që ai i kish thënë se do të flisnin pas dy javësh dhe kur e mendonte një gjysmë muaji që nuk kishin folur nuk ishin aq shumë.

Gjatë asaj kohe, i nderuari ish senatori Brender u nis i gëzuar për një takim me Presidentin, pastaj u zhyt në jetën e tij të këndshme dhe po përgatitej të takonte miqtë e tij në Merilend, por një e ftohur e vogël e detyroi të rrinte disa ditë mbyllur. Ishte dëshpëruar që iu desh pikërisht tani të zinte shtratin dhe nuk dyshonte aspak që kjo sëmundje mund të ishte serioze. Pastaj mjeku i zbuloi një sëmundje të rëndë tifoje të mushkërive dhe disa kohë ai ra në kllapi. Kur u përmend u ndje mjaft i dobët fizikisht. Dukej se po shërohej por pikërisht pesëmbëdhjetë ditë pas ndarjes nga Xheni, i ra një infarkt dhe gjithçka mori fund. Xheni nuk dinte asgjë për sëmundjen dhe madje nuk e pa njoftimin me shirita të zinj, që lajmëronte vdekjen e tij gjersa një mbrëmje, Basi ia solli gazetën në shtëpi.

- Vështro këtu Xheni,- i tha me zë të lartë. Brenderi vdiq! Dhe ia zgjati gazetën në faqen e parë të së cilës qe shkruar: Vdekja e ish-senatorit Brender.

Fund i papritur i birit të lavdishëm të shtetit të Ohajos. Vdiq nga një infarkt në zemër, në hotelin "Arlington" në Uashington. Jo shumë kohë më parë, vuajti nga tifua dhe sipas mendimit të mjekëve dukej se qe në rrugën drejt shërimit, por sëmundja doli se ishte fatale. Degët më të rëndësishme të karrierës së tij të palodhur....

Xheni e tronditur pa masë, nuk ia shqiste sytë këtyre rreshtave.

- Vdiq?!- thirri ajo.

- Po ja e shikon, kanë shkruar në gazetë,- tha Basi me tonin e një njeriu që sjell lajm shumë të rëndësishëm. Vdiq sot në orën nëntë të mëngjesit.

Kapitulli 9

Duke e shmangur me vështirësi dridhjen, Xheni mori gazetën dhe vajti në dhomën tjetër. Qëndroi tek dritarja dhe i pa sërish ato rreshta, duke ngrirë nga një tmerr i papërshkruar.

- Vdiq,- ja gjithçka që mundi të kuptonte tani, kurse nga dhoma fqinjë vinte zëri i Basit që ia thoshte këtë lajm të atit.

- Po, vdiq,- dëgjoi ajo dhe u përpoq sërish të përfytyronte se ç'kuptim kishte kjo për të.

Pas ndonjë minute, në dhomë hyri zonja Gerhardt. Ajo e dëgjoi Basin dhe pa se si Xheni doli nga dhoma por, duke kujtuar grindjen e të shoqit me senatorin pati frikë t'i zbulojë ndjenjat. Tek ajo nuk pati lindur kurrë ndonjë dyshim sado i vogël, për atë çfarë mund të kishte ndodhur mes të bijës dhe senatorit dhe tani thjesht deshi t'i qëndronte pranë Xhenit në çastin e shembjes së shpresave të saj.

- Sa keq, hë?- i tha me një hidhërim të sinqertë. Duhej të vdiste pikërisht tani, kur donte të bënte aq shumë gjëra për ty dhe ne të gjithë.

Ajo heshti duke pritur përfillje, por Xheni rrinte sikur e hutuar.

- Mos u hidhëro,- vazhdoi zonja Gerhardt. Nuk ke ç't'i bësh kësaj. Ai desh të bënte shumë gjëra. Por tani, nuk duhet të mendosh më për to. Gjithçka mbaroi dhe s'ke si i ndryshon, ti e kupton dhe vetë këtë gjë.

Ajo heshti përsëri, kurse e bija mbeti po aq e hutuar dhe e palëvizur. Duke parë se qe e kotë ta bindte, zonja Gerhardt mendoi se ajo donte të mbetej vetëm dhe doli nga dhoma. Kurse Xheni, që ndodhej vetëm tek dritarja, filloi të kuptonte se sa pa rrugëdalje dhe e pandreqshme ishte gjendja e saj. Ajo vajti në dhomën e gjumit, u ul në skaj të shtratit dhe pa në pasqyrë fytyrën e saj të zbehtë, të shtrembëruar nga hidhërimi. E vështronte si e hutuar - vallë ajo ishte vërtetë aty? Duhet të largohem,- mendoi dhe me trimërinë që të jep hidhërimi, nisi të vrasë mendjen për një strehë.

Në atë kohë, erdhi vakti i drekës dhe për të mos rënë në sy u bashkua me të tjerët; nuk e kishte kollaj ta mbante veten si ngaherë. Gerhardt e vuri re që ndihej si e dërrmuar, por as që e kuptonte thellësinë e fshehur të këtij hidhërimi. Babi qe tepër i zënë me punët e tij, që t'i kushtonte vëmendje kujtdo qoftë. Në ditët në vijim Xheni vrau mendjen për situatën e saj të vështirë dhe pyeti veten se ç'duhej të bënte. Vërtet para kishte; por as miq, as përvojë, as strehë. Ajo përherë pati jetuar me prindërit. Nganjëherë ndiente një rënie të pakuptimtë shpirtërore, i dukej sikur e ndiqnin disa ankthe të panjohur dhe pa formë. Njëherë, në mëngjes, ndjeu dëshirë të domosdoshme për të qarë me të madhe, dhe me pas kjo ndjenjë filloi ta kapte më shpesh. Zonjës Gerhardt nisi t'i bjerë kjo gjë në sy dhe një ditë vendosi ta pyesë të bijën.

- Më thuaj, ç'ka ngjarë me ty?- e pyeti me përkëdheli. Ti duhet t'i tregosh nënës tënde çdo gjë moj bijë.

Xheni, të cilës i dukej krejt e pamundur t'i tregonte të vërtetën, më në fund s'u përmbajt dhe, duke iu bindur këmbënguljeve të buta të së ëmës bëri pohimin fatal. Zonja Gerhardt ngriu nga hidhërimi dhe për një kohë të gjatë nuk mundi të shqiptojë asnjë fjalë.

- Ah ky është i gjithi faji im,- thirri më në fund e pushtuar nga pendimi. Duhej ta kuptoja. Por do të bëjmë çdo gjë që është e mundur.

Këtu ajo nuk e përmbajti më veten dhe u shkri në lot. Duke pritur ca, nisi të lante sërish rrobat dhe duke e përkulur shpinën mbi govatë, vazhdonte të qante.

Ç'do të bënte Gerhardt kur të mësonte të vërtetën? Ai e kishte thënë shpesh se nëse ndonjë nga të bijat e tij do të sillej si të tjerat do ta flakte në rrugë. - Këmbët e saj nuk do të shkelin më pragun e derës time!-bërtiste ai.

- Kaq frikë e kam tët atë,- i thoshte shpesh në atë kohë zonja Gerhardt të bijës. Çfarë do të thotë ai?

- Ndoshta është më mirë që të iki, - propozoi Xheni.

- Jo,- iu përgjigj e ëma,- tani për tani ai s'duhet të dijë asgjë. Prit pak.

Por në thellësi të shpirtit e kuptonte se dita fatale njëlloj ishte, do të vinte shumë shpejt. Njëherë, kur e fshehta shqetësuese iu bë e padurueshme zonja Gerhardt e largoi nga shtëpia Xhenin dhe fëmijët, duke shpresuar se gjersa të ktheheshin, do të dinte si t'ia rrëfente gjithçka të shoqit.. Që nga mëngjesi endej andej-këndej duke pritur me frikë çastin e duhur, kurse pasdreke e la të shoqin të shtrihet, pa ia thënë dot. Ditën nuk shkoi për punë, sepse nuk mund të shkonte pa e plotësuar këtë detyrë torturuese. Në orën katër Gerhardt u zgjua, kurse ajo lëkundej ende, ndonëse e kuptonte fare mirë se Xheni do të kthehej shpejt dhe rasti i përgatitur me aq kujdes do t'i shkiste nga duart.

Ndoshta nuk do ta kishte gjetur kurajën t'i thoshte ndonjë gjë nëse Gerhardt nuk do të fliste vetë për Xhenin.

- Ajo nuk duket mirë, - tha ai. Ka diçka që nuk shkon me të.

- Ah,- nisi zonja Gerhardt, duke mposhtur frikën me mundim. Me Xhenin ka ndodhur një fatkeqësi. Nuk di se ç'të bëj. Ajo...

- Ç'do të thuash? - pyeti ai.

Zonja Gerhardt nisi të përdredhë e shqetësuar palën e përparëses. Thërriti në ndihmë të gjithë guximin që të shpjegohej, por forcat e tradhtuan; ajo mbuloi fytyrën me mësallë dhe qau.

- Për çfarë e ke fjalën? - e pyeti therazi të shoqen gjermanisht. Fatkeqësi...vallë dikush..- ai s'e mbaroi fjalën deri në fund dhe ngriti me kërcënim dorën. Përse hesht?

- Nuk e pata menduar kurrë se do të ndodhte kjo gjë me të,- foli e frikësuar zonja Gerhardt, duke u përpjekur që ta mbaronte mendimin. Ajo përherë ka qenë vajzë e mirë. Ah, - përfundoi, - veç ta mendosh e mori në qafë Xhenin, e prishi...

- Mallkim! - gërthiti Gerhardt me vrullin e tërbimit. Sikur ta dija! Brenderi! Xhentëlmeni yt i nderuar! Ja se ç'i solli, që e lije të bridhte me të mbrëmjeve, të shëtiste me pajton, të endej rrugëve. Sikur ta dija! O zot i madh!

Duke e shqiptuar këtë monolog tragjik, zuri të ecë në dhomën e ngushtë sa në një qoshe, në një tjetrën, si kafsha në kafaz.

- E prishi!- thirri. E prishi! Ha! Domethënë e prishi, kjo na qenkësh!

Papritur ndaloi si marionetë, të cilën e tërheqin pas fillit. Qëndroi përpara zonjës Gerhardt, e cila u tërhoq nga tryeza dhe priste e zverdhur nga frika.

- Por ai vdiq! - thirri Gerhardt, sikur kjo i erdhi për herë të parë në kokë. Vdiq!

Ai vështroi nga e shoqja duke shtrënguar tëmthat me duar, sikur kishte frikë se mos i ikte koka. Ironia e ligë e kësaj që ndodhi, e digjte zjarr.

- Vdiq! - përsëriti zonja Gerhardt dhe, duke pasur frikë se mos ai marrosej, u tërhoq ca më mbrapa; tani fytyra e shtrembëruar e të shoqit e lemeriste më shumë se sa shkaku i dëshpërimit të tij.

- Ai deshi të martohej me Xhenin, - i tha si me ankim. Nëse nuk do të vdiste ndoshta do të martohej me të.

- Ndoshta do të martohej! - thirri Gerhardt që luajti mendsh nga tingulli i mekur i zërit të saj. Të martohej, ndoshta! Gjete se me çfarë të ngushëllohesh. Ndoshta do të martohej! Maskarai! Qeni! Që iu djegtë shpirti në zjarrin e ferrit! Zot, jep që...që....ah, ah sikur të mos isha i krishterë....

Ai shtrëngoi grushtet duke u dridhur i tëri nga tërbimi. Zonja Gerhardt ngashërente: i shoqi u kthye, qe tepër i tronditur që t'i vinte keq për të. Nisi të ecte tutje-tëhu nëpër kuzhinë; dyshemeja dridhej nën hapat e tij të rënda. Duke pritur pak,

Gerhardt shkoi përsëri përpara të shoqes. Tashmë, e vërteta e tmerrshme i dilte përpara në një dritë të re.

- Kur ndodhi kjo? - e pyeti.

- Nuk e di,- iu përgjigj zonja Gerhardt, tepër e frikësuar për t'i treguar të vërtetën. Edhe unë vetë e mësova këto ditë.

- Gënjen! - bërtiti ai. Ti e ke mbuluar përherë. Je ti fajtore që arriti gjer këtu. Po të mos më pengoje dhe të bëje gjithçka siç të thosha, tani nuk do të na duhej të torturoheshim kështu.

- Gjer ku vajti! - vazhdoi të fliste me vete. Gjer ku vajti! Im bir vete e bie në burg. Ime bijë harliset rrugëve dhe jep shkak për thashetheme. Fqinjët ma thanë në surrat se fëmijët e mi nuk sillen siç duhet. Kurse tani, na, të vete ai ndyrësirë e ta prish. O perëndi, ç'po ngjet kështu me fëmijët e mi!

- Dhe përse ma dërgon këtë dënim, - mërmëriti i kapur nga dëshira për vetveten. A s'jam përpjekur të jem një i krishterë i mirë! Çdo mbrëmje lutem që zoti të më tregojë udhën e drejtë, por çdo gjë më kot. Punoj e punoj... Ja, duart e mia mbushur me kallo. Gjithë jetën u përpoqa të jem njeri i ndershëm. Dhe ja.. ja...

Zëri iu këput e dukej sikur tani do të shpërthente në të qarë. Dhe befas, në vrullin e zemërimit iu vërtit sërish të shoqes.

- Je ti fajtore për gjithçka! - thirri. Vetëm ti! Sikur të silleshe si të urdhërova, nuk do të ndodhte asgjë. Por je ti që nuk më dëgjove. Le të qërohet jashtë! Jashtë! Jashtë!!! Lavirja, ja se ç'është! Tani veç një rrugë ka, - në ferr. Atje u kalbtë! Unë i kam larë duart. Boll më!

Ai u kthye, duke u bërë gati të ikë në dhomën e vet fare të vogël, por, pa arritur gjer te dera, ndaloi.

- Të më qërohet që këtej! - përsëriti me tërbim. S'ka më vend në shtëpinë time! Që sot! Që tani! Më, as në prag nuk e qas. Ia tregoj unë çdo të thotë të më turpërojë mua!

- Mos e përzë sonte,- e luti zonja Gerhardt. Ajo s'ka ku të ikë.

- Jo, që sonte,- klithi ai dhe në fytyrën e ashpër iu pasqyrua vendimi i pakthyeshëm. Që këtë minutë! Le të kërkojë shtëpi tjetër. Kjo shtëpi nuk i pëlqente. Ja kështu, të qërohet. Të shohim si do të jetojë tek të tjerët.

Dhe doli nga dhoma.

Në orën pesë e gjysmë, kur zonja Gerhardt e mbytur nga lotët nisi të përgatisë darkën, u kthye Xheni. E ëma u drodh kur dëgjoi derën të hapej; e dinte se tani do të shpërthente stuhia. I ati e priti te pragu i derës.

- Shporru nga sytë! - i tha ai me tërbim. Mos të ta ndjej më frymën në shtëpinë time. Mos më dil më përpara syve. Jashtë! Xheni qëndronte përpara tij e zbehtë, duke u dridhur dhe duke heshtur. Fëmijët, që po ktheheshin me të, e rrethuan të habitur dhe të frikësuar. Veronika dhe Marta, që e donin me gjithë shpirt motrën zunë të qanin.

- Si është puna? - pyeti Xhorxhi, krejt i shastisur.

- Le të qërohet,- përsëriti Gerhardt. Nuk e duroj më dot në shtëpinë time. Ka qejf të jetë lavire, puna e saj por të qërohet prej këtej. Mblidhi rraqet e tua,- shtoi duke parë tek e bija.

Xheni nuk shqiptoi asnjë fjalë, por fëmijët po qanin me zë edhe më të lartë.

- Heshtni! - u bërtiti Gerhardt. Shkoni në kuzhinë.

Ai i shoqëroi jashtë dhomës dhe doli dhe vetë. Xheni shkoi ngadalë në dhomën e saj. Mblodhi plaçkat e pakta dhe nisi t'i sistemojë me lot në sy, në shportën që i solli e ëma. Stringlat vashërore, nga të cilat kishte mbledhur ca, nuk i mori me vete. Ato i ranë në sy, por mendoi për motrat më të vogla dhe i la në vendin ku kishin qenë. Marta dhe Veronika deshën ta ndihmojnë të sistemonte gjërat por i ati nuk i la. Në orën gjashtë erdhi në shtëpi Basi dhe, duke gjetur të gjithë familjen e shqetësuar në kuzhinë, u interesua si qe puna.

Gerhardt, duke u vrenjtur, vështroi tek ai dhe nuk u përgjigj.

- Si është puna? - nguli këmbë Basi. Përse po rrini këtu?

- Babai e përzuri Xhenin nga shtëpia,- i pëshpëriti me lot në sy, zonja Gerhardt.

- Për çfarë? - pyeti Basi, duke hapur sytë i habitur.

- Ta them unë, përse,- iu lëshua gjermanisht Gerhardt. Sepse është lavire, ja pse. Sepse shkoi deri aty sa ta prishë një burrë tridhjetë vjet më i madh se ajo në moshë, të cilin mund ta kishte baba. Le të bëjë tani si t'i duket më mirë. Dhe të qërohet qysh tani prej këtej.

Basi vështroi rrotull; fëmijët shqyen sytë. Të gjithë, madje dhe më të vegjlit ndjenë së pati ndodhur diçka e tmerrshme. Por, vetëm Basi e kuptoi si ishte puna.

- Për atë zot ç'ke që e përzë tani që ra nata? - e pyeti. Nuk është koha që një vajzë të dalë në rrugë. Vallë nuk pret dot gjer nesër në mëngjes?

- Jo, - ia ktheu Gerhardt.

- Kot ky, - e ndërhyri e ëma.

-Të shkojë që tani, - tha Gerhardt, dhe nuk dua të dëgjojë më për këtë temë.

- Ku do të shkojë ajo? - këmbënguli Basi.

- Nuk e di, - tha shpresëhumbur zonja Gerhardt.

Basi i vështroi dhe njëherë rrotull të gjithë, por nuk tha asnjë fjalë. Duke pritur çastin që Gerhardt ktheu shpinën, e ëma përfitoi nga rasti dhe i tregoi derën me sy.

- Shkoi në dhomë! - deshi të thoshte gjesti i saj.

Basi doli, kurse pastaj, edhe zonja Gerhardt rrezikoi të lërë punën e të vejë pas të birit. Fëmijët qëndruan pak në kuzhinë dhe pastaj njëri pas tjetrit rrëshqitën, duke e lënë të atin vetëm. Kur, sipas mendimit të tij, kaloi mjaft kohë, u çua dhe vetë. Gjatë kësaj kohe, e ëma i dha të bijës me nxitim disa udhëzime të domosdoshme.

Xheni duhej të vendosej diku në dhomat e mobiluara thjesht dhe të lajmëronte adresën. Basi nuk do të dilte që tani me të, por le të shkonte ajo ca më tutje dhe ta priste në rrugë - ai do ta shoqëronte. Kur i ati të ishte në punë, nëna do ta shihte, ose le të vinte Xheni në shtëpi. Gjithçka tjetër do ta linin për në takimin e ardhshëm.

Nuk arriti ta mbaronte fjalën, kur në dhomë hyri Gerhardt.

- Do të ikë, apo jo?- pyeti gjerazi ai.

- Tani, - iu përgjigj zonja Gerhardt dhe në zërin e saj, për herë të parë dhe të vetmen, tingëlloi një notë sfiduese.

- E përse të nxitojë? - tha Basi.

Por i ati u vrenjt kaq kërcënueshëm, sa ai vendosi të mos e kundërshtojë më.

Hyri Xheni, me fustanin e vetëm të mirë dhe me shportën në dorë. Sytë e saj vështronin të frikësuar, meqë e kuptonte se e priste një sprovë e rëndë. Por tashmë qe bërë grua e rritur. E gjente forcën në dashurinë, mbështetjen - në durimin dhe e njihte kënaqësinë e madhe të flijimit. E heshtur, puthi të ëmën dhe lotët i rridhnin faqeve. Pastaj u kthye dhe doli drejt jetës së re, ndërsa dera u përplas pas saj.

Kapitulli 10

Në botën, ku në këtë kohë kaq të vështirë për të, e hodhën Xhenin, njeriu mirëbërës gjithmonë, qysh prej kohësh që s'mbahen mend, më kot e mbron të drejtën e tij për ekzistencë, meqenëse mirëbërës, do të thotë të kesh atë lloj aftësie që t'u duash të mirën njerëzve dhe t'u besh atyre të mira. Mirëbërës, do të thotë të jesh shpirtmadh, të jesh gati t'u shërbesh të gjithëve e secilit me gëzim, por shoqëria nuk e vlerëson shumë këtë cilësi. Nëse sillesh si njeri i thjeshtë,- do të të përbuzin, do të të shkelin me këmbë. Nëse hiqesh e kapardisesh, ndonëse edhe pa meritë, do të të nderojnë. Shoqëria, në tërësi, nuk është e aftë të gjykojë për cilësitë e njeriut. I vetmi kriter i saj është se:- ç'do të thotë bota. E vetmja masë e saj, është ndjenja e ruajtjes së vetvetes. A ruajti vallë filani pasurinë e tij? A e ruajti vallë filania virgjërinë e saj? Siç shihet, vetëm njerëz të rrallë janë të aftë që të thonë nganjëherë mendime të pavarura.

Xheni as që përpiqej ta vlerësonte veten lart. Tek ajo kishte një ndjenjë të lindur vetëflijimi. Nuk qe aspak e thjeshtë t'i ngulitje në mendje atë egoizmin jetik, i cili do ta ndihmonte të mbrohej nga e keqja.

Në çastet e trysnive të mëdha shpirtërore, njeriu gjithmonë rritet në mënyrë më të dukshme. Ai ndjen një hov të fuqishëm forcash e aftësish. Ne ende dridhemi, ende kemi frikë të ndërmarrim hapin e parë, e megjithatë, rritemi. Na udhëheqin shkëndijat e frymëzimit. Natyra nuk hedh poshtë asnjë. Edhe nëse mjedisi ose shoqëria na kthen shpinën, ne përsëri mbetemi në shoqërinë e gjithçkaje të gjallë. Natyra është zemërgjerë. Era dhe yjtë bëhen miqtë e tu. Ji veç i mirë e i dijshëm - dhe do të arrish të vërtetën e madhe; mbase ajo do të vijë tek ty, jo me anë formulash të ndërlikuara, por nëpërmjet ndjeshmërisë së gëzimit dhe qetësisë, të cilat, në fund të fundit, përbëjnë vetë thelbin e njohjes. Në qetësinë shpirtërore, njeriu gjen mençurinë.

Sapo Xheni kishte dalë nga dera, atë e arriti Basi.

- Ma jep mua shportën,- i tha dhe, duke parë se nga shqetësimi ajo nuk mund të shprehte asnjë fjalë, shtoi: Mbase di se ku të të gjej një dhomë.

Ai e shpuri në pjesën jugore të qytetit, ku nuk i njihte askush, te një plakë e vetmuar, që pati blerë me këste një orë muri, në dyqanin ku punonte tani Basi. E dinte se ajo kishte nevojë për para dhe donte ta lëshonte dhomën me qera.

- A e keni ende të lirë atë dhomën? - e pyeti këtë grua.

- Po,- iu përgjigj ajo, duke parë Xhenin.

- A mund t'ia jepni motrës time? Ne po largohemi në një qytet tjetër dhe tani për tani, ajo nuk mund të vijë.

Plaka pranoi dhe pas pak Xheni mori një strehë të përkohshme.

- Mos u mërzit,- i tha Basi, i hidhëruar për të motrën. Gjithçka do të rregullohet. Edhe mamaja më tha që të mos mërzitesh. Eja nesër në shtëpi, kur të ketë ikur babi në punë.

Xheni i premtoi se do të vinte. Basi i tha edhe disa fjalë kurajuese, u mor vesh me plakën, që Xheni të hante bukë te ajo dhe i uroi natën e mirë.

- Ja, gjithçka në rregull,- i tha te dera. Gjithçka do të shkojë mirë. Mos u mërzit. Më erdhi koha të iki, por në mëngjes, do të vij një vrap tek ty.

Ai iku dhe mendimet e zymta nuk e shqetësuan më edhe aq; se në fakt, e quante fajtore të motrën. Kjo dukej qartë nga ato që e pyeti gjatë rrugës, ndonëse e pa që ishte e trishtuar dhe e hutuar.

- Përse e bëre këtë? - e kishte pyetur. A mendove qoftë edhe për një çast, se çfarë po bëje?

- Të lutem, mos më pyet tani, - i tha Xheni dhe me këtë u dha fund pyetjeve të tij këmbëngulëse.

Nuk kishte asgjë për t'u justifikuar dhe asgjë për t'u ankuar. Nëse vinte puna se kush kishte faj, ishte ajo dhe pikë. Fatkeqësia ku pati rënë vetë Basi, e cila tronditi të tërë familjen dhe solli edhe vetëflijimin e Xhenit - të gjitha këto u harruan.

Kur mbeti vetëm në këtë strehë të re e të huaj, Xheni i dha liri hidhërimit. Tronditja që përjetoi, turpi që e zbuan nga shtëpia - të gjitha këto qenë si shumë: Nuk u përmbajt dhe qau me o-hi. Vërtet që nga natyra ishte e duruar dhe nuk dinte të ankohej, por shembja e papritur e të gjitha shpresave, e dërmoi. Ç'ishte ajo forcë që i sulet njeriut si tufan dhe e shkatërron? Përse u sul kaq papritur mortja dhe theu copë e cikë gjithçka që dukej si gjëja më e ndritur dhe më e gëzuar e jetës?

Duke sjellë në mend të kaluarën, Xheni rikujtoi të gjitha hollësitë e njohjes së saj me Brenderin, dhe sado i madh që ishte hidhërimi i saj, nuk ndjeu ndaj tij asgjë, veç dashurisë e dhembshurisë. Në fund të fundit, ai nuk u nis me dashje t'i shkaktonte asaj të keqe. Në fakt, ai qe i mirë e shpirtmadh. Ishte vërtet njeri i mirë dhe, duke menduar para së gjithash për të, ajo vajtoi sinqerisht për vdekjen e tij të parakohshme.

Në mendime të tilla pa ngushëllim kaloi nata, kurse në mëngjes, gjatë rrugës për në punë, erdhi me vrap Basi dhe i tha se e ëma e priste në darkë. Babai nuk do të ishte në shtëpi dhe ato mund të flisnin për gjithçka. Xheni kaloi një ditë të gjatë e të rëndë, por në mbrëmje gjendja e saj u përmirësua dhe në tetë pa një çerek, shkoi në shtëpi.

Por edhe atje nuk e prisnin lajme të gëzuara. Gerhardt qe ende i tërbuar nga zemërimi. Pati vendosur që të shtunën e ardhshme, ta linte atë punë dhe të shkonte në Jangstaun. Tani në çdo qytet do të ndihej më mirë se sa në Kolombus; këtu s'mund t'i shihte më asnjëherë njerëzit në sy. Për të, me Kolombusin qenë të lidhur kujtimet më të paduruashme. Do të largohej që këtej dhe nëse gjente punë, do t'i shkruante familjes të vinte, gjë që do të thoshte se duhej t'i lante duart njëherë e mirë nga shtëpia. Se, njëlloj ishte, tani s'mund t'i paguante më këstet - për këtë as që kishte shpresë.

Pas një jave, Gerhardt iku. Xheni u kthye në shtëpi dhe për një farë kohe, jeta hyri sërish në hullinë e mëparshme por, natyrisht, jo për shumë gjatë. Basi e kuptonte këtë. Fatkeqësia që i ndodhi Xhenit dhe pasojat e mundshme që do të vinin pas saj, e rëndonin së tepërmi. Të rrije në Kolombus s'kishte kuptim. Të shpërnguleshin në Jangstaun, nuk ia vlente. Nëse të tërëve u duhej të shkonin gjëkundi, do të qe më mirë në ndonjë qytet të madh.

Duke vrarë mendjen për situatën e krijuar, Basi mendoi se ia vlente të provonte fatin në Klivland, ku, siç kishte dëgjuar, industria po zhvillohej vrullshëm. Nëse do t'i ecte atje, të tjerët mund të vinin tek ai dhe po qe se i ati do të vazhdonte të punonte në Jangstaun, kurse familja do të shpërngulej në Klivland, Xhenit nuk do t'i duhej të rrinte në rrugë.

Basi nuk erdhi menjëherë në këtë përfundim, por, më së fundi ua njoftoi qëllimet e tij.

- Dua të shkoj në Klivland, - i tha një mbrëmje të ëmës, kur ajo po ndante darkën.

- Përse? - e pyeti zonja Gerhardt, duke e parë të birin me habi. Kishte frikë mos Basi i braktiste.

- Mendoj se atje do të gjej punë, - iu përgjigj ai. Nuk ka pse të rrimë në këtë qytet të nëmur.

- Mos mallko,- i tha me qortim e ëma.

- Mirë, në rregull,- tundi dorën ai. Këtu mallkon kush t'i teket. Këtu s'na ka ecur asnjëherë. Do të shkoj dhe po gjeta punë, të gjithë ju do të vini tek unë. Do të jemi më mirë në një vend ku s'na njeh njeri. Kurse këtu s'na pret asgjë e mirë.

Zonja Gerhardt e dëgjonte dhe në zemër i lindi shpresa se më në fund, ata do ta kishin qoftë edhe pak më të lehtë për të jetuar. Ah, sikur ta bënte Basi atë që po thoshte. Ja, sikur të shkonte e të gjente punë që ta ndihmonte pakëz, ashtu siç duhej ta ndihmonte të ëmën, një bir i shëndetshëm dhe i zgjuar! Sa mirë do të ishte!

Ata i kishte rrëmbyer vorbulla e shpejtë dhe po i shtynte në hon. Vallë, asgjë nuk do t'i shpëtonte dot?...

- Po, a mendon se do të gjesh punë? - e pyeti me gjallëri ajo.

- Duhet të gjej,- iu përgjigj Basi. Nuk ka pasur ndonjë rast që të kem kërkuar ndonjë vend pune dhe të mos e kem siguruar. Disa djem që kanë shkuar në Klivland, janë rregulluar për bukuri. Mileri, për shembull.

Ai futi duart në xhepa dhe vështroi nga dritarja.

- Si mendon, do ta shtyni dot këtu, gjersa të rregullohem atje?-pyeti.

- Mendoj se po,- iu përgjigj e ëma. Babai tashmë punon dhe kemi ca para, të cilat... të cilat...

Ajo nuk vendosi ta thoshte burimin, duke u turpëruar nga situata në të cilën gjendeshin.

- Po, e qartë,- iu përgjigj i zymtë Basi.

- Gjer në vjeshtë nuk kemi për të paguar gjësend, kurse atëherë, njëlloj është, na duhet që t'i lëmë të gjitha,- shtoi zonja Gerhardt. E kishte fjalën për kështet e shtëpisë; afati i pagesës së radhës binte në shtator dhe ta pret mendja që nuk do të mund ta paguanin. Nëse gjer atëherë arrijmë të shpërngulemi në qytetin tjetër, mendoj se do të bëjmë si të bëjmë dhe do ta shtyjmë.

- Kështu do të bëj,- tha i vendosur Basi. Do të shkoj. Dhe, në fund të muajit, e la punën dhe u nis për në Klivland.

Kapitulli 11

Ngjarjet e mëtejshme në jetën e Xhenit, hyjnë në numrin e atyre ngjarjeve, të cilave morali i ditëve të sotme, u ka vënë një barrierë të fortë.

Disa ligje të natyrës mëmë, kësaj force të madhe, të mençur dhe krijuese, që çdo punë e kryen në terr dhe qetësi, disa personave mendjecekët, të cilat po ashtu i ka krijuar ajo, u duken mjaft të ulëta. Ata i kthejnë shpinën me përbuzje gjithçkaje që është e lidhur me lindjen e jetës, sikur duan të tregojnë se njeriut nuk i ka hije të interesohet haptas për to.

Është për t'u çuditur qysh ka lindur një ndjenjë e tillë në këtë botë, ekzistenca e së cilës vetë, qëndron në lindjen pafundësisht të jetëve të reja,- ku era, uji, toka dhe drita e diellit, pra gjithçka, -i shërben krijimit të gjallesës, lindjes së njeriut. Por ndonëse jo vetëm njeriu, por edhe i tërë rruzulli vërtitet nga instinkti i vazhdimësisë së krijimit dhe gjithçka tokësore del në dritë po në të njëjtën mënyrë dhe të njëjtën rrugë, se për ç'arsye ekziston prirja e pakuptimtë për t'i mbyllur sytë, apo për t'i kthyer shpinën këtij fakti, sikur natyra të kishte në vetvete diçka të fëlliqur. E ngjizur prej vesit dhe e lindur nga mëkati - ja arsyetimi i panatyrshëm që u jep hipokriti ligjeve të natyrës, kurse shoqëria, pajtohet heshturazi me këtë gjykim vërtet të pabindshëm.

Padyshim që, në thelb, një pikëpamje e tillë mbi këto gjëra është e padrejtë. Në përfytyrimet e përditshme të njeriut duhet të rrënjoseshin më thellë ato çka na mëson filozofia dhe biologjia; në natyrë nuk ka procese të ulëta, nuk ka gjendje që bien ndesh me natyrën. Shmangiet e rastësishme nga doket dhe zakonet e një shoqërie të caktuar, nuk janë domosdoshmërish mëkate. Asnjë krijese fatkeqe, që për shkak të trilleve të rastit, thyen rregullat e vendosura nga njerëzit, nuk duhet fajësuar me atë turp të pamasë, që i vesh pa u lodhur opinion i botës.

Xhenit tashmë, iu desh të bindej me sytë e saj për gjykimin së prapthi të asaj mrekullie të natyrës, e cila, po të mos kishte ndodhur vdekja e Benderit, do të quhej mbase e shenjtë e do të konsiderohej si një nga dukuritë më të larta të jetës. Ndonëse, edhe nuk e kuptonte arsyen përse ky proces kaq i natyrshëm jetësor qe ndryshe prej të tjerëve, por mjedisi rrethues e detyroi të ndjehej se shorti i saj konsiderohej rënie dhe se pjella e saj qe mëkat e shkuar mëkatit. E gjithë kjo për pak sa nuk ia vrau dashurinë, vëmendjen dhe përkujdesjen, të cilat më pas, ja kërkonin në lidhje më fëmijën. Kjo dashuri e pjekur, e natyrshme dhe e domosdoshme, gati sa nuk nisi të dukej e keqe. Xhenin nuk e shpunë në gijotinë, as e hodhën në burg, siç dënonin qëmoti gra si puna e saj, por injoranca dhe ngurtësia e njerëzve që e rrethonin, i pengonte ata që të shihnin në gjendjen e saj gjësend tjetër, përveçse shkeljes së ndyrë dhe dashaliqë të dokeve të shoqërisë dhe kjo dënohej me përbuzje të përgjithshme. Asaj s'i mbetej, veçse t'u shmangej vështrimeve të vëngërta dhe ta përjetonte e heshtur ndryshimin e madh që po ndodhte brenda saj. Sado e çuditshme, por nuk ndiente brerje të kota ndërgjegje, apo keqardhje të padobishme. Zemrën e kishte qelibar dhe në shpirt ndjehej e qetë dhe e çliruar. Vërtet që, hidhërimin s'e kishte harruar, por tashmë ai e pati humbur lëndimin e parë dhe kishte mbetur veçse si një pasiguri dhe dyshim i turbullt, nga i cili herë-herë, Xheni mbushte sytë me lot.

Ju i keni dëgjuar gugatjet e turtullit të pyllit në qetësinë e ditës verore, ju ka qëlluar të endeni në një përrua të panjohur, që gurgullon e fëshfërin diku thellë, ku veshi s'mund të dëgjojë gjë. Nën gjethet e kalbura të vjetshme, nën shtresën e borës, ngrenë kryet lule-borat e thjeshta, sikur duan t'i përgjigjen thirrjes së kaltërsisë së qiellit pranveror. Kështu lind edhe jeta e re. Xheni mbeti e vetmuar, por, sikurse edhe turtullesha e pyllit, i gëzohej më gjithë shpirt këngës ledhatare të verës. Punonte

94

nëpër shtëpi dhe priste e qetë, pa ankim, kryerjen e asaj ç'ka po ndodhte brenda saj dhe për të cilën, në fund të fundit, ajo shërbente si një enë e shenjtë. Në minutat e lira, i jepej mendimeve mbi botën, ngaqë e magjepste mrekullia e jetës. Kur i duhej të punonte më shumë, ndërsa ndihmonte të ëmën, niste e këndonte nganjëherë nën zë, sepse e kishte më lehtë të harrohej pas punës. Dhe përherë, e vështronte të ardhmen qetësisht, pa u dridhur e me një guxim të kthjellët. Jo të gjitha gratë janë të afta për këtë. Sa keq që natyra në përgjithësi, i lejon ca gra pa pikë vlerë të bëhen nëna. Gratë, të cilat e meritojnë këtë emër, pasi arrijnë pjekurinë, i gëzohen amësisë dhe e plotësojnë me krenari e kënaqësi detyrën e tyre madhështore para racës njerëzore.

Xheni, që nga mosha ishte ende fëmijë, fizikisht dhe shpirtërisht qe bërë grua e pjekur, por nuk kishte ende një përfytyrim të qartë mbi jetën dhe se ç'vend zinte në të. Rasti i pazakontë qe e pruri në gjendjen e tanishme jo normale, në një kuptim të njohur, qe atribut i vlerave të saj. Ai ia mbante lart trimërinë, përkushtimin, gatishmërinë për të flijuar veten, për hir të asaj ç'ka e quante detyrë të vetën. Dhe nëse kjo e shpuri në pasoja të papritura, të cilat e ngarkonin me përgjegjësi më të rënda dhe më të ndërlikuara, - kjo ndodhi ngaqë tek ajo, instinkti i vetëruajtjes nuk qe aq i fortë sa ç'ishin edhe ndjenjat e tjera. Shpesh herë, mendonte tërë ndrojtje dhe hutim për fëmijën që do t'i lindte së afërmi, duke pasur frikë se ai do ta qortonte ndonjë ditë; por gjithmonë, vetëdija shpëtimtare për ekzistencën e përjetshme të drejtësisë nuk e linte të binte krejt shpirtërisht. Mendonte se njerëzit nuk mund të jenë qëllimisht të liq. Tek ajo jetonte turbullt përfytyrimi për mirësinë dhe dashurinë e perëndishme. Jeta është e bukur si në çastet e saj të mira, ashtu edhe në ato të këqija, ajo përherë ka qenë e bukur. Këto mendime iu krijuan jo njëherësh, por gjatë rrjedhës së shumë muajve që priste. Ç'mrekulli ishte të bëheshe nënë, madje edhe në këto kushte të rënda! Xheni e ndiente se do ta donte fëmijën dhe se do të ishte nënë e mirë, nëse jeta do ta lejonte. Por këtu edhe qëndronte pyetja - a do ta lejonte vallë jeta?

Duheshin përgatitur mjaft gjëra: të qepeshin plaçkat e duhura për fëmijën, të kujdesej për shëndetin e vetvetes, për ushqimin. Veç kësaj, gjatë kohës, Xheni kishte frikë se mos kthehej i ati; por jo nuk ndodhi. Vajtën te mjeku i vjetër, Ellongueri, i cili pati mjekuar ngaherë të gjithë anëtarët e familjes Gerhardt, nga çfarëdo sëmundje që të vuanin dhe ai i dha ca këshilla praktike e të vlefshme. Dogmat e fesë nuk e pengonin këtë bir të kishës luteriane që të ishte mjek zemërgjerë dhe si pasojë e praktikës shumëvjeçare, të vinte në përfundim se në këtë botë ka plot gjëra që të mençurve tanë s'u shkojnë as në mendje dhe që nuk përputhen me përfytyrimet e cektë të jetës së përditshme.

- Kështu, kështu,- tha ai, kur zonja Gerhardt u tregoi për fatkeqësinë që u pati pllakosur. Epo mos u hidhëroni. Gjëra të tilla ndodhin shumë më shpesh se sa ç'pandehni ju. Nëse do të dinit për jetën e komshinjve tuaj, po aq sa di unë, nuk do të zinit të qanit. Vajza juaj do ta kalojë për bukuri këtë lindje. Ka shëndet të fortë. Pastaj, mund të shkojë gjëkundi, kështu që, askush nuk do ta marrë vesh këtë. Ia vlen të mërzitesh vallë, për ato se ç'thonë fqinjët? Ky nuk është një rast aq i rrallë sa u duket juve.

Zonja Gerhardt psherëtiu e lehtësuar. Sa i mençur ky doktor! Fjalët e tij i dhanë paksa kurajë. Kurse Xheni e dëgjonte me interes dhe pa frikë. Nuk mendonte për veten, por për fëmijën dhe donte që patjetër të plotësonte gjithçka siç do ta urdhëronin. Mjeku u bë kureshtar, se cili ishte i ati i fëmijës. Kur dëgjoi përgjigjen, ngriti sytë nga qielli.

- Ç'të thuash, do të jetë fëmijë i shquar.

Më së fundi erdhi ora, kur fëmija do të dilte në dritë. Me këtë rast qe i pranishëm edhe doktor Ellongueri, atë e ndihmonte zonja Gerhardt, që, duke qenë nënë e gjashtë fëmijëve, e dinte me përpikëri se ç'duhej bërë. Gjithçka shkoi më së miri, kur dëgjoi britmën e parë të të posa lindurës, Xheni u zgjat drejt saj me tërë qenien e vet. Fëmija e saj. Ajo ishte një çupkëz e vockël, e dobët, e pafuqishme dhe kishte aq nevojë për kujdesin e nënës. Kur foshnjën e lanë dhe e pështollën me pelena, Xheni, duke u dridhur me një gëzim të pamasë, e shtrëngoi në gji. Foshnja e saj, bijëza e saj! Xheni qe e etur të jetonte e të punonte për të, madje edhe tani, që ndihej krejt e dobët, i gëzohej fatit që kishte shëndet të fortë. Doktor Ellongueri parashikoi se ajo do ta merrte veten shpejt. Llogariste se duhej të rrinte lehonë jo më shumë se dy javë. Në fakt, pas dhjetë ditësh, ajo u ngrit në këmbë, e shkathët dhe e fortë si gjithmonë. Xheni qe nga natyra e fortë dhe e shëndetshme dhe i zotëronte të gjitha cilësitë që i nevojiten një nëne ideale.

Ora vendimtare kaloi dhe jeta thuajse vazhdoi si më parë. Motrat dhe vëllezërit, përveç Basit, qenë tepër të rinj për të kuptuar se ç'po ndodhte dhe besonin, kur u thanë, sikur Xheni qe martuar me senator Brenderin, i cili menjëherë pas kësaj kishte vdekur papritur. Ata s'dinin gjë për fëmijën, gjersa ai lindi. Zonja Gerhardt u trembej fqinjëve, të cilët përgjonin pas gjithçkaje dhe dinin ç'do gjë. Xheni nuk do ta duronte këtë situatë, po të mos i shkruante Basi, pak kohë pasi u rregullua në Klivland, që, sapo të merrte veten, e gjithë familja duhej të shkonte tek ai e të nisnin një jetë të re. Në Klivland puna lulëzonte. Duke u larguar nga Kolombusi, ata nuk do t'i shihnin më kurrë fqinjët e këtushëm dhe Xheni do të mund të gjente punë për vete. Por, tani për tani, ajo mbeti në shtëpi.

Kapitulli 12

Në atë kohë, kur Basi vajti në Klivland, qyteti rritej jo me ditë por me orë dhe kjo gjallëri ia përmirësoi menjëherë gjendjen shpirtërore djaloshit, duke i zgjuar shpresën për të rregulluar punët e tij dhe të familjes. - Vetëm sikur të vijnë,- mendoi - vetëm sikur të gjithë të gjejnë punë, atëherë gjithçka do të ndreqej siç duhej. Këtu asgjë nuk të kujtonte fatkeqësitë që i patën rënë kohët e fundit familjes, këtu s'kishin të njohur, që vetëm me pamjen e tyre mund të të sillnin në mend madje edhe fatkeqësitë më të hershme. Gjithçka qe përthithur nga aktiviteti, energjia. Dukej sikur, mjaftoje të ktheje qoshen e të shpëtoje nga ditët dhe turpet e së shkuarës. Në çdo lagje të re, shpalosej një botë e re.

Basi gjeti shpejt punë në një dyqan duhanesh dhe pasi shërbeu dy javë, nisi t'i shkruajë shtëpisë, duke i paraqitur planet e tij të ylberta. Xheni duhej të vinte sapo të merrte veten dhe pastaj, kur të gjente punë, pas saj të vinin dhe të tjerët. Për vajza të moshës së saj, kishte punë sa të doje. Përkohësisht ajo mund të banonte bashkë me ta, ose, ndoshta mund të merrte me qera një shtëpi nga ato që jepeshin më pesëmbëdhjetë dollar në muaj. Këtu kishte dyqane të mëdhenj mobilierie, ku mund të blinte gjithçka të nevojshme me këste, brenda afateve plotësisht të pranueshme. Nëna do të mbante shtëpinë. Do të jetonin në një mjedis krejtësisht të ri, ku askush nuk do t'i njihte dhe nuk do t'i përgojonte askush. Do ta nisnin jetën nga e para dhe do të bëheshin njerëz të rregullt, të nderuar dhe të suksesshëm. I pushtuar nga këto ëndrra dhe shpresa, që gjithmonë i entuziazmojnë të rinjtë e papërvojë, kur ndodhen në një vend të ri dhe mes njerëzish të rinj, më në fund, Basi i shkroi Xhenit që të vinte pa vonesë. Në këtë kohë, foshnja e saj mbushte gjashtë muaj.

Këtu ka teatro, shkruante Basi, rrugë të bukura. Vaporët nga liqeni shkojnë drejt e në qendër të qytetit. Klivlendi është qytet i habitshëm dhe po rritet shumë shpejt. Kjo ishte ajo që i pëlqeu më shumë së gjithçka Basit, në jetën e tij të re.

E gjitha kjo, krijoi tek zonja Gerhardt, Xheni dhe pjesëtarët e tjerë të familjes përshtypje të jashtëzakonshme. Zonja Gerhardt i pati përjetuar mjaft rëndë pasojat e sjelljes së Xhenit dhe këmbëngulte që të ndiqnin pa vonesë këshillën e Basit. Nga natyra ajo qe grua kaq e gjallë dhe e huaj për trishtimin, sa që tani e tërhoqi krejtësisht perspektiva e ndritur e jetës në Klivlend dhe po shihte realizimin e ëndrrës së saj të shenjtë, jo vetëm për një shtëpi të rehatshme, por edhe një të ardhme të shkëlqyer të fëmijëve. - Natyrisht, që do të gjejnë punë,- thoshte. Basi ka të drejtë. Ajo përherë kishte dashur që i shoqi të shpërngulej në ndonjë qytet të madh, por ai nuk donte. Kurse tani, kjo gjë qe e domosdoshme dhe ata do të shkojnë e do të jetojnë më mirë se ndonjëherë.

Edhe Gerhardt u bashkua me mendimin e saj. Në përgjigjen që i dërgonte letrës të së shoqes, i shkruante se nga ana e tij do të ishte mbase jo e logjikshme ta linte punën, por nëse, sipas mendimit të Basit, ata mund të rregulloheshin në Klivlend, atëherë, le të shkonin fundja. Madje, këtë plan e priti më me qejf, sepse gati po e çmendnin mendimet e shqetësuara mbi atë se si do të ushqente familjen dhe qysh do t'i shlyente borxhet e prapambetura. Çdo javë ai hiqte nga rroga pesë dollar dhe ia postonte së shoqes. Tre dollar i prishte për të ngrënë dhe pesëdhjetë cent i linte për ndonjë shpenzim të vogël: për lëmoshat e kishës, për një grusht duhan dhe më të rrallë, për ndonjë gotë birrë. Veç kësaj, kishte gjetur një poçe dhe çdo javë hidhte atje një gjysmë dollari për ditë të zezë. Si banesë i shërbente një qoshe në çardakun e zhveshur e të parehatshëm të uzinës. Gjer në orën nëntë të darkës, Gerhardt rrinte i vetmuar në prag të uzinës, duke parë në rrugët e shkreta e të shurdhëta, kurse pastaj hynte në çardak; këtu në kutërbimin mbytës të vajrave të makinerive që vinte prej kateve të poshtme, nën dritën e qiriut prej salloje, plaku, po ashtu i vetmuar, mbyllte ditën e tij: lexonte gazetën gjermane, duke vrarë mendjen me duart e kryqëzuara në gjoks dhe pastaj, në errësirë, gjunjëzohej te dritarja e hapur dhe pasi lutej për gjumin e pritshëm, shtrihej në shtratin e ashpër. Ditët vijonin pafundësisht të gjata, e ardhmja dukej e zymtë dhe pa gëzim. E megjithatë, duke ngritur duart drejt qiellit, ai lutej me një besim të pakufishëm, që zoti t'i falte mëkatet e t'i jepte edhe ca vjet qetësi dhe lumturi në rrethin familjar.

Dhe ja kështu, çështja më e rëndësishme më në fund qe zgjidhur. Fëmijët prisnin me padurim dhe zonja Gerhardt ndante fshehtazi me ta të njëjtat ndjenja. Xheni duhej të shkonte e para, siç thoshte Basi; pas asaj do të niseshin edhe të tjerët.

Kur Xhenit i erdhi ora e nisjes, të gjithë qenë mjaft të emocionuar.

- Ti do të na shkruash shpejt që të vijmë edhe ne? - e pyeste përsëri e përsëri Marta.

- I thuaj Basit sa më shpejt,- kërkonte Xhorxhi.

- Dua në Klivlend, dua në Klivlend! - këndonte Veronika, kur mendonte se askush nuk e dëgjonte.

- Shiko kjo, çfarë na dashka! - thirri duke u tallur Xhorxhi, kur e dëgjoi këtë këngë.

- Po ty, ç'të duhet? - u fye vajza.

Por, kur erdhën çastet e ndarjes, Xhenit iu desh të thërrasë në ndihmë të gjithë kurajën e vet. Ndonëse kjo bëhej me qëllimin që sa më shpejt, të gjithë të jetonin së bashku dhe më mirë se ç'kishin jetuar deri tani, ajo padashje, ra shpirtërisht. I duhej të ndahej nga e bija gjashtë muajsh. Përpara saj qëndronte një botë e madhe e panjohur dhe kjo gjë e trembte.

- Mos u shqetëso mëmëzë,- i tha ajo, duke mbledhur veten. Gjithçka do të shkojë mirë. Do të të shkruaj sapo të arrij. Do të të shkruaj shumë shpejt.

Por kur u desh, që në çastin e fundit, të shihte edhe një herë tek foshnja, trimëria e Xhenit u shua si fije e shkrepëses në erë. Duke u përkulur mbi djep, vështroi me një dhembshuri plot mallëngjim, fytyrën e së bijës.

- A do të bëhesh vajzë e mirë? - përsëriti ajo.

Pastaj e rrëmbeu në krahë, e shtrëngoi fort në gji dhe mbështeti ballin në trupin e vockël. Zonja Gerhardt e pa që po dridhej e tëra.

- Hë-de, hë, mos u shqetëso kaq shumë,- nisi ta bindë Xhenin. Vogëlushja do të jetë mirë me mua. Do të di të përkujdesem për të. Nëse do të mërzitesh kaq shumë, më mirë mos shko fare.

Xheni ngriti kokën dhe ia dha të bijën së ëmës; sytë e saj të kaltër qenë njomur.

- Nuk mund të përmbahem,- i tha duke buzëqeshur mes lotëve.

Pastaj puthi me nxitim të ëmën, të motrat dhe të vëllezërit dhe doli me vrap nga dhoma.

Duke ecur rrugës përkrah Xhorxhit, u kthye dhe u tundi dorën me gëzim. Zonja Gerhardt ia ktheu po ashtu dhe vuri re se tashmë Xheni dukej si një grua krejt e pjekur. Përpara nisjes, një pjesë e parave të saj, u desh të shpenzoheshin për një fustan të ri, sepse ndryshe nuk kishte me se të shkonte. Dhe ja, tani mbante veshur një kostum bojëkafe të përsosur, i cili i shkonte shumë, një bluzë të bardhë dhe kapele kashteje me vel të bardhë, të cilën mund ta ulte mbi fytyrë. Ajo po shkonte përherë e më larg, kurse zonja Gerhardt me sy dhe në atë vështrim, dihej një dashuri e pakufishme; kur Xheni i humbi nga sytë, nëna tha me ëmbëlsi përmes lotëve:

- Sidoqoftë, jam shumë e lumtur që duket kaq e bukur.

Kapitulli 13

Basi e takoi Xhenin në stacion dhe menjëherë nisi t'i flasë për të ardhmen.

- Pikë së pari, duhet kërkuar punë,- i tha, kurse e motra e shurdhuar nga zhurma dhe boritë, e përhumbur nga aromat e pazakonta dhe të athtë, me të cilat qe mbushur ajri i qytetit të madh industrial, u hutua dhe as shikonte, as dëgjonte gjë. Duhet gjetur ndonjë vend,- vazhdoi Basi. S'ka rëndësi se çfarë, veç ta gjejmë. Madje, edhe sikur me tre-katër dollarë në javë kjo do të mjaftonte sa për të paguar apartamentin. Se, edhe Xhorxhi do të nisë të nxjerrë diçka kur të vijë, edhe babai do të na dërgojë, kështu që, do të jetojmë mirë. Ku e ku më mirë sesa në atë vrimën e mjerë, në Kolombus!

- Po,- iu përgjigj pa ndonjë përcaktim Xheni; aq shumë e kishte shastisur mjedisi i ri rrethues, sa nuk mundej të përqendrohej në këtë temë të rëndësishme. Po, e kuptoj. Do të kërkoj ndonjë punë.

Ajo qe bërë më e moshuar, nëse jo në vite, të paktën në arsyetim. Përvoja që sapo iu desh të përjetojë, e ndihmoi të kuptonte më qartë se ç'përgjegjësi të mëdha shtroheshin përpara jetës së saj. Mendonte pa pushim për të ëmën-për të ëmën dhe fëmijët. Sidomos, duhej përpjekur që Marta dhe Veronika ta rregullonin jetën e tyre më mirë se kjo e saja. Duhej t'i vishnin ato më mirë dhe t'u jepnin mundësi që ta vazhdonin shkollën më tej; le të kishin më shumë miq dhe më shumë mundësi për të zgjeruar horizontin dhe njohuritë e tyre.

Sikurse çdo qytet i ri që rritej në ato vite, Klivendi ishte plot e përplot me njerëz që kërkonin punë. Herë pas here hapeshin ndërmarrje të reja, por krahu i lirë i punës ishte më i madh se sa kërkohej. Një të riu që vinte në qytet, mund t'i dilte po atë ditë ndonjë vend i mirë; por qëllonte që edhe i sapoardhuri të endej në kërkim të ndonjë pune me javë, madje edhe me muaj.

Basi i sugjeroi Xhenit që para së gjithash të provonte fatin me kioskat dhe supermarketet. Po të mos i ecte me ato mund të kërkonte punë në ndonjë fabrikë ose diku tjetër.

- Veç, mos e lër rastin të të ikë nga dora, nëse gjen diçka - e paralajmëroi ai. Merre menjëherë, sido që të jetë.

- Po çfarë t'u them? - e pyeti e merakosur Xheni.

- Thuaju se kërkon punë. Se nuk ke pretendime me sa e fillon. Që ditën e parë Xheni provoi të ndiqte udhëzimet e të vëllait dhe si shpërblim mori disa mohime të akullta. Kudo që pyeti, askund me sa duket nuk kishte nevojë për punëtorë të rinj. Shkoi nëpër dyqane, fabrika, në ndërmarrje të vogla, të cilat qenë të shumta në rrethinat, por kudo i treguan derën. Më në fund, nisi të kërkojë vend si shërbyese, ndonëse pati shpresuar se nuk do të rendte pas kësaj pune. Duke lexuar me vëmendje lajmërimet e gazetave, zgjodhi katër, që iu dukën më të përshtatshme dhe vajti sipas adresave. Një vend, kur vajti, qe zënë, por fytyra e Xhenit i bëri aq shumë përshtypje të zonjës së shtëpisë, e cila i hapi derën, sa e ftoi të hynte dhe nisi ta pyesë.

- Më vjen keq që nuk erdhe pak më parë,- i tha. Ju më pëlqeni më shumë se vajza që punësova. Por sidoqoftë, më lër adresën tënde.

Xheni iku duke buzëqeshur, e gëzuar nga kjo pritje e ngrohtë. Tashmë nuk dukej aq e njomë si dikur, përpara se të hiqte ato telashe; tiparet i qenë hequr lehtë, sytë i patën rënë pak dhe kjo i jepte të gjithë fytyrës një lloj meditimi dhe butësie. Ajo dukej shëmbëlltyrë e përpikërisë. Me fustanin e pastër, të sapo fshirë dhe hekurosur, dukej e freskët dhe tërheqëse. Nuk kishte pushuar ende së rrituri, por të binte në sy se nuk qe më vajzë por grua njëzetë vjeçare. Dhe kryesorja ishte se pavarësisht nga puna e rëndë dhe mungesat, ajo e pati humbur karakterin e saj të lumtur dhe nuk e humbi kurrë kurajën.

Për këdo, kujt i nevojitej një shërbyese apo shoqëruese, ajo qe vërtet një gjetje e përshtatshme.

Pastaj u drejtua për tek vila e madhe, në sheshin Euklid; vila iu duk tepër luksoze, vështirë se këtu do t'u nevojiteshin shërbimet e saj, por gjersa erdhi duhej të përpiqej. Shërbyesi që i hapi derën e ftoi të priste pak dhe pastaj e shoqëroi në katin e dytë, në dhomën e zonjës së shtëpisë, Brejsbrixhit. Kjo damë, një brune e hijshme e atij tipit që hasim shpesh në botën mondane, kuptonte mjaft mirë nga bukuria e femrave dhe e vlerësoi menjëherë pamjen e jashtme të Xhenit. Ajo foli pak me gruan e re dhe vendosi ta provojë në cilësinë e shërbyeses së dhomës.

- Do t'ju paguaj katër dollarë në javë dhe ju mund të jetoni këtu nëse dëshironi,- i tha zonja Brejsbrixh. Xheni i shpjegoi se banonte tek i vëllai dhe së shpejti, tek ata do të vinte e tërë familja.

- Po mirë,- i tha zonja,- rregullohuni si ta keni më mirë. Vetëm se në mëngjes, ejani në kohë.

Ajo dëshironte që shërbyesja e re të niste menjëherë nga detyrat dhe Xheni pranoi. Zonja Brejsbrixh dha urdhër që t'i jepnin një skufje dhe përparëse elegante dhe e njohu shkurtimisht me detyrat e reja. Shërbyesja e dhomës, para së gjithash, duhej të kujdesej pas zonjës, ta krihte dhe ta ndihmonte të vishej. Gjithashtu, duhej të hapte derën, kur binte zilja, në raste të domosdoshme edhe të shërbente në tryezë.

Kapitulli 14

Ditët e kaluara si e punësuar në familjen Brejsbrixh ishin të një karakteri emancipues. Kjo shtëpi e madhe ishte një shkollë për Xhenin, jo vetëm në çështjen e veshjes dhe të sjelljes, por edhe në formimin e një teorie lidhur me ekzistencën dhe jetën. Zonja Brejsbrixh dhe burri i saj ishin fjala e fundit në çështjen e vetëvlerësimit, shijet në përzgjedhje, kujdesin për çështjen e veshjes, organizimin e mirëpritjeve, argëtimit dhe në çështje të tjera të jetës shoqërore. Zonja Brejsbrixh e përmblidhte filozofinë e saj të jetës në një epigram:

- Jeta është një betejë, e dashur. Nëse do që të fitosh diçka, do të duhet të luftosh për të.

- Në gjykimin tim, është budallallëk të mos përfitosh nga ndonjë avantazh që do të të ndihmojë të jesh ajo që dëshiron të jesh.

- Shumica e njerëzve janë lindur të pakuptimtë. Janë pikërisht, ajo që ata janë të aftë për të qenë. Unë e përçmoj mungesën e shijes; është krimi më i madh.

Shumica e këshillave të këtyre njerëzve të rrahur me jetën, nuk iu dhanë drejtpërdrejtë Xhenit. Ajo thjesht i dëgjonte, por mendja e saj e qetë dhe reflektuese i kishte importuar. Ashtu si fara të rëna në tokë të mirë, edhe këto mendime lëshuan rrënjë dhe u rritën brenda saj. Ajo filloi të kishte një perceptim të zbehtë lidhur me hierarkinë e shtresave dhe të fuqisë. Ndoshta, këto mendime nuk ishin për të, por këto gjëra ekzistonin në botë, dhe mbase një ditë fati mund t'i jepej edhe asaj për të qenë në një pozitë të tillë sociale. Megjithatë, Xheni vazhdonte të punonte, duke u menduar se si mund ta përmirësonte fatin e saj. E kush mund të donte të kishte një grua si ajo, pasi të njihte historinë e saj? Si mund t'ua shpjegonte ekzistencën e fëmijës së saj?

Dimrin e parë, gjërat shkuan pa probleme. Gjendja ekonomike u përmirësua disi, fëmijët ishin të veshur dhe shkonin në shkollë, qiraja paguhej dhe me këstet nuk kishin probleme. Pas kësaj kohe, kur u duk sikur jeta në atë shtëpi po ecte pa vështirësi, Z. Gerhardt shkroi se do të kthehej në shtëpi për Krishtlindje. Mulliri ishte mbyllur për një periudhë të shkurtër në atë kohë. Ai ishte natyrisht i shqetësuar për të parë se si shkonte jeta e re e familjes së tij në Cleveland.

Zonja Gerhardt do të kishte mirëpritur kthimin e tij me kënaqësi, po të mos ishte frika që i druhej. Xheni dhe Zonja Gerhardt diskutuan lidhur me situatën e krijuar, Zonja Gerhardt nga ana e saj u këshillua edhe me Basin, i cili i këshilloi të mos kishin frikë.

- Mos u shqetësoni, - tha ai; - ai nuk do të bëjë asgjë për këtë. Edhe nëse ndodh diçka, do të flas unë me të.

Momenti erdhi, por nuk ishte aq i frikshëm sa i druhej Zonja Gerhardt. Zoti Gerhardt u kthye në shtëpi gjatë pasdites, ndërsa Basi, Xheni dhe Xhorxhi ishin në punë. Dy nga fëmijët më të vegjël shkuan në tren për të pritur të atin. Kur hyri në shtëpi, Zonja Gerhardt e përshëndeti me dashuri, por nga ana tjetër dridhej nga frika për zbulimin e fëmijës. Kjo ndjesi nuk zgjati shumë. Zoti Gerhardt hapi ndër dyert e para, atë të dhomës së gjumit, vetëm disa minuta pasi mbërriti. Në ballinën e bardhë të shtratit ishte një fëmijë i bukur, duke fjetur.

- Fëmija i kujt është ai? - pyeti.

- Është fëmija i Xhenit, - tha zonja Gerhardt, duke mërmëritur.

- Kur ndodhi kjo?!

- Jo shumë kohë më parë,- u përgjigj nëna, me nervozizëm.

- Besoj se edhe ajo është këtu,- tha përçmues, duke refuzuar të përmendte emrin e Xhenit.

- Është në punë, punon pranë një familje si ndihmëse,- iu përgjigj gruaja e tij me një ton lutës. Gjërat po shkojnë shumë mirë për të tani. Mos i bjer në qafë.

Zoti Gerhardt kishte ndryshuar qëndrim që kur ishte larguar. Disa mendime dhe ndjenja të pashpjegueshme kishin ardhur tek ai në meditimet e tij fetare. Në lutjet e tij ai kish pranuar gjithçka i kish ndodhur vajzës së tij, duke menduar se çfarë mund të kish

106

bërë ndryshe me vajzën e tij. Megjithatë, ai nuk mund të harronte se çfarë fati e priste në të ardhme. Ajo kishte kryer një mëkat të madh; ishte e pamundur të shmangej nga kjo.

Kur Xheni erdhi në shtëpi atë natë, takimi me të atin ishte i pashmangshëm. Z.Gerhardt e pa që po vinte dhe bëri sikur ishte thellësisht i angazhuar në një gazetë. Zonja Gerhardt, e cila i ishte lutur të mos sillej indiferent ndaj Xhenit, dridhej nga frika e ndonjë skandali apo diçkaje që mund të lëndonte ndjenja e saj.

- Erdhi Xheni,- tha ajo, duke kaluar në derën e dhomës së përparme, ku ishte ulur, por Z. Gerhardt nuk pranoi ta lëvizte shikimin. Flit me të, gjithsesi ,- ishte lutja e saj e fundit derisa dera u hap; por Z. Gerhardt nuk dha asnjë përgjigje.

Kur Xheni iu afrua së ëmës, Zonja Gerhardt pëshpëriti: - Ai është në dhomën e përparme.

Xheni shtangu, shtrëngoi gishtat dhe qëndroi e pavendosur, duke mos ditur se si ta përballonte atë situatë.

- A e ka parë?

Xheni ndaloi, ndërsa kuptoi nga fytyra e së ëmës se Z. Gerhardt e dinte tashmë për ekzistencën e fëmijës.

- Shko,- tha zonja Gerhardt; - është në rregull, nuk do të ndodhë asgjë.

Xheni më në fund iu afrua derës, dhe teksa pa të atin me ballin e tij të rrudhosur prej një njeriu të mendueshëm, për një çast hezitoi, por më pas bëri përpara.

- Baba,- tha ajo, pa mundur dot të formulonte një fjali të plotë. Zoti Gerhardt ngriti sytë, sytë e tij gri në të kafe. Përpara syve të vajzës, ndjeu një dobësi nga brenda; por falë mburojës së vetëpërmbajtjes, nuk shfaqi asnjë emocion të jashtëm. Të gjitha forcat e kundërta lidhur me kuptimin e tij për moralin dhe të natyrës së tij dashamirëse dhe atërore, po luftonin brenda tij, por, si në shumë raste ku mendja e një njeriu të shtresës së mesme haset në dilema të tilla, morali shoqëror ishte përkohësisht fituesi.

- Po,- tha ai.

- A nuk do të më falësh, baba?

- Të kam falur, - iaktheu në mënyrë të zymtë.

Ajo hezitoi një moment, dhe pastaj hodhi një hap përpara për ta përqafuar, por që zoti Gerhardt i cili e kuptoi menjëherë lëvizjen e vajzës, e ndali para se buzët e vajzës të preknin fytyrën e thinjur.

- Vazhdo, - tha ai, duke e shtyrë me butësi.

Kishte qenë një takim i frikshëm.

Kur Xheni hyri në kuzhinë pas kësaj prove shumë të vështirë, ngriti sytë drejt së ëmës e cila priste në ankth, dhe u përpoq t'i tregonte se gjithçka kish shkuar mirë, por gjendja e saj emocionale e tregonte këtë fakt më mirë se Xheni.

- A u pajtua me ty? - tentoi të pyeste nëna e saj, por fjalët nuk arritën të dilnin, pasi vajza u rrëzua mbi një karrige pranë tryezës, duke hedhur kokën mbi krahun e së ëmës dhe shpërtheu në lot, pa zë.

- Bijë, bijë,- tha zonja Gerhardt. Tani, mos qaj, çfarë të tha ai?

U desh kohë që Xheni mundi të marrë veten për t'u përgjigjur. Nëna e saj u përpoq ta trajtonte situatën me kujdes.

- Mos u dëshpëro, - tha ajo. Do të kalojë. Kjo është natyra e tij.

Kapitulli 15

Kthimi i zotit Gerhardt e solli çështjen e fëmijës në vëmendjen e të gjithëve. Ai nuk mund të rrinte indiferent nga pikëpamja e një gjyshi, veçanërisht për diçka kaq shpirtërore. Pyeti veten nëse fëmija ishte pagëzuar.

- Jo, jo ende, - tha gruaja e tij, e cila nuk e kishte harruar këtë detyrë, por kishte qenë e pasigurt nëse ai fëmijë do të ishte i mirëpritur në krishterim. - Jo, natyrisht jo, - foli me nervozizëm zoti Gerhardt, i cili e dinte që përkushtimi fetar i gruas së tij nuk ishte shumë i devotshëm. Një mosbesim i tillë, një mosbesim i tillë! Kjo është një gjë e tmerrshme.

Ai u thellua për disa çaste dhe mendoi se ky gabim duhej të korrigjohej menjëherë.

- Duhet të pagëzohet, - tha ai. Përse nuk shkoni ta pagëzoni?

Por, Zonja Gerhardt i kujtoi atij se dikush do të duhej të ishte kumbar i fëmijës, dhe nuk kishte asnjë mënyrë për të kryer ceremoninë pa rrëfyer faktin se fëmija ishte pa një baba legjitim.

Zoti Gerhardt pasi dëgjoi këtë, u shqetësua për disa momente, por besimi i tij fetar nuk mund të lëkundej as në një rrethanë të tillë. Si mund t'ia falte Zoti një gjë të tillë? Fëmija i pa pagëzuar nuk konsiderohej i krishterë, dhe ishte detyra e tij të merrte pjesë në këtë çështje. Duhet t'i shoqëronte menjëherë në kishë, Xhenin, dhe gruan e tij. Por, pasi mendoi sërish, nuk mundi të shkonte aq larg sa të merrte edhe Xhenin për të qenë e pranishme. Mendoi se do të ishte më mirë që kjo gjë të bëhej pa praninë e saj.

Ai u kujdes për të gjitha detajet dhe përfundimisht vendosi që ceremonia të zhvillohet në një nga ditët midis Krishtlindjeve dhe Vitit të Ri, gjatë kohës që Xheni do të ishte në punë. Këtë vendim ia bëri të ditur gruas së tij, dhe pasi mori miratimin e saj, tha: -Duhet të mendojmë për një emër.

Xheni dhe nëna e saj kishin folur shumë për këtë çështje, dhe Xheni kish dashur shumë ta quante Vesta. Tani që zonjës

Gerhardt iu dha mundësia të jepte mendimin e saj, mori guximin ta sugjeronte zgjedhjen e Xhenit.

- Si thua ta quajmë Vesta? - tha e lëkundur.

Zoti Gerhardt e dëgjoi me indiferencë. Në fshehtësi ai e kishte bërë zgjedhjen e tij; kish ruajtur një emër që nga koha e rinisë së tij, dhe në pamundësi për t'ia dhënë fëmijëve të tij, mendoi t'ia jepte mbesës së tij ,Vilhelmina. E pëlqente këtë emër, dhe fëmija do të ishte mirënjohës për të.

- Vesta është i lezetshëm, - tha ai. Por si thua për Vilhelmina?

Zonja Gerhardt nuk guxonte ta kundërshtonte kur ai shfaqte dobësi të tilla. Takti i saj femëror i erdhi në ndihmë..

- Mund t'i japim dy emra, - propozoi ajo.

- Për mua nuk ka problem, - u përgjigj ai, duke u kthyer sërish në guaskën e tij nga e cila kishte dalë pa dashje. Mjafton që fëmija të pagëzohet.

Xheni u lumturua kur e mësoi këtë, ajo ishte e shqetësuar që fëmija të mund të afrohej në fe dhe të bekohej nga çdo mirësi që ofronte feja e krishterë. Ajo gjeti ca niseshte dhe hekurosi gjithë gëzim rrobat që fëmija do të mbante në ditën e caktuar.

Zoti Gerhardt shkoi të takonte atin e kishës Luteriane më të afërt, një teolog i vendosur, me një kokë të trashë, i llojit më formal, të cilit i kërkoi të kryente detyrën e tij.

- Mbesa jote? - pyeti ati.

- Po, - tha zoti Gerhardt, - babai i saj nuk është këtu.

- Pra, kështu - u përgjigj ati, duke e parë në mënyrë kurioz.

Por, zoti Gerhardt nuk u shqetësua nga kjo, ai ishte i vendosur në qëllimin e tij. I shpjegoi atit se ai dhe gruaja e tij do ta sillnin fëmijën për ta pagëzuar. Ati, duke e kuptuar vështirësinë që hasi bashkëfolësi, nuk e pyeti më tej.

- Kisha nuk mund të refuzojë ta pagëzojë një fëmijë për aq kohë sa ju, si gjyshër, jeni të gatshëm të qëndroni përkrah tij,- tha ai.

Zoti Gerhardt u largua, i lënduar nga hija e turpit në të cilin ishte përfshirë, por i kënaqur që kishte bërë detyrën e tij si gjysh dhe si besimtar. Tani ai do ta merrte fëmijën dhe do ta pagëzonte, dhe kur e gjithë kjo të mbaronte, përgjegjësia e tij për këtë çështje do të merrte fund.

Kur erdhi ora e pagëzimit, zoti Gerhardt ndjeu influencën e një ndjenje të lartë përgjegjësie. Ishte besimi i tij, nënshtrimi i tij përpara ligjit hyjnor; dëgjoi përsëri parimet që e kishin ndihmuar gjatë jetës të edukonte fëmijët e tij.

- A është qëllimi juaj ta edukoni këtë fëmijë me diturinë dhe dashurinë e ungjillit? - pyeti ati, ndërsa zoti dhe zonja Gerhardt qëndronin para tij, në një kishë të vogël, të heshtur, së bashku me foshnjën; ati nisi të lexonte rreshtat e Ungjillit. Zoti Gerhardt u përgjigj: - Po, - dhe zonja Gerhardt pohoi pas tij.

- A premtoni të tregoni të gjithë kujdesin dhe zellin e nevojshëm, nëpërmjet udhëzimit, këshillimit, shembullit dhe disiplinës lutëse, që ky fëmijë të heqë dorë dhe të shmangë çdo gjë që është e keqe dhe që të ndjekë vullnetin dhe urdhërimet e Perëndisë, siç shprehin fjalët e Tij të shenjta?

Vështrimi i ngriu zotit Gerhardt, kur dëgjoi këto fjalë, të cilat i sollën ndërmend sjelljen e fëmijëve të tij. Kjo pyetje i ish bërë edhe më parë gjatë pagëzimit të fëmijëve të tij. Iu kujtua ky premtim solemn për t'u kujdesur për mirëqenien e tyre shpirtërore. Dhe heshti.

- Premtojmë, - e nxiti ati.

- Premtojmë, - përsëriti zoti Gerhardt dhe gruan me zë të ulët.

- A ja dedikoni këtë fëmijë Zotit, i cili e solli në jetë?

- Po.

- Dhe, së fundi, a deklaroni me ndërgjegje duke thënë "Po", para Perëndisë, se besimi që ju keni është besim i vërtetë dhe se premtimet solemne që keni bërë janë zgjidhje të sinqerta të zemrës suaj?

- Po, - u përgjigjën ata.

- Unë ju pagëzoj, Vilhelmina Vesta, - përfundoi ati, duke shtrirë dorën mbi të: Në emër të Atit, të Birit dhe të Frymës së Shenjtë. Le të lutemi. Zoti Gerhardt përkuli kokën e tij të zezë dhe ndoqi me nderim të përulur thirrjen e bukur që pasoi:

111

- At i Plotfuqishëm dhe i Përhershëm, ne të adhurojmë Ty si Bir i madh i njerëzimit, si Ati i shpirtrave tanë dhe i ish-trupit tonë. Bekoje këtë fëmijë me virtyt dhe lavdi; ajo tani është pranë Teje, pranoje në gjirin e Kishës së Krishterë. Të falënderojmë Ty që nëpërmjet Ungjillit të Shenjtë e ke pajisur atë me gjithçka që i nevojitet për lumturinë shpirtërore, që dhuron dritë për mendjen dhe ngushëllim për zemrën, vullnetin dhe fuqinë për të përmbushur detyrat e saj dhe shpresën e çmuar të mëshirës dhe pavdekësisë. Të përgjërohemi Ty, At i Plotfuqishëm, që ky fëmijë të ndriçohet e të shenjtërohet nga vitet e saj të ardhshme me anë të Shpirtit të Shenjtë dhe të shpëtohet nga mëshira jote. Udhëhiqi dhe bekoi shërbëtorët e tu, të cilët betohen solemnisht për edukimin e saj. Frymëzoi ato me fuqinë absolute të parimeve fetare.

Mos bëj që ata të harrojnë se ky pasardhës të takon Ty, dhe nëse, për shkak të së keqes apo shembullit të keq, kjo krijesë humbet, Ti do ta kërkosh atë në duart e tyre. Jepu atyre ndjenjën hyjnore të durimit dhe mirëkuptimit për të kuptuar vlerat e shpirtit të kësaj krijese, për t'i bërë ballë rreziqeve të cilat do t'i kanosen, për të ruajtur nderin dhe lumturinë në të cilën kjo krijesë është e aftë të ngjitet vetëm me bekimin Tënd, dhe për ta mbrojtur nga shkatërrimi në këtë botë dhe mjerimi në botën që vjen. Jepu atyre dritë për të dalluar të ndaluarën, tundimin që ndodh në fëmijëri dhe në rini dhe, kur kjo krijesë të rritet, të zgjerojë kuptueshmërinë e saj e të udhëhiqet drejt njohjes Tënde dhe të dërguarit tënd Jezu Krishtit.

Jepu atyre hirin për të kultivuar në zemrën e saj një nderim dhe dashuri të madhe për Ty, një lidhje dhe mirënjohje ndaj Ungjillit, Shpëtimtarit të saj, një ndjenjë mirësie dhe vullneti të mirë për të gjithë njerëzimin dhe një dashuri të pamposhtur për sinqeritetin dhe të vërtetën. Dhe nëse vullneti yt është që të zgjasin ditët e saj në tokë, lejoni që ajo të jetë një nder dhe ngushëllim për prindërit dhe miqtë e saj. Nëse do të jetojë, le të jetojë me Ty; ose nëse do të vdesë, le të vdesë tek Ti. Dhe, në ditën e madhe të llogarisë, ajo dhe prindërit e saj të takohen me

112

njëri tjetrin me ngazëllim dhe të gëzohen në dashurinë Tënde Shëmbëllese, së bashku me Jezu Krishtin, përgjithmonë, Amen.

Pas leximit të këtyre fjalëve solemne, një ndjenjë obligimi zbriti mbi gjyshin e kësaj krijese të vogël e të pafajshme; një ndjenjë se ai ishte i detyruar t'i jepte krijesës së vogël të shtrirë në krahun e gruas së tij kujdesin dhe vëmendjen që Perëndia kishte urdhëruar në sakramentin e Saj.

Plaku uli kokën në nderim maksimal. Pasi shërbesa u përfundua, të tre u larguan nga kisha të heshtur, pa fjalë për të shprehur atë çfarë ndjenin. Feja ishte diçka e gjallë për zotin Gerhardt. Perëndia ishte një me të; feja nuk ishte thjeshtë dëgjimi i fjalimeve të së dielës, por një shprehje e fortë, jetësore e Vullnetit Hyjnor.

Përmbushja e këtij vullneti ishte një çështje gëzimi dhe shpëtimi për të, një ngushëllim i një krijese të destinuar për t'u endur nëpër një luginë të vetmuar, shpagimi për të cilën nuk ishte këtu, por në qiell. Zoti Gerhardt ecte ngadalë, duke qenë i zënë me fjalët dhe detyrat që Perëndia i kish dhënë; hija e neveritjes së vazhdueshme që e kishte poseduar në fillim kur solli fëmijën në kishë, u zhduk dhe një ndjenjë dhembshurie dhe dashurie zunë vendin e saj. Megjithëse vajza kishte gabuar, foshnja nuk duhej fajësuar. Ishte diçka e pafuqishme, e butë, që tërhiqte simpatinë dhe dashurinë e tij.

Gerhardt ndjeu zemrën e tij të hapej për fëmijën e vogël.

- Ishte njeri i mirë, - i tha gruas së tij për atin, ndërsa ecnin së bashku.

- Po, ishte, - u pajtua zonja Gerhardt.

- Edhe kisha kishte një madhësi të mirë, - vazhdoi ai.

- Po.

Zoti Gerhardt vështroi rreth tij, rrugët, shtëpitë, nën rrezet e diellit në këtë ditë dimri, dhe në fund ndaloi shikimin tek fëmija që mbante gruaja e tij. - Duhet të të ketë lodhur, - tha ai, me gjermanishten e tij karakteristike. Më lër ta mbaj unë.

Zonja Gerhardt, e cila ishte mjaft e lodhur, nuk refuzoi.

- Ja kështu! - ai tha, ndërsa e shikoi dhe më pas e vuri mbi shpatullën e tij. Le të shpresojmë se do të bëhet e denjë për gjithçka që u tha sot.

Zonja Gerhardt e dëgjoi interpretimin e zërit të tij dhe e kuptoi mjaft qartë. Prania e fëmijës në shtëpi mund të bëhej shkak për zënka dhe situata të vështira në vazhdim, por në çdo rast mirëqenia e fëmijës do të kishte përparësi. Tani e tutje, ai nuk mund të qëndronte më shpërfillës ndaj ekzistencës së fëmijës.

Kapitulli 16

Megjithatë, gjatë kohës së mbetur të qëndrimit në shtëpi të zotit Gerhardt, sjellja e tij ndaj Xhenit nuk ndryshoi. Në praninë e saj, ai ishte indiferent dhe përpiqej të tregohej shpërfillës ndaj faktit të ekzistencës së fëmijës.

Madje, kur erdhi koha për t'u ndarë, u largua pa e përshëndetur, duke i kërkuar gruas së tij t'ia përcillte përshëndetjen për të. Por, përsëri u pendua; pasi kish bërë gjysmën e rrugës për në Youngstoëni erdhi keq. - Duhet të ishim përshëndetur, - mendoi me vete ndërsa treni çante me shpejtësi. Por ishte tepër vonë.

Për momentin, punët në familjen Gerhardt po shkonin mirë. Xheni vazhdonte punën e saj në familjen Brejsbrixh. Sebastiani u sistemua mirë në dyqanin e cigareve. Xhorxhi pati promovim page prej tre dollarësh, kështu që tani paguhej me pesëdhjetë e tre dollarë në muaj. Ishte një jetë shtrënguese për familjen. Qymyri, sendet ushqimore, këpucët dhe veshjet ishin temat kryesore të bisedës së tyre; secili ndiente stresin dhe tendosjen e përpjekjes për të arritur fundin.

Ajo që e shqetësonte më shumë Xheni-n, megjithëse kishte shumë gjëra që peshonin në shpirtin e saj të ndjeshëm, ishte sigurimi i jetesës, jo aq për veten, se sa për fëmijën e saj dhe familjen. Sa për veten, nuk mund të mendonte se në ç'gjendje ndodhej. "Kush do të donte të martohej me mua?"- pyeste veten herë pas here. Çfarë do të bëhej me Vestën në rast të një çështjeje të re dashurie?

Një rast i tillë ishte mjaft i mundshëm. Ajo ishte e re, e bukur, dhe burrat ishin të prirur të flirtonin me të, ose më mirë ta provonin atë. Zoti dhe zonja Brejsbrixh ftonin shumë mysafirë meshkuj, dhe disa prej tyre kishin tentuar të afroheshin me të.

- E dashur, je një vajzë shumë e bukur, - i kish thënë një burrë rreth të pesëdhjetave, kur një mëngjes Xheni kish trokitur në derën e tij, për t'i dhënë një mesazh nga zonja Brejsbrixh.

- Më falni, - tha ajo, duke ngurruar dhe duke u skuqur.

115

- Me të vërtetë, ju jeni mjaft e ëmbël dhe nuk keni nevojë të kërkoni falje. Do të dëshiroja të bisedonim bashkë.

Burri u përpoq ta mbërthente nën mjekër, por Xheni nxitoi të largohej. Mendoi t'ia raportonte të zonjës këtë ngjarje, por një turp e pengoi. "Pse burrat gjithmonë sillen kështu?"- mendonte. Mund të jetë për shkak se ka diçka që në lindje tek ajo, diçka e brendshme që i tërheq?

Kjo është një karakteristikë kurioze e për të disponuar një qenie të pambrojtur, sikur të marrësh një kavanoz mjalti. Para një njeriu të butë, të lëkundur, e pa asnjë grimë egoizmi, meshkujt lulëzojnë natyrshëm. Ata e ndiejnë këtë bujari, këtë qëndrim të pa mbrojtur, që nga larg. Një vajzë si Xheni është si një zjarr i rehatshëm ndaj mendjes mesatare mashkullore; ata kërkojnë simpatinë e saj, dhe dëshirojnë ta zotërojnë atë. Prandaj, Xheni ishte e mërzitur nga kjo vëmendje e padëshirueshme.

Një ditë mbërriti nga Cincinnati një farë Lester Kejn, i biri i një tregtari mjaft të njohur në atë qytet dhe gjetkë në të gjithë vendin, i cili kishte zakon ta vizitonte shtëpinë e familjes Brejsbrixh. Ai ishte mik i zonjës Brejsbrixh, më shumë se sa i burrit të saj, pasi zonja Brejsbrixh ishte rritur në Cincinnat dhe që në vajzëri e kishte vizituar në shtëpinë e të atit. Njihte nënën e tij, vëllain dhe motrat e tij dhe gjithmonë ishte konsideruar si një nga familja.

- Lester vjen nesër, Henri, - Xheni dëgjoi zonjën Brejsbrixh t'i thoshte burrit të saj. Më njoftoi në mesditë. Do t'i jap dhomën e madhe nga lindja, lart shkallëve. Ji i shoqërueshëm me të dhe kushtoi vëmendje, babai i tij ishte dhe ka qenë gjithmonë i mirë me mua.

- E di, - tha burri i saj me qetësi. Më pëlqen Lester, ai është më i madhi në atë familje, dhe është shumë indiferent.

- E di, gjithashtu është shumë simpatik, mendoj se ai është një ndër njerëzit më të këndshëm që njoh.

- Do të jem i sjellshëm me të. Në fund të fundit, a nuk e kam bërë gjithmonë?

- Po, shumë mirë.

- Oh, unë nuk di pse ma përsërit, - u përgjigj ai, në mënyrë të thatë.

Kur personi i përfolur arriti, Xheni ishte përgatitur të shihte një njeri të një rëndësie jo të zakonshme dhe në fakt, nuk u zhgënjye. Në sallën e pritjes hyri për të përshëndetur zonjën Brejsbrixh, një burrë rreth të tridhjetë e gjashtave, me një gjatësi mbi mesatare, me sy të pastër, me qafë të fortë, atletike, dhe të fuqishme. Ai kishte një zë të thellë dhe tingëllues që kumbonte qartë kudo; njerëzit në njëfarë mënyre ndalonin për ta dëgjuar. Ishte i thjeshtë dhe i papritur në fjalimet e tij.

- Oh, ja ku jeni, - thirri ai. Është kënaqësi t'ju shoh përsëri, si është Z. Brejsbrixh, si është Fani?

Pyetjet i bëri me forcë dhe me gjithë zemër. Zonja Brejsbrixh u përgjigj me të njëjtën ngrohtësi. Më vjen mirë të të shoh ty, Lester, - tha ajo. Xhorxhi do t'i shpjerë gjërat e tua lart, në dhomën pranë shkallëve, ndërkohë shkojmë të bisedojmë në dhomën time, është më e rehatshme, si është gjyshi dhe Luisi?

Lester Kejn e ndoqi zonjën Brejsbrixh deri përgjatë shkallëve dhe Xheni, e cila kishte qëndruar në krye të shkallëve duke dëgjuar, ndjeu magjinë magnetike të personalitetit të tij. Dukej se një zotëri i vërtetë kishte ardhur. Shtëpia ishte e gëzuar. Qëndrimi i zonjës Brejsbrixh ishte shumë më i pëlqyeshëm. Të gjithë dukej se ndjenin se duhej bërë diçka për këtë njeri.

Xheni shikoi punën e saj, por përshtypja që i la Lester vazhdonte ta shpërqendronte; solli ndër mend emrin e tij: Lester Kejn, nga Cincinnati.

E vështronte herë pas here shkarazi dhe ndjeu, për herë të parë në jetën e saj, një tërheqje për këtë njeri. Ai ishte kaq i bukur dhe i fuqishëm. Vrau mendjen se me çfarë tregtie merrej. Në të njëjtën kohë ndjeu një lloj frike prej tij. Në një rast, kur shikimi iu ndesh me të, vuri re se edhe ai ishte duke e parë, madje me një shikim fiksues. Sapo iu dha rasti, u largua nga salloni dhe nga prania e tij. Një herë tjetër Lester u përpoq t'i jepte disa këshilla, por Xheni u largua me pretekstin se ishte shumë e zënë me punë. E nervozonte fakti që sytë e Lester ishin mbi të, sa herë që ajo ishte e pranishme. Donte të shmangej prej tij, megjithëse nuk kishte ndonjë arsye të caktuar se përse duhet ta bënte këtë.

Në të vërtetë, ky njeri, shumë më i lartë se Xheni në pasuri, arsim dhe pozitë, ndjeu një interes instinktiv në personalitetin e saj të pazakontë. Ashtu si të tjerët, ai u tërhoq nga butësia e veçantë dhe feminiteti i saj. Ndjeu se me të mund të arrihej luksi i dashurisë. Tek Xheni nuk shfaqej asnjë shenjë e përvojës së saj të mëparshme. Diçka ndjeu, megjithëse nuk kishte prova për të folur për të.

Po të mos detyrohej të kthehej për shkak të punëve të tregtisë, mund të themi se Lester do të kishte hedhur hapin e parë për të mbërritur tek Xheni. U largua pas katër ditësh qëndrimi duke thënë se i duhej ta linte Cleveland për tre javët e ardhshme. Nga ky largim, Xheni përjetoi një ndjenjë të çuditshme lehtësimi, si dhe keqardhjeje.

Pas këtij largimi, Lester u kthye krejt papritur. U përpoq t'i shpjegonte zonjës Brejsbrixh se punët e tregtisë përsëri kërkuan praninë e tij në Cleveland. Ndërsa fliste, ai vështronte me mprehtësi Xhenin, e cila ndjente se prania e tij e shqetësonte disi.

Në këtë vizitë të dytë, Xheni pati mundësi të ndryshme për ta parë Lesterin, gjatë mëngjeseve, ndonjëherë kur shërbente darkën, si dhe gjatë bisedave të tij miqësore me zonjën Brejsbrixh.

- Pse nuk vendos të martohesh Lester? - dëgjoi ta pyeste zonja Brejsbrixh. Ti e di që ka ardhur koha.

- E di, - u përgjigj ai, - por nuk jam në gjendje për këtë. Dua të "shfletoj" edhe për pak kohë.

- Oh, e di për këtë "shfletimin" tënd. Duhet të të vijë turp. Babai juaj është vërtetë i shqetësuar për këtë çështje.

Ai qeshi me kënaqësi. Im atë nuk shqetësohet shumë për mua. Për të, kam gjithçka që mund t'i duhet për t'u kujdesur për biznesin e tij.

118

Xheni dëgjonte me kuriozitet. Ishte e turbullt në atë që po mendonte, por ky njeri e tërhoqi. Tani, Lester ishte më këmbëngulës në vëzhgimin e tij - herë pas here i drejtonte ndonjë vërejtje të rastësishme, përpiqej ta angazhonte në biseda të shkurtra. Edhe pse Xheni shmangej pa iu përgjigjur, gjithsesi Lester ndjente kënaqësi.

Në një rast, u ndeshën në sallonin e katit të dytë, teksa kërkonin në një dollap për disa tesha liri. Zonja Brejsbrixh kishte dalë për të bërë disa pazare atë mëngjes dhe shërbëtorët e tjerë ishin poshtë shkallëve. Xheni dhe Lester ishin krejt vetëm. Lesteri nuk la pa e shfrytëzuar këtë rast. Iu afrua Xhenit në një mënyrë komanduese dhe tërësisht të vendosur.

- Më duhet të flas me ju, - tha ai. Në cilën adresë banoni?

- Unë, unë, - u belbëzoi e lëkundur. Unë jetoj në rrugën "Lorrie".

- Cili numër? - pyeti ai, sikur të ishte e detyruar t'i tregonte.

Xheni u drodh dhe u lëkund përbrenda. "1314", - u përgjigj mekanikisht. Ai shikoi sytë e saj të mëdhenj, blu, të butë, me sytë e tij kafe, të errët dhe të fuqishme. Një shkëndijë hipnotike shkrepi mes tyre.

- Ti më përket mua, - tha Lester. Ju kam kërkuar prej kohësh. Kur mund t'ju vizitoj?

- Oh, ju nuk duhet, - tha Xheni, duke kafshuar gishtërinjtë me nervozizëm. Nuk mundem t'ju takoj...

- Oh, si nuk duhet? Shikoni këtu - preku krahun e saj dhe e tërhoqi pak më afër - ju dhe unë mund ta kuptojmë njëri-tjetrin tani.

- Ti më pëlqen Xheni. Më thuaj, po ti, a më pëlqen?

Xheni e shikoi me sytë e saj të mëdhenj, të mbushur me çudi, frikë dhe një tmerr në rritje.

- Unë... nuk e di, - belbëzoi me buzët e thata.

- Nuk e dini? - pyeti duke e prekur më me zell, dhe me një shikim më të fuqishëm në sytë e tij.

- Unë nuk e di.

- Më shiko në sy, - tha ai.

- Po, - u përgjigj ajo.

E përqafoi me nxitim. Do të flas me ju më vonë, - tha, dhe me mjeshtëri ceku buzët e tij me të sajat.

Xheni ishte e tronditur dhe e ndjeu veten si një zog i zënë nga një mace. Lesteri e lëshoi me një qeshje të shkurtër.

- Kjo nuk do të ndodhë më këtu, por, mbani mend, ju më përkisni mua, - tha ai, ndërsa u kthye dhe eci në mënyrë të çrregullt poshtë sallës. Xheni, e tmerruar, arriti në dhomën e së zonjës dhe mbylli derën pas saj.

Kapitulli 17

Shoku prej këtij takimi të papritur ishte aq i madh për Xhenin sa iu deshën orë për të marrë veten. Në fillim nuk e kuptoi qartë se çfarë kishte ndodhur. Prej qiellit të pastër, kish ardhur një shtrëngatë e habitshme. Ajo i ishte dorëzuar një burri tjetër. Pse? Pse? Pyeste veten, dhe brenda ndërgjegjes së saj kishte një përgjigje. Megjithëse nuk mund t'i shpjegonte emocionet e saj, ajo kuptoi se temperamenti i saj dhe i Lester i përkisnin njëri tjetrit.

Ka një fat në dashuri dhe një fat në luftë.

Ky njeri i fuqishëm, intelektual, biri i një prodhuesi të pasur, i vendosur, përsa u përket kushteve materiale, në një botë jashtëzakonisht më të lartë se ajo e Xhenit, ishte, megjithatë, instinktivisht, i tërhequr nga një shërbëtore e varfër. Ajo ishte afiniteti i tij natyral, megjithëse nuk e dinte - një grua që iu përgjigj disi nevojës më të madhe të natyrës së tij.

Lester Kejn kish njohur të gjitha llojet e grave, të pasura dhe të varfra, vajzat e edukuara të klasës së tij, bijat e proletariatit, por kurrë nuk e kishte gjetur atë që dukej sikur i kombinonte tiparet e një simpatie ideale të gruas, dashamirësinë e gjykimit dhe bukurisë.

Megjithatë, ky ideal qëndroi i vendosur në pjesën e prapme të mendjes - kur gruaja e duhur u shfaq, ai donte ta merrte. Lester kishte krijuar idenë se, për qëllime martese, ai duhet të gjente patjetër këtë grua. Madje, për të arritur një lumturi të përkohshme, ai ishte i gatshëm ta merrte atë nga kudo, duke e lënë edhe martesën. Nuk kishte menduar ndonjëherë që do t'i propozonte një shërbyeseje. Por Xheni ishte ndryshe. Kurrë nuk kishte parë shërbyese si ajo. Xheni ishte një zonjë e bukur, e bukur pa u dukur. Pse, kjo vajzë ishte një lule kaq e rrallë. Pse të mos përpiqej ta merrte? Le të përpiqemi ta kuptojmë Lester Kejn dhe situatën në të cilën ai ndodhej.

Jo çdo mendje duhet të vlerësohet nga pesha e një marrëzie të vetme; jo çdo personalitet duhet të gjykohet nga tërheqja e një pasioni të vetëm. Ne jetojmë në një epokë në të cilën ndikimi i forcave të materializuara është pothuajse i papërmbajtshëm; natyra shpirtërore është e mbingarkuar nga tronditja.

Zhvillimi i jashtëzakonshëm dhe i komplikuar i qytetërimit tonë material, shumëllojshmëria e formave tona shoqërore, thellësia, finesa dhe sforcimi i përshtypjeve tona, u mblodhën, u shumëfishuan dhe u shpërndanë nëpërmjet formave të tilla si hekurudha, ekspozita dhe qendra, telefoni, telegrafi, gazeta, gjithë mekanizmi i marrëdhënieve shoqërore, këto elemente të ekzistencës kombinohen për të prodhuar atë që mund të quhet një shkëlqim kaleidoskopit, një fantazmë e verbuar dhe konfuze e jetës që lodh dhe zvarrit psikikën dhe moralin njerëzor.

Ajo nxit një lloj lodhje intelektuale përmes së cilës ne shohim radhët e viktimave të pagjumësisë, melankolisë dhe vetëvrasjes.

Lester Kejn ishte produkt i natyrshëm i këtyre kushteve të pafavorshme.

Lindur një katolik, ai nuk ishte më një besimtar në frymëzimin hyjnor të katolicizmit; i rritur si një trashëgimtar i një pasurie të rehatshme dhe që pritej të martohej në sferën e tij, ai nuk ishte aspak i sigurt nëse e donte martesën me çdo kusht.

Kishte pyetje të tjera që e shqetësonin - pyetje të tilla si besimi në një hyjni të vetme ose mbi sundimin e universit dhe nëse forma republikane, monarkike apo aristokratike e qeverisjes ishte më e mira. Shkurtimisht, gjithë trupi i gjërave materiale, sociale dhe shpirtërore kishte ardhur nën thikë të kirurgjisë së tij mendore dhe kishte mbetur aty, gjysma e pa zbuluar.

Jeta nuk i kish sprovuar shumë gjëra. Përveçse në një rast, kur kishte provuar të qenit i ndershëm. Në të gjitha gjërat e tjera ai u lëkund, u vu në pikëpyetje. Po, Lester Kejn ishte produkti natyror i një kombinimi të elementeve - fetare, tregtare, të modifikuara nga shoqëria në jetën tonë kombëtare e cila është produkt i lirisë së mendimit dhe veprimit pothuajse të pakontrolluar.

Tridhjetë e gjashtë vjeç, dhe me sa duket një burrë me personalitet të fuqishëm, agresiv dhe të shëndoshë, ai ishte megjithatë një njeri me instinkte shtazore, i veshur këndshëm nga edukimi dhe mjedisi.

- A doni që unë të kthehem këtu vitin e ardhshëm? - e kishte pyetur njëherë Atë Ambrosin, kur, në vitin e tij të shtatëmbëdhjetë, e kishin dënuar pasi kish rrahur një djalë të shkollës.

Ati e vështroi me habi. - Babai yt do të duhet të kujdeset për këtë, - u përgjigj ai.

- Epo, babai im nuk do të kujdeset për këtë, - ia ktheu Lester. Nëse më prekni me atë kamxhik do të marr gjërat e mia dhe do të largohem nga këtu.

Fjalët, fatkeqësisht, nuk kishin dobi në këtë rast, disiplina e shkollës e detyroi të merrte rrobat e tij dhe të largohej. Pas kësaj, Lester i doli përpara të atit dhe i tha se nuk do të shkonte më në shkollë.

- Jam krejtësisht i gatshëm të punoj, - shpjegoi ai. Nuk ka asgjë tërheqëse në arsimimin klasik për mua. Më lejo të hyj në tregti, dhe mendoj se do të mësoj mjaftueshëm për të jetuar.

Plaku Arkibald Kejn, me mendje të vetme tregtari të papjekur, admironte vendosmërinë e djalit të tij.

- Eja në zyrë, - tha ai; - ndoshta ka diçka që mund ta bësh.

Duke hyrë në jetën e biznesit në moshën tetëmbëdhjetë vjeçare, Lester kishte punuar me besnikëri, duke e rritur vlerësimin e të atit për të, deri tani ai ishte bërë, në njëfarë mënyre, përfaqësuesi i tij personal. Sa herë që kishte një kontratë për të lidhur, një veprim të rëndësishëm apo një marrëveshje për t'u negociuar, Lester ishte agjenti i tij i zgjedhur.

- Biznesi është biznes, - ishte një aksiomë e preferuar e tij dhe vetë toni me të cilin ai e shqiptonte shfaqte një refleks të karakterit dhe personalitetit të tij.

Lesli kishte disa dobësi, flakë që shpërthenin pavarësisht nga fakti se ai ishte i sigurt se i kishte nën kontroll. Një nga këto impulse ishte një tërheqje për pijet. Ai pinte por shumë pak, dhe vetëm, në mënyrë shoqërore, mes miqve; asnjëherë duke e tejkaluar.

Një tjetër dobësi qëndronte në natyrën e tij sensuale; por këtu përsëri ai besonte se ai ishte mjeshtri. Nëse ai zgjidhte të kishte marrëdhënie të parregullta me gratë, ai ishte i aftë të vendoste se ku ndodhej pika e rrezikut. Së fundi, ai e kënaqte veten se zotëronte një metodë të drejtë jetese, një metodë e cila nuk ishte asgjë më shumë se një pranim i qetë i kushteve sociale siç ishin, i zbutur nga një gjykim i vogël personal për të drejtën dhe të gabuarën e sjelljes individuale.

Të mos hidhërohet, të mos ankohesh për ndonjë gjë, të mos jetë tepër sentimental; të jesh i fuqishëm dhe të mbash personalitetin tënd të paprekur - kjo ishte teoria e jetës së tij dhe ai ishte i kënaqur që ishte një njeri i mirë.

Sa për Xhenin, arsyeja fillestare e afrimit të tij kishte qenë thjesht egoizëm. Por tani që ai kishte provuar ndjesitë e tij mashkullore dhe ajo i kishte shkaktuar, ai filloi të kuptojë se ajo nuk ishte një vajzë e zakonshme, dhe asnjë lodër për tu argëtuar.

Ekziston një kohë në jetën e disa burrave, kur ata në mënyrë të pandërgjegjshme fillojnë ta shohin rininë dhe bukurinë femërore, jo aq shumë në lidhje me idealin e lumturisë, por në lidhje me rrethanat në të cilat ajo ndodhet.

Këta janë burrat, të cilët, për të mos rrezikuar pozitën e tyre në një lidhjeje me një vajzë të re, nxiten të marrin në konsideratë përparësitë e një bashkimi më pak të detyrueshëm, një shoqëri të përkohshme. Ata përpiqen të kapin lumturinë e jetës pa paguar koston.

Lester Kane kishte kaluar periudhën rinore të dashurisë, dhe ai e dinte këtë. Pafajësia dhe idealet e rinisë kishin shkuar. Ai donte ngushëllimin e një shoqërie femërore, por ishte gjithnjë e më i pakënaqur të heqë dorë nga liria e tij personale për ta marrë atë.

Do të donte të mbante një lidhje të tillë që të plotësonte nevojat e zemrës dhe të natyrës së tij dhe të mos prekte lirinë e

124

tij. Sigurisht që i duhej të gjente gruan e duhur, dhe tek Xheni, besonte se e kishte gjetur. Martesa me të, përveç se ishte e pamundur, ishte edhe e panevojshme. Ai duhej vetëm të thoshte -"Eja" dhe ajo duhet të bindej; ky ishte fati i saj.

Lester e mendoi çështjen me qetësi, pa emocione. Ndërsa shëtiste në rrugën "Lorei"; shikoi në çatinë e mjeruar ku strehohej familja. Varfëria, mjedisi i ngushtë dhe mbytës i preku zemrën. A nuk duhej ta trajtonte atë bujarisht, në mënyrë të drejtë, me nderim? Pastaj kujtimi i bukurisë së saj të mrekullueshme e përfshiu, dhe i ndryshoi mendim. Jo, ai duhet ta zotërojë atë, shpejt, sa më shpejt të ishte e mundur. Me këto mendime në kokë, u kthye në shtëpinë e zonjës Brejsbrixh nga vizita e tij në rrugën "Lorie".

Kapitulli 18

Kurse Xhenin e pati pushtuar një shqetësim i pamasë, si ai njeriu përpara të cilit shtrohet papritur një detyrë e vështirë dhe e ndërlikuar. I duhej të mendonte për fëmijën, për të atin, për të vëllezërit dhe motrat. Çfarë të bënte? Mos vallë duhej të kryente përsëri gabimin e të hynte në një lidhje mëkatare e të paligjshme? Ç'do të thoshin njerëzit e shtëpisë? Natyrisht, që ai s'do të martohej me të, po të merrte vesh të kaluarën. Por, edhe pa e ditur, njëlloj ishte, s'do të martohej. Ai zinte një pozitë tepër të lartë. E megjithatë, ajo ndenji dhe e dëgjoi. Si të bënte ndryshe? Vrau mendjen për këto gjer në mbrëmje dhe në fillim deshi të ikte, por u kujtua me tmerr se i pati dhënë Kejnit adresën. Pastaj vendosi të mblidhte të tërë guximin dhe t'i kundërshtonte - t'i thoshte se nuk mundte, se nuk donte të kishte punë me të. Kjo zgjidhje iu duk mjaft e thjeshtë - ngaqë Kejni nuk ndodhej afër. Do të shkonte më ndonjë vend tjetër, ku ai s'do të mund ta ndiqte. Kështu vendosi, kur u vesh në darkë, që të shkonte në shtëpi.

Mirëpo adhuruesi i saj energjik kishte mendimet e veta. Pasi u nda nga Xheni, mendoi hollë e hollë gjithçka. Vendosi t'i hynte punës menjëherë. Xheni mund t'u tregonte të gjithë të afërmve ose zonjës Brejsbrixh, mund të ikte nga Klivlendi. Ai donte të dinte më hollësisht se në ç'kushte jetonte dhe për këtë kishte veç një mjet - të fliste me të. Duhej t'ia mbushte mendjen që të shkonte me të. Ajo, me siguri, nuk do të kundërshtonte. Se, e pranoi që i pëlqente. Natyra e saj e butë, nënshtrimi, i cili e tërhoqi atë menjëherë, mesa duket i premtonin një fitore të lehtë: mjafton që ajo të donte - dhe ai do ta bënte të tijën pa ndonjë vështirësi. Dhe vendosi ta provojë, ngaqë edhe vetë qe joshur shumë prej saj.

Në pesë e gjysmë, u kthye te Brejsbrixhët që të shihte se mos qe larguar Xheni. Në gjashtë, arriti t'i thotë asaj, pa u vënë re:

- Do të të shoqëroj për në shtëpi. Pritmë te qoshja më e afërme, mirë?

- Mirë,- iu përgjigj ajo, duke ndjerë se nuk mund të mos bindej.

Pastaj i tha vetes se donte t'i fliste e t'ia thoshte me vendosmëri vendimin për të mos u takuar më,- kështu që, pse të mos përfitonte nga ky rast dhe të sqarohej.

Në gjashtë e gjysmë, me një lloj preteksti, ai doli nga shtëpia - u kujtua për një takim pune - dhe, kur vajti ora tetë, priti për Xhenin në një pajton të mbyllur, pranë vendit ku e lanë. Ishte i qetë, krejt i bindur për suksesin, por nën qetësinë dhe vendosmërinë që i dukej, fshihej një emocion i jashtëzakonshëm, njëlloj sikur të kishte nuhatur ndonjë aromë të mrekullueshme, të butë, të ëmbël dhe dehëse.

Kur po afronte nënta, pa Xhenin. Drita e dobët e fenerit me gaz ishte e mjaftueshme që Kejni ta njihte. Një dallgë dhembshurie e përfshiu - kaq e madhe qe joshja ndaj kësaj vajze. Kur ajo u afrua më afër, ai doli nga pajtoni dhe ndaloi përpara saj.

- Shkojmë,- i tha. Ulu në pajton. Do të të shpie në shtëpi.

- Jo,- iu përgjigj ajo,- nuk mundem.

- Shkojmë. Do të të shpie unë. Kështu do ta kemi më lehtë të bisedojmë.

Dhe përsëri - ajo ndjenja e pushtetit të tij, ajo forca së cilës nuk mundej t'i kundërshtonte. Xheni u bind, duke ndjerë se ndoshta nuk duhej ta bënte këtë. Kejni i thirri karrocierit: - Tani për tani, ec nga të duash!

Ajo iu ul pranë dhe ai i foli menjëherë: -Ja se çfarë, Xheni, ti më duhesh. Tregomë për veten tënde.

- Do të doja të bisedoj me ju,- iu përgjigj ajo, duke u përpjekur të mbahej siç e pati menduar.

- Kështu nuk mund të vazhdojmë më tutje,- mërmëriti e turbulluar Xheni. Nuk mundem. Ju nuk dini asgjë. Unë nuk duhej të sillesha ashtu siç bëra sot në mëngjes. Nuk duhet të takohem më me juve. Vërtet që nuk mundem.

- Atë që bëre sot në mëngjes nuk e bëre ti,- e ngacmoi ai, duke ia kapur fjalën. Atë e bëra unë. Kurse, përsa i përket çështjes që ti nuk do të takohesh më me mua... atëherë, jam unë ai që dua të takohem me ty,- dhe i kapi dorën. Ti nuk më njeh ende, por unë të dua. Po luaj mendsh pas teje. Ti je krijuar për mua. Tani, dëgjo! Ti duhet të bëhesh e imja. A po vjen nga shtëpia ime?

- Jo, jo, jo! - thirri ajo me dhimbje. Nuk mundem, zoti Kejn. Të lutem, më dëgjo. Është e pamundur. Ju, nuk e dini. Ah, nuk e dini. Nuk mund të bëj siç doni ju. Nuk dua. Madje nuk do të mundja, edhe sikur të doja. Ju nuk e dini si qëndron puna. Por nuk dua të sillem si një vajzë e përdalë. Nuk duhet të sillem ashtu. Nuk mundem. Jo, jo, jo! Më shpini në shtëpi.

Ai i dëgjoi këto lutje të dëshpëruara jo pa keqardhje, madje nisi t'i vijë keq për Xhenin.

- Përse nuk mundesh, ç'do të thotë kjo? - e pyeti me kërshëri.

- Nuk mund t'ua them,- iu përgjigj ajo. Ju lutem, mos më pyesni. Nuk duhet ta dini. Por unë s'mund të takohem më me juve. Kjo nuk sjellë asgjë të mirë.

- Por unë të pëlqej ty.

- Po, po. Kësaj s'kam ç't'i bëj. Por duhet të më lini. Ju lutem! Me seriozitetin e një gjykatësi, Lesteri e peshoi edhe një herë me mend lutjen e saj. E dinte se i pëlqente kësaj vajze,- në thelb, ajo e dashuronte, sado e shkurtër qe njohja e tyre. Edhe ai qe shtënë pas saj, ndoshta jo edhe aq çmendurisht, por megjithatë, me një forcë të pazakontë. Ç'e pengonte atë t'i bindej, për më tepër, nëse vërtet e donte këtë gjë? Tek ai lindi kureshtja.

- Dëgjo, Xheni,- i tha,- unë të dëgjova. Nuk e kuptoj përse më thua nuk mundem,- gjersa të pëlqen të vish tek unë. Ti e the vetë se më pëlqen. Po pse ngul këmbë dhe kundërshton? Ti je pikërisht ajo që më duhet. Mbase do të rregulloheshim shumë

128

mirë. Ke natyrën më të përshtatshme për mua. Do të doja të rrinim bashkë. Përse thua që nuk mundesh?

- Nuk mundem,- përsëriti ajo. Nuk mundem. Nuk dua. Nuk duhet. Ah, të lutem, mos më pyet më. Ju nuk e dini. Nuk mund t'ua shpjegoj.

Ajo mendonte për fëmijën e saj.

Lester Kejni e kishte mjaft të zhvilluar ndjenjën e drejtësisë dhe që ç'do lojë ta bënte ndershmërisht. Para së gjithash, përpiqej të ishte njeri i rregullt në marrëdhëniet me të tjerët. Edhe tani donte të tregohej i sjellshëm dhe i vëmendshëm, por kryesorja ishte se duhet ta bënte të tijën! Dhe i peshoi edhe njëherë me mend të gjitha -pro-të- dhe -jo-të-.

- Dëgjo,- i tha më në fund duke i mbajtur ende dorën. Nuk të detyroj të vendosësh menjëherë. Dua që të mendosh sërish. Por ti je krijuar për mua. Nuk je mospërfillëse karshi meje. Vetë e pranove këtë, sot në mëngjes. Dhe unë e di se kështu është. Përse ngul këmbë kot? Ti më pëlqen dhe unë mund të bëj shumë gjëra për ty. Përse të mos bëhemi miq, tani për tani? Kurse për të tjerat, flasim më vonë.

- Por unë s'dua të sillem si vajzë e përdalë,- këmbënguli ajo. Nuk dua. Ju lutem më lini. Nuk mund të bëj ashtu siç doni ju.

- Mirë, shko,- tha ai,- ti nuk flet ato që mendon. Përse më the që të pëlqej? Mos vallë ndërrove mendje? Vështromë mua!(Xheni uli sytë). Vështromë! Mos vallë ndërrove mendje?

- Ah, jo, jo! - tha ajo për pak në lot, duke iu nënshtruar diçkaje që ishte më e fortë se ajo vetë.

- Atëherë, pse ngul këmbë? Unë të dua, dëgjon? Po luaj mendsh për ty. Ja përse erdha kësaj radhe. Desha të të shihja ty!

- Vërtet? - e pyeti e habitur Xheni.

- Po. Do të vija ndoshta, përsëri e përsëri, nëse do të duhej. Po të them se të dua, sa po çmendem. Ti duhet të bëhesh e imja. Premtomë që do të vish me mua!

- Jo, jo, jo,- tha ajo e vendosur. Nuk mundem. Unë duhet që të punoj. Unë dua që të punoj. Nuk dua të sillem si vajzë e përdalë. Ju lutem, mos ma kërkoni këtë. Ju lutem, nuk duhet. Duhet të më lini. Vërtet, nuk mund të bëj ashtu siç thoni ju.

- Më thuaj, Xheni,- e pyeti ai papritur. Me se merret yt atë?

- Punon qelqëtar.

- Këtu, në Klivlend?

- Jo, në Jangstaun.

- Po nëna, gjallë është?

- Po zotëri.

- Ti jeton me të?

- Po, zotëri.

Ai buzëqeshi.

- Mos më thuaj zotëri, moj vajzë,- i tha prerazi,- dhe mos më quaj zoti Kejn. Për ty nuk jam më zotëri. Ti je e imja, dëgjon? Dhe e tërhoqi nga vetja.

- Të lutem, nuk duhet, zoti Kejn,- iu lut ajo. Oh, të lutem, nuk duhet! Nuk mundem! Nuk mundem! Më lër. Por ai e puthi fort në buzë.

- Dëgjo këtu,- përsëriti fjalëzën e tij të dashur. Po të them se je e imja. Në çdo minutë që kalon, po më pëlqen edhe më shumë. Akoma s'të njoh mirë, por nuk heq dorë nga ty. Në fund të fundit, ti do të vish tek unë. Dhe nuk dua që të punosh si shërbyese. Nuk do të rrish në këtë vend, ndoshta, edhe për ca kohë. Do të të marr me vete diku gjetkë. Dhe, do të të jap para, dëgjon? Ti duhet t'i marrësh ato.

Nga fjalët "para", Xheni u drodh dhe tërhoqi dorën.

- Jo, jo,- i tha. Nuk i marr.

- Do t'i marrësh. Jepja nënës. Nuk po përpiqem aspak të të blej. E di se çfarë mendon. Por nuk është ashtu. Dua vetëm të të ndihmoj. Dua të ndihmoj të afërmit e tu. Unë e di se ku banon. Sot isha atje. Sa fëmijë jeni juve?

- Gjashtë,- iu përgjigj ajo, sa mezi dëgjohej.

- Oh, këto familjet e gjora varfanjake,- mendoi ai.

- Ja kështu, merri,- përsëriti ai me këmbëngulje, duke nxjerrë kuletën nga xhepi. Ne do të takohemi shumë shpejt. Nuk shpëton dot nga unë, vajzë.

- Jo, jo,- e kundërshtoi Xheni. Nuk dua. Nuk më nevojiten. Ju nuk duhet të ma kërkoni këtë gjë.

Kejni provoi të këmbëngulte në të tijën, por ajo qe e papërkulur dhe në fund të fundit, atij iu desh t'i futë paratë në xhep.

- Po të them vetëm një gjë, Xheni; ti nuk ikën dot prej meje,- deklaroi ai i qetë. Herët a vonë, njëlloj është, do të jesh me mua. Ti e ndjen edhe vetë këtë gjë, e di, se kjo duket qartë. Unë s'kam ndërmend të heq dorë nga ty.

- Ah, sikur ta dini, sa më torturoni.

- Vallë, me të vërtetë po të torturoj ty? - e pyeti ai. Me të vërtetë?

- Po, po më torturoni. Unë nuk do të bëj kurrë, si doni juve.

- Do të bësh! Do të bësh! - thirri ai me zjarr; vetëm nga mendimi se po i rrëshqiste gjahu nga dora, pasioni iu ndez edhe më shumë. Ti do të jesh e imja!

Dhe e përqafoi fort, pa ua vënë veshin kundërshtimeve të saj.

- Ja kështu,- i tha, kur pas një kundërshtimi të shkurtër, Xheni u dorëzua, ngaqë përbrenda e ngacmoi sërish ajo forcë e fshehtë që i lidhte. Në sytë e saj kishte lot, por ai s'ia vuri re. Vallë, nuk e sheh edhe vetë, që unë të pëlqej ty.

- Nuk mundem,- përsëriti, duke ngashëryer Xheni.

Dëshpërimi i saj dukej qartë se e preku Kejnin.

-Përse qan, vogëlushe? - e pyeti.

Ajo nuk iu përgjigj.

- Mirë, më fal,- tha ai. Sonte nuk të them më asgjë. Tani thuajse arritëm. Nesër do të iki, por së shpejti do të shihemi prapë. Do të bëj gjithçka mundem që ti të mos e kesh kaq të vështirë, por nuk jam në gjendje të heq dorë nga ty, dëgjon?

Ajo tundi kokën.

- Këtu duhet të zbresësh,- i tha, kur pajtoni arriti gjer te qoshja. Ai pa dritë në dritaret e Gerhardtëve. Mirupafshim,- shtoi, kur ajo doli nga pajtoni.

- Mirupafshim,- mërmëriti ajo.

- Mbaj mend,- tha ai,- ky është vetëm fillimi.

- Oh, jo, jo,- tha ajo me të lutur.

Ai e vështroi tek largohej.

- Çfarë bukuroshe! - thirri.

Xheni hyri në shtëpi, e lodhur, e tronditur dhe e turpëruar. Ç'bëri kështu? Padyshim që kreu një gabim të pafalshëm. Ai do të kthehej.

Ai do të kthehej. Ai i propozoi para. Kjo ishte më keq nga të gjitha.

Kapitulli 19

Ndonëse pas këtij takimi të shqetësuar tek të dy mbeti ndjesia e diçkaje të pathënë gjer në fund, as Lester Kejni dhe as Xheni nuk dyshonin se kjo punë nuk mbaronte me kaq. Kejni e ndiente se kjo vajzë e pati magjepsur krejt. Ajo qe e mahnitshme. Madje, as e kishte përfytyruar se do të qe kaq e përkryer. Ato lëkundjet, ato lutjet e saj të ndrojtura, -jo, jo, jo!- e emociononin si një muzikë. Pa fjalë, kjo vajzë qe krijuar për të dhe ai do ta merrte. Qe aq e përkryer, sa ishte e pamundur ta lëshonte nga dora. E ç'punë do i prishte se ç'do të thoshin të afërmit e tij, apo e gjithë bota?

Punë e çuditshme, Kejni qe i bindur se herët a vonë, Xheni do t'i nënshtrohej edhe fizikisht, siç iu nënshtrua shpirtërisht. Nuk mund ta shpjegonte se nga i vinte kjo bindje, por diçka tek Xheni - feminiliteti i saj i jashtëzakonshëm, shikimi i pastër dhe i pa shtirur - e detyronin të mendonin se ajo qe e aftë për atë pasion, ku nuk ka asgjë të keqe e të pamoralshme. Kjo grua, qe krijuar veç për një burrë, një burrë vetëm. Te ajo gjeje një përfytyrim të pandarë për dashurinë, përkushtimin dhe nënshtrimin. Le të dukej ky burrë i vetëm dhe ajo do ta dashuronte e do t'i shkonte pas. Kështu e kuptoi atë Lesteri. Këtë e ndiente. Ajo duhej t'i nënshtrohej, meqenëse ai qe pikërisht ky burrë, i vetmi.

Kurse Xheni parandiente ndërlikimet e gjithfarëllojshme që mund të pasonin dhe mbase - katastrofën. Me siguri, nëse ai nuk do t'i shqitej, do të merrte vesh gjithçka. Ajo s'i tregoi për Brenderin, sepse turbullt, shpresonte ende t'i rrëshqiste. Duke u ndarë prej tij, e dinte se ai do të kthehej dhe padashje, e pranoi se këtë gjë e dëshironte. E megjithatë, e ndiente se nuk duhej t'i jepej, se duhej që si edhe më parë, të bënte një jetë të papërlyer, të lodhshme e të njëtrajtshme. Ky qe dënimi për të kaluarën e saj. Ajo duhej të korrte atë që pati mbjellë.

Vila e bukur e Kejnëve në Cincinat, ku u kthye Lesteri pasi u nda me Xhenin, qe krejt e kundërta nga ajo e Gerhardtëve. Ishte një ndërtesë e madhe dykatëshe, pa ndonjë arkitekturë të përcaktuar, që të kujtonte kështjellat franceze, të ndërtuara me tulla të kuqe dhe gurë ranorë. Oborri që e rrethonte, i mbjellë me lule e pemë, ngjante si një park i vërtetë dhe vetë gurët dukej sikur flisnin për pasurinë, shijen e hollë dhe hijerëndë. Arcibald Kejni, babai i familjes, kishte vënë pasuri të madhe, por jo me anë të grabitjes apo mënyrave të ndyra e të pandershme, por falë asaj që diti të merret në kohë, me punën më të nevojshme dhe të leverdishme. Që në rini, e nuhati se Amerika qe një vend i ri që po zhvillohej. Kuptohet, do të kishte kërkesë të madhe për lloj-lloj pajtonesh, furgonësh, qerresh, karrocash - dhe dikush duhej t'i kënaqte këto kërkesa. Ai ngriti një punishte të vogël dhe hap pas hapi e shndërroi në një ndërmarrje të qëndrueshme. Prodhonte pajtone të mira dhe i shiste me fitime të majme. Siç e pati menduar edhe Arcibald Kejni, njerëzit, në shumicën e tyre, janë të ndershëm; qe i bindur se atyre u duheshin mallra të mira, të punuara me ndërgjegje dhe nëse u ofroje punime të tilla, do të nisnin të blinin me dëshirë dhe do të vinin përsëri e përsëri tek ty, gjersa të bëheshe i pasur e me influencë. Ai mendonte se në tregti duhet të tregohesh bujar dhe përherë, ato që shet, t'i matësh me ato që -fiton-. Gjatë gjithë jetës, gjer në pleqëri, e ruajti emrin e mirë tek të gjithë ata që e njihnin. - Arcibald Kejni? - thoshin për konkurrentët. O, është njeri i mrekullueshëm. I shkathët, por mbi të gjitha i ndershëm. Është njeri i madh!

Arcibald Kejni kishte dy djem dhe tri vajza, të gjithë të shëndetshëm, të bukur dhe mendjeshkathët, por asnjeri prej tyre nuk kishte trashëguar atë natyrë të gjerë, ato forca dhe energji, që kishte ky patriark i nderuar. Dyzet vjeçari Robert, djali i madh i Kejnit, ishte bërë prej kohësh dora e djathtë e të atit në punët financiare: qe tip depërtues dhe dorështrënguar - cilësi

134

tepër domethënëse për një afarist, sepse në biznes nuk i dilet pa poshtërsira. Roberti vinte shtatmesëm, i hollë, me ballë të lartë dhe tashmë kishte nisur të thinjej; kishte sy të gjallë bojë qielli, hundë të hollë e të përkulur, buzë të rrepta dhe të puthitura, pa shprehje. Qe i përkorë në fjalë, i panxituar në lëvizje dhe e mendonte seriozisht çdo hap që ndërmerrte. Në cilësinë e nën-presidentit të ndërmarrjes së madhe, që zinte thuajse dy lagje në skaj të qytetit, ai mbante një pozitë thuajse po aq të lartë, sa i ati. Robert Kejni qe afarist i egër, me të ardhme të madhe,- i ati e dinte mirë këtë.

Djali i dytë, Lesteri, ishte kanakari i të atit. Nuk qe aspak financier i mirë si Roberti, por i kuptonte burgjitë e fshehta që lëviznin botën. Qe më njerëzor dhe ndaj gjithçkaje, sillej me dashamirësi. Sado e çuditshme, por plaku Kejn i besonte dhe mrekullohej me mendjen dhe fisnikërinë e tij. Ai i drejtohej më me dëshirë Robertit, kur i dilte përpara ndonjë problem ndërlikuar financiar, por si bir, Lesterin e donte më shumë.

Nga vajzat, më e madhja ishte Emi, një grua e bukur tridhjetë e dy vjeçare, të cilës tashmë i qe rritur i biri. Njëzet e tetë vjeçarja Imoxhini, gjithashtu qe e martuar, por tani për tani nuk kishte fëmijë; më e reja, njëzet e pesë vjeçarja Luiza, nuk qe martuar ende; ishte më e bukura nga motrat, por më e ftohta dhe më mendjemadhja. Më tepër se gjithçka, çmonte shkëlqimin dhe nderimet që ia ngrinin prestigjin familjes dhe ëndërronte që Kejnët t'i eklipsonin të gjithë, këdo që i rrethonte. Mburrej shumë me pozitën e lartë shoqërore të familjes dhe mbahej me aq fodullëk e kryelartësi, sa që Lesterin, herë e zbaviste, herë e zemëronte. Ai e donte mbase më shumë se motrat e tjera, por mendonte se edhe pa i sjellë ndonjë dëm familjes, ajo mund të shiste më pak mend.

Zonja Kejn, nëna e tyre gjashtëdhjetë vjeçare, qe grua e thjeshtë dhe e respektuar. Duke kaluar vitet e para të martesës pak a shumë në varfëri, ajo edhe tani nuk synonte me aq ngulm të ndiqte jetë mondane. Por, duke i dashur fëmijët dhe të shoqin, mburrej me naivitetet për pozitën dhe begatinë që kishin arritur. Asaj vetë i mungonte pasqyrimi i lavdisë së tyre. Ishte grua e shtruar, bashkëshorte e mirë dhe nënë e përkushtuar.

Në Cincinat, Lesteri arriti në mbrëmje dhe menjëherë u nis për në shtëpi. Derën ia hapi shërbyesi i vjetër irlandez.

- A, zoti Lester! - u gëzua ai. Sa mirë që u kthyet. Më lejoni t'ju marr pallton. Po, po, këtu ka bërë kohë e shkëlqyer. Po, po, të gjithë të shtëpisë janë mirë. Motra juaj, zonja Emi, qe me të birin këtu. Sapo kanë shkuar. Nëna juaj është lart, në dhomën e saj. Posi, posi.

Lesteri i buzëqeshi i gëzuar dhe u ngjit lart tek e ëma. Në dhomën ngjyrë bezhë të çelur, që binte mbi kopsht, me dritare ne jug e në lindje, ai gjeti zonjën Kejn, një grua me trup të këndshëm, me fytyrë të dashur e të lodhur dhe flokët e thinjura të krehura shtruar. Kur u hap dera, ajo ngriti kokën, la librin që po lexonte dhe u ngrit t'i dilte përpara të birit.

- Tungjatjeta mama,- tha ai, duke e përqafuar dhe puthur. Si je me shëndet?

- Gjithmonë si më parë, Lester. Si udhëtove?

- Shumë mirë. Kalova përsëri ca ditë tek Bejsbrixhët. M'u desh të shkoja në Klivlend, të takoja Parsonët. Të gjithë më pyetën për ty.

- Si ia çon, Mini?

- Po ashtu. Sipas meje nuk ka ndryshuar fare. Dhe, si përherë, i pret miqtë me përzemërsi.

- Vajzë shumë e zgjuar,- vërejti e ëma, duke kujtuar zonjën Bejsbrixh që të re, kur jetonte në Cincinat. Ajo gjithmonë më ka pëlqyer. Sa e mençur!

- Edhe tani, ashtu është,- i tha me mjaft nënkuptim Lesteri. Zonja Kejn buzëqeshi dhe nisi t'i tregojë për ndodhitë e ndryshme të shtëpisë. Burri i Imoxhinit iku se me çfarë pune në Sent-Luis. Gruaja e Robertit është e sëmurë, ka marrë të ftohur.

Vdiq plaku Cvingel, roja i fabrikës që kishte dyzet vjet në shërbim të zotit Kejn. I ati do t'i shkonte në varrim. Lesteri e dëgjonte më respekt, ndonëse disi i shpërqendruar.

Kur zbriti poshtë, takoi Luizën. Ajo qe veshur shik, s'kishe si të thoje ndryshe; fustani i zi prej mëndafshi, qepur me rruaza xhami, karfica prej rubini i shkonte mjaft me lëkurën ezmere dhe flokët e zeza; shikimi i syve të zinj të çponte tej e për tej.

- Ah, qenke ti Lester! - thirri ajo. Kur u ktheve? Kujdes me të puthurat se po shkoj në një gosti dhe tani sa u pudrosa. Ah ti, ari!

Lesteri e pushtoi dhe e puthi fort. Ajo e shtyu me forcë.

- S'të shkunda aq shumë pudër,- i tha ai. Po më mirë merre kutinë dhe pudrosu prapë! - dhe shkoi në dhomën e vet për t'u veshur për darkë.

Zakoni i ndërrimit të rrobave për darkë, në familjen e Kejnëve, qe vendosur këto vitet e fundit. Aq shpesh u vinin miq, sa në njëfarë mënyre ky zakon u bë i domosdoshëm dhe Luiza për këtë gjë tregohej veçanërisht pedante. Atë mbrëmje prisnin Robertin dhe çiftin Barnet - miq të vjetër të të atit dhe të së ëmës, kështu që, natyrisht, darka do të qe madhështore. Lesteri e dinte se i ati ndodhej në shtëpi, por nuk nxitoi ta takojë. Mendoi për këto dy ditët e fundit që kaloi në Klivland dhe vriste mendjen se kur do ta shihte sërish Xhenin.

Kapitulli 20

Pasi u ndërrua, Lesteri zbriti poshtë dhe gjeti të atin në bibliotekë, duke lexuar gazetën.

- Tungjatjeta Lester,- e përshëndeti i ati duke e parë që sipër syzeve, ndërsa i zgjati dorën. Nga dole ti?

- Nga Klivlendi,- iu përgjigj i biri duke buzëqeshur dhe i shtrëngoi dorën fort.

- Robert më tha se ishe në Nju Jork.

- Po isha.

- Si ia çon miku im i vjetër, Arnoldi?

- Po njëlloj,- iu përgjigj Lesteri. Nuk është plakur fare.

- Të besoj,- i tha buzagaz Arcibald Kejni, sikur dëgjoi ndonjë kompliment për shëndetin e tij të fortë. Përherë ka qenë njeri i mbajtur. Xhentëlmen i vërtetë.

Ai kaloi me të birin në dhomën e ndenjes; folën për punët dhe të rejat e familjes, derisa gongu i orës në sallon, i lajmëroi njerëzit sipër, se darka qe gati.

Lesteri e ndjente veten mjaft mirë në sallën e hijshme të ngrënies, të mobiluar sipas stilit të Ludovikut XV. E donte shtëpinë e tij dhe të afërmit - nënën, babin, motrat dhe miqtë e vjetër të familjes. Edhe tani buzëqeshte dhe ishte mjaft i gëzuar. Luiza u tha se, të martën, Liveringët do të organizonin një ballo dhe e pyeti Lesterin nëse do të vinte.

- Ti e di që nuk vallëzoj,- e kundërshtoi ai thatë. E ç'të bëj atje?

- Nuk vallëzon? Thuaj më mirë që nuk ta ka ënda të vallëzosh. Thjesht, je dembelosur ca si tepër. Kur vallëzon edhe Roberti ndonjëherë, ti mund të vallëzosh sa herë të duash.

- E ku hahem dot unë me Robertin, nuk jam aq i shkathët sa ai, - vërejti pa teklif Lesteri.

- Dhe jo aq i sjellshëm,- thumboi Luiza.

- Ka mundësi,- tha Lesteri.

- Mos nis nga grindjet, Luiza,- ndërhyri me mençuri Roberti. Pas darkës ata kaluan në bibliotekë dhe Roberti bisedoi pak me të vëllain për punët. Duhej riparë tek-tuk ndonjë kontratë. Ai do të donte të dëgjonte mendimin e Lesterit. Luiza u bë gati të nisej për në gosti. Asaj i dhanë pajtonin.

- Pra, nuk po vjen? - e pyeti ajo me një notë pakënaqësie.

- Jo, jam lodhur shumë,- i tha i shkujdesur Lesteri. Kërkoi ndjesë nga ana ime, zonjës Houlz.

- Leti Pejs, pyeti këto ditë për ty,- ia hodhi Luiza që nga dera.

- Mjaft e sjellshme nga ana e saj. Më bëhet qejfi shumë.

- Leti është vajzë e mrekullueshme, Lester,- ndërhyri i ati që po rrinte tek oxhaku. Do të doja të martoheshe me të e të mblidheshe. Ajo do të ishte grua e denjë për ty.

- Vajzë magjepsëse,- pohoi edhe zonja Kejn.

- Ç'është ky, komplot?- bëri shaka Lesteri. Ju e dini, unë nuk jam prerë për jetë familjare.

- Këtë e di mjaft mirë,- iu përgjigj gjysmë me shaka, gjysmë seriozisht zonja Kejn,- dhe më vjen shumë keq.

Lesteri e kaloi bisedën në diçka tjetër. S'i vinte mirë nga vërejtje të tilla. Dhe përsëri iu kujtua Xheni dhe ankimi i saj: - Ah, jo, jo! Ja se kë kishte për shpirt. Një gruaje të tillë ia vlente vërtet t'i kushtoje vëmendje. Nuk qe llogaritëse, nuk rendte pas interesit, nuk ishte e rrethuar me mbikëqyrje të rreptë dhe e nxjerrë kastën në rrugën e burrave, për t'i futur në kurth, por qe vajzë e shkëlqyer dhe e përsosur, si lulja që lind e pambrojtur nga   askush.

Atë mbrëmje pasi u kthye në dhomë, i shkroi një letër, por e datoi një javë më vonë, sepse nuk deshi të dukej tepër i paduruar dhe veç kësaj, kishte ndërmend të rrinte në Cincinat, të paktën dy javë.

E dashura ime, Xheni!

Ndonëse kaloi një javë dhe s'të kam çuar ndonjë lajm, besomë se nuk të kam harruar. Ke mendim shumë të keq për

139

mua? Atëherë do të përpiqem ta ndryshosh për mirë, sepse të
dua vogëlushe, të dua vërtet. Në tryezën time kam një lule, e cila
më kujton shumë ty, - e bardhë, e butë, e mrekullueshme. Ja
kështu je ti, shëmbëlltyra jote më rri gjithmonë përpara syve.
Për mua je mishërimi i gjithçkaje të mrekullueshme. Është në
dorën tënde të ma shtrosh rrugën me lule - veç nëse dëshiron ti.

Tani dua të të them se, në datën 18, do të vij në Klivlend dhe
kam ndërmend të të takoj. Do të vij të enjten mbrëma. Pritmë në
sallonin e damave, tek hotel "Dornton", të premten pasdite.
Mirë? Do të hamë bashkë atje.

Ti nuk deshe të të vija në shtëpi,- siç e sheh, po ta plotësoj
dëshirën. (Edhe në të ardhmen do të ta plotësoj - veçse me një
kusht. Miqtë e mirë nuk duhet të ndahen, kjo është e rrezikshme.)
Shkruamë se do të më presësh. Shpresoj te shpirtmadhësia jote.
Por nuk mund ta pranoj -jo-në- tënde si një vendim
përfundimtar.

Yti sinqerisht,
Lester Kejn

Ai e futi letrën në zarf dhe shkroi adresën.

- Në llojin e saj, është vajzë e përkryer,- mendoi,- me gjithë
mend e përkryer.

Kapitulli 21

Letra mbërriti pas një javë heshtjeje, kur Xheni kishte arritur tashmë të mendonte mjaft gjëra dhe kjo e turbulloi thellë. Ç'duhej të bënte? Qysh të sillej? Ç'qëndrim të mbante ndaj këtij njeriu? A dëshironte vallë t'i përgjigjej letrës së tij? Dhe, nëse i përgjigjej, ç't'i thoshte? Gjer tani, të gjitha sjelljet e saj, madje edhe atëherë kur sakrifikoi veten për Basin, nuk dëmtuan mesa duket askënd, përveç asaj vetë. Tani duhej të mendonte edhe për të tjerët; të afërmit dhe pikë së pari për fëmijën. Vesta e vogël kishte mbushur një vit e gjysmë; qe vajzë e këndshme, flokëbardhë, me sy të mëdhenj e të kaltër, të cilët premtonin shumë t'u ngjanin shumë atyre të së ëmës; dhe veç këtyre, qe e shkathët dhe e zgjuar. Zonja Gerhardt e donte me gjithë shpirt. Vetë Gerhardt u shkri mjaft ngadalë, madje edhe tani nuk tregonte ndonjë interes të dukshëm ndaj të mbesës, por megjithatë, sillej mirë. Dhe, duke parë këtë ndryshim tek i ati, Xheni donte me gjithë shpirt të sillej në atë mënyrë, që të mos i shkaktonte kurrë hidhërim. Nëse do të bënte ndonjë hap të pamenduar, kjo do të ishte jo vetëm mosmirënjohje e ulët ndaj të atit, por do të dëmtonte edhe të ardhmen e së bijës. Asaj vetë nuk i eci jeta, mendonte Xheni, por jeta e Vestës qe tjetër punë dhe s'duhej bërë asgjë e tillë, që t'i prishte të ardhmen. Ndoshta duhej t'i shkruante dhe t'i shpjegonte gjithçka Lesterit. Ajo i tha se nuk donte të sillej si e përdalë. Të supozojmë, se do t'i rrëfente që ka një fëmijë dhe t'i thoshte që ta linte të qetë. A do ta dëgjonte ai? Vështirë. Por, a donte edhe ajo vetë vallë, që ai t'ia kuptonte fjalët? Domosdoshmëria për të bërë këtë pohim ishte torturuese për Xhenin. Ja përse, duke e lëkundur, ajo sikur e nisi këtë letër, ku u përpoq t'i shpjegojë gjithçka e të shkëputej prej tij. Pastaj ndërhyri vetë fati: i ati u kthye papritur në shtëpi, duke vuajtur tmerrësisht nga një rast fatkeqësie që i ndodhi në uzinën e Jangstaunit.

Letra nga Gerhardt erdhi të mërkurën, në fillim të gushtit, por nuk qe letër e zakonshme, e shkruar gjermanisht, me pyetje e këshilla atërore dhe pesë dollarët e përjavshëm të futur brenda. Në të qenë vetëm disa rreshta të shkruara nga një dorë tjetër, të cilët njoftonin qysh në fillim se i pati ndodhur një fatkeqësi: në uzinë që përmbysur kova me llavën e nxehtë të qelqit dhe Gerhardt i qenë djegur keq të dy duart. Në fund të shënimit thuhej se, mëngjesin tjetër, ai do të kthehej në shtëpi.

- Si, çfarë po thua! - thirri i shushatur Uilliami.
- I gjori baba! - tha Veronika dhe sytë iu mbushën me lot. Zonja Gerhardt u lëshua në karrige, uli duart e shtrënguara dhe sytë e palëvizur i mbetën në dysheme.
- Si t'ia bëjmë hallit tani? - përsëriste ajo me dëshpërim.

Tmerrohej edhe ta mendonte se ç'do të ndodhte me ta, nëse Gerhardt mbetej përjetë sakat.

Basi u kthye në shtëpi në gjashtë e gjysmë, Xheni në tetë. Basi e dëgjoi lajmin, duke shqyer sytë.

- Ç'fatkeqësi! - thirri. Por në letër nuk thuhet se i janë djegur shumë rëndë?
- Nuk thuhet,- iu përgjigj zonja Gerhardt.
- Epo, sipas meje, nuk duhet të mërzitemi edhe aq,- u tha ai. Nuk fitojmë gjë kështu. Në njëfarë mënyre, do ta shtyjmë. Të isha në vendin tënd nuk do të mërzitesha kështu.

Në fakt, nga kjo ai s'u shqetësua shumë - nuk qe i atij lloj tipi. Jeta i ecte lehtë. Nuk qe i aftë të thellohej në kuptimin e ngjarjeve, e të parashikonte rrjedhojat e tyre.

- E di,- tha zonja Gerhardt, duke u përmbledhur të mbledhë veten. Por s'mund ta përmbaj veten. Veç ta mendosh! S'arriti kjo jeta jonë e shkretë të ndreqej ndopak, kur, ja erdhi fatkeqësia tjetër. Tamam sikur na ka mallkuar njeri. S'po na ecën fare! Kur erdhi Xheni, e ëma ndjeu se ajo qe e vetmja mbështetje.

- Çfarë ka ndodhur, mama? - pyeti që te dera Xheni, duke parë fytyrën e së ëmës. Përse ke qarë?

142

Zonja Gerhardt pa tek ajo dhe i ktheu shpinën.

- Babai ka djegur duart,- tha Basi me ngadalë. Vjen nesër.

Xheni u kthye dhe pa me tmerr tek ai.

- Ka djegur duart!

- Po, - tha Basi.

- Si ndodhi kjo?

- Iu përmbys kova me xham.

Xheni pa tek e ëma dhe sytë iu mbushën me lot. Ajo u hodh tek zonja Gerhardt dhe e pushtoi.

- Mos qaj, mama,- i tha, por edhe vetë mezi përmbahej. Mos u mërzit. E di sa të rëndë e ke, por gjithçka do të kalojë. Mos qaj!

Këtu, buzët iu mblodhën dhe u desh kohë të mbledhë forcat e ta shihte drejt në sy fatkeqësinë e re. Dhe ja, si padashje e papritur, iu avit tinëz dhe me këmbëngulje mendimi: Lesteri!... Se ai i propozoi ndihmën e tij. Ia shpjegoi këtë si dashuri. Se pse, tani, iu kujtuan si të gjalla - edhe vëmendja, edhe keqardhja, edhe gatishmëria e tij për ta ndihmuar... Kështu u soll edhe Brenderi, kur Basi ra në burg. Ndoshta i qe shkruar ta flijonte edhe një herë veten? Po fundja, a nuk do të qe njëlloj? Se jeta e saj edhe kështu qe e dështuar. Këto mendonte, duke parë tek e ëma, e cila rrinte e heshtur, e dërmuar dhe e çmendur nga hidhërimi.

- Përse i ka rënë në pjesë të vuajë kaq shumë,- pyeste veten Xheni. Vallë, a nuk do të ketë shorti i saj, qoftë edhe pak lumturi!

- Nuk duhet të hidhërohesh kështu,- i tha, duke pritur pak. Mbase babai nuk është djegur aq shumë. Se, në letër thuhet që do të vijë nesër në mëngjes?

- Po,- pohoi zonja Gerhardt, duke ardhur në vete. Tani, nisën të flasin pak më qetë dhe gradualisht, kur të gjitha hollësitë që dinin u rrahën, u qetësuan, tamam sikur ngrinë në pritje.

- Duhet që dikush të dalë dhe ta presë babain në stacion,- i tha Xheni, Basit. Do të shkojë unë. Mendoj se zonja Bejsbrixh nuk do të më thotë gjë.

- Jo,- u përgjigj i ngrysur, Basi,- mos shko. Do të shkoj vetë. Ai u inatos me fatin për këtë goditje të re dhe këtë gjë s'e fshihte dot. Iku i zymtë në dhomën e vet dhe mbylli derën. Xheni me të ëmën shpunë fëmijët të flinin dhe vajtën në kuzhinë.

- Nuk e di qysh do të na vejë filli tani,- tha zonja Gerhardt, e sfilitur nga mendimi për telashet financiare që do të sillte pas vetes kjo gjëmë e re. Dukej aq e dërmuar dhe e pafuqishme, sa Xhenit iu dhimb gjer thellë në shpirt.

- Mos u hidhëro mëmëzë,- i tha butë, duke ndjerë se në mendjen e saj po piqej një vendim. Bota është e madhe. Por në të ka njerëz që u zgjatin të tjerëve dorën dhe u ndihmojnë me lloj-lloj të mirash. Nuk i lenë të vuajnë ngaherë nën fshikullimet e fatkeqësive!

Xheni rrinte ulur pranë nënës dhe tashmë i bëhej sikur dëgjonte hapat kërcënuese të fatkeqësive që do t'u derdheshin si breshër.

- Si mendon, qysh do të na vejë halli? - përsëriti e ëma, duke parë se si po i shembej ëndrra për një jetë më të mbarë në Klivlend.

- S'ka gjë,- iu përgjigj Xheni, duke e kuptuar qartë se ç'duhej të bënte,- gjithçka do të kalojë. Mos u mërzit. Të gjitha do të rregullohen. Do të gjejmë ndonjë rrugëdalje.

Tani e dinte se fati i kishte hedhur mbi supe të gjithë barrën e përgjegjësisë. Duhej të vetëflijohej; nuk kishte rrugë tjetër. Në mëngjes Basi takoi Gerhardtin në stacion. Ai qe zbehur keq dhe me sa duket, vuante. Faqet i qenë rrufitur dhe fytyra i qe tretur më shumë. Duart i kishte me fashë dhe pati marrë një pamje aq të mjerë, sa që kalimtarët ktheheshin për ta parë, kur dolën tok me Basin nga stacioni.

144

- Ptu, ç'mallkim! - i tha të birit. Si u dogja! Madje një herë m'u duk se s'do t'ia hidhja dot, aq dhimbje kisha. Çfarë dhimbjesh! Ptu, mallkim! S'do ta harroj këtë, për jetë! Ai i kallëzoi me hollësi se si ndodhi gjëma dhe shtoi se nuk dinte në do të mundej ndonjëherë t'i përdorte duart si më parë. Gishti i madh i dorës së djathtë dhe dy në të majtën, i qenë djegur gjer në kockë. Në dorën e majtë u desh t'ia hiqnin kyçet e para, gishti i madh arriti t'i shpëtojë, por mund të ndodhte që gishtërinjtë t'i mbeteshin të cunguar.

- Dhe kjo, tamam atëherë, kur më duheshin paratë! - shtoi. Ç'fatkeqësi! Ç'fatkeqësi!

Kur arritën në shtëpi, zonja Gerhardt u hapi derën. Punëtori plak, duke e kuptuar hidhërimin e pashprehur të së shoqes, s'u përmbajt dhe qau. Zonja Gerhardt gjithashtu nisi të ngashërejë. Madje, edhe Basi e humbi për një çast vetëpërmbajtjen, por me të shpejtë e mblodhi veten. Fëmijët e vegjël ulërinin, gjersa Basi u thirri.

- Mjaft qave! - i tha me një ton të guximshëm të atit. Nuk e mund dot me lot hidhërimin. Dhe pastaj, nuk është kaq e tmerrshme sa e bën. Ti do të shërohesh shpejt. Do të bëjmë si të bëjmë dhe do të jetojmë.

Fjalët e Basit, për një farë kohe, i qetësuan të gjithë dhe tani, që burri iu kthye në shtëpi, zonja Gerhardt e rifitoi sërish qetësinë shpirtërore. Vërtet, duart i kishte me fashë, por këmbët nuk i qenë djegur apo plagosur gjëkundi dhe ky ishte një lloj ngushëllimi gjithashtu. Kishte mundësi që t'i përdorte duart sërish e të merrej me ndonjë punë më të lehtë. Sidoqoftë, duhej shpresuar për më të mirën.

Atë mbrëmje, kur Xheni u kthye në shtëpi, frymëzimi i parë ishte të hidhej tek i ati, t'i shprehte të gjithë dashurinë dhe besnikërinë, por kishte frikë se ai do ta priste po aq ftohtë sa herën e parë.

145

Gerhardt po ashtu ndihej i prekur. Gjer tani nuk qe mëkëmbur plotësisht nga turpi ku e futi e bija. Ndoshta edhe donte të tregohej zemërgjerë, por nuk arrinte dot të dilte nga rrjeta e ngatërruar e ndjenjave dhe s'dinte as vetë ç'të bënte apo ç'të thoshte.

- Baba,- i tha me të lutur Xheni, duke iu afruar me ndrojtje. Gerhardt i turbulluar u përpoq t'i thoshte ndonjë fjalë të thjeshtë, por nuk mundi. Vetëdija e pafuqishmërisë së vet, mendimi se e bija e donte dhe se i vinte keq për të dhe se, po ashtu, edhe ai nuk mund të mos e donte të bijën,- të gjitha këto qenë më shumë se ç'mund t'i duronte shpirti - dhe s'u përmbajt dot dhe qau përsëri.

- Falmë baba,- iu lut Xheni. Të lutem, të përgjërohem, falmë!

- Unë jam lutur,- tha ai me zërin e këputur. Mirë, le ta harrojmë atë gjë.

Kur e mblodhi veten, u turpërua me mallëngjimin e tij, por tashmë, afërsia dhe mirëkuptimi qenë vendosur. Që prej asaj dite, ndonëse në marrëdhëniet e tyre mbeti ai ngurrimi i njohur, Gerhardt nuk u përpoq më të bënte sikur nuk e vinte re praninë e Xhenit, kurse ajo sillej ndaj tij thjesht e me përkëdheli si hijëze, tamam si në kohët e mëparshme.

Dhe ja kështu, në shtëpi mbretëroi përsëri paqja, por dolën shqetësime e halle të tjera. Si të jetonin, kur të ardhurat u zvogëluan pesë dollar në javë, kurse shpenzimet, falë pranisë së Gerhardt, u shtuan? Basi mund të jepte më shumë nga rroga e tij e javës, por ai nuk e quajti veten të detyruar ta bënte këtë. Ç'do ditë, Gerhardt duhej të shkonte tek mjeku për të ndërruar fashat. Xhorxhit iu grisën këpucët. Ose duhej të gjenin diku para, ose familjes i duhej të mbytej sërish në borxhe dhe të vuante përsëri të gjithë kalvarin e mjerimeve të varfërisë. Nën shtysën e këtyre rrethanave, vendimi i Xhenit u poq përfundimisht.

Letra e Lesterit kishte mbetur pa përgjigje. Dita e caktuar po afronte. T'i shkruante vallë? Ai mund t'i ndihmonte, ngaqë deshi t'i jepte para. Në fund të fundit, ajo vendosi se detyra e saj ishte të përfitonte nga propozimi i tij për ndihmë dhe i shkroi nja dy radhë të shkurtra. Mirë, do ta takonte, por do t'i thoshte të mos vinte në shtëpinë e saj. E dërgoi letrën dhe me një ndjenjë të çuditshme, midis drithërimës së frikshme dhe shpresës së gëzuar - nisi të presë ditën përfundimtare.

Kapitulli 22

Arriti e premtja fatale dhe Xheni u gjend para vështirësish të reja serioze, që ia ndërlikuan jetesën e thjeshtë. Rrugëdalje tjetër nuk ka, mendoi ajo. Jeta nuk i eci. Përse t'i kundërshtonte më tej? Të paktën, nëse mund t'i bënte të lumtur njerëzit e shtëpisë, t'i jepte shkollë Vestës - ndoshta... ndoshta... se qëllon-de, që njerëzit e pasur edhe të martoheshin me vajzat e varfra, kurse Lesteri qe kaq i mirë dhe natyrisht, ajo i pëlqente atij, Në orën shtatë vajti tek zonja Bejsbrixh; pasdite i kërkoi leje të ikë, me pretekstin se i duhej të ndihmonte të ëmën dhe u nis për në hotel. Lesteri iku nga Cincinati disa ditë më parë, se ç'kishte llogaritur dhe prandaj nuk e mori përgjigjen e Xhenit; ai erdhi në Klivlend i ngrysur dhe i pakënaqur me të gjithë botën. E ngrohte ende një shpresë se mos letra e Xhenit e priste në hotel, por atje nuk gjeti asnjë rresht. Ai nuk qe nga ata njerëz që dëshpërohen kollaj, por sonte u mërzit dhe ashtu i ngrysur, u ngjit në dhomën e tij të ndërrohej. Pas darkës, u përpoq të zbavitej duke luajtur bilardo dhe u nda me miqtë vetëm pasi piu më shumë se zakonisht. Mëngjesin tjetër u ngrit me mendimin e turbullt që t'i jepte fund kësaj pune, por koha kaloi, afroi ora e caktuar dhe Lesteri vendosi se, mbase duhej të priste. Po sikur ajo të vinte papritur. Dhe kështu, një çerek ore përpara kohës së caktuar, zbriti në hollë. Sa i madh qe gëzimi i tij kur pa Xhenin - ajo priste ulur dhe kjo qe shenjë se ajo ishte nënshtruar. Lesteri shkoi me të shpejtë tek ajo, i kënaqur, i gëzuar, duke buzëqeshur.

- Kështu pra, megjithatë erdhe,- tha ai, duke e parë me pamjen e një njeriu që ka gjetur sërish thesarin e humbur. Pse nuk më shkruajte? Ti heshte me kaq këmbëngulje, sa mendova se nuk doje t'ia dije për mua.

- Unë të shkrojta,- iu përgjigj Xheni.

- Ku?

148

- Sipas adresës që më dhe. Duhej të të shkruaja më parë. E nisa para tri ditësh.

- Ah, ja ku qenka puna: letra nuk më gjeti atje. Duhej të kishe shkruar më parë. Hë, si po ia çon?

- Mirë,- iu përgjigj Xheni.

- Sikur nuk më duket. Ke një pamje të lodhur. Çfarë ka ngjarë Xheni? Nga shtëpia, mirë janë të gjithë? Lesteri e bëri këtë pyetje krejt rastësisht. As vetë s'e dinte përse pyeti. Por kjo e ndihmoi Xhenin të fliste për atë çka e shqetësonte më shumë.

- Babai është sëmurë,- tha ajo.

- Ç'ka ai?

- I janë djegur të dyja duart në uzinë. U trembëm për vdekje. Ka mundësi që të mos jetë më në gjendje t'i përdorë duart sërish.

Xheni heshti dhe fytyra i shprehu gjithë thellësinë e hidhërimit; Lesteri e kuptoi se ajo gjendej në një situatë pa rrugëdalje.

- Më vjen shumë keq, - i tha. Vërtet keq. Kur ndodhi kjo?

- Pothuajse tri javë më parë.

- Po, keq puna. Megjithatë, eja të hamë mëngjes. Dua të bisedojmë. Që kur ika, kam dashur përherë të di se si jeton familja jote.

Ai e shpuri Xhenin në restorant dhe zgjodhi një tryezë të mënjanuar. Duke u përpjekur ta tërhiqte, i propozoi të porosiste mëngjesin, por Xheni qe tepër e merakosur dhe kokëfortë dhe atij iu desh vetë të merrej me menynë. Pasi dha porosinë, u kthye me gëzim nga ajo.

- Hë, Xheni, dua të më tregosh gjithçka për familjen tënde. Diçka kuptova herën e kaluar, por tani duhet t'i kuptoj të gjitha siç duhet. Ti the se yt atë është qelqëtar.

- Po,- i tha Xheni.

- Sa fëmijë të tjerë jeni në familje, përveç teje?

- Pesë.

- Ti je më e madhja?

- Jo, është im vëlla, Sebastiani. Ai është njëzet e dy vjeç.

- Me se merret ai.

- Është shitës, në një dyqan duhani.

- Nuk e di sa fiton ai?

- Më duket, njëzet dollar,- iu përgjigj duke u menduar Xheni.

- Po fëmijët e tjerë?

- Marta dhe Veronika nuk punojnë, janë ende të vogla. Xhorxhi punon çirak në dyqanin e Uillsonit. Merr tre dollar e gjysmë.

- Po ti, sa merr?

- Unë, katër.

Lesteri heshti, duke llogaritur me mend se sa u mbeteshin atyre për të jetuar.

- Sa paguani për shtëpinë?

- Dymbëdhjetë dollar.

- Nëna, me siguri, nuk është më e re.

- Së shpejti mbush pesëdhjetë vjeç.

Ai rrotullonte i menduar pirunin.

- Të them të drejtën, Xheni, pikërisht kështu e mendoja edhe unë,- tha më në fund. Kam menduar shumë për ty. Tani e kam gjithçka të qartë. Ti ke vetëm një rrugëdalje dhe ajo nuk është aq e keqe. Nëse do të më besosh mua.

Ai heshti, duke pritur përgjigje, por Xheni nuk e pyeti për asgjë. Ajo qe përthithur nga hallet e veta.

- Nuk do të dish se çfarë rrugëdalje? - e pyeti ai.

- Dua,- iu përgjigj mekanikisht ajo.

- Kjo rrugëdalje jam unë,- tha Lesteri. Ti duhet të më lejosh të të ndihmoj. Unë desha ta bëj këtë edhe herën e kaluar. Por tani, duhet ta pranosh ndihmën time, më dëgjon?

- Mendoja se nuk do të vinte puna gjer këtu,- u shpreh thjesht ajo.

- E di se ç'mendoje,- e kundërshtoi ai. Por, harroje atë. Unë do të kujdesem për familjen tënde. Dhe do ta bëj këtë tani, pa

150

vonesë.

Ai nxori kuletën dhe hoqi prej andej disa bankënote dhjetë-njëzetë dollarësh, gjithsej, dyqind e pesëdhjetë dollar.

- Merr,- i tha. Ky është vetëm fillimi. Do të kujdesem që edhe në të ardhmen familja jote të jetë e siguruar. Eja, zgjate dorën.

- Jo, jo! - thirri Xheni. Nuk duhen aq shumë. Mos më jep kaq shumë.

- Mos kundërshto,- i tha Lesteri. Eja, merri në dorë. Duke iu bindur vështrimit të tij, Xheni zgjati dorën. Ai i vuri në të paratë dhe ia shtrëngoi lehtë gishtat.

- Mbaji vogëlushe. Unë të dua, bukuroshja ime. Nuk dua që ti të vuash, as të afërmit e tu, gjithashtu. Xheni kafshoi buzët dhe vështroi tek ai me një falenderim të heshtur.

- Nuk di si të të falënderoj,- i tha më në fund.

- Dhe as që ka nevojë,- iu përgjigj Lesteri. Besomë, jam unë ai që duhet të të falënderoj ty.

Ai heshti dhe vështroi tek ajo i magjepsur nga bukuria e saj. Xheni nuk ngrinte sytë, duke pritur se çdo të ndodhte më tutje.

- Përse nuk e lë punën? - e pyeti Lesteri. Kështu do të ishe tërë ditën e lirë.

- Nuk mundem,- iu përgjigj ajo. Babai nuk do të më lejonte. Ai e di se unë duhet të nxjerr bukën e gojës.

- Këtë mbase e ka drejtë,- pohoi Lesteri. Por ç'kuptim ka puna jote? O Zot! Katër dollar në javë! Unë do të jepja me gëzim pesëdhjetë herë më shumë, po ta dija se do t'i përdorje me mend këto para.

Ai po trokiste i shpërqendruar tryezën me gishta.

- Nuk mundem,- i tha Xheni. Edhe me këto para, nuk di si t'ia bëj. Të mitë do e marrin me mend. Duhet t'i them gjithçka mamasë.

Nga mënyra si e tha, Lesteri kuptoi se nënë e bijë qenë të afërta, gjersa Xheni mund t'ia bënte këtë pohim s'ëmës. Ai nuk qe aspak egoist dhe kjo e preku. Por nuk kishte ndërmend të hiqte dorë nga synimet i tij.

- Me sa kuptoj, ka vetëm një rrugëdalje,- vazhdoi butë. Ti s'ke pse të vazhdosh më si shërbyese. Kjo nuk shkon fare. Jam kundër kësaj. Lër gjithçka dhe eja me mua në Nju Jork; unë do të kujdesem për ty. Të dashuroj dhe dua të jesh e imja. Dhe s'ke më nevojë të merakosesh për të tutë. Do të mundesh t'u blesh atyre një shtëpi të rehatshme e ta mobilosh sipas shijes sate. Vallë, nuk të pëlqen kjo?

Ai heshti dhe Xheni mendoi menjëherë për të ëmën, të ëmën e saj të mirë. Gjithë jetën zonja Gerhardt vetëm për këtë fliste - për këtë shtëpi të dashur. Sa e lumtur do të ishte sikur të kishin një shtëpi më të madhe, mobilie të mira, kopsht. Me një shtëpi të tillë do të shpëtonin nga pagesa e qerasë, nga mobiliet e papërshtatshme dhe të vjetra, nga varfëria poshtëruese,- ajo do të ndihej kaq e lumtur! Ndërsa Xheni po mendonte për këto gjëra, Lesteri, që ndiqte me vëmendje fytyrën e saj, e kuptoi se i preku pikën më të dobët. Ky qe një mendim i suksesshëm - t'i propozonte që t'i blinte një shtëpi për të afërmit. Ai priti edhe pak, pastaj tha:

- Kështu, më lejon ta bëjë këtë?

- Kjo do të ishte mbase shumë gjë e mirë,- i tha Xheni,- por tani për tani është e pamundur. Nuk mund të iki nga shtëpia. Babai do të donte të dinte më saktësi se ku do të shkoj. Çfarë t'i them atij?

- E pse të mos i thuash që do të shkosh në Nju Jork me zonjën Brejsbrixh? - i propozoi Lesteri. Për këtë nuk do të kundërshtonte asnjeri, apo jo?

- Po, nëse në shtëpi nuk do ta dinin të vërtetën,- tha Xheni, duke e vështruar e habitur. Po sikur papritur ta marrin vesh?

- Nuk do ta marrin,- iu përgjigj i qetë Lesteri. Ata nuk janë në dijeni të punëve të zonjës Brejsbrixh. Pak pronare vallë, udhëtojnë për kohë të gjata, duke marrë me vete edhe shërbyesen. Thjesht, thuaju se të propozuan të shkosh dhe se ti duhet ta bësh këtë - dhe ne shkojmë.

- Mendon se është e mundur kjo,- e pyeti ajo.

- Natyrisht,- iu përgjigj Lesteri. E çfarë ka këtu?

Duke u menduar ca çaste, Xheni vendosi se ndoshta kështu duhej bërë. Por pastaj i erdhi në mendje se afria me këtë njeri mund të përfundonte sërish në amësi. Ç'fatkeqësi do të ishte t'i jepte jetë një foshnje... jo, nuk mund ta bënte sërish këtë, sidoqoftë - jo me kaq ngut si herën e parë. Nuk e detyronte dot veten që t'i tregonte për Vestën, por duhej t'i thoshte për pengesën e pakapërcyeshme.

- Unë...- nisi ajo dhe ndaloi, pa qenë e zonja të vazhdonte.

- Ti?... - përsëriti Lesteri. Po më tej, çfarë?

- Unë... - rinisi Xheni dhe përsëri ndaloi.

Lesterin e mrekullonte ajo kokëfortësia e saj, buzët e buta që nuk vendosnin të shqiptonin fjalën e duhur.

- Po çfarë, de? - e pyeti si për ta nxitur. Ti je me tërë mend një mrekulli. Ke frikë të ma thuash?

Dora e Xhenit shtrihej në tryezë. Lesteri u përkul dhe vuri mbi të dorën e tij të fortë e të zeshkët.

- Nuk dua në asnjë mënyrë të kem fëmijë,- shqiptoi më në fund Xheni, duke ulur sytë.

Ai e vështroi ngulazi dhe ndjeu se sinqeriteti i saj joshës, ishte një dinjitet të cilin ajo e ruante madje edhe në kushte kaq anormale e të vështira. Aftësia për t'i marrë me kaq thjeshtësi dukuritë më të rëndësishme të jetës, e ngrinte atë mjaft lart në sytë e tij.

- Ti je një vajzë e jashtëzakonshme, Xheni,- i tha ajo. Ti je thjesht mrekulli. Por mos u shqetëso. Këtë mund ta rregullojmë. Gjersa nuk do, s'ke përse të kesh fëmijë, se, edhe unë nuk e dua këtë.

Në fytyrën e skuqur e të turbulluar të Xhenit u pasqyrua habia.

- Po, po,- i tha Lesteri. Më beson? Unë e di se ç'flas, po ti?

- P-po, - iu përgjigj, duke iu marrë goja.

- Ja kështu. Sido që të ndodhë, nuk do të lejoj që me ty të ndodh diçka e keqe. Do të të heq që këtej. Dhe pastaj, nuk dua të kem asnjë fëmijë. Ata nuk do të më sillnin ndonjë lloj kënaqësie tani për tani. Preferoj të pres për këtë punë. Por nuk do të ndodhë asgjë e tillë, mos u shqetëso.

- Mirë,- iu përgjigj ajo, sa mezi u dëgjua.

Për asgjë në jetë mbase, nuk do të pranonte të shihej atë çast sy më sy.

- Dëgjo, Xheni,- tha ai, duke pritur pak. Ti më dashuron, apo jo? Mos vallë do të nisja të vardisesha, nëse nuk do të dashuroja, si thua? Unë e humba mendjen pas teje menjëherë, kjo është e vërteta. Thjesht jam dehur prej teje, si nga vera. Ti duhet të vish me mua. Dhe sa më shpejt. I kuptoj punët e familjes tënde, por këtë mund ta rregullojmë. Shkojmë bashkë në Nju Jork. Dhe pastaj, diçka do të mendojmë.

- Por jo tani,- i tha Xheni thuajse me frikë.

- Nëse mundesh, që nesër. Në rastin më të keq, të hënën. Rregulloje vetë këtë. Çfarë të shqetëson? Po të të propozonte zonja Brejsbrixh të shkoje, do të ishe bërë gati shpejt e shpejt dhe askush s'do të thoshte asnjë fjalë, apo jo?

- Po,- pohoi ajo, duke u menduar disi.

- Atëherë, ku qëndron puna?

- E kam përherë të vështirë, kur më duhet të them gënjeshtra,- tha e menduar Xheni.

- E di, por megjithatë ti mund të vish. Vërtet?

- A nuk mund të prisni pak? - e pyeti Xheni. E gjithë kjo erdhi kaq papritur. Kam frikë.

- Asnjë ditë nuk do të pres, vogëlushe. Vallë, nuk e sheh se s'jam në gjendje të pres? Vështromë në sy. Do të ikim?

- Mirë,- iu përgjigj ajo me pikëllim, e megjithatë në shpirt i lëvriu një ndjenjë e çuditshme dhembshurie ndaj këtij njeriu. Ikim.

Kapitulli 23

Për udhëtimin gjithçka u rregullua shumë më lehtë se ç'pritej. Xheni vendosi t'i tregojë s'ëmës gjithë të vërtetën, kurse t'atit mund t'i thonte vetëm që zonja Brejsbrixh do të udhëtonte dhe se Xheni do ta shoqëronte. Natyrisht, ai do të niste ta pyesë, po zor se do t'i lindte ndonjë dyshim. Atë ditë, ndërsa shkonte për në shtëpi, ata hynë në një supermarket dhe Lesteri i bleu Xhenit një baule, valixhe, kostum udhëtimi dhe kapele. Ndihej mjaft krenar për fitoren e vet.

- Sapo të arrijmë në Nju Jork, do të të blej diçka më të mirë,- i tha. Ti ende s'ia di vlerën vetes. Kur të të shohin, të gjithë do të kthejnë kokën për të të parë.

Ai porositi që ato çka blenë t'i futnin në valixhe dhe t'ia nisnin në hotel. Pastaj u mor vesh me Xhenin që, të hënën, përpara se të nisëshin, ajo të vinte në hotel dhe të ndërrohej.

Në shtëpi, Xheni gjeti të ëmën në kuzhinë dhe si gjithmonë, ajo u gëzua kur e pa.

- U lodhe sot? - e pyeti me përkëdheli zonja Gerhardt. Dukesh mjaft e këputur.

- Jo,- i tha Xheni,- nuk u lodha. Thjesht, nuk jam aq mirë.

- Ka ndodhur gjë?

- Ah, mëmëz, më duhet të të them diçka. E kam aq të vështirë...

Ajo heshti duke parë në mënyrë pyetëse tek e ëma, pastaj largoi sytë.

- Hë, po çka ngjarë? - e pyeti zonja Gerhardt me shqetësim. Aq shumë fatkeqësi u patën rënë, sa tashmë ajo rronte përherë në pritje të ndonjë gjëme të re. Mos e humbe vendin e punës?

- Jo,- iu përgjigj Xheni, duke u përpjekur të mos e rrëfente shqetësimin e vet,- por vendosa të iki.

- Po kjo s'ka mundësi! - thirri e ëma. Përse?

- Do të shkoj në Nju Jork.

155

Nëna shqeu sytë e habitur.

- Qysh kështu, papritur? Kur e more këtë vendim?

- Sot.

- Me gjithë mend e ke?

- Po, nënoke. Dëgjomë. Dua të të them diçka. Ti e di me sa vështirësi po jetojmë. Nuk mundëm që nuk mundëm t'i rregullojmë një herë punët tona. Kurse tani u gjend një njeri, i cili ka dëshirë të na ndihmojë. Thotë se më dashuron dhe kërkon që të hënën të shkojë me të në Nju Jork. Vendosa të shkoj.

- Jo Xheni, në asnjë mënyrë! - thirri e ëma. Si mund ta bësh sërish këtë gjë! Mendo për babin!

- I kam menduar të gjitha,- i tha me vendosmëri Xheni. Kështu do të jetë më e udhës. Ai është njeri i mirë, këtë e di. Dhe mjaft i pasur. Më kërkon të shkoj me të dhe unë do të shkoj. Ndërsa, kur të kthehemi, do të na blejë një shtëpi dhe, në përgjithësi, do të na ndihmojë. Ti e di edhe vetë se askush nuk martohet me mua. Kështu u bëftë. Ai më dashuron. Edhe unë e dua. E pse të mos shkoj?

- Po për Vestën, di gjë? - e pyeti me kujdes e ëma.

- Jo,- iu përgjigj si fajtore Xheni. Mendoj që është më mirë të mos i them. Do të përpiqem që atë të mos e përziej në këtë çështje.

- Kam frikë se po i hap vetes telashe, Xheni. Mos vallë mendon se kjo nuk do të dalë asnjëherë në shesh?

- Mendova, që mbase ajo mund të jetojë këtu, me ju, gjersa t'i vijë koha e shkollës,- tha Xheni. Kurse pastaj, me siguri, do të mund ta çoj diku të mësojë.

- Ashtu është, ashtu,- pranoi e ëma. Por ndoshta do të qe më mirë t'ia thoje tani, menjëherë? Ai do të kishte një mendim më të mirë për ty, nëse i thua të vërtetën.

- Nuk është këtu halli. Puna është tek Vesta,- i tha me zjarr Xheni. Nuk dua ta përziej atë në këtë punë.

E ëma tundi kokën.

- Ku u njohe me të? - e pyeti.

- Tek zonja Brejbrixh.

- Ka kohë?

- Po, ka rreth dy muaj.

- Dhe nuk më the për të asnjëherë,- e qortoi zonja Gerhardt.

- Nuk e dija se do të sillej kështu me mua,- i tha si me faj Xheni.

- Po, mbase duhet të presësh? Përse të mos vinte tek ne në fillim? - e pyeti e ëma. Atëherë do të ishte shumë më e thjeshtë. Se, njëlloj është, nëse ikën, babai do ta marrë vesh të vërtetën.

- Do të them sikur po shkoj me zonjën Brejbrixh. Atëherë babai nuk do të kundërshtojë.

- Ndoshta ashtu është,- pranoi e menduar e ëma.

Ato panë në heshtje njëra-tjetrën. Zonja Gerhardt u përpoq ta përfytyronte këtë të ri të habitshëm, i cili hyri tashmë në jetën e Xhenit. Donte t'u blinte një shtëpi të mirë! Tamam si në përralla!

- Dhe ja se ç'më dha,- shtoi Xheni, duke i nuhatur disi mendimet e s'ëmës.

Ajo nxori dyqind e pesëdhjetë dollarët, të cilët i pati fshehur në gji dhe ia vuri në duar zonjës Gerhardt.

Ajo ua nguli sytë e shastisur parave. Në atë pako me kartëmonedha të gjelbra e të verdha qëndron çlirimi nga të gjitha hallet - ushqimi, veshja, qymyri, qiraja për shtëpinë. Po të kishin para të mjaftueshme, Gerhardt nuk do t'i duhej të shqetësohej që s'do të mund të punonte dot, për shkak të duarve të djegura; Xhorxhit, Martës dhe Veronikës mund t'u blinin rroba më të mira - që aq shumë u nevojiteshin! Xheni do të blinte rroba të reja, Vesta do të mund të shkonte në shkollë.

- Mendon se mund të martohet ndonjëherë me ty? - e pyeti më në fund e ëma.

- Nuk e di,- iu përgjigj Xheni. Ndoshta. Di vetëm se ai më dashuron.

- Ëhë,- tha, duke heshtur një çast zonja Gerhardt. Nëse mendon që t'i thuash babait se do të udhëtosh, atëherë mos e shtyj. Edhe pa këtë, atij do t'i dukej mjaft e çuditshme. Xheni e kuptoi se fitorja i mbeti asaj. Rrethanat e detyruan të ëmën të pajtohej me atë çka po ndodhte. Ajo qe e hidhëruar, por megjithatë, i dukej mbase se kjo do të dilte për mbarë.

- Unë do të të ndihmoj,- i tha duke psherëtirë të bijës.

Zonja Gerhardt nuk e kishte të lehtë të gënjente, por gënjeu me një pamje aq të shkujdesur, sa ia shpërndau të shoqit gjithë dyshimet. Lajmin ua thanë edhe fëmijëve dhe të gjithë, me gjallëri, dhanë mendimet e tyre dhe pastaj kur Xheni ia përsëriti këtë sajesë të atit, gjithçka doli krejt natyrshëm.

- Do të largohesh për shumë kohë? - u interesua ai.

- Një apo dy javë,- iu përgjigj Xheni.

- Do të jetë udhëtim i këndshëm,- tha Gerhardt. Kam qenë në Nju Jork në njëmijë e tetëqind e dyzet e katrën. Atëherë qe qytet fare i vogël, jo kështu siç është tani.

Në thellësi të shpirtit ndihej mjaft i gëzuar që Xhenit i pati ecur kaq shumë. Me sa duket, pronarja qe e kënaqur prej saj. Erdhi e hëna; herët në mëngjes, Xheni u përshëndet me të shtëpisë dhe shkoi në hotelin "Dornton", ku e priste Lesteri.

- Ja ku erdhe! - thirri ai i gëzuar, duke e takuar në sallën e damave.

- Po,- iu përgjigj thjesht ajo.

- Ti je kushërira ime,- vazhdoi Lesteri. Të kam porositur një dhomë pranë times. Tani po shkoj të marr çelësin dhe ti ik ndërrohu. Kur të jesh gati, do ta nis valixhen për në stacion. Treni niset për një orë.

Xheni shkoi të vishet, kurse Lester, duke mos e ditur si ta shtyjë kohën, lexoi, piu duhan dhe më në fund, trokiti në derën e saj. Ndërkaq, ajo kishte arritur të ndërrohej dhe ia hapi menjëherë.

- Dukesh magjepsëse,- i tha ai me një buzëqeshje.

Ajo uli sytë, shpirtërisht ndihej mjaft ligsh dhe e shqetësuar. Iu desh të dredhonte, të gënjente e të hiqte kaq shumë për të luajtur këtë rol - dhe e gjitha kjo, nuk i doli aq kollaj. Fytyrën e kishte të lodhur e të munduar.

- Mos ndihesh e hidhëruar? - e pyeti Lesteri, duke e parë me vëmendje.

- J-jo,- iu përgjigj ajo.

- Eja, eja vogëlushe, mos bëj kështu. Gjithçka do të shkojë mirë.

Ai e përqafoi, e puthi dhe ata zbritën poshtë. Ai u habit, duke parë se sa e mirë dukej madje edhe me këtë kostum të thjeshtë - më i miri që i kishte rënë rasti të vishte ndonjëherë.

Ata shkuan me të shpejtë në stacion. Kejni e kishte rezervuar vendin që më parë, në mënyrë që të arrinin tamam në kohën kur do të nisej treni. U ulën në kupenë e vagonit dhe Lesterin e pushtoi ndjenja e kënaqësisë më të madhe. Jeta i paraqitej përpara në dritën më të bukur. Xhenin e kishte pranë. E arriti atë që deshte. Do të qe mirë sikur t'i ecte përherë kështu.

Treni lëvizi dhe Xheni nisi të vështrojë e menduar nga dritarja. Pas saj rrëshqisnin fushë të panumërta, të lagura e të vranëta nga shirat e ftohtë; pyjet e zhveshur nga vjeshta; mes rrafshnaltës së sheshtë dukeshin e zhdukeshin fermat,- shtëpitë me çati të ulëta, tamam sikur përpiqeshin të puthiteshin rrafsh me tokën. Treni kaloi pranë fshatrave fare të vegjël, që ishin thjesht grumbuj kasollesh të bardha, të verdha, të murrme, me çatitë që u nxinin nga shiu dhe moti i keq. Njëra prej tyre i kujtoi Xhenit shtëpinë e Gerhardtëve në Kolombus; ajo mbuloi sytë me shami dhe qau pa zë.

- Ti po qan, Xheni? - i tha papritur Lesteri, duke u shkëputur nga letra që po lexonte. Qetësohu, qetësohu,- vazhdoi ai, duke parë se ajo dridhej e tëra. Nuk bën kështu. Mblidhe veten. Ç'kuptim ka që po qan?

159

Ajo s'iu përgjigj dhe padashje, Lesterit iu dhimb ky pikëllim i thellë dhe i heshtur i saj.

- Mos qaj,- e qetësoi ai. Unë të thashë se gjithçka do të shkojë mirë. Mos u shqetëso për asgjë.

Xheni e mblodhi veten me mundim dhe nisi të fshijë sytë. -Nuk duhet ta mërzitësh veten kështu,-vazhdoi Lesteri. Më keq është. E kuptoj se sa të vështirë e ke të largohesh nga shtëpia, por këtë s'e rregullon dot me lot. Dhe pastaj, ti nuk do të largohesh përgjithmonë. Do të kthehesh. Dhe pastaj ti më do mua, vërtet, vogëlushe? A jam diçka për ty?

- Po,- iu përgjigj Xheni, duke u përpjekur të buzëqeshë. Lesteri nisi përsëri të lexojë letrën, kurse Xheni mendonte për Vestën. Nuk e mblidhte dot mendjen nga vetëdija se ruante një të fshehtë nga ky njeri, i cili tashmë u bë i vyer. E dinte se duhej t'i rrëfente Lesterit për fëmijën, por vetëm ky mendim e bënte të dridhej. Ndoshta, ndonjë ditë, do të gjente aq guxim sa t'ia thoshte. -Më duhet t'ia them,- mendonte me shqetësim; tek ajo vërshoi përnjëherë kuptimi i tërë rëndësisë së kësaj detyre. Nëse s'ia them menjëherë, por do të vazhdojmë të jetojmë bashkë, ai mund ta marrë vesh papritur dhe nuk do të ma falë kurrë; mund të më dëbojë - e ku të mbytem unë pastaj? Shtëpi nuk kam më. Ç'do të bëhet pastaj me Vestën? Ajo u kthye dhe vështroi te Lesteri, e pushtuar nga tmerri i kësaj parandjenje, por përpara saj qe vetëm një burrë i fortë, i mbajtur fortë, i thelluar në leximin e letrës. As në fytyrën e sapo rrojtur, as në tërë pamjen e tij, që dukej e kënaqur, nuk kishte asgjë kërcënuese, e cila t'ia kujtonte Nemezidën e tërbuar. Sapo Xheni largoi sytë, Lesteri, nga ana e tij, vështroi drejt saj.

- Hë, i mbarove së qari të gjitha mëkatet e tua? - e pyeti me të qeshur.

Ajo iu përgjigj vetëm me një buzëqeshje të dobët. Hamendja e tij goditi padashje në shenjë.

- Shpresoj,- i tha me ngadalë.

Ai foli për diçka tjetër, kurse Xheni vështronte në dritare dhe mendonte mbi atë se sa dëshirë kishte që t'ia thoshte të vërtetën tani, por ja që s'i dilte aspak. Nuk duhet ta zgjas për shumë kohë- - mendoi, duke e ngushëlluar vetën me mendimin se mbase së shpejti do të gjente kurajë dhe do t'i tregonte gjithçka.

Të nesërmen arriti në Nju Jork dhe përpara Lesterit u ngrit çështja serioze: ku do të qëndronin? Nju Jorku është qytet i madh, mundësitë për të takuar të njohur qenë të pakta, e megjithatë, ai nuk deshi të rrezikonte. Prandaj, e urdhëroi karrocierin t'i shpinte në hotelin më të mirë dhe pronotoi një apartament me disa dhoma, ku do t'u duhej të kalonin dy-tre javë.

Mjedisi ku u gjend tani Xheni, qe aq i jashtëzakonshëm, aq verbues, sa iu duk sikur e shpunë në ndonjë botë tjetër. Kejnit nuk i pëlqente luksi ekstravagant dhe i lirë. Përherë, e rrethonte veten me gjëra të thjeshta, por luksoze. E kuptoi menjëherë se ç'i duhej Xhenit dhe zgjodhi për të gjithçka, me kujdes dhe me shije. Edhe Xhenit, siç do gruaje, i gëzonte shpirti prej veshjeve të bukura e stringlave të mrekullueshme, me të cilat e mbushi ai. A ishte vërtet ajo, Xheni Gerhardt, e bija e pastrueses, pyeste ajo veten, duke parë në pasqyrë kurimin e bëshëm në fustanin e kaltër prej kadifeje, me dantellë të praruar franceze në jakë dhe në mëngët. Vallë, këmbët e saj qenë këto, të veshura me këpucë të lehta lustrafine, që kushtonin dhjetë dollar, ku vetëtinin gurët e çmuar? Thjesht, çudi që mbi të u derdh kjo pasuri! Dhe Lesteri i premtoi se edhe për të ëmën e saj do të mendonte diçka. Lotët i dolën nga sytë Xhenit, kur mendoi për këtë. E dashura, e dashura nënë!

Pikërisht për ta pajisur Xhenin, në mënyrë që ajo të ishte e denjë për të, i sollën Lesterit një kënaqësi të madhe. Shtiu në punë të gjitha aftësitë e tij dhe rezultati tejkaloi çdo lloj parashikimi. Nëpër korridore, në restorant, në rrugë, njerëzit ndalonin dhe e shoqëronin bashkudhëtaren e tij me shikime.

- Grua marramendëse! - dëgjohej nga të gjitha anët.

Pavarësisht se situata e saj ndryshoi kaq njëherazi, Xheni nuk e humbi mendjen dhe gjykimin e shëndoshë. Kishte një ndjenjë sikur jeta e mbuloi me dhuratat e saj vetëm për një farë kohe dhe pastaj do t'ia merrte sërish. Nuk qe në natyrën e saj sqima e zbrazët. Lesteri u bind për këtë, ndërsa e vështronte.

- Je grua e mrekullueshme,- i tha. Ti do të shkëlqesh akoma. Gjer tani, jeta nuk të ka llastuar ende.

Atë e merakoste mendimi se si do t'ua shpjegonte këtë lidhje të re të afërmve, nëse atyre do t'u binte në vesh diçka. Po të merrnin me qera ndonjë shtëpi Çikago apo San Luis (të cilën po mendonte tashmë), a do të arrinte vallë ta mbante në fshehtësi? Dhe, a donte vallë, që ta bënte këtë në fshehtësi? Ai qe i bindur se e donte sinqerisht Xhenin.

Kur erdhi koha të ktheheshin, Lesteri nisi të gjykojë me Xhenin planin e veprimeve të mëtejshme.

- Përpiqu të më paraqitësh tek yt atë si një të njohur,- i sugjeroi ai. Kështu do të jetë më kollaj. Unë do të vij tek ju. Dhe pastaj, kur t'i thuash se duam të martohemi, kjo nuk do ta habitë.

Xheni mendoi për Vestën dhe u drodh. Por ndoshta arrinte ta bindte të atin që të heshtë.

Lesteri i dha Xhenit një këshillë praktike: ta ruante fustanin e vjetër të Klivlendit, që të kthehej me të në shtëpi.

- Për plaçkat e tjera, mos u shqetëso,- i tha. Ato do t'i ruaj gjer atëherë, kur të rregullohemi ndryshe.

Gjithçka shkoi mjaft lehtë dhe thjesht: Lesteri qe strateg i përsosur.

Përsa kohë ndenjën në Nju Jork, Xheni i shkruante pothuajse çdo ditë shtëpisë dhe shtonte në këto letra shënime të shkurtra, që ishin vetëm për të ëmën. Njëherë e njoftoi se Lesteri donte të vinte tek ata dhe i kërkoi zonjës Gerhardt ta përgatisë t'atin për këtë, duke i thënë sikur ajo pati takuar njeriun, i cili e dashuronte. U shkroi për vështirësitë në lidhje me Vestën dhe menjëherë, e ëma nisi të bëjë plane si ta detyronte Gerhardtin që ta mbante gojën kyçur. Duhej që, kësaj radhe, gjithçka të shkonte vaj. I duhej dhënë mundësia Xhenit që ta ndërtonte fatin e saj. Kuptohet, ajo nuk mund të kthehej në punën e mëparshme, por zonja Gerhardt i shpjegoi të shoqit se zonja Brejsbrixh e parapagoi Xhenin për dy javë, në mënyrë që të mund të gjente një vend më të mirë dhe me rrogë më të madhe.

Kapitulli 24

Pasi i rregulloi përkohësisht punët e Gerhardtëve dhe marrëdhëniet me ta, Lesteri u kthye në detyrat që e prisnin në Cincinat. Ai interesohej sinqerisht për jetën e fabrikës së madhe, që zinte dy lagje të tëra në skaj të qytetit dhe të gjitha sukseset apo perspektivat e firmës qenë për të po aq të rëndësishme sa edhe për të atin e vëllain. I pëlqente të ndihej pjesë e domosdoshme e kësaj ndërmarrjeje të madhe, që rritej vazhdimisht. Kur haste në hekurudhë vagonët e mallrave me nënshkrimin "Kompania Kejn, Cincinat" ose në qytete të ndryshme, shihte në vitrinat e mëdha të dyqaneve lloj-lloj pajtonesh, prodhim të firmës së tij, ai provonte një gëzim e kënaqësi të pamasë. Se nuk qe shaka të ishe përfaqësues i një ndërmarrjeje kaq të sigurt, kaq të nderuar e të rregullt! E gjithë kjo qe diçka e bukur, por tani, në jetën personale të Lesterit, nisi një erë e re - ta thuash shkurt, tani u duk Xheni. Duke u kthyer në qytetin e lindjes, ai ndjeu se kjo lidhje do të sillte pas vetes pasoja të pakëndshme. I druhej qëndrimit që do të mbante i ati. Dhe kryesorja, duhej të mendonte për të vëllain.

Roberti qe tip i ftohtë e pedant, afarist tipik, i paqortueshëm si në jetën shoqërore, ashtu edhe në atë personale. Nuk e pati shkelur kurrë pragun e vendosur me rreptësi të sjelljeve morale, nuk qe shquar as për dhembshuri, as për shpirtmadhësi dhe në thelb, ishte i aftë për çdo lloj batakçillëku, të cilën më pas ta shiste si provë e ndonjë sjelljeje fisnike apo madje edhe si domosdoshmëri. Se ç'mendonte ai në raste të tilla, Lesteri s'e kishte të qartë,- s'i ndiqte dot të gjitha dredhitë e logjikës, që pajtonin shembujt e egër të afaristit me rregullat e rrepta të moralit,- por në një farë mënyre, Roberti arrinte që t'i përshtaste ato me njëra-tjetrën. Roberti sillej dhe ndoshta gjykonte pikërisht ashtu siç pranohej nga të gjithë.

Nga jashtë, të dy vëllezërit ruanin marrëdhëniet nga më miqësoret, kurse nga brenda qenë thellësisht të huaj për njëri-tjetrin. Roberti, në përgjithësi, sillej jo keq ndaj Lesterit, por nuk besonte në aftësitë e tij për t'u marrë me çështje financiare. Veç kësaj, vëllezërit qenë tipa krejt të ndryshëm për ta vështruar jetën njëlloj. Fshehtazi, Lesteri e përbuzte të vëllain, ngaqë ai ia kishte kushtuar jetën të gjithëpushtetshmit dollar dhe rendte pas tij me gjakftohtësi dhe këmbëngulje. Kurse Roberti qe i bindur se herët a vonë, mendjelehtësia do ta shpinte Lesterin patjetër në fatkeqësi. Për punët nuk u qe dashur të grindeshin seriozisht, përderisa gjer tani, gjithçka e drejtonte i ati, por midis tyre lindnin vazhdimisht mosmarrëveshje të vogla dhe nuk qe e vështirë të kuptoje se nga frynte era. Lesteri këmbëngulte që tregtinë ta kryenin mbi bazën e marrëdhënieve shoqërore, njohjeve personale, detyrimeve e lëshimeve. Roberti ishte për zbatimin e vijës së hekurt, uljen e shpenzimeve të prodhimit dhe shitjen lirë, në mënyrë që të mbysnin çdo lloj konkurrence.

Fabrikanti plak përpiqej përherë të vendoste paqen dhe qetësinë, por parashikonte se ndonjë ditë do të plaste sherr i madh dhe atëherë, njëri prej të bijve, e mbase edhe të dy, do të duhej të dilnin nga puna. Duhet që ju të dy të merreni vesh më mirë me njëri-tjetrin! - u thoshte shpesh ai.

Lesterin e shqetësonte edhe një gjë - pikëpamja e të atit për martesën, ose më saktë, martesën e tij. Arcibald Kejni shprehej vazhdimisht se ai duhej të martohej dhe se bënte gabim të madh që po e zvarriste këtë punë. Të gjithë të tjerët, me përjashtim të Luizës, kishin pasur martesa të suksesshme. Pse të mos e ndiqte edhe i biri i tij i dashur, shembullin e tyre? Plaku qe i bindur se kjo e dëmtonte Lesterin në të gjitha marrëdhëniet.

- Është mirë që, një njeri në pozitën tënde, të jetë i martuar,- i thoshte shpesh të birit. Kjo do ta rriste besueshmërinë në sytë e njerëzve. Gjej një grua të mirë dhe krijo familje. Ç'do të bësh ti, pa shtëpi, pa fëmijë, kur të arrish në moshën time?

- E përse jo, kur të gjej vajzën e duhur, mund të martohem,- i përgjigjej Lesteri. Por gjer tani s'e kam gjetur. Çfarë të bëj, sipas teje? Të martohem me kë të më dalë përpara?

- Jo, natyrisht, por... pak vajza të mira ka? Ti, me siguri do të dije të zgjidhje një grua të përshtatshme, nëse do të doje. Për shembull, Pejsi. Ç'të keqe ka? Ajo të ka pëlqyer gjithmonë. Nuk duhet të vazhdosh më kështu, Lester, kjo nuk të del për mirë.

Si përgjigje, i biri vetëm buzëqeshte.

- Mirë baba, e lëmë këtë. Ndonjë ditë patjetër do më vijnë mendtë. Por që të pish, duhet të ndjesh etje.

Për një farë kohe plaku dorëzohej, por ky qe vendi ku i dhembte. Kishte shumë dëshirë që i biri të hiqte dorë nga këto dhe të bëhej një afarist i vërtetë.

Lesteri e kuptonte se, një situatë e tillë, nuk do ta lejonte që t'i ndërtonte marrëdhëniet e tij me Xhenin mbi baza të shëndosha. Ai e mendoi me hollësi planin e veprimeve. Pa fjalë, nuk do të hiqte dorë nga Xheni, të bëhej ç'të bëhej. Por duhet të tregonte kujdes; s'duhej të rrezikonte kot së koti. Ta sillte në Cincinat? Ç'skandal do t'i plaste po t'i dilte ndonjëherë në shesh! Ta rregullonte në ndonjë shtëpi të rehatshme diku jashtë qytetit? Natyrisht, herët a vonë, të afërmve do t'u lindnin dyshime. Ta merrte me vete në udhëtimet e shumta të punës? Herën e parë, udhëtimi në Nju Jork doli mbarë. Por, a do të dilte vallë gjithmonë kështu? E mendoi këtë përsëri e përsëri. Vështirësitë vetëm sa e nxitnin më shumë. Fundja, vendi më i përshtatshëm mbase, ishte ndonjë qytet: San Luis, Çikago ose Pitsburgu. Ai kishte qenë shpesh në to, sidomos në Çikago. Më në fund, vendosi ta shpjerë Xhenin pikërisht në Çikago. Atje mund ta vizitonte gjithmonë me ndonjë pretekst dhe nuk qe më larg se një natë udhëtim. Po, në Çikago ishte më mirë se kudo. Në këtë qytet të madh e me plot gjallëri, nuk qe vështirë të humbisje. Pasi kaloi dy javë në Cincinat, Lesteri i shkroi Xhenit se do të vinte shpejt në Klivlend dhe ajo iu përgjig se mund të kthehej nga shtëpia e tyre. I shkruante për të atin. E quante të palogjikshme të rrinte në shtëpi dhe pati zënë punë në një dyqan, me katër dollarë në javë. Ai buzëqeshi kur e lexoi këtë, por energjia dhe ndershmëria e saj i pëlqyen. - Është trime,- tha me vete. S'kam takuar kurrë një vajzë të tillë.

Të shtunën tjetër erdhi në Klivlend, hyri në dyqanin ku punonte Xheni dhe ra dakord të shihej me të në darkë. Le t'ia paraqiste familjes si adhuruesin e saj, vetëm ta mbaronin sa më shpejtë këtë punë. Shtëpia e mjerë e Gerhardtëve dhe varfëria e tyre që të shponte sytë, për pak sa nuk i shkaktuan një lloj pështirosje, mirëpo vetë Xheni i dukej po aq e mrekullueshme si gjithmonë. Pasi u ul në dhomën e pritjes disa minuta, erdhën ta përshëndetin Gerhardt dhe e shoqja, por Lesteri thuajse nuk u kushtoi fare vëmendje. Gjermani plak iu duk tepër bajat, si ai merrnin me qindra për punët më të rëndomta në fabrikën e të atit. Duke folur pak për këtë apo atë, Lesteri i propozoi Xhenit të dilnin shëtitje. Xheni vuri kapelën dhe ata dolën. Në fakt, u nisën për në apartamentin që pati zënë me qera Lesteri, ku tani për tani ruheshin rrobat e reja të Xhenit. Ajo u kthye në orën tetë të darkës dhe njerëzit e shtëpisë nuk panë këtu asgjë të keqe.

Kapitulli 25

Pas një muaji, Xheni i njoftoi prindërit se Lesteri donte të martohej me të. Kuptohet që vizitat e tij e përgatitën truallin dhe të tërëve, kjo gjë u dukej krejt e natyrshme. Vetëm Gerhardt sikur dyshonte pak. Ai e kishte të qartë se çfarë dilte prej kësaj. Mbase gjithçka shkonte mirë; në dukje, Lesteri nuk qe njeri i keq dhe, në fund të fundit, përse të mos e dashuronte Xhenin? Se, përpara tij, këtë e pati bërë dhe Brender. Nëse me të binte në dashuri senatori i Shteteve të Bashkuara, përse nuk mund të ndodhte kjo edhe me të birin e fabrikantit? Mbetej vetëm një pengesë - fëmija.

- I tha ajo për Vestën? - e pyeti të shoqen, Gerhardt.
- Akoma jo,- iu përgjigj zonja Gerhardt.
- Akoma jo, akoma jo. Përherë me këto pësh-pëshet. Sipas teje, do të martohet ai me të, po ta marrë vesh? Ja se ç'del, kur një vajzë sillet keq. Tani i duhet të përdridhet si ndonjë hajdute. Fëmija, madje, nuk ka as emër të ndershëm.

Gerhardt nguli sytë në gazetë, por mendimet e zymta e mundonin. Tani, jetën e tij e quante të shkatërruar krejt dhe shpresonte të shërohej vetëm aq, sa të gjente diku ndonjë vend - ta zëmë, si roje. Donte të ishte sa më larg gjithë këtyre dredhive e mashtrimeve.

Pas dy javësh, Xheni i kallëzoi të ëmës se Lesteri e thërriste në Çikago. Nuk qe mirë me shëndet, prandaj s'vinte dot këtu. Nëna me Xhenin i thanë Gerhardt se ajo do të ikte të martohej me zotin Kejn. Gerhardt shpërtheu dhe të gjitha dyshimet iu zgjuan sërish. Por atij s'i mbetej veç të hungërinte; eh, jo, e gjitha kjo histori nuk do të dilte për mbarë.

Erdhi dita e nisjes dhe Xhenit iu desh të largohej, pa u ndarë me të atin. Gjer në mbrëmje, ai u end qytetit në kërkim të ndonjë pune dhe asaj iu desh të shkonte në stacion, pa e pritur.

- Do t'i shkruaj prej andej,- tha ajo dhe puthi të bijën përsëri e përsëri. Lesteri do t'ju marrë me qera një shtëpi më të mirë se kjo, - shtoi me gëzim. Ai do, që të ndërrojmë vend.

Dhe ja, treni i mbrëmjes po e shpinte në Çikago; mbaroi jeta e mëparshme dhe niste një jetë e re.

Është interesante që ndonëse nga mirëdashja e Lesterit; familja s'e ndiente tani edhe aq mungesën e parave, por fëmijët dhe Gerhardt nuk vunë re asgjë. Zonja Gerhardt e gënjente pa ndonjë vështirësi të shoqin, duke marrë veçse sendet më të domosdoshme dhe hë për hë, nuk blinte asgjë të tepërt, megjithëse tani edhe mund t'ia lejonte vetes. Atë e mbante frika. Por pasi kaloi disa ditë në Çikago, Xheni i shkroi të ëmës se Lesteri këmbëngulte që ata të shpërnguleshin në një shtëpi tjetër. Letrën ia treguan Gerhardtit, i cili mezi priste kthimin e së bijës, që të bënte skandal. Ai u vrenjt, por, se pse, ky propozim iu duk një lloj dëshmie që çdo gjë qe në rregull. Nëse Kejni nuk do të qe martuar me Xhenin, atëherë përse do ta ndihmonte familjen e tyre? Mbase Xheni kishte arritur vërtet një pozitë të lartë dhe tashmë mund t'i ndihmonte të afërmit. Gerhardt qe gati t'ia falte asaj çdo gjë, njëherë e përgjithmonë.

Dhe kështu, çështja për shtëpinë e re u vendos dhe Xheni u kthye në Klivlend që t'i ndihmonte së ëmës me ndërrimin e shtëpisë. Ata brodhën bashkë nëpër qytet, në kërkim të ndonjë lagjeje të qetë e të këndshme dhe më në fund gjetën një vend të përshtatshëm. Morën me qera një shtëpi me nëntë dhoma, me oborr, që jepej për tridhjetë dollarë në muaj. E mobiluan siç duhet: blenë mobilie të përshtatshme për dhomën e ngrënies, të ndenjes, karrige të mira, kolltukë, krevate dhe gjithçka që duhej për secilën dhomë. Kuzhina ishte me të gjitha pajisjet, kishte madje edhe vaskë, - një luks, të cilin më parë, Gerhardtët as e njihnin. Me një fjalë, ndonëse e thjeshtë, por shtëpia qe shumë e mirë dhe Xheni gëzohej që të afërmit do të jetonin tashmë të qetë dhe rehat.

169

Kur i erdhi koha të nisej, zonja Gerhardt thjesht nuk qe në vete nga gëzimi: se, me këto, i realizoheshin të gjitha ëndrrat. Vite të tëra, gjithë jetën e saj kishte pritur dhe ja, i erdhi. Shtëpi e re, mobilie të reja, vend me bollëk, gjëra të bukura, të cilat s'i kishte parë as në ëndërr,- veç ta mendosh!

- O Zot, ç'mrekulli! - thërriste. Sa bukur, hë?

Xheni, mjaft e kënaqur, buzëqeshte, duke u përpjekur ta fshihte mallëngjimin, por në sy, një e dy dhe i dilnin lot. Sa shumë gëzohej për të ëmën. Qe gati t'i puthte këmbët Lesterit, ngaqë u tregua aq i mirë me të afërmit e saj.

Atë ditë, kur sollën mobiliet, zonja Gerhardt, Marta dhe Veronika zunë t'i shpërndajnë dhe të venë rregull. Dhomat e mëdha, kopshti, që tani dimrit dukej i shkretë, por që në pranverë, natyrisht, do të lulëzonte dhe gjelbëronte, mobiliet e reja me lustër, i bënë të gjithë të ngazëllehen. Sa bukur, sa hapësirë! Xhorxhi shkelte në qilimin e ri, Basi vështronte në mënyrë kritike mobiliet e reja.

- Luksoze,- tha më në fund.

Zonja Gerhardt sorollatej nëpër shtëpi si në ëndërr. Nuk i besohej se në fakt qe e zonja e këtyre dhomave të mrekullueshme.

Gerhardt erdhi i fundit. Sado u përpoq, por s'arriti ta fshehë habinë. Pamja e abazhurit të rrumbullakët ngjyrë mat, mbi tryezën e dhomës së ngrënies, i vuri kapakun.

- He-u, shiko, qenka me gaz! - tha.

Ai vështroi i vrenjtur përqark: te qilimi nën këmbë, te tryeza prej dru lisi e shtruar me mbulesë të bardhë, te pjatat e reja të vëna stivë, te pikturat në mure; pa kuzhinën që ndrinte nga pastërtia dhe tundi kokën.

- Ptu, e marrtë e mira! Kjo qenka ç'qenka! - tha. Shumë mirë. Ë-hë, bukuri. Duhet të jemi shumë të kujdesshëm që të mos i prishim. Edhe pak t'i gërvishtim gjërat, e pastaj marrim fund. Po edhe Gerhardt ndihej i kënaqur.

Kapitulli 26

Nuk ka kuptim të përshkruajmë të gjithë kalvarin e ngjarjeve të tre viteve që vijuan - historinë se si familja kaloi gradualisht nga varfëria e tejskajshme, në një gjendje pak a shumë të mirë, gjendje që vetëkuptohet, vinte si pasojë e fatbardhësisë së Xhenit dhe shpirtmadhësisë së dhëndrit të largët. Kohë pas kohe, në Klivlend, dukej në të rrallë edhe vetë Lesteri, ky afarist i rëndësishëm, që kthehej te Gerhardtët gjatë udhëtimeve, ku bashkë me Xhenin, i prisnin përherë dhomat më të mira në katin e dytë. Nganjëherë, e thërriste me telegram dhe ajo nisej me ngut në Çikago, San Luis apo në Nju Jork. Më shumë se gjithçka, Lesterit i pëlqente të zinte dhoma në llixhat moderne të Hot Springsit, Maunt Klemensit dhe Saratogës - dhe t'i lejonte vetes kënaqësinë që të kalonte si burrë e grua me Xhenin, një apo dy javë. Qëllonte edhe kështu, që vinte në Klivlend veçse një ditë, sa për t'u takuar me të. Gjatë gjithë kohës, ai e ndiente se të gjithë barrën e kësaj situate mjaft të rëndë, po ia linte mbi shpatulla Xhenit, por nuk i vinte në mend ndonjë mënyrë tjetër se si ta ndreqte këtë. Dhe, a duhej ndrequr vallë kjo gjë? Edhe kështu ata nuk qenë keq së bashku.

Në familjen e Gerhardtëve qe krijuar një qëndrim mjaft origjinal për sa ndodhte. Së pari, pa marrë parasysh asgjë tjetër, situata dukej krejt e natyrshme. Xheni u pati thënë se ishte martuar me të. Certifikatën e martesës s'ia kishte parë askush, por kështu pati thënë dhe në fakt, sillej njëlloj si grua e martuar. E megjithatë, ajo nuk vajti kurrë në Cincinat, ku jetonte familja e Lesterit dhe askush prej të afërmve të tij nuk i erdhi ndonjëherë këtu ku banonte ajo. Por edhe ai vetë sillej në mënyrë mjaft të çuditshme, ndonëse, gjatë kohëve të para, i verboi Gerhardtët me bujarinë e tij. Madje, nuk ngjante as me burrë të martuar. Si tepër i shkujdesur dukej. Kishte javë që Xheni, me sa duket, merrte vetëm disa letra të shkurtra prej tij.

Nganjëherë, qëllonte që të shkonte tek ai për disa ditë. Më në fund rastisi që ajo mungoi më gjatë - i vetmi tregues disi bindës i marrëdhënieve të forta, po edhe kjo, ishte paksa e çuditshme.

Basi, që tashmë pati mbushur njëzet e pesë vjet, zotëronte një nuhatje të mirë praktike dhe një dëshirë të fortë për të ecur përpara, por edhe atij i lindën ca dyshime. Kuptonte jo keq nga jeta dhe ndjeu se këtu kishte diçka që nuk shkonte. Nëntëmbëdhjetë vjeçari Xhorxh, arriti të zinte një vend të mirë në fabrikën e tapicerive dhe ëndërronte të bënte karrierë në këtë fushë, por edhe atë nisi ta shqetësojë puna e së motrës. Vërente se në jetën e saj nuk shkonte gjithçka si duhet. Marta, Uilliami dhe Veronika shkonin ende në shkollë. Atyre u dhanë mundësinë të mësonin sa të donin; por edhe ata e ndienin turbullt shqetësimin, e dinin se Xheni kishte fëmijë. Fqinjët, siç duket, nxorën përfundimet e tyre. Me Gerhardtët, thuajse nuk lidhte miqësi askush. Madje, edhe baba Gerhardt, më në fund, nisi ta nuhatë se punët nuk qenë mirë, por vetë e lejoi këtë dhe tashmë qe vonë ta kundërshtonte. Nganjëherë, donte ta pyeste mirë e mirë Xhenin, ta detyronte që ta rregullonte këtë punë, nëse ishte e mundur, por më e keqja tashmë ishte kryer. Tani gjithçka varej nga Lesteri. Gerhardt e kuptonte këtë.

Në marrëdhëniet e Xhenit me njerëzit e shtëpisë po piqej ndarja përfundimtare, por këtu papritur ndërhyri vetë jeta. Shëndeti i zonjës Gerhardt u lëkund. Gruaja energjike, që gjer pak kohë më parë kishte qenë aq e shkathët dhe e palodhur, gjatë viteve të fundit ndjeu se po e linin fuqitë dhe mezi ngrihej; veç kësaj, duke qenë nga natyra tip meraklie, e sfilitnin një mori stresesh dhe shqetësimesh serioze, dhe ja, të gjitha këto e shpunë në një rënie të ngadaltë, por të pandalshme. Lëvizte e drobitur, pas ca kohësh, hoqi dorë edhe nga punët jo të vështira që kryente dhe më në fund, iu ankua Xhenit se e kishte mjaft zor të ngjiste shkallët.

172

- Se ç'kam ndonjë sëmundje,- i tha. Sikur nuk jam mirë. Xheni i harroi telashet e saj dhe i propozoi të ëmës që ta shpinte në llixhat e afërme, por zonja Gerhardt nuk pranoi.

- Vështirë se do të më shërojë kjo,- i tha.

Ulej në kopshtin e vogël ose dilte shëtitje me të bijën, por pamjet e zhveshura të vjeshtës e hidhëronin.

- Nuk dua të lëngoj në vjeshtë,- iu ankua. Vështroi se si bien gjethet dhe më duket se nuk do ta marr veten kurrë.

- Po ç'thua kështu moj mama! - i përgjigjej Xheni, duke fshehur frikën.

Çdo shtëpi, para së gjithash, mbahet nga nëna, por njerëzit këtë e kujtojnë vetëm atëherë kur fundi është afër. Basi, i cili kishte ndërmend të martohej e të largohej nga familja, hoqi dorë përkohësisht nga ky mendim. Vetë Gerhardt, i tronditur dhe i dërmuar pamasë, endej nëpër shtëpi si dikush që pret me tmerr katastrofën e pashmangshme. Xheni, nuk qe gjendur asnjëherë kaq pranë vdekjes dhe s'e kuptonte se po humbiste të ëmën; i dukej se në ndonjë farë mënyre do ta shpëtonin. Duke shpresuar kundër asaj që dukej qartë, i jepte zemër pranë shtratit - mishërim i durimit, kujdesit dhe vëmendjes.

Fundi erdhi në mëngjes, pas një muaji të tërë lëngate; zonja Gerhardt qe pa ndjenja; në shtëpi ra një qetësi e thellë, të gjithë ecnin majë gishtave. Në çastet e fundit, zonja Gerhardt dha shpirt, duke mos i shqitur sytë nga fytyra e Xhenit. E pushtuar nga pikëllimi dhe tmerri, Xheni e vështronte në sy.

- Mamkë, mama! - bërtiti ajo. Jo, jo!

Gerhardt erdhi me vrap nga oborri dhe u shemb në gjunjë pranë shtratit, duke përthyer i dëshpëruar duart e tretura.

- Përse nuk vdiqa unë më parë! - vajtonte ai. Përse nuk vdiqa më parë!

Vdekja e nënës e shpejtoi ndarjen e familjes. Basi, që kishte prej kohësh një të fejuar në qytet, mendonte të martohej menjëherë. Martës, e cila pati nisur ta shohë jetën më qartë dhe

173

në mënyrë praktike, s'po i durohej gjithashtu sa të largohej nga familja. I dukej sikur mbi shtëpinë e tyre kishin hedhur ndonjë mallkim dhe se ky mallkim do të binte edhe mbi atë vetë, përsa kohë do të qëndronte këtu. Kishte ndërmend të bëhej mësuese dhe shpresonte se puna në shkollë do t'i jepte mundësi të jetonte e pavarur. Vetë Gerhardt nuk dinte ç'të bënte. Ai përsëri punonte roje nate. Njëherë, Xheni e gjeti në kuzhinë duke qarë dhe menjëherë qau dhe ajo vetë.

- Nuk duhet baba,- e bindi ajo. Nuk ka vajtur dëm gjithçka. Se, ti e di, sa të kem qoftë edhe një qindarkë, ti s'do të mbetesh rrugëve. Mund të vish me mua.

- Jo, jo,- e kundërshtoi i ati. Ai vërtet nuk donte të shkonte me të. Nuk është aty puna. Por e gjithë jeta ime shkoi dëm. Për një farë kohe, Basi, Xhorxhi dhe Marta jetuan ende në shtëpi, por më në fund u larguan njëri pas tjetrit dhe në shtëpi mbeti vetëm Xheni, babai, Veronika, dhe më e vogla, Vesta, e bija e Xhenit. Lesteri, kuptohet, nuk dinte asgjë për ekzistencën e Vestës dhe ajo çka është më interesantja, s'e kishte parë asnjëherë. Në ato raste, kur më e shumta për dy-tre ditë, vinte dhe denjonte të qëndronte në shtëpinë e tyre, zonja Gerhardt bënte çmos që Vesta të mos i binte në sy. Vogëlushen e shpinin pranë pullazit dhe nuk qe aq e vështirë ta fshihnin. Lesteri rrinte thuajse tërë kohës në dhomën e vet, madje dhe ushqimin ia shpinin atje. Nuk qe fare kureshtar dhe nuk synonte të takohej me pjesëtarët e tjerë të familjes. Me ta përshëndetej ngaherë me përzemërsi dhe shkëmbente ndonjë fjalë të rastit, por vetëm kaq. Të gjithë e dinin se vogëlushen nuk duhej t'ia nxirrnin përpara syve dhe e fshihnin me nxitim.

Pleqtë dhe fëmijët i lidh përherë një miqësi e pashpjegueshme, një afërsi e brendshme e përsosur dhe prekëse. Vitin e parë, pas ndërrimit të shtëpisë në Lori-strit, vjedhurazi, Gerhardt i prekte të mbesës me përkëdheli faqet buçkë të trëndafilta, kurse, kur skish askënd në shtëpi, e shtrëngonte në krahë dhe endej me të nëpër dhoma. Kur ajo u rrit, aq sa nisi të ecë, ishte ai që e bariste me padurim nëpër dhomë, duke e mbajtur fort me peshqir nën krahë, gjersa vogëlushja mësoi të bënte e pavarur disa hapa. Ndërsa, kur u bë aq e madhe sa mund t'i hidhte capat siç duhej, e nxiste të ecë - e nxiste tinëz, i vrenjtur, e megjithatë përkëdhelës. Për kapriçon e fatit, kjo vajzë - turpi i familje së tij, njolla e pashlyeshme sipas pikëpamjes së moralit të gjithëpranuar - mori në gishtat e saj foshnjorë e të pafuqishëm, telat më të ndjeshëm të shpirtit të tij. Ai i dha kësaj qenie të vogël, të mohuar nga të gjithë, zjarrin e zemrës dhe të shpresave të tij. Vajza e vogël qe e vetmja rreze drite në jetën e tij të nxirë e pa gëzime dhe Gerhardt, qysh herët, e ndjeu veten përgjegjës për edukimin e saj fetar. Vallë, a nuk qe ai vetë që nguli këmbë të pagëzohej vajza?

- Thuaj: "Ati ynë",- i kërkonte shpesh, kur mbetej vetëm për vetëm me të mbesën.

- Ati un,- belbëzonte, duke përsëritur ajo.

- Që je lart në qiell…

- Je lat në cel…- përsëriste vogëlushja.

- E pse ia mëson kaq shpejt? - qëllonte që ndërhynte zonja Gerhardt, duke dëgjuar se si vogëlushja bërtiste me tingujt që s'i nxirrte dot.

- Që të rritet e krishterë,- i përgjigjej prerë Gerhardt. Ajo duhet t'i dijë lutjet. Po s'i mësoi tani, s'do t'i mësojë kurrë. Zonja Gerhardt veç vinte buzën në gaz nga kjo përgjigje. Mjaft huqe fetare të të shoqit vetëm sa e zbavitnin. Por njëkohësisht, asaj i pëlqente që ai e kishte kaq për zemër edukimin e së mbesës. Eh, sikur të mos ishte aq i ashpër nganjëherë! Mundonte, si veten, ashtu edhe të gjithë që kishte rrotull.

Përsëri erdhi pranvera dhe që herët, sapo dilnin rrezet e para të diellit, Gerhardt nisi ta nxjerrë Vestën përjashta, që ajo ta shihte botën me sy.

-Eja,- i thoshte. Dalim të shëtitim pak.

- Titim,- cicërinte Vesta.

- Po, titim,- përsëriste Gerhardti.

Zonja Gerhardt i vishte vajzës kapuçin e mirë (Xheni kujdesej që e bija të kishte shumë lloje veshjesh) dhe ata niseshin për rrugë. Vesta hidhte hapat e pasigurt, kurse Gerhardti, mjaft i kënaqur, e mbante për dore, duke hedhur me zor çapet, që t'i barazonte me të sajat.

Se si, kur Vesta qe katër vjeç, një ditë të bukur maji, ata u nisën për shëtitje. Natyra i gëzohej pranverës, pemët kishin çelur boçe; cicërinin zogjtë, duke festuar kthimin nga jugu; çdo mushicë nxitonte t'i gëzohej jetës së saj të shkurtër. Korbat kakarisin në rrugë, harabelat kërcenin nëpër bar, dallëndyshet thurnin foletë nën pullazet e shtëpive. Gerhardti ndiente kënaqësi të madhe, duke i treguar Vestës mrekullitë e natyrës dhe ajo i përgjigjej gjallërisht për gjithçka. E tërhiqte gjithçka që shikonte dhe dëgjonte.

- O-o! - thirri ajo, duke parë lëmshin e vogël e të kuq që vezulloi, kur nga degët aty afër fluturoi gushëkuqi.

Ajo ngriti dorën, sytë e saj u bënë krejt të rrumbullakët.

- Po,-i tha Gerhardti, aq i lumtur, sikur edhe vetë po e shihte për herë të parë në jetë, zogun e mrekullueshëm,- ky është gushëkuqi. Zog Gushëkuqi. Thuaj: gu-shë-ku-qi.

- Gu-ku-qi,- i përgjigjej me jehonë Vesta.

- Po, gushëkuqi,- përsëriste Gerhardti. Ai fluturoi të gjejë krimbin. Kurse ne, eja përpiqemi ta gjejmë folenë e tij. Më duket, e pashë këtu afër folenë, në pemë.

Ai eci pa u nxitur, duke parë me kujdes nëpër degët e pemës, ku në njërën prej tyre pak më parë, pati vënë re folenë e braktisur.

- Ja, ajo! - tha më në fund, duke shkuar tek pema jo e lartë, në degët e së cilës qenë mbeturinat e folesë gjysmë të shkatërruar nga moti i keq i dimrit. - Ja, eja këtu, vështro! Dhe, duke e ngritur lart të mbesën, i tregoi lëmshin e thatë të barit. Vështro, fole, kjo është foleja e zogut, vështroje!

- O-oj! - thirri gjithashtu Vesta zvargur, duke treguar me gisht. O-oj! Folea!

- Po, -i pohoi Gerhardti, duke e ulur përsëri vajzën në tokë. Kjo është foleja e zogut. Atë e quajnë trum-cak. Kurse tani kanë ikur të gjithë nga foleja dhe nuk kthehen më.

Dhe ata ecën më tutje; ai i tregonte mrekulli të tjera, kurse ajo habitej me gjithçka si fëmijë. Duke kaluar edhe dy lagje, Gerhardti kthehej ngadalë mbrapa, sikur tashmë patën qenë në fund të botës.

- Tani duhet të shkojmë në shtëpi.

Dhe kështu u rrit Vesta gjer në pesë vjeç, duke u bërë përherë e më e mirë, më e zgjuar, më e gjallë. Gerhardtin e mrekullonin pyetjet dhe hamendjet e saj, me të cilat ajo e mbulonte pa numërim.

- Epo, ç'vajzë! -i thoshte të shoqes. Të gjitha do t'i dijë! Më pyet: Ku jeton perëndia? Çfarë bën ai? A ka fron për këmbët? Të kënaq, s'ke ç'thua!

Ai e vishte të mbesën mëngjeseve kur zgjohej, apo e vinte të flinte mbrëmjeve, duke pritur gjersa ajo të shqiptonte lutjen. Kalonte me të ditët dhe ajo iu bë gëzimi dhe ngushëllimi më i madh. Të mos qe Vesta, jeta për Gerhardtin do të ishte një barrë tepër e rëndë.

Kapitulli 27

Gjatë tërë atyre tre viteve, Lesteri qe i lumtur me Xhenin. Ndonëse kjo lidhje qe e paligjshme në sytë e kishës dhe të shoqërisë, por ajo i jepte atij prehje e gëzim. Ndihej mjaft i kënaqur dhe ndiente se kjo përvojë i pati dalë me sukses. Interesi ndaj jetës mondane në Cincinat i ra në zero dhe u shmangej me këmbëngulje orvatjeve që bënin për ta martuar. Për të, firma e të atit qe një fushë e shkëlqyer në të cilën padyshim do të kishte ecur po ta drejtonte vetë, por e kuptonte se kjo qe e pamundur. Interesat e Robertit ia zinin përherë rrugën dhe përsa u përket pikëpamjeve apo qëllimeve të tyre për gjithçka, vëllezërit qenë më larg njëri-tjetrit se kurrë ndonjëherë. Nja dy herë, Lesteri mendoi të merrej me diçka tjetër apo të hynte në ortakëri me ndonjë firmë që prodhonte pajtone, por s'i mjaftonte kurajo që ta bënte këtë. Ai merrte pesëmbëdhjetë mijë dollarë në vit, në detyrën e sekretarit dhe arkëtarit të firmës së babait (i vëllai qe nën-president) dhe veç kësaj, pesë mijë dollarë të tjerë i jepte kapitali i futur në letra të ndryshme me vlerë. Nuk qe afarist aq i shkathët dhe i suksesshëm si Roberti; përvese kësaj të ardhure prej pesë mijë dollarësh, nuk kishte gjë tjetër. Përkundrazi, Roberti padyshim, "vlente" treqind apo katërqind mijë dollarë, pa llogaritur pjesën e ardhshme të trashëgimisë në ndërmarrjen e të atit. Të dy vëllezërit llogaritnin se trashëgimia do të ndahej me një farë avantazhi për ta; ata do të merrnin nga një të katërtën pjesë, kurse të motrat, nga një të gjashtën. Dukej krejtësisht e natyrshme që Kejni plak të gjykonte pikërisht kështu, sepse në fakt, të gjithë punën e kryenin të bijtë. E megjithatë, siguri qind për qind nuk kishte. Plaku mund të sillej si t'i tekej. Ndoshta tregohej njeri i mirë dhe i drejtë më shumë se ç'duhej. Ndërkaq, Roberti dukej qartë se dinte të merrte nga jeta ku e ku më shumë. Dhe kështu, ç'i mbetej Lesterit të bënte?

Në jetën e çdo njeriu që mediton, vjen një kohë kur ai kthen sytë nga e kaluara dhe pyet se ç'vlerë ka pasur, si në marrëdhëniet shoqërore, ashtu edhe në ato fizike dhe materiale. Kjo ndodh atëherë, kur vrullet e çmendura rinore kanë mbetur pas, kur hapat fillestare të pavarura dhe forcat energjike janë harxhuar dhe gjithçka, drejt së cilës synonte apo ka arritur, i bëhet përpara syve e pavërtetë dhe e paqëndrueshme. Dhe në vetëdijen e mjaft prej këtyre njerëzve përvidhet një mendim qe ua shter shpirtin - mendimi për kotësinë e jetës, të cilën më mirë se gjithkush e ka shprehur Elekziasti.

Mirëpo Lesteri përpiqej të filozofonte. -A s'është njëlloj,- thoshte shpesh me vete, - në jetuakam në Shtëpinë e Bardhë, këtu në shtëpinë time, apo në "Grand-Pasifik"? Por vetë shtrimi i kësaj pyetje dëftente se kishte plot gjëra në jetë, që s'arriti t'i përmbushë. Shtëpia e Bardhë qe simbol i karrierës së shkëlqyer të një veprimtari të shquar shoqëror. Shtëpia e tij dhe hoteli luksoz ku rrinte, mishëronin atë çka iu dha Lesterit, pa ndonjë përpjekje nga ana e tij.

Dhe ja - kjo ndodhi pikërisht në atë kohë, kur Xhenit i vdiq e ëma,- Lesteri u përpoq ta thjeshtonte disi situatën e tij. Do t'i jepte fund të ndejturit kot, këto udhëtimet e pafundme te Xheni, i hanin goxha kohë. Do të gjente se ku do t'i investonte paratë. Nëse i vëllai qe aq i zoti sa të gjente disa burime shtesë të ardhurash, do të thotë se edhe ai mund të gjente. Duhej të këmbëngulte në të drejtat e veta, duhej të përpiqej të forconte autoritetin e tij në ndërmarrjen e të atit dhe të mos e lejonte Robertin që pak e nga pak të merrte gjithçka në duart e veta. Mos vallë i duhej të flijonte Xhenin? - edhe kjo, gjithashtu, i erdhi në mend. Ajo s'kishte asnjë të drejtë mbi të. Nuk mund të protestonte. Por, se përse, ai nuk e imagjinonte dot se si mund ta bënte këtë. Do të qe, edhe mizore, edhe e palogjikshme; edhe kryesorja (ndonëse atij vetë s'i vinte mirë ta pranonte) kjo do t'ia prishte rehatinë në mjaft gjëra.

179

Ajo i pëlqente, madje edhe e dashuronte mbase - sipas tij, në mënyrë egoiste. Nuk e përfytyronte dot se si mund ta braktiste. Tamam në këtë kohë i lindën mosmarrëveshje serioze me të vëllain. Roberti donte t'i shkëpuste lidhjet me fabrikën e vjetër e të nderuar të ngjyrave në Nju Jork, e cila i shërbente posaçërisht firmës Kejn dhe të lidhej me një koncern në Çikago - që ishte një kompani e re me të ardhme të madhe. Lesteri i njihte mirë përfaqësuesit e kompanisë së Nju Jorkut, e dinte se tek ata mund të mbështeteshe, se ata i lidhnin me firmën Kejn marrëdhënie të vjetra edhe miqësore dhe prandaj e kundërshtoi propozimin e Robertit. Në fillim, i ati sikur ra dakord me Lesterin. Por Roberti i paraqiti arsyetimet e tij me një logjikë të ftohtë, duke e parë ngulazi të vëllain në fytyrë, me sytë e egër të kaltër.

- Nuk mund të mbajmë lidhje të përjetshme me miqtë e vjetër, vetëm ngaqë babai ka bërë punë me ta, ose ngaqë i simpatizon ti,-tha ai. Duhen ndryshime. Puna do forcuar se s'bën; na duhet të përballojmë një konkurrencë të fortë.

- Le të vendosë babai,- tha më në fund Lesteri. Mua aq më bën. Kështu apo ashtu, njëlloj është. Ti thua se si rrjedhojë e kësaj, firma del me mirë. Unë tregova të kundërtën.

- Mendoj se Roberti ka të drejtë,- u shpreh qetë Arcibald Kejni. Gjer tani, gjithçka e propozuar nga ai, e ka justifikuar veten.

Lesterit i vërshoi gjaku në fytyrë.

- Po mirë atëherë, s'kemi pse ta diskutojmë këtë,- tha, dhe duke u ngritur, doli menjëherë nga zyra. Kjo humbje, që i vinte pikërisht në atë kohë, kur pati vendosur të punonte me mënçuri, qe një goditje e madhe. Biseda nuk qe e ndonjë rëndësie kushedi çfarë, por në një farë mase doli se ai qe bishti i kavallit dhe ç'ishte më keq, e trishtoi vërejtja e të atit për mendjemprehtësinë e Robertit në punë. Lesteri nisi të pyesë veten, mos do t'i jepte vallë i ati përparësi Robertit në ndarjen e pasurisë? Mbase kishte dëgjuar diçka për lidhjen me Xhenin? Apo, zemërohej nga

180

largimet e tij të gjata, duke parë se ato qenë në dëm të punës? Lesteri mendonte se nuk qe e drejtë ta akuzonin për mungesë aftësie apo për mosvëmendje ndaj interesave të firmës. Ai e bënte mirë punën e vet. Edhe tani i studionte të gjitha propozimet që merrte firma, njihej hollësisht me kontratat, mbetej këshilltar i besueshëm i të atit dhe i së ëmës, por ata e shtynin tutje me shpërfillje. Si do të mbaronte kjo? Ai e vrau mendjen gjatë për këtë, por prapëseprapë, nuk arriti në ndonjë përfundim.

Po atë vit, pas ca kohësh, Roberti paraqiti planin e riorganizimit të drejtimit të ndërmarrjes. Propozoi të ndërtonin në Micigan Avenju të Çikagos, një depo dhe sallë të madhe ekspozimi, ku të shpërngulnin disa prodhime të gatshme. Çikago qe qendër më e madhe se Cincinati. Blerësit nga perëndimi dhe tregtarët provincialë e kishin më kollaj të vinin atje për të zhvilluar tregti me Kejnët. Kjo do të ishte një reklamë e shkëlqyer, tregues madhështor i forcës dhe përparimit të firmës. Plaku Kejn dhe Lesteri e miratuan menjëherë këtë projekt. Të dy e vlerësuan plotësisht vlerën e tij. Roberti i propozoi Lesterit që të merrej me ndërtimin e ndërtesës së re. Ndoshta, do të qe e nevojshme të rrinte disa kohë në Çikago.

Lesterit i pëlqeu mjaft ideja e të vëllait, ndonëse po i propozonin të ndahej thuajse tërësisht me Cincinatin. Ky qe një nder për të dhe ia ngrinte prestigjin firmës. Ai mund të vendosej në Çikago dhe të merrte me vete Xhenin. Tani, pa ndonjë vështirësi, mund të realizonte planin e dikurshëm - të zinte me qera një shtëpi për vete dhe për të. Dhe ai e përkrahu idenë. Kurse Roberti buzëqeshi.

- Jam i bindur se kjo do të jetë në dobi të firmës,- tha ai. Kështu, meqë puna e ndërtimit duhej nisur shpejt, Lesteri vendosi të shkonte në Çikago sa më shpejt. E thirri Xhenin dhe së bashku zgjodhën një shtëpi në anën veriore. Shtëpia ndodhej në një rrugë të qetë, jo larg liqenit, qe mjaft e rehatshme dhe

Lesteri e modeloi sipas shijes së vet. Llogariste se, duke jetuar në Çikago, do të hiqej si beqar. S'kishte pse të ftonte miq në shtëpi. Me ta mund të takohej gjithnjë në zyrë, në klub ose në hotel. Sipas pikëpamjes së tij, gjithçka u rregullua si mos më mirë.

Natyrisht që, me ikjen e Xhenit nga Klivlendi, jeta e Gerhardtëve ndryshoi menjëherë. Me sa dukej, familja qe shpërbërë krejtësisht, por Gerhardti sillej ndaj kësaj në mënyrë filozofike. Ai qe plak, për të s'kishte më rëndësi se ku do të jetonte tani. Basi, Marta dhe Xhorxhi ecnin me këmbët e tyre tani. Veronika dhe Uilliami mësonin ende në shkollë, por mund të rregullohej njëfarësoj që të jetonin e të hanin te komshinjtë. Gerhardti dhe Xheni u merakosën seriozisht vetëm për një gjë - për Vestën. Gerhardti, natyrisht, mendoi se Xheni do ta merrte vajzën me vete. A mund të sillet ndryshe një nënë?

- I ke thënë atij për Vestën? - e pyeti, kur Xhenit iu afrua dita e largimit.

- Jo, por shumë shpejt do t'i tregoj,- e qetësoi ajo.

- Ke tërë jetën me këtë "shpejt",- mërmëriti Gerhardti. Ai tundi kokën. Lotët i zunë frymën.

- Punë dreqi,- vazhdoi, duke heshtur. Mëkat i madh. Kam frikë se Zoti do të të dënojë. Për fëmijën duhet kujdes. Të mos isha kaq plak, do ta mbaja vetë. Tani s'ka asnjë që të kujdeset për të, siç duhet,- dhe tundi kokën përsëri.

- E di,- i tha me ngadalë Xheni. Do të rregulloj gjithçka. Do ta marr shpejt në shtëpi. Ti e di se unë nuk do ta braktisë atë.

- Po si do t'ia bësh me mbiemrin? - e pyeti Gerhardti. Vajzës i duhet një mbiemër. Vitin tjetër vete në shkollë. Njerëzit duhet ta dinë se cila është. Nuk mund të vazhdohet përjetë kështu. Xheni, edhe vetë e kuptonte shumë mirë këtë. Ajo e donte të bijën si e marrë. Ndarjet e vazhdueshme dhe domosdoshmëria për të fshehur edhe vetë ekzistencën e Vestës, qenë kryqi i rëndë i Xhenit. Kjo qe e padrejtë në lidhje me vogëlushen, por nuk shihte mundësi si të sillej ndryshe. E vishte Vestën mirë, vajza kishte çdo gjë me bollëk, sidoqoftë, nuk i mungonte asgjë. Xheni shpresonte që t'i jepte një arsim të mirë. Ah, sikur t'ia kishte thënë Lesterit qysh në fillim të vërtetën! Tani ndoshta, qe tepër vonë; e megjithatë e ndiente se atëherë ishte sjellë ashtu siç pati qenë më mirë. Më në fund, vendosi të gjente në Çikago ndonjë grua të mirë apo familje, e cila kundrejt një pagese, do të kujdesej për Vestën. Në lagjen suedeze, në perëndim të rrugës La-Sal, gjeti një grua të moshuar, e cila iu duk mishërimi i gjithë mirëbërësve - e pastër, e thjeshtë, e ndershme. Gruaja qe vejushë, punonte me mëditje dhe pranoi me gjithë qejf ta linte punën dhe t'ia kushtonte gjithë kohën Vestës. Xheni vendosi që vajza të shkonte në kopshtin e fëmijëve, sapo të gjente ndonjë të përshtatshëm. Ajo do të kishte plot lodra dhe kujdes të mirë. Zonja Olsen do ta lajmëronte patjetër Xhenin për gjithçka, madje edhe për sëmundjen më të lehtë të fëmijës. Xheni kishte ndërmend ta vizitonte Vestën çdo ditë dhe mendonte se me të rrallë, kur Lesteri të largohej nga Çikago, mund ta merrte vajzën në shtëpinë e saj.

Vesta jetoi me ta në Klivlend dhe Lesteri nuk dyshoi asgjë. Pasi u mor vesh me zonjën Olsen, në rastin më të parë, Xheni shkoi në Klivlend për Vestën. Gerhardti, në pritjen e trishtuar të ndarjes së afërme, qe mjaft i shqetësuar për të ardhmen e së mbesës.

- Ajo duhet të rritet si një vajzë e mbarë,- i tha Xhenit. Duhet t'i japësh arsim të mirë se është shumë e zgjuar.

Ai i përmendi rishtas se duhej ta fuste në shkollën e kishës luteriane, por Xheni nuk qe dhe aq e prirur për këtë. Koha dhe marrëdhëniet me Lesterin, i patën krijuar bindjen se shkolla e zakonshme fillore qe më e mirë se çdo institut tjetër privat. Jo se qe kundër kishës, por tani nuk mendonte më, se mësimet e fesë mund të të udhëheqin në të gjitha rastet e jetës. Dhe, përse të mos mendonte ndryshe?

Të nesërmen ajo duhej të nisej për në Çikago, Vesta, që digjej nga padurimi, ishte bërë gati për udhë. Gjatë kohës që Xheni e vishte, Gerhardti endej nëpër shtëpi si i shkalluar; tani, kur arriti çasti i ndarjes, po bënte çmos që ta përmbante veten. Ai pa se çupa e vogël pesëvjeçare nuk e kuptonte krejtësisht se ç'ishte ajo për të. Vogëlushja qe e lumtur sa nuk thuhej dhe llomotiste pa pushim për atë se si do të udhëtonin me kalë dhe me tren.

- Bëhu çupë e mbarë,- i tha Gerhardti, duke e ngritur dhe duke e puthur. Shiko, mos harro të mësosh katekizmin dhe të lutesh. Dhe do ta kujtosh gjyshin tënd, apo jo?

Ai donte të shtonte edhe diçka tjetër por zëri e tradhtoi. Xheni, zemra e së cilës po çahej në dysh tek shihte hidhërimin e tij, u përpoq të mos e shfaqte mallëngjimin e saj.

- Hë, ja...- tha ajo. Sikur e dija se do ta përjetoje kështu...

Ajo s'e mbaroi fjalën.

- Nisuni! - i tha burrërisht Gerhardti. Nisuni! Kështu do të jetë më mirë.

Ai i shoqëroi me një vështrim të heshtur. Pastaj shkoi në këndin e tij të dashur, në kuzhinë, ndaloi atje dhe ngriu, duke parë dyshemenë me sytë e zbrazët. E braktisën njëri pas tjetrit - e shoqja, Basi, Marta, Xheni, Vesta. Sipas huqit të vjetër, shtrëngoi duart fort dhe qëndroi gjatë, duke tundur kokën.

- Ja qysh përfundova! - rënkoi. Ja qysh përfundova. Më braktisën të gjithë. E tërë jeta më shkoi huq.

184

Kapitulli 28

Gjatë atyre tri viteve që Lesteri dhe Xheni jetuan bashkë, lidhja dhe mirëkuptimi i mirëfilltë ndaj njëri-tjetrit u rritën dhe u forcuan. Lesteri, sipas mënyrës së tij, e donte me gjithë mend. Kjo ndjenjë e fortë dhe plot vetëbesim, që nuk njihte dyshime apo lëkundje, e bazuar në forcën e pashterur e të natyrshme të joshjes, u shndërrua vërtet në një afërsi shpirtërore. Nënshtrimi i butë dhe i lindur i Xhenit, që ishte aq besnike, aq e mirë dhe pafundësisht femërore, e tërhiqte Lesterin dhe e mbante të lidhur pas saj. U mësua t'i besonte, të mbështetej tek ajo dhe me kalimin e viteve, kjo ndjenjë iu bë më e thellë.

Kurse Xheni e dashuronte këtë njeri sinqerisht dhe me besnikëri. Në fillim, kur i ndërhyri si tufan në jetë dhe, duke përfituar nga skamja e saj e hidhur, e lidhi pas vetes si me zinxhir, i shkaktoi një turbullim në shpirt, i zgjoi dyshime, e bëri që ta ketë frikë, ndonëse e pëlqente mjaft. Por, duke kaluar pranë tij tërë këto vite, duke e njohur më afër, gradualisht nisi ta njohë. Ai qe kaq i fortë, i bukur, kishte zë kaq të mrekullueshëm, në gjithçka, pikëpamjet dhe mendimet i kishte me peshë. Deviza e tij e preferuar: "Ec përpara pa kthyer kokën", ia habiste përfytyrimin. Me sa duket, atë s'e trembte asgjë - as njerëzit, as Zoti, as djalli. Jo rrallë, duke vënë dorën nën mjekër, ai e vështronte në sy.

- Ti je një mrekulli, ç'të thuash, vetëm të kishe ca më tepër guxim dhe kryelartësi - i pohonte.

Dhe Xheni i përgjigjej me një vështrim të butë e të heshtur.

- Mirë, s'ka gjë,- shtonte Lesteri,- por ke merita të tjera,- dhe e puthte.

Atë e prekte shumë fakti që, Xheni, përpiqej me kaq naivitet të mbulonte lloj-lloj mangësish në sjelljet dhe arsimin e saj. Ajo shkruante me një gramatikë jo dhe aq të rregullt; dhe ja, njëherë, i gjeti një fletë letre. Në të, me dorën e saj, qenë shkruar fjalët e vështira, të cilat Lesteri i përdorte shpesh gjatë bisedës, si dhe kuptimi i tyre. Ai buzëqeshi dhe e deshi akoma më shumë. Njëherë tjetër, në "Hotel Juga", në San Luis, ajo bëri sikur nuk i hahej, nga ndrojtja se mos sjelljet e saj qenë të papërshtatshme dhe se drekuesit në tryezat e tjera mund t'ia vinin re këtë. Nuk qe gjithmonë e bindur se po merrte pikërisht pirunin apo thikën që duhej dhe pjatat me pamje jo të zakonshme, e bënin të turbullohej: si t'i hante shpargujt? Po frutat e detit?

- Përse nuk ha asgjë? - e pyeti me shaka Lesteri. A të kishte marrë uria?

- Jo aq shumë.

- Me siguri që të ka marrë. Dëgjo, Xheni, unë e di se ku qëndron puna. Kot shqetësohesh. Sjelljet e tua janë shumë të mira. Ndryshe, nuk do të të sillja këtu. Dhe ke një nuhatje mjaft të hollë. Po të bësh ndonjë gjë jo siç duhet, unë do të të bëj me shenjë.

Sytë e saj të zezë shkëlqenin më gëzim dhe përkëdheli. Xheni iu përgjigj me një buzëqeshje falënderuese.

- Me gjithë mend, nganjëherë vihem në siklet,- pohonte ajo.

- S'ka përse,- i tha ai. Gjithçka është në rregull. Mos u shqetëso. Do të t'i tregoj unë, të tëra.

Dhe kështu bënte.

Gradualisht, Xheni mësoi t'i kuptojë sjelljet dhe zakonet mondane. Tek Gerhardtët nuk kishin pasur kurrë gjë tjetër, përveçse atyre më të domosdoshme. Tani, ajo kishte gjithçka që mund të dëshironte: veshjet, lloj-lloj kutia tualeti, gjithçka prej së cilës krijohet hijeshia e vërtetë dhe ndonëse të gjitha këto i pëlqenin, nuk e humbiste kthjelltësinë e masës dhe mendjes së shëndoshë, për të gjykuar mbi gjithçka. Tek ajo nuk kishte pikë egoizmi, vetëm gëzohej ngaqë fati i pati buzëqeshur. I qe tepër mirënjohëse Lesterit për gjithçka që kishte bërë dhe bënte për të. Sikur vetëm ta mbante - ta mbante atë përgjithmonë!

Pasi e rregulloi Vestën te zonja Olsen, Xheni iu përvesh detyrave të shtëpisë. Lesteri, i zënë me punë të panumërta, herë vinte, herë ikte. Ai kishte premtuar një dhomë luksoze në "Grand Pasifik", hotelin më të mirë të Çikagos, që të pandehnin sikur jetonte atje. Mëngjesin e hante në "Junion Klub", ku mbrëmjeve takohej me miq e të njohur pune. Duke qenë një nga të parët që e zbuloi dobinë e telefonit, vendosi një aparat në apartament dhe, në çdo kohë, mund të bisedonte me Xhenin. Në shtëpi vinte dy-tri herë në javë, nganjëherë edhe më shpesh. Në fillim nguli këmbë që punët më të rënda, Xheni t'ia linte ndonjë shërbyeseje, por asaj i pëlqente t'i bënte vetë; jo më kot ishte dalluar për zellin dhe përpikërinë në punë.

Lesterit i pëlqente që mëngjesin ta hante në tetë fiks. Qe mësuar që darka të shtrohej pikërisht në orën shtatë. I pëlqenin serviset e argjendta apo të kristalta, farfuritë kineze, çdo lloj pajisje luksi. Rrobat dhe valixhja e tij ndodheshin në shtëpinë e Xhenit.

Muajt e parë, gjithçka shkoi qetë. Në të rrallë, Lesteri e merrte në teatër dhe nëse qëllonin të takonin ndonjë të njohur, e paraqiste përherë si zonjushën Gerhardt. Nëse ndalonin diku, në ndonjë hotel, në rolin e burrit dhe të gruas, i thoshte nëpunësit një emër të sajuar; nëse nuk kishte rrezik t'i njihnin, shkruante i qetë emrin e vet në librin e hotelit. Dhe, gjer tani, gjithçka pati shkuar në rregull.

Gjatë gjithë kohës, Xheni i trembej një gjëje; se mos Lesteri zbulonte mashtrimin e saj dhe merrte vesh për Vestën; përveç kësaj, merakosej për të atin dhe shtëpinë. Nga letrat e Veronikës mund të kuptoje se bashkë me Uilliamin, ata do të shkonin te Marta, e cila jetonte në një dhomë të mobiluar, po atje, në Klivlend. Xheni shqetësohej se i ati do të mbetej fillikat. I dhembte shpirti për të; duke mbetur sakat, ai nuk bënte dot punë tjetër përveçse ndoshta roje nate dhe Xheni e përfytyronte me tmerr se si do të jetonte tani krejt i vetmuar. A t'i shpinte fjalë,

187

që të vinte tek ajo? Por e dinte se ai s'do të pranonte në asnjë mënyrë. Dhe, a do të donte vallë Lesteri, që Gerhardti të jetonte me ta? Për këtë nuk qe e bindur. Veç kësaj, edhe nëse vinte, ai do të niste e t'i fliste Lesterit patjetër për Vestën. E gjithë kjo e sfiliste shumë Xhenin. Po, me Vestën nuk qe aq punë e kollajtë. Duke u ndjerë thellësisht fajtore, Xheni i përjetonte dhimbshëm të gjitha këto, sidomos kur kishin të bënin me të bijën. Përpiqej me çdo kusht që të lante padrejtësinë e madhe për të cilën ndihej fajtore përpara fëmijës, meqenëse ky qe borxhi më i madh, të cilën nuk qe në gjendje ta shlyente. Çdo ditë, kur shkonte tek zonja Olsen, i shpinte lodra, ëmbëlsira - me një fjalë - gjithçka që i dukej se mund ta argëtonte apo gëzonte fëmijën. Donte të rrinte sa më gjatë me Vestën, duke i treguar për zanat e xhindet dhe vogëlushja i dëgjonte këto përrallëza me etje. Më në fund, aq shumë mori guxim, sa njëherë, kur Lesteri iku në Cincinat për të marrë prindërit, e mori vajzën në shtëpi dhe pas kësaj nisi ta marrë sa herë që ai largohej nga qyteti. Koha kalonte, Xheni i mësoi huqet e Lesterit dhe pak e nga pak u bë më trime, ndonëse vështirë që fjala -trime- t'i përshtatej Xhenit. U trimërua aq shumë sa ç'mund të trimërohet një miushë. Duke e marrë Vestën në shtëpi, madje edhe atëherë, kur Lesteri nuk mungonte veçse dy-tri ditë, ajo rrezikonte shumë. Për më tepër, na shtëpi la edhe ca lodra që Vesta të kishte me se të merrej.

Në ato pak ditë, që e bijëza kaloi tek ajo, Xheni ndjeu me një forcë të veçantë se ç'lumturi e madhe do të ishte, sikur të qe grua dhe nënë e ligjshme. Vesta doli se kishte një natyrë të rrallë vëzhguese. Me pyetjet e saj të pafajshme fëminore, herë pas here, i hapte Xhenit plagën, që nuk i qe tharë ende në zemër.

- Po, a mund të jetoj përgjithmonë me ty? - e pyeste ajo, më shpesh se çdo gjë.

Xheni i përgjigjej se, tani për tani, jo, por shumë shpejt, sapo të mundej, do ta merrte bijëzën në shtëpi, për fare.

- Po kur do më marrësh? - e pyeste Vesta.

188

- Nuk e di saktë, xhan. Tani është shumë shpejt. Po ti duro dhe ca. Nuk të pëlqen te zonja Olsen?

- Më pëlqen,- iu përgjigj Vesta,- por atje nuk ka asgjë të mirë. Gjithçka është e vjetër.

Xhenit iu ndrydh shpirti, ajo e shpuri Vestën në dyqan dhe i bleu një pirg me lloj-lloj lodrash.

Lesteri, kuptohet, nuk dyshonte për asgjë. Ai thuajse nuk vinte re se ç'ndodhte në shtëpi. Merrej me punët, argëtohej, duke besuar fort se Xheni qe krejt e sinqertë me të dhe i qëndronte thellësisht besnike, dhe as i vinte mendja se ajo mund t'i fshihte diçka. Njëherë, u sëmur dhe u kthye në mes të ditës. Duke mos gjetur Xhenin, e priti që nga ora dy gjer në pesë. Qe nxehur dhe shfrynte kur ajo erdhi, por pakënaqësia e tij nuk qe hiç gjë në krahasim me habinë dhe frikën e Xhenit, kur pa se ai ndodhej në shtëpi. U zbeh e tëra se mos atij i lindi ndonjë dyshim dhe u përpoq të justifikohej në mënyrë sa më të përshtatshme: isha te rrobalarësja, pastaj kaloi nga dyqanet dhe prandaj u vonova. As që e kishte menduar se ai do të kthehej në shtëpi. Dhe i vinte keq që s'mundi të kujdesej për të. Kësaj radhe, ajo e kuptoi se rrezikonte të përmbyste gjithçka.

Kaluan ca kohë dhe Lesteri iku prapë për një javë në Cincinat, kurse Xheni mori Vestën në shtëpi; për katër ditë, nënë e bijë qenë krejt të lumtura me njëra - tjetrën.

Gjithçka do të shkonte mbarë sikur Xhenit të mos i shpëtonte një gabim, për pasojat e të cilit iu desh pastaj të pendohej keq. Në dhomën e ndenjes, poshtë divanit të gjerë me mbulesë lëkure, ku Lesteri shtrihej shpesh me cigaren në dorë, u harrua një qengj lodër. Në qafën e tij qe varur një fjongo e kaltër me këmborë të vockël që tringëllonte sapo e lëkundje. Vestës, se përse, i qe tekur ta hidhte poshtë divanit, kurse Xhenit s'i pati rënë në sy. Duke e përcjellë Vestën, ia mblodhi të gjitha lodrat, por ja që s'u kujtua për qengjin, i cili mbeti nën divan, duke parë me sytë si kopsa, kur u kthye Lesteri.

Atë mbrëmje, i shtrirë në divan me gazetën dhe duke pirë duhan, Lesterit i ra padashje puroja e ndezur. Ngaqë pati frikë mos digjej gjë, u përkul të shihte poshtë, por s'e gjeti. Atëherë u çua, shtyu divanin dhe papritur pa qengjin që qëndronte pikërisht atje ku e pati hedhur Vesta. Ai e ngriti, e vërtiti nëpër duar, duke mos e kuptuar se si u ndodh aty ajo lodër.

- Nga doli ky qengj? Me siguri e ka sjellë me vete fëmija i ndonjë komshije me të cilën Xheni do të jetë njohur,- mendoi Lesteri. Do ta ngacmoj pak.

Duke u përgatitur me gjithë shpirt të zbavitej ca, e mori qengjin, vajti në dhomën e ngrënies, ku Xheni po gatuante diçka në bufe dhe foli me një pamje komike hijerëndë:

- Nga doli kjo?

Xheni, e cila nuk dyshonte për rrengun që po i punonte, u kthye dhe menjëherë pandehu se Lesteri kishte mësuar gjithçka dhe tani do të derdhte mbi të zemërimin e tij të drejtë. Ajo u skuq e tëra dhe pastaj u zbeh krejtësisht.

- Unë... unë e bleva... kjo është një lodër,- foli, duke iu marrë goja.

- E shoh që është lodër,- i tha me të qeshur Lesteri, duke vënë re hutimin si të pafajshëm të Xhenit, por pa i dhënë kësaj ndonjë rëndësi. E gjora, mërzitet të kullosë e vetmuar.

Dhe ai tundi këmborën që mbante qengji në qafë; që tringëlliu qetësisht dhe Lesteri vështroi përsëri te Xheni, e cila qëndronte para tij, pa qenë e zonja t'i thoshte as një gjysmë fjale. Nga pamja dashamirëse e Lesterit, e kuptoi se ai nuk dyshonte për asgjë, por prapëseprapë, nuk po e mblidhte dot veten.

- Ç'pate kështu? - e pyeti Lesteri.
- Asgjë, - iu përgjigj ajo.
- Ke marrë një pamje sikur ky qengj të trembi për vdekje.
- Thjesht, kam harruar ta heq që andej,- tha padashje Xheni.

- Ky ka një pamje mjaft të përdorur,- shtoi Lesteri tashmë jo me aq shaka dhe pastaj duke parë se kjo bisedë qe e pakëndshme për Xhenin, e ndërpreu. Asnjë lloj zbavitje nuk doli me këtë qengj.

Ai u kthye në dhomën e ndenjes, u shtri në divan dhe u mendua. Çfarë e tronditi Xhenin? Pse u zbeh aq shumë kur pa lodrën? Se, nëqoftëse duke mbetur vetëm, ajo sjell fëmijën e ndonjë fqinje, luan dhe zbavitet me të, këtu natyrisht nuk ka asgjë të keqe. Nga se u trondit aq shumë? Vrau mendjen për të gjitha këto, por nuk arriti në asnjë përfundim.

Mbi qengjin s'u përmend më asnjë fjalë. Ka mundësi që me kohë, ai ta harronte krejt këtë rast, nëse nuk do t'i zgjonte dyshim gjësend tjetër, por mesa duket, fatkeqësitë nuk vijnë kurrë vetëm.

Se si, një mbrëmje, kur Lesteri u vonua dhe pati ndërmend të largohej pak më vonë se zakonisht, te dera i ranë ziles; Xheni po gatuante në kuzhinë dhe Lesteri vajti vetë ta hapë. Ai pa një grua jo të re, e cila e vështroi me habi të shqetësuar dhe me një anglishte të çalë, e pyeti nëse mund të fliste me të zonjën e shtëpisë.

- Prisni një minutë,- i tha Lesteri dhe pasi doli në korridor, thërriti Xhenin.

Që nga pragu, duke e njohur mëndeshën, Xheni doli me nxitim në korridor dhe tërhoqi derën pas vetes. Kjo, menjëherë iu duk e dyshimtë Lesterit. Ai u vrenjt dhe vendosi ta sqaronte si qe puna. Pas një minute në dhomë hyri Xheni. Qe bërë çarçaf i bardhë në fytyrë dhe gishtat i dridheshin, sikur kërkonin të kapeshin diku.

- Ç'ka ngjarë? - e pyeti Lesteri; qe zemëruar dhe zëri i tingëlloi mjaft vrazhdë.

Xheni nuk gjeti forca t'i përgjigjej menjëherë.

- Më duhet të iki për ndonjë orë,- tha më në fund ajo.

191

- Po mirë, ikë,- pranoi ai pa dëshirë. Por s'mund të më thuash vallë, se çfarë ka ndodhur? Ku po shkon?

- Unë... unë... - nisi Xheni duke iu marrë goja. Unë kam...

- Po? - e pyeti i vrenjtur Lesteri.

- Kam një punë,- e mbaroi ajo. Mua... mua më duhet të largohem në çast. Kur të kthehem, do të t'i tregoj të gjitha, Lester. Vetëm të lutem, tani mos më pyet për asgjë. Ajo i hodhi një vështrim të shpejtë: Shqetësimi, meraku, dëshira për t'u larguar sa më shpejt, i lexoheshin qartë në fytyrë; Lesteri, që s'e kishte parë kurrë kaq të përqendruar dhe këmbëngulëse, u pre dhe u zemërua.

- Mirë,- i tha,- po për ç'arsye e mban kaq të fshehtë? Pse s'ma thua troç ç'ka ngjarë? Përse duhet të pëshpëritësh prapa dyerve? Ku po shkon?

Ai heshti, duke e kuptuar edhe vetë tonin therës. Kurse Xhenit, që po lozte mendsh nga lajmi që sapo i prunë dhe kjo mënyrë e papritur të foluri, ndjeu befas një vrull të paparë vendosmërie,

- Do të të them gjithçka, Lester, gjithçka! - thirri. Vetëm jo tani. Nuk kam asnjë minutë kohë. Do të të tregoj çdo gjë, kur të kthehem. Të lutem, mos më vono.

Ajo u hodh në dhomën tjetër të vishej. Lesteri, që edhe tani nuk po e kuptonte arsyen se ç'do të thoshte e gjitha kjo, i vajti pas me kokëfortësi.

- Dëgjo,- i thirri vrazhdë. Ç'janë këto budallallëqe! Si është puna? Dua ta di!

Ai qëndroi te dera - mishërimi i vendosmërisë dhe pamjes luftarake, burrë i mësuar që t'i bindeshin. Xheni, që ishte në kulmin e dëshpërimit, më në fund s'u përmbajt.

- Ime bijë po vdes, Lester! - thirri. Tani nuk mund të të flas. Të lutem mos më mbaj. Do të të sqaroj për gjithçka kur të kthehem.

- Jot bijë?! - përsëriti i shastisur Lesteri. Ç'ndreqin po thua?

192

- Nuk kam faj unë,- iu përgjigj. Kam pasur frikë... duhej të ta thosha prej kohësh. Kam dashur të ta them, vetëm se... vetëm se... ah, më lër të iki sa më shpejt! Kur të kthehem do të të tregoj gjithçka!

Ai e vështroi i habitur, pastaj u hoq mënjanë duke i liruar rrugën; tashmë nuk donte të mësonte asgjë prej saj.

- Mirë, ik,- i tha me zë të ulët. Ndoshta duhet të të shoqëroj?

- Jo,- iu përgjigj Xheni. Më presin. Nuk jam vetëm.

Ajo doli me vrap, kurse Lesteri mbeti në mëdyshje. Vallë, kjo ishte ajo grua, të cilën, siç i dukej atij, e njihte aq mirë? Dilte se tërë këto vite, e paskësh mashtruar! Dhe kjo ishte Xheni! Mishërimi i dëlirësisë! Lavirja!

- Ah, dreqi më marrtë! - shfreu dhe në fyt iu mblodh një lëmsh.

Kapitulli 29

Shkaku i tërë kësaj rrëmuje qe një nga ato sëmundjet e zakonshme të fëmijëve, të cilat nuk mund t'i parathotë askush se kur vijnë dhe ikin, e për më tepër brenda dy orësh. Atë ditë, papritur, Vestës iu shfaq një anginë e fortë dhe gjendja e vajzës u përkeqësua aq shpejt, sa që suedezja plakë u tremb shumë dhe i kërkoi një fqinje të shkonte e të thërriste menjëherë zonjën Kejn. Fqinja, duke menduar vetëm si ta sillte sa më shpejt Xhenin, i tha pa e zgjatur se Vesta qe sëmurë rëndë dhe se duhej të nxitonin. E tronditur, Xheni mendoi se e bija po i vdiste dhe siç e pamë, në vrullin e tmerrit, guxoi t'i rrëfente Lesterit të vërtetën. Rrugën e bëri thuajse duke rendur, e sfilitur nga lloj-lloj hamendjesh, vetëm me një mendim: të arrinte në kohë që ta shihte vajzën, përpara se t'ia rrëmbente vdekja. Po sikur tani të qe vonë? Po sikur Vesta të mos qe gjallë? Xheni i nxitoi padashje hapat. Dritat e fenerëve të rrugës vezullonin përpara saj dhe zhdukeshin sërish në errësirë. Ajo i pati harruar tashmë fjalët e vrazhda të Lesterit, nuk kishte frikë se mos e dëbonte dhe mbetej fillikat në qytetin e madh, me fëmijën në duar,- harroi mbi gjithçka, veç një gjëje: Vesta e saj qe sëmurë rëndë, ndoshta po vdiste dhe për këtë qe fajtore ajo, që s'iu ndodh pranë; ndoshta, nëse do të ishte kujdesur vetë pas vajzës, tashmë do të qe shëndoshë e mirë.

- Veç të arrij! - përsëriste me vete; dhe në vrullin e hidhërimit, duke humbur si të gjitha nënat aftësinë për të gjykuar, qortonte veten: - duhej ta dija që Zoti do të më dënonte për mëkatet e mia. Duhej ta dija, duhej ta kisha ditur...

Ajo e shtyu tej përtej kanatën e portës, u lëshua me vrap nëpër sokakun gjer te shtëpia dhe hyri vrullshëm në dhomën ku shtrihej Vesta,- e zbehtë, e qetë, e dobësuar, por që tani qe shumë më mirë. Aty gjendeshin disa komshije dhe një mjek jo i ri; të gjithë panë me kureshtje Xhenin, e cila për pak sa nuk ra gjunjas te koka e krevatit dhe nisi t'i thoshte diçka fëmijës.

Dhe ja, Xheni mori një vendim përfundimtar. Qe fajtore përpara së bijës, fajtore e rëndë, por tani e tutje do të përpiqej ta shlyente fajin. Lesteri i qe mjaft i shtrenjtë, por nuk mund ta mashtronte më dhe ai do ta flakte në rrugë (ky mendim i shpoi në zemër). Ajo megjithatë do të sillej siç duhej. Vesta s'duhej lënë më mbas dore. Vendi i saj qe pranë s'ëmës. Shtëpia e Xhenit, duhej të ishte edhe shtëpia e Vestës.

Duke ndenjur pranë shtratit të së bijës, në shtëpinë e thjeshtë të suedezes plakë, Xheni e kuptoi se sa e pafrytshme pati qenë gënjeshtra e saj: sa shqetësime e andralla kishte pasur në shtëpinë e prindërve për këtë shkak, sa kishte vuajtur e pasur frikë përsa kohë jetonte me Lesterin, ç'torturë provoi sonte - dhe për çfarë? Se, njëlloj ishte, e vërteta doli në shesh. Xheni qe zhytur në mendime të zymta, duke u përpjekur të merrte me mend se ç'e priste, kurse gjatë kësaj kohe Vesta u qetësua dhe pak e nga pak ra në gjumë të thellë e të shëndetshëm.

Kur e mori prapë veten nga zbulimi marramendës, Lesterit i erdhi në kokë pyetja: sa vjeçe do të qe fëmija? Cili ishte i ati? Si u gjend në Çikago dhe kush kujdesej për të? Ai vetëm sa mund t'ia bënte këto pyetje vetvetes, por përgjigje nuk gjente dot. Se, nuk dinte asgjë.

Punë e çuditshme, gjatë këtyre mendimeve iu kujtua papritur takimi i parë me Xhenin, në shtëpinë e zonjës Brejsbrixh. Çfarë e tërhoqi atëherë kaq shumë drejt saj? Ç'ishte ajo shtysë, që kaq shpejt, thuajse me shikimin e parë, i tha atij se do të dinte si ta shtinte në dorë? Ç'ndjeu tek ajo - degjenerimin, paqëndrueshmërinë e zakonshme, dobësinë? Në tërë këtë histori të trishtuar, ajo nuk paskësh kaluar pa dredhia, pa të shtirura dhe pa e mashtruar atë që i pati besuar aq shumë. Jo vetëm që e mashtroi, por i doli edhe mosmirënjohëse.

Duhet thënë se Lesteri e përbuzte dhe e urrente mosmirënjohjen, duke e quajtur si vesin më të ndyrë dhe më të pështirë, që është veti e natyrave tradhtare dhe u çudit shumë, që e zbuloi këtë ves tek Xheni. Vërtet, më parë, s'ia pati vënë re asnjëherë, përkundrazi, por tani e pa me sytë e tij këtë mosmirënjohje dhe u zemërua thellë. Si guxoi ta fyente kështu? Atë, i cili, mund të themi, e bëri njeri dhe e ngriti në nivelin e vet?

Lesteri u ngrit, shtyu kolltukun dhe eci me ngadalë në qetësinë e dhomës, nga qoshja në qoshe. Kjo që ndodhi ishte mjaft serioze dhe tani i duhej të merrte një vendim të prerë e të rreptë. Xheni, qe fajtore dhe ai kishte të drejtë ta gjykonte. Ajo qe fajtore se, që në fillim ia pati fshehur të vërtetën dhe dyfish fajtore që, gjatë gjithë kësaj kohe, e pati mashtruar. Më në fund, i erdhi në kokë se ajo e ndante dashurinë midis tij dhe fëmijës - asnjë burrë në pozitën e tij nuk do ta pranonte këtë. Lesterit iu përzje nga ky mendim, ai futi duart në xhepa dhe vazhdoi të ecë nëpër dhomë. E si mundej një njeri si Lesteri, ta quante veten të fyer, vetëm e vetëm ngaqë Xheni i zbuloi ekzistencën e fëmijës, të kësaj qenie që pati ardhur në jetë si pasojë e po asaj sjelljeje që ajo kreu më pas, kur iu dha atij vetë, Lesterit? Ky është një shembull i atyre gabimeve dhe udhëkryqeve të pashpjegueshme, që me sa duket, mendja e njeriut,- kjo gardiane dhe gjykatëse e rreptë,- nuk është e aftë t'i shmangë, kur bëhet fjalë për nderin e njerëzve të tjerë. Duke harruar mbi sjelljet e veta (burrat rrallë e marrin parasysh atë), Lesteri besonte se gruaja duhet t'ia çelë shpirtin vetëm burrit të dashur dhe u hidhërua shumë që Xheni u soll ndryshe. Njëherë, ai qe përpjekur të mësonte hollësira nga jeta e saj e mëparshme. Ajo iu lut atëherë që të mos e pyeste. Ja, se kur mund t'i kishte thënë për fëmijën. Kurse tani... Lesteri tundi kokën.

Frymëzimi i parë, pasi vrau mendjen për gjithçka, ishte të ikte e të mos ia shihte më bojën Xhenit. Në të njëjtën kohë,

196

donte të dinte se qysh përfundoi puna. E megjithatë, veshi pallton dhe kapelën dhe doli nga shtëpia; duke ndjerë dëshirë të pinte, hyri në të parin bar të mirë; pastaj shkoi në klub; atje u end sallë më sallë, takoi aty-këtu ndonjë të njohur, llomotiti me ta. Shqetësimi dhe hidhërimi nuk i largoheshin; më në fund, pasi shtyu tri orë në mendime, zuri një pajton dhe u kthye në shtëpi.

Xheni ndejti gjatë pranë shtratit të së bijës, e turbulluar dhe e hidhëruar dhe më në fund e kuptoi se rreziku pati kaluar. Tashmë nuk mund të bënte asgjë për Vestën dhe pak e nga pak iu kthye meraku për shtëpinë që braktisi; ndjeu se duhej të plotësonte premtimin që i dha Lesterit dhe t'i kryente gjer në minutën e fundit detyrimet e saj si zonjë shtëpie. Ka mundësi që ai po e priste. Me siguri, do t'i kërkonte të dëgjojë gjithë të vërtetën për të kaluarën e saj, përpara se të ndahet përfundimisht. Duke menduar me frikë e dhembje se, natyrisht, Lesteri do ta braktisë, Xheni megjithatë, e quajti një dënim të drejtë për sjelljet e saj. E meritonte plotësisht!

Në shtëpi u kthye në orën dymbëdhjetë, llambat e rrugës tashmë qenë fikur. Ajo uli dorezën e derës, pastaj e hapi me çelësin e vet. Ngadalësoi çapet dhe, duke mos dëgjuar asnjë zhurmë, hyri brenda e vetëdijshme se e priste Lesteri i tërbuar. Por s'e gjeti aty. Ai thjesht pati harruar ndezur llambën e dhomës. Xheni vështroi me të shpejtë rrotull, por dhoma qe e shkretë. Pandehu se Lesteri kishte ikur përgjithmonë dhe ngiu në vend, e pafuqishme dhe e shastisur.

- Iku! - mendoi.

Në këtë çast, nëpër shkallë u dëgjuan hapat e tij. Kapelën e pati rrasur mbi vetulla, ndërsa pallton e kishte mbërthyer gjer në grykë. Pa vështruar drejt saj, zhveshi pallton dhe e vari në portomanto. Pastaj, pa nxituar, hoqi dhe vari kapelën. Vetëm pas kësaj u kthye nga Xheni, e cila i ndiqte veprimet e tij me sytë e shqyer.

197

- Dua të di gjithçka, fund e krye,- i tha. I kujt është ky fëmijë?

Xheni u lëkund një çast, sikur po përgatitej për një kërcim të dëshpëruar mbi një hon të errët, pastaj foli me buzët e thara:

- I senator Brenderit.

- Senator Brenderit! - përsëriti i habitur Lesteri, që as e priste të dëgjonte këtë emër aq të bujshëm. Si ke mundur të takohesh me të?

- Ne me mamanë lanim rrobat për të,- iu përgjigj thjesht Xheni.

Lesteri heshti; sinqeriteti i përgjigjes së saj e bëri esëll dhe zemërimi iu fashit. Fëmija i senator Brenderit! - mendoi. Me sa duket, ky mbrojtës i famshëm i interesave të njerëzve të thjeshtë, kishte joshur bijën e rrobalarëses. Ja një tragjedi tipike nga jeta e varfanjakëve.

- Ka kohë që ka ndodhur kjo? - pyeti i vrenjtur, duke ngritur vetullat.

- Tashmë kanë kaluar thuajse gjashtë vjet,- iu përgjigj Xheni. Ai llogariti me mend sa vjet kishin që ishin njohur, pastaj pyeti:

- Sa vjeç është fëmija?

- Ka hyrë në të gjashtin.

Lesteri pohoi me kokë. Duke u përpjekur të përqendrohej, tani foli me një zë të rëndë, por pa inatin e mëparshëm.

- Ku ka qenë gjatë gjithë kësaj kohe?

- Jetonte në shtëpi me të mitë, gjer pranverën e shkuar, por kur vajte në Cincinat, e solla këtu.

- Me ju jetonte edhe ajo, kur vija në Klivlend?

- Po, vetëm se kujdesesha që mos të të binte në sy.

- Unë mendoja se u pate thënë njerëzve të tu që jemi martuar,-thirri Lesteri, duke mos e kuptuar se si qe e mundur që të afërmit e saj qenë pajtuar me ekzistencën e kësaj fëmije.

- Kështu u pata thënë,- iu përgjigj Xheni,- por nuk doja të të vija në dijeni për fëmijën. Kurse të mitë mendonin se do të ta thosha shumë shpejt.

- Pse nuk më ke kallëzuar?

- Sepse kisha frikë.

- Nga se?

- Se nuk dija ç'do të bëhej me mua, kur ika me ty, Lester. Doja ta ruaja patjetër vajzën, të mos e dëmtoja me asgjë. Pastaj, më vinte turp; dhe kur më the që s'i doje fëmijët, u frikësova.

- U frikësove se mos të të lija?

- Po.

Lesteri heshti; ajo iu përgjigj kaq troç dhe thjesht, sa që dyshimi i fillimit, sikur e mashtroi qëllimisht dhe paturpësisht, u tret pjesërisht. Në fund të fundit, i tërë faji ishte rrjedhojë e rrethanave fatkeqe, ndrojtjes së Xhenit dhe zakoneve të familjes së saj. Ama, ç'familje që ishte! Veç njerëzit e pamoralshëm e të rëndomtë mund ta duronin një gjendje të tillë!

- Nuk e kuptoje vallë, se në fund të fundit, gjithçka do të zbulohej një ditë? - e pyeti më në fund. Nuk mendoje, se do të të duhej ta rritje? Përse s'ma the menjëherë të vërtetën? Atëherë ndoshta, do të sillesha ndaj kësaj mjaft i qetë?

- E di, por desha të bëja çmos për të.

- Ku gjendet tani?

Xheni ia shpjegoi.

Pyetjet e Lesterit nuk përkonin me tonin dhe pamjen e fytyrës së tij, sa ajo u hutua krejt. U mundua t'ia shpjegojë edhe një herë, por Lesterit iu ngulit vetëm një gjë: Xheni pati bërë budallallëk, por nuk e kishte mashtruar aspak,- kjo dukej aq qartë, sa, po të gjendej në ndonjë situatë tjetër, atij do t'i vinte keq me gjithë shpirt. Por zbulimi në lidhje me Brenderin s'i dilte nga koka dhe iu kthye përsëri kësaj teme.

- Kështu, më the se nëna jote lante rrobat për të. Si ndodhi që ti shkove me të?

Gjer tani, Xheni i duroi me zor këto pyetje sfilitëse, por këtu u drodh sikur e goditën. Lesteri i hapi plagët ende të pathara mbi kohën më të hidhur dhe më të vështirë të jetës së saj. Pyetja e tij e fundit, me sa dukej, kërkonte sinqeritet të plotë.

- Po unë isha vajzë krejt e njomë, Lester,- i tha me pikëllim,- vetëm tetëmbëdhjetëvjeçe. Nuk dija asgjë. Shkoja tek ai në hotel, i merrja rrobat për t'i larë dhe pastaj ia çoja.

Ajo heshti, por duke parë se ai afroi kolltukun dhe u ul me pamjen e një njeriu që përgatitet të dëgjojë ndonjë tregim të gjatë e të hollësishëm, foli përsëri:

- Ne vuanim shumë për bukën e gojës atëherë. Ai shpesh më jepte para për mamin. Unë nuk e dija...

Xheni heshti përsëri: Lesteri, duke parë se ajo nuk qe në gjendje të vazhdonte vetë tregimin, nisi t'i bëjë sërish pyetje dhe gradualisht, e tërë historia e pakëndshme iu bë e qartë. Brenderi pati ndërmend të martohej me të. Ai i shkroi dhe duhej ta kishte thërritur pranë vetes, por nuk arriti: e pengoi vdekja e papritur. Rrëfimi mbaroi. Kaluan pesë minuta të gjata në heshtje; Lesteri, i mbështetur tek oxhaku, vështronte vetëm në një pikë, kurse Xheni priste, pa ditur se ç'do të ngjante më tej dhe pa u përpjekur të thoshte qoftë edhe një gjysmë fjale në mbrojtje të vetvetes. Tik-taku i orës kërciste me zhurmë. Në fytyrën e ngrirë të Lesterit nuk mund të lexoje asnjë lloj ndjenje, as mendime. Tashmë ai qe krejt i qetë dhe mendonte se si do të vepronte më tutje. Xheni qëndronte përpara tij, si kriminelja përpara gjyqit. Ai - mishërimi i drejtësisë, mbrojtësit të zakoneve, pastërtisë së moralit - zinte vendin e gjykatësit. Ja kështu, duhej të shqiptonte dënimin - të vendoste fatin e saj të mëtejshëm.

E ç'të thoshe, punë e ndyrë, histori e qelbur ku s'duhej të qe përzierë një njeri me pozitën dhe pasurinë e tij. Kjo fëmijë ua bënte marrëdhëniet të pamundura... e megjithatë, Lesteri nuk mund të thoshte ende asgjë. Ora në syprinën e oxhakut kumboi tre. Ai u kthye dhe u kujtua për Xhenin, që vazhdonte të qëndronte përpara tij, e palëvizur, e zbehtë dhe e hutuar. - Ik shtrihu,- i tha më në fund dhe zuri të mendohej për detyrën jo të lehtë.

Por ajo nuk lëvizi vendit; rrinte dhe vështronte tek ai me sytë e shqyer, sy që kishin ngrirë dhe që prisnin në çdo çast të dëgjonin dënimin. Por priti më kot. Pas mendimesh të gjata, Lesteri u çua dhe shkoi tek portmantoja.

- Shko shtrihu,- i përsëriti ftohtë. Unë po dal.

Xheni padashje eci drejt tij,- madje, edhe në këtë çast të tmerrshëm, deshi t'i ishte disi e dobishme, por Lesteri s'e vuri re lëvizjen e saj. Ai doli pa denjuar t'i thoshte më asnjë fjalë. Ajo vështroi fill pas tij dhe dëgjoi hapat që zbrisnin nëpër shkallë, me një ndjenjë të tillë sikur i qe dhënë dënimi kapital dhe tashmë, kambana e vdekjes po binte mbi varrin e saj. Çfarë bëri ajo? Dhe çfarë po bën tani Lesteri? E pushtoi një pikëllim i thellë dhe, kur u përplas porta poshtë, përtheu me hidhërim dhe pashpresë duart.

- Iku! - mendoi. Iku!

Në dritare regëtiu agimi i vonë, kurse Xheni vazhdonte të rrinte, duke iu dhënë mendimeve të shqetësuara; situata e saj qe mjaft serioze për ta lejuar të derdhë lot lirisht.

Kapitulli 30

I zymtë, Lesteri që përherë gjykonte me aq logjikë, qe krejt i pavendosur në fakt, për vendimin që do të merrte. I qenë prishur nervat keq, por s'arrinte dot ta përcaktonte qartë se çfarë e shqetësonte pikërisht. Vetëkuptohet, ekzistenca e fëmijës i ndërlikonte mjaft gjërat. Si t'ia bënte me këtë dëshmi të gjallë të mëkateve të dikurshme të Xhenit? Megjithatë, e pranoi menjëherë se, po të kishte dashur, do t'ia kishte nxjerrë asaj prej kohësh të kaluarën. Natyrisht, ajo s'do të niste ta gënjente. Mund ta kishte pyetur qysh në fillim. Këtë s'e bëri, kurse tani qe tepër vonë. Një gjë ishte e qartë: që të martohej me Xhenin, as që mund të mendohej. Me pozitën që zinte në shoqëri, kjo përjashtohej. Rrugëdalja më e mirë ishte ta siguronte nga ana materiale dhe të ndahej. Këtë vendim e mori, kur shkoi në dhomën e vet në hotel, ndonëse s'kishte ndërmend që ta zbatonte menjëherë.

Në këto lloj rastesh, më lehtë mendohet, se sa veprohet. Koha na i përforcon zakonet, dëshirat dhe ndjenjat, kurse për Lesterin, Xheni nuk qe thjesht një zakon. Pas katër vite marrëdhënie të pandërprera, e kishte njohur aq mirë atë edhe veten, sa e shihte të pamundur që të ndahej kaq lehtë dhe shpejt. Kjo do të ishte mbase tepër e dhimbshme. Mund ta pranonte këtë mendim ditën, në rrëmujën e zyrës, por jo mbrëmjeve, kur ngelej vetëm. Ai kishte zbuluar në vetvete vetinë për t'u mërzitur dhe kjo e turbullonte.

Gjatë atyre ditëve e shqetësonte edhe teoria e Xhenit, sikur Vestën mund ta dëmtonte jeta e përbashkët me ta. Si kishte arritur ajo të mendonte gjer këtu? Se, ai zinte një pozitë shoqërore ku e ku më të lartë se ajo. Por pastaj, pjesërisht e kuptoi pikëpamjen e saj. Në atë kohë, Xheni nuk e dinte se cili qe ai dhe se çfarë fati po i përgatiste. Ai mund ta linte shumë shpejt. Duke e parashikuar diçka të tillë, ajo kishte dashur ta mbronte fëmijën nga rreziqet. Kjo nuk qe edhe aq gjë e keqe. Veç këtyre, donte të dinte se si ishte kjo vajzë, vajza e senator Brenderit, ngaqë vetë Xheni - ishte grua e përsosur. Ky mendim i ngjalli edhe zemërim, edhe kureshtje. Herë i dukej se duhej të kthehej tek ajo dhe të shihte vajzën (në fund të fundit, kjo qe e drejta e tij), herë lëkundej, kur i kujtohej se si e mori vesh ekzistencën e saj. Por pastaj, përsëri e bindte veten se duhej t'i hiqte vijë kësaj pune dhe kjo luftë e brendshme zgjaste pafundësisht.

Në fakt, ai nuk qe në gjendje të ndahej nga Xheni. Gjatë këtyre viteve ajo iu bë e domosdoshme. A kishte pasur vallë, njeri kaq të afërt? E ëma e donte, por në atë dashuri mbizotëronte egoizmi. I ati,- po ja, i ati ishte burrë, si edhe ai vetë. Motrat nuk i fuste në hesap, secila shihte jetën e saj; Roberti ishte i huaj për të. Me Xhenin njohu për herë të parë se ç'ishte lumturia e vërtetë, afërsia e vërtetë. Ajo i qe e nevojshme,- në çdo orë që kalonte larg saj, e ndiente këtë përherë e më mprehtë. Më në fund vendosi t'i flasë troç dhe të binte njëfarësoj në ujdi. Le ta merrte fundja të bijën në shtëpi e të kujdesej për të. Xheni duhej ta kuptonte se herët a vonë, ai do të ikte prej saj. Duhej t'ia bënte të qartë se tashmë shumë nga marrëdhëniet e tyre do të ndryshonin, pavarësisht se kjo nuk do të thoshte ndarje e menjëhershme. Atë mbrëmje u kthye në shtëpi. Xheni dëgjoi se si hapi derën dhe zemra i rrahu me shqetësim. Duke e mbledhur veten, doli nga dhoma, për ta takuar.

- Me sa kuptoj, duhet ta lëmë kështu,- nisi Lesteri me troçllëkun e tij të zakonshëm. Sille këtu vajzën dhe le të jetojë me ty. Nuk ka kuptim ta lësh të jetojë tek të huajt.

- Mirë, Lester,- iu përgjigj e bindur Xheni. Gjithmonë e kam dashur këtë.

- Meqë është kështu, s'ka nevojë ta shtysh,- ai nxori nga xhepi gazetën e mbrëmjes dhe shkoi te dritarja. Pastaj u kthye.

Duhet të flasim, Xheni. Unë e kuptoj si ndodhi kjo. Bëra gabim të madh që nuk të pyeta në kohën e duhur dhe të të detyroja të më tregoje gjithçka. Kurse ti kot ke heshtur, madje edhe sikur të mos doje që unë të ndërhyja në jetën e fëmijës sate. Duhej ta kuptoje se gjëra të tilla s'i fsheh dot përherë. Megjithatë, tani s'ka më rëndësi. Dua të të them diçka tjetër: në kushte si këto tonat, nuk duhet të mbajmë sekrete midis nesh. Mendoja se i besonim njëri-tjetrit në gjithçka. Kurse tani, nuk di nëse mund t'i ndreqim ndonjëherë marrëdhëniet tona. Doli një situatë tepër e ngatërruar. U krijuan shumë shkaqe për thashetheme dhe paragjykime.

- E di,- tha Xheni.

- Më kupto, nuk kam ndërmend të nxitohem. Sipas meje, gjithçka mund të mbetet pak a shumë siç ishte kohët e fundit, por dua që t'i shohësh gjërat qartë.

Xheni psherëtiu thellë.

-E di, Lester, e di.

Duke u kthyer nga dritarja, ai vështroi në oborr, te pemët e pështjellë nga muzgu. Mendimi për të ardhmen, e tmerronte - ai e pëlqente ngrohtësinë e shtëpisë. Mos vallë duhej t'i thoshte natën e mirë dhe të shkonte në klub?

- Eja të hamë darkë,- i tha më në fund ftohtë, duke u kthyer prej dritares; por thellë në shpirt nuk i mbante mëri. Thjesht ishte turp, se sa keq ishte ndërtuar jeta.

Ai çapiti drejt dhomës së pritjes, kurse Xheni vajti të përgatiste diçka. Mendonte për Vestën, për mosmirënjohjen e saj ndaj Lesterit, për vendimin e tij përfundimtar që të mos martohej me të. Me budallallëkun që bëri, e prishi vetë ëndrrën e saj të vyer.

Ajo shtroi tryezën, ndezi qirinjtë në shandanët e bukur prej argjendi, përgatiti ëmbëlsirën që pëlqente Lesteri, vuri të skuqej mishin e qengjit dhe shpëlau sallatën. Vitin e fundit, Xheni e pati përvetësuar me zell librin e gatimeve, kurse më parë, pati mësuar mjaft gjëra nga e ëma. Dhe gjatë gjithë kohës nuk pushoi së menduari se si do t'i shkonte tashmë filli i jetës. Herët a vonë, Lesteri do ta braktiste, kjo ishte e qartë. Do të largohej prej saj e do të martohej me një tjetër.

- Po edhe,- mendoi më në fund,- tani për tani nuk më ka lënë, gjene mirë. Dhe Vesta do të jetë me mua. Ajo psherëtiu dhe solli darkën në dhomën e pritjes. Ah, sikur ta mbante edhe Lesterin, edhe Vestën... por nga kjo shpresë i kishte larë duart përgjithmonë.

Kapitulli 31

Pas kësaj stuhie, në shtëpi përkohësisht mbretëroi paqja dhe qetësia. Të nesërmen, Xheni solli Vestën. Gëzimi që u mblodh me të bijën i eklipsoi të gjitha shqetësimet dhe hidhërimet. -Tani mund të jem për të një nënë e vërtetë,- mendoi dhe disa herë gjatë ditës e kapte veten tek këndonte një melodi të gëzueshme. Në fillim, Lesteri vinte në shtëpi më të rrallë. Përpiqej ta bindte veten se duhej të përgatitej gradualisht për ndryshimin që pati menduar në jetën e tyre - largimin nga Xheni. Nuk i vinte mirë nga prania e fëmijës në shtëpi dhe sidomos, të kësaj fëmije. Për ca kohe e detyroi veten me këmbëngulje të mos dukej andej nga ana Veriore, por pastaj nisi të vijë më shpesh. Pavarësisht nga gjithë sa ndodhi, këtu qe qetësi, s'kishte zhurmë, vetëm këtu e ndiente veten mirë.

Xheni s'e kishte të lehtë ta përmbante vajzën çapkëne, të shkathët e plot energji, që të mos e pengonte Lusterin e qetë dhe të përmbajtur, kur merrej me punët e tij. Kur, për herë të parë, ai e paralajmëroi me telefon se do të vinte, Xheni i foli me rreptësi të bijës. I tha se do të vinte një xhaxh zemërak që s'i donte hiç fëmijët e vegjël dhe se nuk bënte ta mërziste.

- Bëhu vajzë e zgjuar,- e porositi ajo. Mos fol dhe mos kërko asgjë. Dhe kryesorja, mos u zgjat përmes tryezës.

Vesta i premtoi solemnisht t'i bindej, por mendja e saj fëminore nuk i kuptoi të gjitha këto paralajmërime.

Lesteri erdhi në orën shtatë. Xheni, duke u përpjekur ta vishte sa më bukur Vestën, hyri edhe vetë për disa çaste në dhomën e saj, që të ndërrohej. Vesta duhej ta priste në kuzhinë. Por ajo rrëshqiti avash fill pas s'ëmës dhe ndaloi te pragu i dhomës së pritjes, ku e pa Lesteri, që ndërsa vari në korridor pallton dhe kapelën, u drejtua për në dhomë. Vajza qe magjepsëse, këtë e pranoi sapo e pa. I kishin veshur një fustan të bardhë pambuku me toptha kaltëroshë, me jakë të gjerë e mansheta, çorapë dhe këpucë të bardha. Krelat e verdha çapkëne i rrethonin fytyrën - sytë e kaltër, buzët e trëndafilta, faqëzat e kuqe. Lesteri, i habitur deshi t'i thoshte diçka, por u step. Vesta u largua e ndrojtur.

- Vajza qenka shumë e bukur,- tha Lesteri, kur Xheni erdhi tek ai. E ke vështirë të merresh me të?

- Jo shumë,- iu përgjigj Xheni.

Ajo shkoi në dhomën e ngrënies dhe Lesteri dëgjoi këtë bisedë:

- Cili është ky? - pyeti Vesta.

- Sh-sht! Ky është xhaxhai yt, Lesteri! Po unë të thashë që nuk duhet të flasësh!

- Ai është edhe xhaxhai yt?

- Jo, vogëlushe. Mos fol. Ik vrap në kuzhinë.

- Ai është vetëm xhaxhai im?

- Po. Hë, ik.

- Mirë.

Lesteri buzëqeshi padashje.

Vështirë të thuash se si do të kishin vajtur punët nëse Vesta do të kishte qëlluar fëmijë e shëmtuar, qaramane, e mërzitshme, ose, nëse Xheni nuk do të tregohej me aq takt. Por pamja tërheqëse e vajzës dhe përpjekjet e nënës për ta shtyrë butësisht në plan të dytë, krijuan përshtypjen e pastërtisë dhe rinisë, të cilat përherë të sjellin gëzim. Lesteri e mendonte shpesh faktin se gjatë gjithë këtyre viteve, Xheni pati qenë nënë; ajo s'e kishte parë me muaj të bijën; nuk pati thënë asnjë fjalë për të, e megjithatë, dashuria e saj ndaj Vestës nuk të linte dyshim. E habitshme,- thoshte me vete Lesteri. Ajo është grua e jashtëzakonshme.

Njëherë, në mëngjes, kur po lexonte gazetën në dhomën e pritjes, dëgjoi një lloj fëshfërime. Duke u kthyer, pa me habi sytë e kaltër që e shihnin ngulazi nga dera e hapur. Dukej sikur sytë, të zënë në vendin e krimit, do të fshiheshin menjëherë; por jo, ata qëndruan trimërisht aty ku qenë. Lesteri ktheu faqen e gazetës dhe vështroi sërish. Sytë vazhdonin të shikonin. Ai e përsëriti manovrën. Sytë nuk u dorëzuan. Ai ndryshoi pozën e qëndrimit, hodhi këmbën përmbi këmbë. Kur ngriti kokën, pa se sytë qenë zhdukur.

Megjithëse kjo nuk qe veçse një ndodhi krejt e parëndësishme, këtu pati diçka zbavitëse dhe kjo gjë gjente ngaherë jehonë në shpirtin e Lesterit. Edhe tani, kur nuk qe aspak i prirur të zbriste nga lartësitë e tij të paarritshme, ai ndjeu se këta sy të padukshëm e zbavitën dhe e sollën në qejf; buzët iu përdrodhën dhe për pak sa nuk iu shndërruan në buzëqeshje. Nuk iu dha kësaj gjendjeje të re shpirtërore dhe vazhdoi të lexojë, por ky rast i parëndësishëm i mbeti në mbetje. Qe hera e parë që çapkënia e vogël e bëri vërtet t'i kushtonte vëmendje.

Njëherë tjetër, jo shumë kohë pas kësaj, kur Lesteri po rrinte duke ngrënë mëngjesin, ndërsa ndante me ngadalë një kotëletë të skuqur dhe po u hidhte një sy titujve të gazetave, qetësia e tij u ndërpre përsëri. Xheni tashmë e pati ushqyer Vestën dhe duke e lënë vetëm me lodrat gjersa të largohej Lesteri, po ziente kafenë; papritur, dera u hap dhe Vesta, sikur qe e zënë me punë, kaloi përmes dhomës së ngrënies. Lesteri ngriti kokën. Xheni u skuq dhe u çua.

- Çfarë do këtu, Vesta? - e pyeti ajo.

E bija në këtë kohë hyri në kuzhinë, mori atje furçën e vogël dhe u lëshua në rrugën e kthimit, duke shfaqur me të gjithë pamjen e saj një vendosmëri zbavitëse.

- Më duhej furça ime,- iu përgjigj ajo kumbueshëm dhe pa u shqetësuar doli nga dhoma, kurse Lesteri ndjeu se diçka i pëlqeu në guximin e saj dhe kësaj radhe nuk e përmbajti dot buzëqeshjen.

Kështu u shkri gradualisht ajo ndjenja jo miqësore e Lesterit ndaj vajzës, duke ia lënë vendin dashamirësisë dhe pas kësaj, njohjes të të gjithë të drejtave që gëzojnë qeniet e vogla njerëzore.

208

Gjatë rrjedhës se gjashtë muajve, pakënaqësia e tij u fashit thuajse fare. Jo se u pajtua me këtë atmosferë anormale ku jetonte, por në shtëpi ndihej kaq rehat dhe mirë, sa nuk i bëhej të ikte. Jetonte mjaft këndshëm. Xheni e adhuronte si perëndi. I vinin krejt sipas midesë kjo liri e plotë dhe mundësia për të takuar pa pengesë të njohurit e vjetër, gjë që harmonizohej me strehën e ngrohtë dhe përkujdesjet që e prisnin në shtëpi. Dhe vazhdimisht e shtynte, madje nisi të mendojë se ndoshta nuk duhej të ndryshonte asgjë.

Me kalimin e kohës, pa u vënë re, miqësia e tij me Vestën e vogël u forcua. Në çapkënllëqet e saj zbuloi humorin e lindur dhe priste me kureshtje dukuri të reja të kësaj natyre. Ajo qe përherë e zënë me diçka interesante dhe ndonëse Xheni e mbikëqyrte me rreptësi të pandërprerë,- një fakt që në vetvete iu duk Lesterit si një zbulim i ri,- Vesta e palodhur arrinte përherë t'ia kthente me ndonjë fjalëz zbavitëse. Kështu, njëherë, duke vënë re se si vajza po priste me mundim një copë të madhe mishi, ai i tha Xhenit se duhej t'i blinte vajzës një mjet më të përshtatshëm fëmijësh.

- E ka të vështirë t'ia dalë me atë thikë.

- Po,- iu përgjigj menjëherë Vesta. Më duhet një thikë e vogël. Se, edhe dorën, shiko sa të vogël e kam.

Dhe ajo hapi gishtërinjtë. Xheni, duke pasur frikë se mos rrëzonte gjësend, ia vuri me të shpejtë dorën në tryezë, kurse Lesteri mezi e mbante të qeshurën.

Njëherë tjetër, duke parë se si Xheni po i hidhte në filxhan Lesterit sheqer, Vesta kërkoi:

- Edhe mua, dy copë, mama.

- Jo, e dashur,- iu përgjigj Xheni. Nuk të duhet sheqer. Ti po pi qumësht.

- Po xhaxhi Lesterit i vure dy copa.

- Po, po,- i tha Xheni,- por ti je ende e vogël dhe të lutem mos fol në tryezë. Rri urtë.

- Xhaxhi Lesteri ha shumë sheqer,- vijoi përgjigja e menjëhershme dhe Lesteri, që vdiste për ëmbëlsirat, buzëqeshi vesh më vesh.

- Hë, nuk e di,- tha ai, duke denjuar për herë të parë të fliste me vajzën. Ndoshta ti i ngjan asaj dhelprës që thoshte se rrushi është i pabërë?

Vesta iu përgjigj me buzëqeshje dhe tani që akulli u thye, nisi të bisedojë pa ndrojtje me të. Kështu vazhduan dhe më në fund, Lesteri nisi të sillej ndaj vajzës si ndaj njeriut të vet, madje ishte gati t'i jepte gjithçka që i krijonte mundësi pasuria e tij, me kusht që natyrisht, të vazhdonte si edhe më parë me Xhenin dhe ashtu siç e patën vendosur, t'i ruante lidhjet me botën e tij, lidhje të cilat nuk duhej t'i harronte asnjë çast.

Kapitulli 32

Në pranverë, ndërtimi i depove dhe sallave të ekspozitës përfundoi dhe Lesteri e shpërnguli zyrën në ndërtesën e re. Gjer tani jeta e tij e punës pati rrjedhur në hotelin "Grand Pasifik" dhe në klub. Tani e ndiente se i kishte ngulur këmbët mirë në Çikago dhe se këtej e tutje i mbetej të jetonte këtu vazhdimisht. Mbi të ranë përgjegjësi seriozë - udhëheqja e personelit të zyrave të shumta dhe përfundimi i kontratave të mëdha. Mirëpo e liruan nga udhëtimet,- ato ia ngarkuan burrit të Emit, i cili vepronte sipas udhëzimeve të Robertit. Ky i fundit po çante me të gjitha forcat përpara, duke u orvatur t'i tërhiqte në anën e tij të motrat dhe tashmë kishte ndërmarrë riorganizimin e të gjithë fabrikës. Disa punonjës, që gëzonin simpatinë personale të Lesterit, i kërcënonte pushimi nga puna. Por Lesteri nuk dinte gjë për këto, kurse plaku Kejn qe i prirur t'i linte dorë krejt të lirë Robertit. Vitet bënë të tyren. Ai qe i kënaqur që puna e tij mbetej në duar të forta e të sigurta. Lesteri sikur nuk shfaqte ndonjë pakënaqësi. Me sa duket, marrëdhëniet e tij me Robertin kishin marrë për mirë.

Ka mundësi që gjithçka të shkonte po kaq mbarë edhe më tutje, nëse nuk do të ishte ajo rrethanë që, jeta private e Lesterit nuk mund të mbetej përherë e fshehtë. Qëllonte që, duke shkuar rrugës me pajtonin e hapur për te Xheni, ai binte në sytë e të njohurve apo të njerëzve mondanë. Kjo nuk e shqetësonte, se fundja beqar ishte, pra që i lirë ta kalonte kohën me kë të donte. Përse të mos supozoje që Xheni qe një grua e re, nga familje e nderuar, të cilës i vardisej? Ai nuk kishte ndërmend ta njihte me askënd dhe përherë e urdhëronte karrocierin që ta ngiste sa më shpejt, në mënyrë që askush të mos mundej t'i thërriste apo të fliste me të. Kurse për ata që takonte në teatër, sikurse e kemi thënë, Xheni ishte thjesht zonjusha Gerhardt.

Për fat të keq, shumë nga të njohurit e Lesterit kishin aftësinë e vëzhgimit. Ata s'kishin aspak ndërmend të gjykonin sjelljet e tij, por vetëm se u kujtohej që edhe vitet e kaluar, në qytete të ndryshme, e patën takuar me po këtë grua. Dukej se ai mbante me të, lidhje të paligjshme. E pastaj, ç'dilte prej kësaj? Pasuria dhe rinia të japin në shumë gjëra të drejtë. Ca fjalë, kështu e ashtu, arritën gjer te Roberti, por ai s'e quajti të nevojshme t'i diskutonte vendimet e veta me ndokënd. Mirëpo, herët a vonë, gjithçka do të dilte sheshit.

Kjo ndodhi një vit e gjysmë, pasi Lesteri dhe Xheni qenë vendosur në anën Veriore. Në vjeshtë, në një mot me lagështi, Lesterin e zuri gripi. Duke ndjerë shenjat e para të këputjes, vendosi se kjo nuk qe gjë e madhe dhe se një banjë e nxehtë dhe një dozë e mirë kinine do ta ngrinin menjëherë në këmbë. Por gripi qe më i fortë; në mëngjes, nuk mundi të çohej nga shtrati, kishte temperaturë dhe i dhembte koka shumë.

Gjatë kohëve të fundit, duke jetuar vazhdimisht me Xhenin, ai qe bërë i pakujdesshëm. Do të kishte bërë më mirë sikur të shkonte në hotel dhe ta kalonte sëmundjen në vetmi. Por i vinte mirë të rrinte në shtëpi me Xhenin. Telefonoi në zyrë dhe u dha të kuptonin se qe sëmurë dhe se për disa ditë nuk do të dukej atje; pastaj, iu dorëzua me kënaqësi përkujdesjeve të infermieres së tij.

Xheni, vetëkuptohet, ndihej e gëzuar që Lesteri rrinte me të, i sëmurë apo i shëndoshë. Ajo e bindi të thërriste mjekun e të pinte ilaçet. I jepte çaj të nxehtë me limon, i freskonte ballin dhe duart ditë e natë me kompresa të ftohtë. Dhe, kur nisi ta marrë veten, i zjeu lëng mishi të shijshëm dhe supë.

Gjatë kohës së kësaj sëmundjeje ndodhi edhe belaja e parë serioze. Motra e Lesterit, Luiza, që kishte bujtur tek disa miq në Sent-Pol dhe që e pati paralajmëruar të vëllain se donte ta shihte gjatë rrugës së kthimit, vendosi të kthehej në shtëpi më herët se ç'pati thënë. Ajo mbërriti në Çikago tamam në kohën kur ai qe sëmurë. Pasi i telefoni në zyrë, ku i thanë se do të mungonte disa ditë u interesua se si mund të lidhej me të.

- Më duket se jeton në "Grand Pasifik", - foli një sekretare e pakujdesshme. Ai është sëmurë.

Luiza u shqetësua dhe telefonoi në "Grand Pasifik", ku mori vesh se zotin Kejn s'e kishin parë tashmë disa ditë dhe se në përgjithësi, nuk qëndronte në hotel më shumë se dy-tri herë në javë. Atëherë, e intriguar nga kjo, i telefonoi klubit të tij. Tek telefoni, si për dreq, qëlloi korrier, një djalosh që sipas porosive të vetë Lesterit, pati qenë mjaft herë në shtëpinë e tij. Djali nuk e dinte se duhej ta mbante sekret adresën e Lesterit, - gjer tani, askush nuk qe interesuar për të. Kur Luiza i tha se ishte e motra dhe se donte ta shihte patjetër, djali iu përgjigj:

- Ai jeton në sheshin Shiler, shtëpia nëntëmbëdhjetë.

- Adresën e kujt po jep? - e pyeti nëpunësi i telefonit, që rastisi aty pranë.

- Të zotit Kejn.

- Nuk duhet të japësh asnjë adresë. Ti çfarë, nuk e di këtë?

Djali u turbullua dhe kërkoi të falur, por tashmë në anën tjetër e varën dorezën e telefonit.

Pas një ore, Luiza, që zbuloi e habitur se i vëllai paskësh edhe një adresë të tretë, arriti në sheshin Shiler. Duke qëndruar përpara shtëpisë dykatëshe, lexoi mbiemrin Kejn në tabelën e derës që të çonte në katin e dytë. U ngjit dhe i ra ziles. Xheni doli ta shihte dhe u habit shumë, kur pa përpara vetes një damë të veshur mirë.

- Këtu jeton zoti Kejn? - pyeti me fodullëk Luiza, duke hedhur sytë në dhomë, përmes derës së hapur. Prania e një gruaje e habiti pak, por dyshimet qenë ende të turbullta.

- Po,- iu përgjigj Xheni.

- Ai më duket, është sëmurë? Unë jam e motra. A mund të hyj?

Po ta kishte mbledhur mendjen me kohë, Xheni do të kishte

shpikur mbase ndonjë pretekst, por nuk arriti as të flasë, kur Luiza, e llastuar nga pozita e saj dhe e mësuar të sillej si i thoshte mendja, hyri brenda. Në dhomën e pritjes, që ishte ngjitur me atë të gjumit ku shtrihej Lesteri, ajo pa rrotull. Vesta, që po luante në qoshe, u ngrit dhe ia nguli sytë me kureshtje vizitore. Përmes derës së hapur të dhomës së gjumit, Luiza pa Lesterin; ai qe shtrirë në shtrat, me sytë mbyllur, i ndriçuar majtas nga rrezet e diellit që binin nga dritarja.

- Ah, ja ku qenke! - thirri Luiza, duke hyrë me të shpejtë në dhomë. Ç'ka ngjarë me ty?

- Nga tingulli i zërit të saj, Lesteri hapi sytë dhe menjëherë e kuptoi. U ngrit në bërryl, por nuk mundi të shqiptojë asnjë fjalë. Më në fund, me vështirësi arriti të thotë:

- Tungjatjeta Luiza. Nga dole ti?

-Nga Sent- Pol. Ika më shpejt se ç'pata menduar,- foli ajo shpejt dhe me zemërim, duke nuhatur diçka jo të mirë. Kurse ty, mezi të gjeta. Çfarë qenka kjo... - ajo deshi të thoshte "ekonomiste e mirë", por, duke parë rrotull, pa Xhenin, e cila fytyrëprishur dhe e pikëlluar po rregullonte diçka në dhomën e pritjes.

Lesteri, në vend të përgjigjes, u kollit.

Luiza pa me vëmendje dhomën. Syrit të saj nuk i shpëtoi atmosfera e një banese familjare, e këndshme, por që të shpinte në mendime të rrezikshme. Ajo vështroi tek i vëllai dhe lexoi në sytë e tij një shprehje të çuditshme, tamam sikur ai ishte merakosur pak, por në të njëjtën kohë, dukej i qetë dhe gati për luftë.

- Kot erdhe këtu,- i tha Lesteri, pa i dhënë kohë Luizës të bënte pyetjet, të cilat po i vërtiteshin tashmë në majë të gjuhës.

- Përse kot? - thirri ajo, e zemëruar nga toni i tij i hapur. Je apo nuk je im vëlla. Në qoftëse je, mund të vij tek ty ku të jesh. Si të duket kjo? Kurse ti më thua të tilla gjëra?

214

- Dëgjo Luiza,- vazhdoi Lesteri, duke u ngritur më lart mbi bërryl. Ti s'je e vogël. Nuk ka kuptim të grindemi bashkë. Unë nuk e dija se do të vije, ndryshe do të merrja masat e duhura.

- Masat e duhura! - e përqeshi ajo me inat. Hë, ta pret mendja! S'kishe si të silleshe ndryshe!

Ajo ndjeu se ra në kurth dhe u tërbua për këtë me Lesterin.

Kurse Lesteri, madje u skuq nga zemërimi.

- Kot e mban hundën përpjetë,- i tha me vendosmëri. Nuk kam asgjë për të të kërkuar ndjesë. Thashë se do të merrja masat e duhura, por kjo s'do të thotë në asnjë mënyrë se do të të kërkoj të falur. Nëse nuk do të flasësh me mirësjellje, është puna jote.

- Shiko, Lester, e di! - bërtiti ajo. Këtë s'e prisja nga ty. Mendova se do të turpëroheshe që jeton haptazi me... -asaj iu muar goja, pa vendosur të shqiptonte fjalën e tmerrshme,- kur në Çikago kemi tërë ata të njohur. Kjo është e tmerrshme! Mendoja se do të kishte mbetur ende një pikë respekti dhe nderimi ndaj opinionit të...

- Në djall respekti! - shpërtheu Lesteri. Kuptoje më në fund, që s'kam përse të të kërkoj ndjesë. Nëse nuk të pëlqen këtu, ti e di mirë se ç'të bësh.

- O Zot! - thirri ajo. Këtë ma thotë im vëlla! Dhe e gjitha kjo për shkak të kësaj kreatore! I kujt është kjo fëmijë? - pyeti papritur me tërbim, por kureshtare.

- Qetësohu, nuk është e imja. Megjithatë, edhe sikur të qe, ç'të hyn në punë ty? Të lutem, mos ndërhy në jetën time.

Xheni i dëgjoi të gjitha, duke përfshirë edhe vërejtjen fyese në adresë të saj dhe zemra i shtrëngoi nga dhimbja.

- Rri i qetë, nuk do të ndërhyj më në jetën tënde,- ziente Luiza. Po të them se këtë mund ta prisja nga kushdo, veç jo nga ty. Dhe për më tepër, me një grua që është ku e ku më poshtë se ty! Në fillim kujtova se ishte...- Luiza deshi përsëri të thoshte - ekonomistja jote,- por Lesteri, duke mos e përmbajtur tërbimin, e ndërpreu vrazhdë:

- As që më bëhet vonë se ç'kujtove ti për të. Ajo është më e mirë se shumë nga ato që e pandehin veten si qenie të larta. Të njoh unë ty, se ç'mendon. Të gjitha ato janë gjepura. Unë sillem si të më teket dhe as që më hyjnë në punë kritikat e tua. Kujdesem vetë për veten time dhe s'të kam kërkuar ndihmë ty.

- Dhe as që do të të ndihmoj, të jesh i sigurt,- ia ktheu ajo flakë për flakë. Që familja për ty, nuk paska rëndësi, këtë e kam krejt të qartë tani. Por po të kishe qoftë edhe një pikë ndërgjegje, s'do të lejoje kurrë jot motër të gjendej në një vend të këtillë. Më vjen ndot dhe, të tjerët, kur ta marrin vesh, do të thonë të njëjtën gjë, ja, kaq kisha.

Ajo u kthye me vrull mbrapsht dhe doli jashtë, duke i hedhur një vështrim asgjësues Xhenit, e cila për fat të keq u ndodh te dera e dhomës së pritjes. Vesta nuk ishte aty. Duke pritur pak, Xheni hyri te Lesteri dhe mbylli pas vetes derën. Asaj s'i kishte mbetur gjë për t'i thënë. Lesteri, duke hedhur flokët e dendur pas ballit të lartë, u shtri në jastëk, i lodhur dhe i vrenjtur. - Duhej të ndodhte kjo - mendoi. Tani do të shkonte në shtëpi e do t'ua tregonte të gjithëve. Do ta merrte vesh i ati, e ëma, Roberti, Imoxhini, Emi, -të gjithë do ta merrnin vesh. Dhe qe e pamundur ta mohonte - Luiza kishte parë aq sa duhej. Lesteri nguli sytë i menduar në mur.

Në këtë kohë, duke u marrë me punët e shtëpisë, edhe Xheni gjithashtu, ra pas mendimeve. Kështu, ky qenkësh mendimi i një gruaje tjetër për të. Tani ishte e qartë se ç'mendonte bota. Gjer në familjen e Lesterit ajo qe po aq larg sa edhe ndaj planetëve të tjera. Për prindërit, vëllezërit dhe motrat e tij, ajo qe grua e ligë, shumë më poshtë se ai në pozitën shoqërore, shumë më poshtë nga ana morale; qe një vajzë rrugësh, një kreatorë. Kurse ajo pati shpresuar se me kalimin e kohës do ta përmirësonte emrin e saj të mirë. Ky mendim i shkaktonte më shumë dhimbje, e plagoste si me thikë. Po, qe vërtet grua e ligë dhe e ulët në sytë e Luizës, në sytë e botës, dhe kryesorja - në sytë e Lesterit. A kishte mundësi të qe ndryshe? Ajo heshti dhe s'u ankua, por dhimbja nga poshtërimi dhe turpi s'e lëshoi. Ah, sikur në ndonjë farë mënyre të justifikohej përpara mendimit të këtyre njerëzve; të jetonte ndershmërisht, të bëhej grua e rregullt. Si t'ia arrinte kësaj? Ta bënte këtë gjë, qe e domosdoshme, por si?

Kapitulli 33

Luiza, e lënduar keq në zemër për krenarinë e saj familjare, u kthye menjëherë në Cincinat, ku edhe kallëzoi për zbulimin që pati bërë, pa u kursyer në hollësira. Siç thoshte ajo, derën ia hapi -një grua krejt e rëndomtë, me pamje idioteje,- e cila, kur dëgjoi se cila qe, nuk e ftoi as të hynte, por ngriu në vend - me një pamje fajtoreje në fytyrë, sa s'kishte ku të vinte më. Lesteri, që u soll në mënyrë të papërgjegjshme, i tha asaj krejt të vërtetën. Kur e pyeti, se i kujt qe fëmija që jetonte me ta, ai nuk deshi t'i përgjigjej.

- Nuk është i imi - ja gjithçka që mund t'i thoshte.
- Ah, o Zot, o Zoti im! - psherëtiu zonja Kejn, që e dëgjoi e para këtë lajm. Im bir, Lesteri im! Si mund ta bëjë këtë?
- Dhe ajo krijesa e ndyrë! - nuk pushoi së thirruri Luiza, sikur deshi t'i jepte më shumë forcë fjalëve, duke i përsëritur pafundësisht. Unë i shkova atje, thjesht ngaqë desha ta ndihmoj,- vazhdoi. Më thanë se ishte i sëmurë, mendova se ndoshta qe shumë rëndë. A më shkonte mendja vallë, se...?
- Lesteri i gjorë! - thirri e ëma. Veç ta mendosh, që paska arritur gjer këtu!

Zonja Kejn u përpoq ta zbërthente detyrën e rëndë, por, duke mos e ditur se nga t'ia niste, thërriti me telefon të shoqin, i cili erdhi nga fabrika dhe e dëgjoi tregimin me fytyrën e ngrirë dhe i heshtur. Domethënë, kështu, Lesteri jetuaka haptas me një grua, për të cilën nuk patën dëgjuar gjer tani. Si t'ia bënin? Autoriteti i prindërve nuk pi ujë këtu. Lesteri ishte vetë tip autoritar, me natyrë të fortë dhe qortimeve do t'u përgjigjej më shpërfillje e mbase do t'u kundërshtonte. Nëse do të përpiqej të ndikonte mbi ta, duhej futur në punë diplomacia.

Arcibald Kejni u kthye në fabrikë i mërzitur dhe i zemëruar, me vendimin e prerë që të ndërmerrte diçka. Në darkë, bisedoi me Robertin, i cili pranoi se tek ai patën arritur ca fjalë të shqetësuara, por kishte preferuar të heshte.

Zonja Kejn dha mendimin - a nuk nisej vallë Roberti në Çikago dhe të fliste me Lesterin.

- Ai nuk mund të mos e kuptojë se me këtë sjellje i bën një dëm të pandreqshëm vetes,- tha plaku Kejn. Gjëra të tilla, asnjërit s'i shkojnë pa u dënuar. Ai, ose duhet të martohet me atë grua, ose të shkëputet prej saj.

Kështu i thuaj nga unë.

- Drejt e ke për të gjithë,- e mbështeti Roberti,- por kush ia mbush mendjen atij. Për vete, të them të drejtën s'kam qejf të merrem me këtë.

- Unë s'i humbas shpresat,- tha plaku. Ti shko provoje njëherë. Këtu s'ka gjë të keqe. Ndoshta ia kthen mendjen.

- Si zor,- e kundërshtoi Roberti. Ai është kokëfortë i madh. Nuk shoh ndonjë dobi të veçantë nga kjo gjë. Por, gjersa ma kërkon ti, natyrisht, do të shkoj. Edhe mamaja këtë kërkon.

- Po, po,- tha më në fund plaku, i shpërqendruar,- megjithatë, ti nisu.

Dhe Roberti u nis për në Çikago. Pa shpresuar në suksesin e kësaj nisme, prapëseprapë, ndjeu një lloj kënaqësie, që nderi dhe drejtësia qenë tërësisht në anën e tij.

Pasi arriti në Çikago, mëngjesin e tretë pas vizitës së Luizës, Roberti telefonoi në depo, por Lesteri nuk gjendej atje. Atëherë i telefoni në shtëpi dhe me delikatesë, i propozoi të takoheshin gjëkund. Lesteri s'e pati, marrë ende veten mirë, por vendosi të kthehej në zyrë. E përshëndeti Robertin me gjallërinë e zakonshme dhe për një farë kohe folën për punën. Pastaj ra heshtja e ndrojtur.

Roberti e nisi larg e larg.

- Ti, me siguri, e di përse kam ardhur këtu?

- E marr me mend,- iu përgjigj Lesteri.

219

- Në shtëpi janë shqetësuar të gjithë, ku morën vesh sëmundjen tënde. Ti, a u shërove krejtësisht?

- Më duket se po.

- Luiza tha se të gjeti në një lloj mjedisi si punë shtëpie. Ti, natyrisht, nuk je martuar?

- Jo.

- Ajo gruaja që pa Luiza, është thjesht... -Roberti ngriti dorën në mënyrë shprehëse në ajër.

Lesteri pohoi me kokë.

- Nuk kam dëshirë të të pyes, Lester. Nuk erdha për këtë. Por tanët më kërkuan thjesht të të takoj. Mamaja ishte aq e dëshpëruar, sa u detyrova ta bëja, qoftë edhe falë saj...

Ai heshti dhe Lesteri, i prekur nga kjo vërejtje kaq e respektuar dhe e drejtë, ndjeu se, po të kundërshtonte prerazi për t'i shpjeguar diçka, do të ishte thjesht e pasjellshme.

- Vështirë se jam në gjendje të të them ndonjë gjë ngushëlluese,- nisi ai me ngadalë. Personalisht, s'kam ç'të të them. Kjo grua ekziston dhe jetoj me të, kurse tanëve kjo s'u pëlqen. Dhe ndoshta, më e keqja është se këtë e morët vesh nga një rastësi e kotë.

Ai heshti, duke ia lënë Robertit ta mendonte me gjykimin e vet të shëndoshë. Lesteri, siç shihej, sillej qetësisht ndaj situatës së tij. Edhe fjalët i tingëlluan si gjithnjë, të mençura dhe bindëse.

- Ti s'ke ndërmend të martohesh me të? - e pyeti Roberti.

- Tani për tani, jo,- iu përgjigj gjakftohtë Lesteri.

Për ndonjë minutë ata panë njëri-tjetrin në heshtje, pastaj, Roberti e ktheu vështrimin nga qyteti që shtrihej pas dritares.

- Me siguri, nuk ka kuptim të të pyes, nëse e do atë,- mori ai guximin ta pyesë.

- Nuk e di vërtet, se si do të nisja dhe t'i diskutoja me ty këto ndjenja jo tokësore,- iu përgjigj i zymtë Lesteri. Për këtë nuk më jepet. Di vetëm se kjo grua më përshtatet plotësisht. Roberti heshti përsëri.

- Si të të them,- foli më në fund,- fjala është për të mirën tënde dhe për qetësinë e familjes. Le të themi se morali nuk hyn fare këtu, sidoqoftë, nuk jemi ti dhe unë që mund ta diskutojmë këtë aspekt të çështjes. Ndjenjat e tua të përkasin vetëm ty. Por çështja e të ardhmes tënde, siç e gjykoj unë, është mjaft serioze që ta diskutojmë. Gjithashtu, duhet të mendojmë edhe për ruajtjen e emrit të mirë dhe dinjitetit të familjes. Babai e çmon nderin e familjes më shumë se mjaft njerëz të tjerë. Ti këtë, kuptohet, e di po aq mirë sa unë.

- E di se si e sheh babai këtë,- iu përgjigj Lesteri. Gjithçka e kam të qartë po aq sa çdonjëri prej jush, por tani për tani nuk mund të të premtoj asgjë. Marrëdhënie të tilla nuk krijohen brenda një dite dhe t'i ndërpresësh njëherazi është e pamundur. Kjo grua ekziston. Pjesërisht për këtë, jam vetë fajtor. Nuk dua të hyj në hollësira. Në çështje të tilla, për një vëzhgues të jashtëm, ka përherë paqartësi të fshehta.

- Natyrisht, nuk kam as idenë më të vogël mbi marrëdhëniet e juaja,- tha Roberti,- dhe s'kam ndërmend të të pyes, por vallë, a nuk të duket që s'po sillesh krejt ndershmërisht... nëse vërtet, ke menduar të martohesh me të? - shtoi ai, që të sundonte truallin. Përgjigja e të vëllai e merakosi.

- Ka mundësi që të shkoja edhe gjer aty,- ia ktheu Lesteri,- nëse do të shihja ndonjë dobi prej kësaj. Më kryesorja është se kjo grua ekziston dhe e gjithë familja e di këtë. Nëse ka njeri që duhet të bëjë diçka, ky njeri jam vetëm unë. Në vend meje, s'ka njeri që të veprojë.

Lesteri heshti kurse Roberti u ngrit dhe nisi të ecë lart e poshtë dhomës. Pastaj erdhi përsëri tek i vëllai dhe i foli.

- Ti thua se nuk ke ndërmend të martohesh me të, ose, më saktë, që s'ke arritur ende gjer aty. Nuk të këshilloj Lester. Mua më duket se do të bëje një gabim fatal. Nuk dua të të mësoj, por mendoj vetë se çfarë e kërcënon njeriun në pozitën tënde; ti s'ke të drejtë të rrezikosh. Pa folur tashmë për familjen, ti rrezikon shumë gjëra me këtë. Thjesht, po shkatërron jetën tënde...

Ai heshti, duke zgjatur përpara dorën e djathë - gjesti i tij i zakonshëm, kur e merrte diçka fare pranë zemrës,- dhe Lesteri ndjeu sinqeritetin e thjeshtë në fjalët e tij. Roberti nuk po fliste tani në rolin e gjykatësit. Ai po i bënte thirrje mendjes së tij dhe kjo e ndryshonte shumë punën.

Mirëpo Lesteri nuk iu përgjigj kësaj thirrjeje dhe Roberti provoi të prekte një tel tjetër. I kujtoi Lesterit se sa e donte babai, se si shpresonte që Lesteri të martohej në Cincinat me ndonjë vajzë të pasur, fundja, le të mos ishte katolike nëse si donte, por sidoqoftë, të qe vajzë e rrethit të tyre. Edhe zonja Kejn e përkundte përherë këtë dëshirë,- po ç'të thoshte, Lesteri e dinte vetë po aq mirë.

- Po, e di se si e shohin këtë punë,- e ndërpreu Lesteri,- por me gjithë mend, nuk di se si mund ta ndryshoj këtë gjë tani.

- Mos do të thuash se tani për tani, s'e quan të arsyeshme të ndahesh prej saj?

- Desha të them se nga ana e saj kam hasur një qëndrim të veçantë dhe si njeri i rregullt, jam i detyruar të bëj për të gjithçka të mundur. Se çfarë pikërisht, nuk e di.

- Mendon se je i detyruar të jetosh me të? - e pyeti ftohtë Roberti.

- Sidoqoftë, të mos e hedh në rrugë, kur u mësua tashmë të jetojë me mua, - iu përgjigj Lesteri.

Roberti u lëshua përsëri në kolltuk tamam sikur ta pranonte që thirrja e tij mbeti pa përgjigje.

- Vallë, ndërlikimet në familje, nuk mjaftojnë si shkak që të bisedosh miqësisht me të dhe ta lësh?

- Jo përpara se ta mendoj këtë punë siç duhet.

- Dhe nuk më premton që t'i japësh fund kësaj, në një kohë të afërme, kështu që, kur të kthehem, t'i qetësoj qoftë edhe pak prindërit?

- Do t'ua lehtësoja me gjithë qejf hidhërimin, por e vërteta mbetet kjo që është dhe në këtë bisedë që po bëjmë, s'e quaj të nevojshme të merrem me dredhia. Siç thashë, gjëra të tilla nuk diskutohen - do të ishte e palejueshme, si në lidhje me mua, ashtu edhe me atë grua. Në këto raste, nganjëherë, edhe palët e interesuara nuk dinë qysh t'ia bëjnë, pa le pastaj, palët e huaja. Do të më dukej vetja thjesht ndyrësirë, nëse do të të jepja fjalën se do të ndërmarr diçka të përcaktuar.

Roberti nisi përsëri të ecë nëpër dhomë.

- Kështu, ti mendon se tani për tani nuk duhet të ndërmarrësh asgjë?

-Tani për tani, asgjë.

- Epo atëherë, mbase më duhet të iki. Më duket se nuk kemi më çfarë të diskutojmë.

- Ndoshta do të hash mëngjesin me mua? Tani jam i lirë, shkojmë në hotelin tim.

- Jo, faleminderit,- tha Roberti. Ka mundësi të kap trenin e tanishëm për në Cincinat. Sidoqoftë, po e provoj njëherë. Ata qëndronin përballë njëri-tjetrit; Lester, i zbehtë dhe disi i acaruar, Roberti, i zeshkët, me trupin drejt, i tendosur, me mendjen e mbledhur dhe shihej qartë se si vitet i patën ndryshuar, edhe atë, edhe tjetrin. Roberti, tërë jetën pati vepruar thjesht e me vendosmëri, kurse Lesterin ngaherë e mundonin dyshimet. Tek Roberti qe mishëruar energjia dhe ndjenja luftarake e afaristit, tek Lesteri - mendjemadhësia e njeriut të pasur dhe ca koncepte skeptike për jetën. Së bashku, ato paraqisnin një tablo të shquar, pavarësisht se çfarë mendimesh u zienin tani në vetëdijen e tyre.

- Ja kështu,- tha i vëllai më i madh pas një heshtjeje,- s'kam ç'të shtoj më. Shpresoja se do të dija të të bindja për pikëpamjen tonë, por natyrisht, ti ngul këmbë tek e jotja. Gjersa nuk e kupton vetë këtë gjë, unë nuk ta mbush dot mendjen. Të them vetëm një gjë - sipas meje ti po sillesh në mënyrë jo të arsyeshme.

Lesteri e dëgjonte i heshtur dhe fytyra i shprehte një vendosmëri kokëfortë.

Roberti mori kapelën dhe ata u drejtuan bashkë drejt derës.

- Do të përpiqem që këtë punë t'ua paraqis atyre, me ngjyra sa më të çelëta,- tha Roberti dhe doli.

Kapitulli 34

Në botën që njohim, jeta e të gjithë përfaqësuesve të mbretërisë shtazore, rrjedh në një sferë apo mjedis të përcaktuar, njëlloj sikur jashtë saj, ata s'do të mund të ekzistonin në këtë planet, i cili, për shkak të një ligji të pandryshueshëm, vërtitet rreth diellit. Kështu, peshku ngordh kur e braktis botën ujore, kurse zogu e paguan shtrenjtë orvatjen për të hyrë në zotërimet që i janë paracaktuar peshkut. Të gjitha krijesat e gjalla, që nga mola që bren lulet dhe gjer te gjigantët e pyjeve tropikalë apo të thellësive nënujore - dëshmojnë për faktin se natyra ua ka kufizuar aktivitetin brenda një mjedisi të përcaktuar dhe neve s'na mbetet gjë tjetër, veçse të vërejmë se ç'pasoja të pakëndshme dhe fatale i presin të gjitha llojet e përpjekjeve që bëjnë ato, për t'u shkëputur prej atij mjedisi.

Mirëpo, teoria e sferës së kufizuar nuk përputhet edhe aq saktë, kur vjen fjala te marrëdhëniet njerëzore. Ligjet që udhëheqin jetën shoqërore nuk janë zbërthyer ende gjer në fund dhe japin shkas për përgjithësime. E megjithatë, mendimet, kërkesat dhe paragjykimet e shoqërisë, në llojin e tyre, shërbejnë po ashtu si një lloj kufizimi plotësisht real, ndonëse e paperceptueshme. Kur burri ose gruaja mëkaton - me fjalë të tjera, kur i kapërcen kufijtë e sjelljeve të një rrethi shoqëror të dhënë,- hakmarrja që është përcaktuar për të, nuk është e tillë si ajo që goditi zogun, të cilit i qe tekur të jetonte nën ujë, apo kafshën e egër që hyn në vendbanimet e njerëzve. Ata nuk i pret vdekja e pashmangshme. Njerëzit vetëm se ngrenë vetullat të habitur apo zgërdhihen në mënyrë therëse, ose përthyejnë duart të shqetësuar. E megjithatë, sfera e jetës shoqërore, për secilin prej tyre, është skicuar aq qartë, sa që çdo njeri që përpiqet ta braktisë atë, e pëson. Njeriu i lindur dhe i edukuar në këtë apo atë sferë, është i papërshtatshëm të jetojë jashtë saj. Ai ngjan

225

njëlloj si zogu që, i mësuar në një dendësi më të rrallë dhe as në një më të dendur.

Duke e përcjellë të vëllain, Lesteri u ul në kolltukun pranë dritares dhe vështroi në panoramën e qytetit të ri që po ngrihej me shpejtësi. Pas dritares vazhdonte jeta me aktivitetet e saj që zienin, me shpresat e pasurimit dhe kënaqësitë, kurse ai, sikur e kishte flakur një vrundull ere i beftë, mbeti përkohësisht mënjanë dhe tërë mendimet e planet se si u çoroditën. A mund të ecte në rrugët e zakonshme pa teklif, si më parë? A do të ndikonte kundërshtimi i familjes së tij në marrëdhëniet me Xhenin? Mos vallë, shtëpia e prindërve, ku më parë ndihej aq i lirshëm dhe i lumtur, iku në mënyrë të pakthyeshme në të shkuarën? Po, marrëdhëniet e thjeshta dhe miqësore të dikurshme me njerëzit e shtëpisë, tani s'mund t'i kthente më mbrapa. Dhe, a do të lexonte vallë si më parë në mendimet e të atit, miratimin dhe krenarinë? Marrëdhëniet me Robertin, me punëtorët në fabrikën e të atit - gjithçka, gjithçka që përbënte jetën e tij të dikurshme, e pësuan nga ndërhyrja fatkeqe e Luizës.

- Nuk më eci,- tha me vete dhe duke u shkëputur nga mendimet e papërcaktuara, nisi të vrasë mendjen se çfarë hapash praktike mund të ndërmerrte.

Duke u kthyer në shtëpi, i tha Xhenit:

- Dua që nesër apo pasnesër të shkojë për ca kohë në Maunt Klemens. Sikur s'e ndiej veten mirë. Atje do të shlodhem e do të marr veten.

Donte të ishte i vetëm me mendimet e tij. Në orën e caktuar, Xheni i solli valixhen dhe ai iku i përqendruar dhe i vrenjtur. Gjatë gjithë javës tjetër, mendoi gjithçka pa u nxituar dhe erdhi në përfundimin se tani për tani nuk qe e nevojshme të ndërmerrte asnjë lloj hapi të përcaktuar. Dy-tre muaj më shumë, nuk kishin rëndësi. Kishte pak të ngjarë që Roberti apo ndonjë pjesëtar tjetër i familjes të donte të takohej edhe njëherë me të. Njohjet e punës do t'i vazhdonte si edhe më parë, përderisa ato

226

kishin lidhje me lulëzimin e firmës. Masa detyruese nuk do të merrte askush ndaj tij. E megjithatë, vetëdija e prishjes së pandreqshme të familjes, e mërziti. - Punë dreqi,- mendoi,- punë dreqi. Por jetën e tij nuk e ndryshoi.

Kjo situatë e papërcaktuar zgjati tërë vitin. Për gjysmë viti, Lesteri nuk u duk në Cincinat; pastaj shkoi atje për një mbledhje të rëndësishme pune, që kërkonte praninë e tij dhe u hoq sikur s'kishte ndodhur gjësend. E ëma e puthi me ëmbëlsi, ndonëse e hidhëruar; i ati, si gjithmonë, i shtrëngoi dorën fort; Roberti, Luiza, Emi dhe Imoxhini, sikur ta kishin bërë me fjalë, nuk folën fare për temën që u interesonte. Por ndjenja e huajësisë binte qartë në sy. Pas kësaj vizite, Lesteri u përpoq me çdo kusht, që t'i shmangte udhëtimet në qytetin e lindjes.

Kapitulli 35

Në atë kohë, Xheni pësoi një traumë të ndërlikuar shpirtërore. Në fillim, nëse nuk marrim parasysh mosmarrëveshjet me njerëzit e familjes, qëndrimet e të cilëve e hidhëronin pa masë, ajo u ndesh me opinionin e botës. Tani e kishte të qartë: në sytë e kësaj bote konsiderohej e ligë. Dy herë i hapi rrugë forcës së rrethanave, kur mund të kishte luftuar kundër tyre. Ah, sikur të kishte pasur më shumë guxim! Sikur të mos e ndiqte kjo frikë e përjetshme! Sikur të mund të sillej siç i thoshte arsyeja! Lesteri nuk do të martohej kurrë me të. Atij s'i hynte në punë kjo martesë. Ajo e donte, por mund të ikte, kështu që atij do t'i vinte mirë nga ky veprim. Nëse kthehej në Klivlend, i ati me siguri do të pranonte të jetonte me të. Me këtë sjellje të drejtë, ndonëse të vonuar, do ta meritonte respektin e tij. E megjithatë, dridhej nga mendimi se do të braktiste Lesterin - sa gjëra kishte bërë ai për të! Kurse i ati… i ati, kishte mundësi që edhe të mos donte ta pranonte.

Pas vizitës fatkeqe të Luizës, Xheni nisi të mendojë që, a nuk do të bënte mirë vallë, sikur të hiqte ca para mënjanë, duke i mbledhur thërrime - thërrime prej atyre që i jepte Lesteri. Ai nuk kursehej në harxhime dhe gjer tani Xheni i dërgonte çdo javë njerëzve të saj pesëmbëdhjetë dollar,- me kaq para jetonte dikur e tërë familja, pa ndonjë ndihmë të jashtme. Njëzet dollar i prishte për të ngrënë,- Lesteri kërkonte që në tryezë të shtroheshin gjëra nga më të mirat - fruta, ëmbëlsira, mish, verë. Për apartamentin paguanin pesëdhjetë e pesë dollar në muaj, për rrobat e për gjithfarëlloj shpenzimesh të tjera shtesë, nuk kishte ndonjë shumë të përcaktuar. Lesteri i jepte pesëdhjetë dollar në javë dhe prej tyre, se pse, nuk i mbetej kurrë ndonjë gjë. Mirëpo Xheni e braktisi shpejt mendimin për të kursyer. Nëse do të ikte, më mirë të ikte duarbosh. Ndryshe, nuk do të qe mirë.

Pas dukjes së Luizës, ajo mendoi javë pas jave mbi këtë çështje, duke u përpjekur që ta mblidhte veten, në mënyrë që të thoshte apo të bënte diçka vendimtare. Lesteri sillej si ngaherë, shpirtmadh e përkëdhelës, por ajo ndiente se ai sikur priste diçka prej saj. Rinte si i hutuar dhe i menduar. Asaj i dukej se pas bisedës me Luizën, ai kishte ndryshuar pak. Sa mirë do të qe sikur ajo t'i thoshte se ndihej e pakënaqur me këtë lloj jete dhe pastaj të ikte. Por, kur u zbulua prania e Vestës, ai i dha të kuptonte qartë se nuk ia vlerësonte edhe aq shumë mendimet përderisa vendosi që fëmija e saj të përbënte një pengesë të pakapërcyeshme në martesën e tyre. Ajo i qe e nevojshme, por jo si grua e ligjshme dhe të hahej me të, qe e vështirë, ngaqë sillej si njeri autoritar. Më në fund, vendosi se do të bënte më mirë sikur t'ia shpjegonte ikjen me një letër. Atëherë, ndoshta, ai do ta falte dhe do ta harronte.

Punët e familjes Gerhardt shkonin keq si edhe më parë. Marta u martua. Pasi punoi disa vjet si mësuese, u njoh me një arkitekt të ri dhe shpejt u bënë dhëndër dhe nuse. Martës përherë i pati ardhur pakëz turp prej familjes së saj, kurse tani, që e priste jeta e re, u përpoq të kishte sa më pak lidhje me të afërmit. Vetëm sa i njoftoi shkarazi për martesën, kurse Xheni në përgjithësi, nuk i shkroi dhe në dasmë ftoi vetëm Basin dhe Xhorxhin. Gerhardti, Veronika dhe Uilliami u ofenduan. Gerhardti e përjetoi fyerjen i heshtur,- si shumë e pati fshikulluar jeta,- mirëpo Veronika u zemërua keq dhe veç priste rastin që t'ia lante së motrës. Uilliami i vari turinjtë jo për shumë kohë, ai qe joshur pas planeve të veta, studionte elektroteknikë, për të cilën një nga mësueset në shkollë i pati thënë se qe profesion tepër interesant dhe me fitim.

Xheni mësoi për martesën e së motrës shumë vonë, nga letrat e Veronikës. Ajo u gëzua për Martën, por mendoi me hidhërim se të vëllezërit dhe të motrat po largoheshin përherë e më tepër prej saj.

Pas një fare kohe Veronika dhe Uilliami vajtën të jetojnë te Xhorxhi. Kjo ndodhi për fajin e vetë Gerhardtit. Pas vdekjes të së shoqes dhe largimit të fëmijëve të mëdhenj, ai ra në një pikëllim të thellë dhe nganjëherë, për orë të tëra nuk dëgjoje prej tij asnjë fjalë. E ndiente se jeta po i mbaronte, ndonëse nuk qe veçse gjashtëdhjetë e pesë vjeç. Ëndrrat mbi mbarësinë botërore, të cilat i ngrohnin shpirtin një herë e qëmoti, u shkërmoqën si pluhuri. Sebastiani, Marta dhe Xhorxhi u bënë të pavarur dhe nuk sillnin asnjë qindarkë në shtëpi, për ta ai nuk qe asgjë. Ndihmonte vetëm Xheni, nga e cila, në fakt, s'duhej të pranonte asnjë dollar. Veronika dhe Uilliami ngritën krye. Nuk donin ta linin shkollën e të shkonin të punonin, me sa duket, preferonin të jetonin me paratë e nxjerra,- siç e pati thënë prej kohësh Gerhardti,- në rrugë të pandershme. Ai thuajse nuk dyshonte mbi natyrën e marrëdhënieve të vërteta të Xhenit me Lesterin. Në fillim besoi se qenë të martuar, por, duke parë se si Lesteri për muaj të tërë nuk kujtohej për Xhenin, duke sjellë në mend se me sa përulësi vraponte ajo tek ai me thirrjen e parë dhe sa frikë kishte t'i kallëzonte për Vestën,- u bind gradualisht për të kundërtën. Ai madje nuk pati qenë i pranishëm as në dasmën e tyre dhe s'ia kishte parë së bijës çertifikatën e martesës. Natyrisht, mbase qe martuar kur u largua nga Klivlendi, por Gerhardti as këtë nuk e besonte.

Tashmë qe bërë i zymtë dhe gërnjar sa nuk durohej dhe fëmijëve iu bë përherë e më e vështirë të jetonin me të. Veronika dhe Uilliami shfaqnin teka dhe varnin hundët. Atyre s'u pëlqente që pasi Marta u martua dhe iku, shpenzimet e shtëpisë i mori në duar babai. Ai turfullonte që fëmijët harxhonin kaq shumë për rrobat dhe zbavitjet, këmbëngulte se qe e domosdoshme të shkonin më ndonjë shtëpi tjetër më të vogël, kurse nga paratë që u dërgonte Xheni, hiqte vazhdimisht një pjesë, për ca qëllime që ata s'i dinin. Në fakt, Gerhardt u mblidhte paratë ngaqë besonte se me kohë do t'i shlyente Xhenit gjithçka që pati marrë prej saj.

Mendonte se, të jetoje me këto para, bije në mëkat, por rroga e tij e mjerë, natyrisht nuk mjaftonte që t'i lante hesapet. Atë e gërryente mendimi që fëmijët e tjerë s'e ndihmonin fare, kështu që tani, në vitet e pleqërisë, të mos qe i detyruar t'i shtrinte dorën për lëmoshë të bijës, e cila, pavarësisht nga vlerat e tjera që kishte, por megjithatë, bënte një jetë mëkatare. Dhe kështu, grindjet familjare nuk reshtnin.

Në fund të dimrit, Xhorxhi i shoshiti ankesat e të vëllait dhe së motrës dhe pranoi t'i merrte në shtëpi, por me kusht që të punonin. Gerhardti në fillim u hutua, por pastaj u tha të merrnin mobiliet e të iknin ku të donin. Një shpirtmadhësi e tillë nga ana e tij i turpëroi mjaft dhe madje, duke iu marrë goja, i thanë se po të donte mund të jetonte bashkë me ta, por Gerhardti ua preu shkurt. Do të shkonte në fabrikën ku punonte roje dhe do t'i kërkonte leje mjeshtrit që të flinte në ndonjë kthinë depoje. Në fabrikë e donin, i besonin. Përveç kësaj, kjo do të qe më ekonomike.

Kështu veproi i nxehur. Dhe netëve të gjata dimërore mund ta shikoje plakun e vetmuar që bënte roje në rrugën e boshatisur, larg lagjeve të banuara e plot gjallëri. Atij i shpinin qymyr në kthinën e depos që ndodhej anash fabrikës, larg rrëmujës dhe zhurmës së saj. Këtu flinte ditën, pas punës. Përpara se të ngrysej, dilte shëtitje ose në qendër të qytetit, ose bregut të Kihogit, ose nga liqeni. Bariste i heshtur, me duart pas shpine, duke përkulur i menduar tokën. Nganjëherë fliste me vete; gjendja e dërmuar shpirtërore i shpërthente në të rrallë me fjalët e hidhura: -Veç ta mendosh!- ose -Ptu, mallkim!. Me rënien e errësirës zinte vendin në hyrje të fabrikës. Hante në mensën e punëtorëve që ishte afër, ngaqë e konsideronte si vendin më të përshtatshëm për veten e tij.

Meditimet e gjermanit plak zakonisht qenë abstrakte ose të një natyre tepër të zymtë. E ç'është jeta? Sa mundime, sa halle e hidhërime dhe në fund të fundit - ç'mbetet prej saj? Dhe, ç'u bënë ata që humbën e vanë? Njerëzit vdesin dhe më nuk takohen me të gjallët. Merr qoftë edhe të shoqen. Ajo vdiq, po ku përfundoi vallë shpirti i saj?

Por Gerhardti mbahej ende fort pas dogmave të rrënjosura që prej fëmijërisë. Besonte se ka ferr dhe se mëkatarët pas vdekjes bien atje. Hë, po zonja Gerhardt? Po Xheni? Sipas mendjes së tij të dyja qenë fajtore për mëkate të rënda. Ai besonte edhe se të drejtët i priste lumturia e parajsës. Po, ku janë këta të drejtë? Zonja Gerhardt e kishte pasur zemrën flori. Xheni,- qe vetë shpirtmadhësia. Po i biri, Sebastiani? Djalë i mirë ishte, po zemrën e kishte shterpë, kurse sa për dashuri birnore, as që bëhej fjalë. Marta qe ambicioze, mendonte veç për vete. Dilte se të gjithë fëmijët, veç Xhenit, qenë egoistë. Basi, qëkurse u martua, as gishtin nuk lëvizte më për familjen. Marta thoshte se gjoja rroga mezi i dilte për vete. Xhorxhi, në fillim, i ndihmoi nga pak, por pastaj e la fare. Veronika dhe Uilliami jetonin pa kokëçarje me paratë e Xhenit, për aq kohë sa e lejoi ai këtë, ndonëse e dinin se po silleshin keq. Dhe kjo jeta e tanishme e atij vetë, Gerhardtit, a nuk dëshmonte vallë për egoizmin e fëmijëve? Se, edhe takat nuk kishte tani si më parë. Ai tundi kokën i dërmuar. Jetë pa kuptim dhe u bitis. Gjithçka është e pazbërthyeshme në këtë jetë, e fshehtë, e paqëndrueshme. E megjithatë, me asnjërin prej fëmijëve nuk donte të jetonte. Ata nuk qenë të denjë për të, të gjithë, përveç Xhenit, por Xheni bënte jetë mëkatareje. Ja, kështu vajtonte hidhërimet e tij, plaku Gerhardt.

Xheni nuk i mori vesh menjëherë të gjitha këto ngjarje të pikëlluara. Më parë ia drejtonte letrat Martës, pastaj, kur e motra u martua, nisi t'i shkruajë direkt të atit. Pas largimit të më të vegjëlve, Gerhardti i shkroi të mos dërgonte më para: Veronika dhe Uilliami do të jetonin te Xhorxhi; ai vetë kishte një punë të mirë në fabrikë dhe po atje, tani për tani, edhe flinte. I ktheu Xhenit ato që pati mundur të heqë mënjanë, njëqind e pesëdhjetë dollar, duke i shpjeguar se këto para nuk i duheshin më. Xheni nuk kuptoi asgjë, por, duke ia njohur kokëfortësinë, vendosi të mos grindej me të, për më tepër që vëllezërit dhe motrat po heshtnin. Mirëpo, me kohë, nisi ta përfytyrojë më qartë se ç'kishte ngjarë në shtëpi dhe u shqetësua pa masë. Donte të shkonte tek i ati, por pa u shkëputur nga Lesteri, pavarësisht se si do të ndërlikoheshin punët. A do të pranonte vallë Gerhardti të jetonte me të? Tani, vetëkuptohet, që jo. Nëse ajo do të martohej, ndoshta mundej; nëse do të mbetej fillikat, atëherë pothuajse me siguri. Por, nëse ajo nuk do të siguronte një rrogë të mirë, do ta kishin të vështirë. Gjithçka vërtitej në një pikë: Si t'ia bënte? E megjithatë, e vendosi. Do të gjente ndonjë punë me pesë-gjashtë dollarë në javë dhe do ta shtynin. Kurse, për ditët e para, do të përdornin këto njëqind e pesëdhjetë dollarët, që pati kursyer i ati.

Kapitulli 36

Në planet e Xhenit kishte veç një të metë - që nuk e pati marrë edhe aq parasysh qëndrimin e Lesterit. Ai padyshim e çmonte, megjithëse nuk shkëputej dot nga rrethi i mbyllur dhe paragjykimet e asaj bote ku qe edukuar. Mirëpo, edhe sikur të mos e donte, aq sa t'i kundërvihej opinionit të botës dhe të vinte kurorë me të, thjesht për faktin se gjeti një grua sipas zemrës - megjithatë, ajo zinte vend shumë të madh në jetën e tij, kështu që tani për tani, nuk kishte aspak ndërmend t'i shkëpuste krejtësisht lidhjet me të.

Lesteri tashmë, ishte në atë moshë, kur njëherë të të fiksohen pikëpamjet mbi gratë dhe ato s'i ndryshon dot kollaj. Gjer tani, asnjë grua e rrethit të tij s'i pati pëlqyer aq sa Xheni. Tek ajo gjente ëmbëlsinë, butësinë femërore dhe një mendje të kthjellët; ajo parapriste çdo dëshirë të tij; artin e të mbajturit në shoqëri ia pati mësuar vetë, kështu që tani mund të paraqitej me të ku të donte. E gjitha kjo qe e këndshme dhe shlodhëse,- e ç'i mbetej të donte më?

Por, pavarësisht nga këto, shqetësimi i Xhenit rritej dita ditës. Duke u përpjekur t'i hidhte mendimet në letër, nisi dhe grisi disa letra, gjersa më në fund, siç iu duk, arriti t'i shprehë pjesërisht ato ato ç'ka ndiente. Letra doli e gjatë, ajo s'kishte shkruar kurrë një të tillë.

Lester, i dashur, kur ta marrësh këtë letër, nuk do të jem këtu dhe të lutem, mos mendo keq për mua, pa e lexuar gjer në fund. Po largohem e po marr me vete Vestën. Mendoj se kështu është më mirë. Vërtet Lester, kështu duhet. Kur ti u duke në jetën time, ne ishim shumë të varfër dhe situate ime qe e tillë, sa që mendoja se asnjë burrë i mirë nuk do të donte të martohej me mua. Por ti më the se më doje dhe m'i more mendtë krejt, kështu që, edhe unë të dashurova, pa e kuptuar as vetë se si.

Se, të thashë atëherë, që nuk doja të sillesha keq dhe se nuk bëja për ty, por, kur ishe me mua, thjesht, nuk mundja të mendoja për asgjë dhe nuk dija si të ikja prej teje. Babai, në atë kohë, rastisi që u sëmur dhe ne të gjithë në familje, ishim të uritur. Mbaheshim vetëm me disa qindarka. Im vëlla, Xhorxhi, nuk kishte këpucë, mamaja qe krejt e rraskapitur. Shpesh mendoj, Lester, që nëse nuk do t'i binin aq halle dhe hidhërime, ime më do të qe ende gjallë. Mendova se, gjersa me doje dhe unë të doja, - unë të dashuroj, Lester,- ndoshta, nuk do të qe mëkat i madh. Se ti më the menjëherë që doje të ndihmoje familjen time dhe mendova se ndoshta kështu duhej të sillesha. Jetonim në një skamje të madhe.

Lester, i dashur, më vjen turp të iki prej teje; mund të të duket se kjo është një sjellje tepër e ndyrë, por, po ta dije se ç'kam përjetuar këto kohët e fundit, ndoshta do të më falje. Unë të dua, Lester, të dua shumë! Por gjithë këta muaj, që atëherë kur erdhi motra jote, e ndiej se po bëj një jetë të pandershme dhe se nuk është mirë të vazhdoj kështu, ngaqë e di edhe vetë se është e pandershme. Ndihem fajtore për lidhjen që pata me senator Brenderin, por atëherë isha fare e re dhe nuk kuptoja se ç'bëja. Jam fajtore që nuk të thashë qysh në fillim për Vestën, ndonëse atëherë m'u duk se po veproja drejtë. Jam tmerrësisht fajtore por atë që e solla fshehtas në Çikago, por të kisha frikë Lester, kisha frikë se ç'do të thoshe, ose ç'do të bëje. E gjitha kjo m'u duk e qartë pas asaj dite që motra jote erdhi këtu dhe qysh atëherë, e di mirë se jetoj në mëkat. Por nuk të vë faj ty, Lester, unë fajësoj veç veten time.

Nuk të lutem që të martohesh me mua. E di se si sillesh me mua dhe se ç'qëndrim mban ndaj familjes tënde, por edhe unë vetë mendoj se kjo nuk e ndihmon punën. Prindërit e tu nuk e duan këtë martesë dhe unë nuk dua të kërkoj asgjë nga ty. Por kështu, siç jetojmë tani, nuk duhet të vazhdojmë më, këtë e kam të qartë. Vesta po rritet dhe së shpejti do të kuptojë gjithçka.

Tani për tani ajo pandeh se je me gjithë mend xhaxhai i saj. Aq shumë jam menduar, aq herë kam dashur të bisedoj me ty, por kur je serioz në fytyrë, më vjen frikë dhe s'mundem të shqiptoj asnjë fjalë. Ja, prandaj vendosa - më mirë po t'i shkruaj dhe po iki dhe atëherë ti do t'i kuptosh të gjitha. A e kupton, Lester, a e kupton? Ti nuk do të zemërohesh me mua? Unë e di se kështu do të jetë më mirë, edhe për ty, edhe për mua; kështu duhet. Më fal, Lester, të lutem më fal dhe harromë. Në ndonjë mënyrë do të jetoj. Por kaq shumë të dua, kaq shumë të dua, sa do të të falënderoj përjetë për gjithçka ke bërë për mua. Të uroj lumturi. Më fal Lester, unë të dua.

Xheni.

P.S. Po shkoj tek im atë në Klivlend. Ai ka nevojë për mua. Ka mbetur krejt fillikat. Por, të lutem, Lester, mos eja mbas meje, nuk duhet.

Xheni e futi letrën në zarf, e vulosi dhe përkohësisht e fshehu në një vend të sigurt.

Edhe për disa ditë e forcoi shpirtin që të zbatonte planin e saj dhe më në fund, njëherë, kur Lesteri e lajmëroi me telefon se për dy-tri ditë nuk do të vinte në shtëpi, futi në disa valixhe gjithçka të nevojshme për veten dhe Vestën dhe dërgoi karrocierin. Mendoi ta lajmëronte të atin me telegram për vizitën e saj, por pastaj u kujtua se ai jetonte në fabrikë dhe vendosi që ta kërkonte vetë. Gerhardti i pati shkuar se Veronika dhe Uilliami nuk i patën marrë të gjitha mobiliet dhe se një pjesë e tyre qenë dhënë për ruajtje. Kuptohet, kishte se me çfarë të mobiloje një apartament të vogël. Duke mbaruar me përgatitjen për ikjen, Xheni u ul të presë karrocierin por këtu, dera u hap dhe në dhomë hyri Lesteri.

Në minutat e fundit ai pati ndërruar mendje. Jo se zotëronte ndonjë intuitë të veçantë, por kësaj radhe sikur ndjeu diçka. E patën lënë me një të njohur të gjuanin rosa në kënetën e Kanakit, në jug të Çikagos, por papritur e ndryshoi mendjen dhe vendosi të ikte nga zyra më herët se zakonisht. Se ç'e shtyu për këtë, as vetë s'e dinte.

Madje, i dukej çudi që po kthehej në shtëpi në këtë orë. Kur pa në paradhomë dy valixhet, ai ngriu. Ç'do të thoshte kjo? Xheni me kostum udhëtimi, e përgatitur krejt për rrugë. Edhe Vesta e veshur. Sytë e zinj të Lesterit u madhuan nga habia.

- Ti, për ku? - e pyeti.

- Unë... unë... - nisi ajo, duke u zmbrapsur para tij,-unë po iki.

- Ku?

- Desha të iki në Klivlend.

- Përse.

- Unë... unë, gjithë kohën kam dashur të ta them Lester, që sipas meje, nuk bën më të rri këtu. Kjo nuk është gjë e mirë. Kam dashur ta bisedoj edhe më parë me ty, por nuk vendosja. Unë të shkruajta letër.

- Letër! - thirri ai. Nuk po kuptoj asgjë. Ku është kjo letër, e marrtë dreqi!

- Ja,- i tha ajo, duke i bërë mekanikisht me dorë nga tryeza, ku në bash të vendit, mbi një libër të trashë, shtrihej letra e saj.

- Dhe ti deshe të ikësh nga mua, duke u ndarë me një letër? - e pyeti Lesteri, tashmë me një ton më të ashpër. Jo, s'arrij të të kuptoj. Si është puna, xhanëm? - ai e grisi zarfin dhe u hodhi një sy rreshtave të parë të letrës. Largoje që këtu Vestën.

Xheni u bind. Pastaj, duke u kthyer, ngriu në mes të dhomës, e zbehtë, e shkatërruar nga nervat, duke kaluar shikimin e zbrazët mbi murin, tavanin, valixhet, Lesterin. Ai e lexoi me vëmendje letrën dhe pastaj e hodhi në dysheme.

- Dëgjo, Xheni,- foli, duke e parë me kureshtje dhe duke mos e ditur ç't'i thoshte në fakt. Ja ku po i paraqitej rasti që ta përfundonte këtë lidhje. Por këtë nuk e dinte aspak, gjithçka shkonte aq mirë dhe paqësisht. Kishin kaq vjet që jetonin bashkë dhe të ndaheshin tani, do të qe thjesht qesharake. Pastaj, ai e dashuronte, dihet që e dashuronte. Mirëpo, të martohej me të nuk donte, ose, më mirë, nuk mundej. Ajo e dinte këtë. Dëshmi e kësaj qe letra që pati shkruar.

- Ti se çfarë po ngatërron,- vazhdoi ai me ngadalë. Nuk e di se ç'të kapi kështu, por ke një mendim krejt të gabuar për gjërat. Se, unë të kam thënë që s'mund të martohem me ty, të paktën, tani për tani. Ka ca rrethana tepër të rëndësishme, për të cilat ti as që e ke idenë. Që unë të dua, ti e di. Por është e domosdoshme të marr parasysh edhe familjen time, edhe interesat e firmës tonë. Ti nuk e kupton sa e ndërlikuar është e gjitha kjo, kurse unë e kuptoj. Por nuk dua që të ndahem nga ty, ti më je shumë e shtrenjtë. Natyrisht, nuk mund të të mbaj me forcë, je e lirë të ikësh. Por më duket se kjo nuk do të ishte gjë e mirë. Vallë, me të vërtetë e do këtë gjë? Ulu një minutë.

Xheni, që kishte shpresuar të zhdukej pa dhënë shpjegime, u hutua krejt. Përse e sajoi ai këtë bisedë serioze dhe po flet në një mënyrë sikur po i kërkon diçka. Asaj i dhembi në shpirt. Ai, Lesteri, e bind atë të qëndrojë, kur ajo e dashuron kaq fort! Ajo iu afrua dhe e zuri për dore.

- Dëgjomë,- i tha. Vërtet që kjo ikja jote s'ka pikë kuptimi. Ti, ku deshe të ikje?

- Në Klivlend.

- Po si mendoje të jetoje atje?

- Mendova të marr në shtëpi babain, nëse pranonte, se tani ka mbetur vetëm, dhe të gjeja ndonjë punë.

- E ç'punë mund të bësh ti tani, Xheni, përveç asaj që bëje më parë? Mos do të hyje vallë përsëri shërbyese? Apo do të bëhesh shitëse në ndonjë dyqan?

- Mund të rregullohesha mbase gjëkund si ekonomiste,- tha me ndrojtje Xheni. Kjo qe më e mira që i pati vajtur ndërmend gjatë meditimeve të gjata mbi punën e mundshme.

238

- Jo, jo,- turfulloi ai, duke tundur kokën. Kjo nuk vete. Të gjitha planet e tua nuk bëjnë, janë thjesht fantazi. Dhe kjo nuk do të të jepte as ndonjë kënaqësi të ligjshme. E kaluara nuk kthehet më. Por kjo s'ka rëndësi. Tani, unë nuk mund të martohem me ty. Më vonë, ndoshta, por unë nuk dua të të premtoj asgjë. Mirëpo, me dëshirën time nuk të lëshoj dhe, po ike, nuk dua që të kthehesh në jetën e mëparshme. Kështu apo ashtu, do të të siguroj. Vallë, vërtet deshe të ikësh nga unë, Xheni?

Përballë këmbënguljes së pushtetshme të Lesterit dhe konkluzioneve të tij energjike, Xheni ndihej e pafuqishme.

Mjaftonte që ai t'i prekte duart dhe nga e tërë vendosmëria e saj nuk mbeti asgjë. Ajo ia plasi të qarit.

- Mos qaj, Xheni,- i tha Lesteri. Gjithçka mund të marrë për të mirë. Prit pak. Hiqe pallton dhe kapelën. Ti nuk do të ikësh prej meje?

- Nuk do të iki! - ngashëreu Xheni.

Ai e tërhoqi dhe e uli mbi gjunjë.

- Tani për tani nuk do të ndryshojmë asgjë,- vazhdoi ai. Jeta është diçka e ngatërruar. Përnjëherësh, nuk rregullon dot asgjë. Por pastaj, gjithçka se si merr formë vetë. Edhe unë tani pajtohem me ca gjëra, për të cilat dikur nuk do të isha kurrë dakord.

Gradualisht, Xheni u qetësua dhe buzëqeshi me pikëllim përmes lotëve.

- Kurse tani vëri nëpër vende të gjitha,- i tha ai me përkëdhelje, duke i treguar valixhet,- dhe të lutem më premto një gjë.

- Çfarë? - e pyeti Xheni.

- Që sot e tutje mos fshih asgjë prej meje, kupton? As mos vendos, as mos bëj gjë pa dijeninë time. Nëse të mundon gjësend, eja dhe ma thuaj. Unë nuk do të të ha! Mund të më flasësh për të gjitha hallet. Do të të ndihmoj t'ia dalësh në krye, por edhe nëse nuk do të mundem, të paktën midis nesh nuk do të ketë asnjë sekret.

- E di, Lester,- tha ajo, duke e parë me seriozitet në sy. Të premtoj se nuk do të të fsheh asgjë, për fjalë të nderit. Më parë kisha frikë, por tani do të t'i them. Vërtet.

- Ja, kështu është më mirë,- tha Lesteri. Unë të besoj. Dhe ai e lëshoi.

Rezultati i parë i kësaj bisede ishte se pas disa ditësh ra fjala për fatin e Gerhardtit. Xheni kishte kohë që merakosej për të dhe tani vendosi ta ndante këtë shqetësim me Lesterin. Se si, një mbrëmje pas darke, i tregoi se ç'kishte ngjarë në Klivlend.

- Imagjinoje edhe vetë se sa të rëndë e ka atje, krejt vetëm. Unë, kur desha të shkoj në Klivlend, pata ndërmend ta merrja në shtëpinë time. Por tani nuk di si të bëj.

- Po sikur t'i dërgoje para,- i propozoi Lesteri.

- Nuk pranon të marrë para prej meje,- i shpjegoi ajo. Më quan grua të ligë, që bëj një jetë mëkatare. Nuk beson se jam e martuar.

- Ai ka arsye për këtë,- vërejti i qetë Lesteri.

- Edhe ta mendosh është e tmerrshme, që fle diku në fabrikë. Është shumë plak dhe vetëm fare.

-Po fëmijët e tjerë. Përse nuk kujdesen për të? Ku është vëllai yt, Basi?

- Ka mundësi që ata nuk duan të kujdesen për të, ngaqë është shumë grindavec,- tha ajo troç.

- Epo atëherë, as unë nuk di se ç'të këshilloj,- buzëqeshi Lesteri. Mbase i duhet të sillet më shtruar.

- Po, natyrisht,- tha Xheni,- por është shumë plak dhe ka hequr shumë në jetë.

Për disa çaste Lesteri vërtiti i heshtur nëpër duar pirunin.

- Ja si mendoj,- tha më në fund. Gjersa vendosëm të mos ndahemi, më mirë të ikim nga kjo shtëpi. Tani po mendoj, a nuk marrim një shtëpi Haid Park? Vërtet larg do të jetë gjer në zyrë, por këtu se si mu mërzit. Edhe për ty dhe Vestën nuk do të jetë keq të keni oborrin dhe kopshtin tuaj. Ja, atëherë mund ta marrësh babain në shtëpi. Ai nuk do të na pengojë. Do të merret me kopshtin dhe do të të ndihmoj të mbash shtëpinë.

- Ah, kjo do të ishte tamam ajo që i pëlqen,- psherëtiu Xheni,- aq qejf ka të ndreqë gjithçka. Mund të kositë barin e të kujdeset pas ngrohjes. Por nuk do të pranojë në asnjë mënyrë të vijë, po s'u bind që jemi martuar.

- Po, kjo e ndërlikon punën, përderisa nuk mund t'i tregosh dëshminë e martesës. Plaku duket qartë se mendon për të pamundurën. Do ta ketë të vështirë t'ia dalë me ngrohjen e shtëpisë jashtë qytetit,- shtoi ai, duke heshtur.

Xheni s'ua vuri veshin këtyre fjalëve. Mendoi sërish për atë se sa keq dhe pakuptim iu stis jeta. Gerhardti nuk do të vinte, madje edhe sikur të kishin një shtëpi të bukur ku mund të jetonte. Sa mirë do të ishte me Vestën! Ai thjesht do të rilindte. Ajo heshti e hidhëruar, gjersa Lesteri foli sikur t'i përgjigjej mendimeve të saj:

- Vërtet, nuk di ç'të mendoj. Të gjej certifikatë të rremë martese, nuk është aq kollaj. Falsifikimi dënohet me ligj. Të them të drejtën, nuk do të doja t'i hyja një pune të tillë.

- Po ç'flet kështu, Lester! Mua vetëm se më vjen keq që im atë është aq kokëfortë. Kur i mbushet mendja për ndonjë gjë, s'ka njeri t'ia ndryshojë.

- Më mirë presim gjersa të rregullohemi në vendin e ri,- propozoi Lesteri. Atëherë shko në Klivlend dhe fol vetë me të. Mbase arrin t'ia mbushësh mendjen.

- Atij i pëlqeu që Xheni i qe kaq besnike të atit dhe ishte gati ta ndihmonte për këtë. Plaku Gerhardt nuk qe ndonjë tip interesant, por as i pështirë dhe, nëse do t'ia kishte ënda të merrej me punët e shumtë të shtëpisë, le të urdhëronte e të vinte, Lesteri nuk kishte ndonjë kundërshtim.

Kapitulli 37

Fjalët për shpërnguljen në Haid Park nuk qenë hedhur kot. Kur, pas dy-tri javësh gjendja qe normalizuar përsëri, Lesteri i sugjeroi Xhenit të shkonin bashkë e të shihnin për ndonjë shtëpi. Që me vajtjen e parë, gjetën atë që u duhej,- një shtëpi të vjetër me njëmbëdhjetë dhoma të mëdha, rrethuar nga lëndina me bar e pemë plot hije, të mbjella qëkurse kishte nisur qyteti të ndërtohej. Këtu qe bukur, qetësi dhe të shlodhej syri. Xheni u mrekullua nga çifligu i gjerë thuajse si prej fshati, ndonëse e pikëllonte mendimi që në këtë shtëpi të re do të hynte jo si një zonjë plotësisht e ligjshme. Kur u bë gati të ikte prej Lesterit, e mbante një shpresë e turbullt, se ai do të vinte pas saj dhe ata do të martoheshin. Tani, kësaj i qe vënë kryq. I premtoi të rrijë dhe njëfarësoj, duhej t'i përshtatej gjithçkaje. Ajo madje i tha, se shtëpi kaq të madhe s'kishin ç'e donin, por Lesteri as që deshi ta dëgjonte.

- Ka shumë mundësi që të nisim e të presim miq,- ia ktheu ai. Sidoqoftë, duhet ta pajisim shtëpinë dhe të shohim si do të dalë. Ai e porositi agjentin të përfundonte marrëveshjen e qerasë për pesë vjet, me të drejtë shtyrje dhe në çiflig nisën menjëherë punimet.

Shtëpinë e lyen nga jashtë dhe e suvatuan nga brenda, lëndinat i krasitën, gjithçka mori një pamje të bukur festive. Në katin e parë u vendos biblioteka e madhe, po aq e gjerë ishte edhe dhoma e ngrënies, dhoma e pritjes, një dhomë më e vogël, kuzhina e madhe dhe qilari. Në katin e dytë ishin dhomat e fjetjes, banjat dhe kthina e shërbyeses. Gjithçka qe e rehatshme, të gëzonte syrin dhe punët për rregullimin e vendit të ri, e mbushën Xhenin më kënaqësi dhe krenari.

Pasi u vendosën atje, me lejen e Lesterit, Xheni i shkroi të atit dhe ftoi të jetonte me ta. Nuk përmendi asnjë fjalë për martesën e saj, duke ia lënë atij vetë të nxirrte përfundimet e duhura. Mirëpo, i tregonte hollësisht se në ç'vend të bukur jetonte, sa shtëpi të rehatshme e kopsht të madh kishin. - Këtu është mirë, baba,- i shkruante,- do të të pëlqejë pamasë. Vesta tani shkon në shkollë. Eja tek ne, të jetojmë bashkë. Do të jetë shumë më mirë se të rrish në fabrikë. Edhe unë do të gëzohesha shumë!

Gerhardti e lexoi letrën dhe vrenjti vetullat i habitur. E vërtetë të qe vallë? Se, po të mos qe martuar, përse do të shkonin në një shtëpi aq të madhe? Apo ai, që në fillim qe gabuar? Epo, më mirë vonë se kurrë, por, a ia vlente të ngrihej e të shkonte tek ata? Qe mësuar tashmë të jetonte fillikat, kështu, a të shkonte vallë te Xheni, në Çikago? Nuk mbeti shpërfillës ndaj festës së saj, por megjithatë, vendosi ta kundërshtojë. Nuk mund ta pranonte kaq hapur se edhe mbi të binte një pjesë e fajit për grindjen e tyre.

Kundërshtimi i të atit e hidhëroi shumë Xhenin. Ajo u këshillua me Lesterin dhe vendosi të shkonte vetë në Klivlend. Pasi gjeti fabrikën e mobilierisë ku punonte Gerhardti,- që ishte një grumbull i çrregullt ndërtesash, një nga lagjet më të varfra të qytetit,- ajo pyeti për të në zyrë. Nëpunësi e shpuri në depon që ndodhej e mënjanuar dhe i tha Gerhardtit se një zonjë donte ta shihte. Ai u ngrit nga shtrati i mjerë dhe doli përjashta, duke u bërë kureshtar se cila do të qe vallë. Xhenit i pikoi zemra, kur e pa të dalë nga streha e errët - i thinjur, me vetullat kaleshe tërë tallash dhe rrobat e zhubrosura. "I gjori baba", mendoi. Ai shkoi tek ajo dhe sytë hetues iu zbutën, kur e kuptoi se ç'frymëzim i mirë e pati prurë këtu të bijën.

- Ti, përse ke ardhur,- e pyeti si me ndrojtje.

- Dua të të marr me vete, baba,- iu përgjigj Xheni. Nuk bën më të rrish këtu. Edhe ta mendoj, më dhemb shpirti se si jeton këtu, krejt i vetmuar.

- O,- tha ai i merakosur,- kështu, për këtë paske ardhur?

- Po,- iu përgjigj ajo. Eja me mua. Nuk duhet të qëndrosh këtu.

-Unë kam një qoshe të mirë,- tha ia, sikur deshi të justifikohej.

- E di, e di, por kemi shtëpi shumë të madhe dhe Vesta jeton me ne. Vallë, nuk do të vish? Lesteri gjithashtu, të fton të vish.

- Ti një gjë më thuaj,- i kërkoi ai. Jeni, apo nuk jeni martuar?

- Natyrisht,- e gënjeu Xheni me guxim. Jemi martuar prej kohësh. Pyet edhe Lesterin, kur të vish.

Ajo e pati mjaft të vështirë të duronte vështrimin e tij, por nuk i uli sytë dhe i besoi.

- Po mirë,- mërmëriti. Ka kohë që duhej.

- Pra, do të vish, baba? - nuk iu shqit ajo.

Gerhardti hapi pa fuqi krahët. Këmbëngulja përkëdhelëse e së bijës e preku gjer thellë në shpirt.

- Mirë, po vij,- tha dhe u kthye, por shpatullat i dridheshin dhe Xheni e kuptoi se qante.

- Tani, me mua?

Në vend të përgjigjes, ai u zhduk pas derës së errët të depos. Vajti të mblidhte sendet e tij.

Kapitulli 38

Pasi u vendos te Xheni, Gerhardti iu fut pa vonesë përmbushjes së detyrave të panumërta, që, sipas mendjes së tij, qenë paracaktuar për të. Mori mbi vete detyrën e ngrohjes së shtëpisë së re, pa lejuar as të mendonin të merrnin me rrogë ndonjë të huaj, gjersa vetë rrinte pa punë. Pemët rrotull shtëpisë janë në gjendje të shëmtuar,- i tha të bijës. Duhet gjetur një sharrë dhe nagaçe dhe në pranverë do të merrem me to. Në Gjermani marrin vesh nga këto punë, kurse këta amerikanët, janë gjendje pa tru, njerëz jo praktikë. Pastaj, Gerhardti kërkoi gozhdë dhe vegla marangozi e pak nga pak riparoi të gjithë dollapët dhe raftet. Nja dy milje larg shtëpisë, zbuloi një kishë luteriane dhe pa se qe më mirë se ajo e Klivlendit, kurse pastori ishte burrë i vërtetë, i dhënë pas Zotit. Ai menjëherë nguli këmbë që Vesta të shkonte çdo javë me të në kishë dhe as që donte të dëgjonte ndonjë kundërshtim.

Duke e nisur jetën në Haid Park, Xheni dhe Lesteri nuk qenë krejt të qetë; e dinin se nuk do ta kishin të lehtë. Në anën veriore, Xheni i pati shmangur pa ndonjë vështirësi njohjet dhe bisedat me fqinjët. Por këtu, shtëpia që morën me qera, qe në bash të vendit; mbetej të prisnin që fqinjët do ta quanin si detyrë të dukeshin tek ta për vizitë dhe Xhenit do t'i duhej të luante rolin e zonjës së shtëpisë. Tok me Lesterin, i rrahën të gjitha me hollësi dhe ai vendosi - le t'i quajnë si burrë e grua. Vesta do të figuronte si e bija e Xhenit nga burri i parë, zotit Stover (mbiemri i vajzërisë së zonjës Gerhardt), që kishte vdekur menjëherë pas lindjes së fëmijës. Haid Parku qe aq larg nga qendra mondane e Çikagos, sa Lesteri e quante veten të siguruar nga takimet me të njohurit e qytetit. Ai i shpjegoi Xhenit se si duhej ta mbante veten, në mënyrë që miqtë e parë, të mos e kapnin në befasi.

Nuk kaluan as dy javë, kur u duk miku i parë,- kjo qe zonja Stendl, një grua që gëzonte respekt mes fqinjëve dhe jetonte pesë shtëpi më tutje Xhenit, në një vilë të bukur me lëndina. Ajo erdhi me pajtonin e vet, ndërsa kthehej prej shëtitjes nëpër dyqane.

- A është në shtëpi zonja Kejn? - pyeti shërbyesen e re, Zhanetën.

- Në shtëpi, madamë,- iu përgjigj ajo. A mund të më jepni kartëvizitën tuaj?

Dhe ajo ia shpuri kartëvizitën Xhenit, e cila e lexoi me interes emrin e njohur. Kur doli në dhomën e pritjes, zonja Stendl, një brune e gjatë me sy kureshtarë, u përshëndet gjithë përzemërsi me të.

- Vendosa të marr guximin dhe ta thyej vetminë tuaj,- iu drejtua ajo me një ton magjepsës mirësjelljeje. Jam fqinja juaj, jetoj përbri jush. Kthesa me gurë të bardhë - ndoshta ua ka tërhequr vëmendjen.

- Po, natyrisht,- iu përgjigj Xheni. E njoh mirë atë shtëpi. Ne me zotin Kejn, e pëlqyem që herën e parë, kur erdhëm këtu.

- Mbiemrin e burrit tuaj, kuptohet, e kam dëgjuar. Kurse im shoq merret me firmën elektrike "Uillks and Kompani".

Xheni pohoi me kokë. Nga toni i zonjës Stendl, dukej qartë se kjo qe një ndërmarrje e madhe fitimprurëse.

- Kemi disa vjet që jetojmë këtu dhe e kuptoj mjaft mirë se sa bezdi ndjen në këtë pjesë të re të qytetit. Shpresoj se do të më vizitoni. Do të jem shumë, shumë e gëzuar. Dita e pritjeve të mia është të enjteve.

- Me kënaqësi,- iu përgjigj Xheni, duke u dridhur përbrenda nga parandjenjat e kësaj ceremonie të mundimshme. Ishte shumë e sjellshme nga ana juaj që na erdhët. Zoti Kejn është shumë i zënë, por sapo të lirohet, të dy do të jemi të lumtur t'ju bëjmë një vizitë në shtëpi juve dhe burrit tuaj.

- Dhe ejani mbrëmjeve, të dy,- i tha zonja Stendl. Ne jetojmë qetë. Im shoq nuk është amator i teatrove dhe udhëtimeve. Por me fqinjët mbajmë marrëdhënie nga më miqësoret.

Xheni i buzëqeshi në mënyrë të këndshme. Mikja u bë gati të ikë dhe Xheni e shoqëroi për te dera.

- Sa e gëzuar ndihem që qëlluat kaq e bukur,- i tha me sinqeritet zonja Stendl, duke i shtrënguar dorën.

- Ju faleminderit,- tha Xheni, duke u skuqur. Vërtet, nuk e meritoja një lëvdatë të tillë.

- Epo, atëherë, ju pres. Mirupafshim.

Dhe ajo e përshëndeti me dorë, duke buzëqeshur.

- Më duket, nuk shkoi keq,- mendoi Xheni, duke vështruar fill pa pajtonin që largohej. Ishte grua e këndshme. Duhet t'ia them Lesterit.

Erdhën tek ta edhe njëfarë zoti dhe zonja Karmajkëll Berk, edhe zonja Filld, edhe zonja Bolinger; ata, ose linin kartëvizitat, ose hynin të uleshin dhe të dërdëllitnin. Xheni, duke parë se e respektonin me nderim, përpiqej me çdo kusht që të mos i binte hunda në baltë. Dhe kjo i dilte mjaft mirë. Ishte mikpritëse dhe këndshme; në buzëqeshjen e saj shfaqej mirësia, kurse në sjelljet - natyrshmëria e plotë; ajo u linte përshtypje mjaft të mirë. Miqve u thoshte se kohët e fundit kishin jetuar në pjesën veriore, se i shoqi, zoti Kejn kishte kohë që ëndërronte të vendosej në Haid Park, se me të jetonte i ati dhe e bija që nga martesa e parë. Ajo shprehte shpresën që edhe në të ardhmen t'i ruante njohjet me miqtë e saj të mirë.

Mbrëmjeve i rrëfente Lesterit mbi miqtë e saj, - vetë ai nuk qe i etur të njihej me këta njerëz. Gradualisht, Xhenit po i pëlqente kjo gjë. I pëlqente të krijonte njohje dhe shpresonte se në mjedisin e ri, Lesteri do të mësohej të shihte tek ajo gruan e mirë dhe shoqen ideale të jetës. Dhe atëherë ndoshta, ndonjëherë, ai do të martohej me të.

Mirëpo, përshtypjet e para nuk dalin përherë të sakta, gjë për të cilën Xheni u bind shpejt. Fqinjët e pranuan në rrethin e tyre ndoshta disi me nxitim, se më pastaj nisën pëshpërimat. Njëfarë, zonja Somervill, që pati vajtur si mikeshë te zonja Kreig, fqinjë e afërme me Xhenin, përmendi gjatë bisedës se diçka kishte dëgjuar për Lesterin.

- Po, po. A e dini, shpirt, emri i tij nuk është aq... -ajo ngriti lart vetullat dhe tundi gishtin me, kërcënim.

- Ç'thoni kështu! - u drodh zonja Kreig. Nga pamja duket njeri i besuar dhe serioz.

- Pjesërisht ashtu është,- foli zonja Somervill. Vjen nga një familje e shkëlqyer. Por im shoq më tha se mban lidhje me një grua të re. Tani, nuk e di nëse është kjo, apo ndonjë tjetër. Me të jetonte si burrë e grua në pjesën veriore dhe e paraqiste si zonjusha Gorvurd apo diçka e tillë.

- Veç ta mendosh! - dhe zonja Kreig kërciti gjuhën nga habia. Po a e dini, se, me siguri, është kjo grua. Mbiemrin nga i ati e ka Gerhardt.

- Gerhardt! - thirri zonja Somervill. Po, po, krejt e vërtetë. Edhe më parë, më duket, ajo ka pasur një histori skandaloze, sidoqoftë, ka pasur fëmijë. Mbase pastaj, Kejni edhe është martuar me të, nuk e di. Por familja e tij, me sa më kanë thënë, nuk do as të dëgjojë për ekzistencën e saj.

- Qenka tmerrësisht interesante! - thirri zonja Kreig. Dhe veç ta mendosh, ai megjithatë, qenka martuar me të! Por mbase, edhe jo? Në kohën tonë është mjaft e vështirë të dish se me kë ke të bësh.

- Keni të drejtë. Nganjëherë është mjaft e vështirë t'i kuptosh këto gjëra. Kurse ajo, më duket, është grua mjaft e bukur.

- E shkëlqyer! - pohoi zonja Kreig. Tepër e sinqertë. Ajo thjesht më magjepsi.

- Por ndoshta nuk është e njëjta grua,- vazhdoi mikja. Ndoshta jam gabuar.

248

- Hë, si zor! Gerhardt! Edhe ajo vetë më tha se patën jetuar në pjesën veriore.

- Atëherë, merret vesh, ajo qenka. Sa çudi që e përmendët atë.

- Shumë e çuditshme,- tha zonja Kreig, duke menduar tashmë me vete se si do të sillej në të ardhmen me Xhenin.

Pëshpërima erdhën edhe nga burime të tjera. Dikush, i kishte parë Xhenin dhe Lesterin me pajton, në anën Veriore; dikujt ia patën paraqitur si zonjën Gerhardt; dikush tjetër qe informuar për mosmarrëveshjet në familjen Kejn. Kuptohet, situata e tanishme e Xhenit, shtëpia e shkëlqyer, pasuria e Lesterit, bukuria e Vestës - të gjitha këto ndikonin këndshëm në mendimin e botës. Xheni sillej me një takt të tillë, sa dukej qartë se ishte grua dhe nënë e shkëlqyer dhe në përgjithësi, të linte përshtypje aq të mirë, sa qe e pamundur të zemëroheshe me të; por ajo kishte një të kaluar dhe për këtë, bota nuk harronte.

Për herë të parë, Xheni ndjeu se po afrohej stuhia, kur Vesta, duke u kthyer nga shkolla, e pyeti papritur:

- Mama, po kush ka qenë babai im?

- Mbiemri i tij ka qenë Stover,- iu përgjigj ajo, duke e nuhatur se nuk qe mirë puna, se dikush do të kishte llapur diçka të tepërt.

- Po përse t'u tek të pyesësh?

- Ku kam lindur? - vazhdoi Vesta, pa iu përgjigjur pyetjes së saj dhe me sa duket, duke dashur të mësojë sa më shumë për veten.

- Në Kolombus, lepurushkë, në shtetin Ohaio. Po përse?

- Anita Bolinger tha se unë nuk kam asnjë baba dhe se ti nuk ishe as e martuar, kur linda unë. Thotë se nuk jam vajzë e vërtetë, por thjesht një e panjohur. Aq shumë u zemërova, sa e rraha paq.

Xheni, me fytyrën e ngrirë, vështroi larg e heshtur. Zonja Bolinger kishte qenë për vizitë tek ajo dhe i pati afruar miqësinë e saj thuajse më me zjarr se gjithë të tjerat, kurse tani, e bija, i fliste kështu Vestës. Ku ta kishte dëgjuar këtë?

- Mos ia vër veshin,- i tha më në fund Xheni. Ajo nuk di asgjë. Babai yt është zoti Stover dhe ti linde në Kolombus. Dhe nuk është mirë të zihesh. Kur zihen vajzat, ato mund të flasin lloj-lloj gjëra të pahijshme nganjëherë kot, se janë të nxehura. Ti mos u shoqëro më me të, atëherë edhe ajo nuk do të thotë asgjë. Shpjegimi nuk doli aq i suksesshëm, por për një farë kohe ajo e qetësoi Vestën; vajza tha vetëm:

- Nëse përpiqet të më godasë, edhe unë do t'ia kërcas.

- Por mos u shoqëro fare me të, kupton? Atëherë ajo nuk do të të godasë. Mendo për detyrat e tua dhe mos u merr me të. Po s'u grinde, edhe ajo nuk do të grindet me ty.

Vesta iku me vrap, kurse Xheni u mendua thellë. Fqinjët po merreshin me thashetheme. E kaluara e saj nuk qe sekret për asnjë. Nga e morën vesh?

Ende pa iu përtharë plaga që i hapi në zemër biseda me të bijën, kur Xhenin zunë ta shpojnë spica të tjera. Njëherë, shkoi të vizitojë fqinjën e afërme, zonjën Filld dhe e gjeti tek pinte çaj me një mike tjetër, zonjën Beker. Zonja Bejer kishte dëgjuar për jetën e Xhenit në pjesë Veriore dhe për qëndrimin e familjes Kejn ndaj saj. Kjo grua energjike, thatanike, jo e shëndoshë, që i kujtonte disi zonjën Brejsbrixh, qe tepër e kujdesshme në përzgjedhjen e të njohurve mondanë. Pati menduar përherë se edhe zonja Filld i ndiqte po aq rreptë këto rregulla dhe, duke e takuar Xhenin tek ajo, u turbullua, ndonëse ruajti qetësinë e jashtme.

- Njihuni, kjo është zonja Kejn,- tha zonja Filld me një buzëqeshje të sjellshme.

- Zonja Lester Kejn? - pyeti ajo.

- Po,- iu përgjigj zonja Filld.

- Ah, kështu,- vazhdoi zonja Beker me një ton të akullt. Kam dëgjuar shumë për zonjën... zonjën Lester Kejn.

Dhe njëlloj sikur ta kishte harruar praninë e Xhenit, u kthye nga e zonja e shtëpisë dhe nisi me të një bisedë intime, në të cilën Xheni s'mund të merrte pjesë. Ajo heshti pa shpresë, duke mos ditur si të sillej në një situatë të tillë tepër delikate. Zonja Beker u ngrit pas pak, ndonëse kishte pasur ndërmend të rrinte më gjatë.

- Në asnjë mënyrë, në asnjë mënyrë nuk mund të rri,- tha ajo, duke u çuar. I kam premtuar zonjës Nijll se do t'i shkoja patjetër sot. Por edhe ty, me siguri, të mërzita shumë.

Ajo vajti te dera dhe vetëm në prag, u kthye dhe e përshëndeti ftohtë me kokë Xhenin.

- Me kë nuk të qëllon rasti të njihesh! - vërejti, duke i lënë lamtumirën të zonjës së shtëpisë.

Zonja Filld nuk e quajti të mundshme t'i dilte në krah Xhenit, meqenëse, një Zot e dinte se cila qe ajo vetë dhe, siç e kanë zakon gratë që janë pasuruar jo shumë kohë më parë, bënte çmos që të hynte shoqëri të mirë. Kurse zonja Beker zinte në shoqëri një pozitë ku e ku më të lartë se Xheni, kështu që nuk donte të prishej me të. Duke u kthyer në tryezë, zonja Filld buzëqeshi paksa si fajtore, por dukej se nuk qe fare në vete. Xheni, natyrisht, ishte pezmatuar shumë dhe me një pretekst, kërkoi ndjesë dhe më pas u ngrit të largohej. E ndjeu veten thellësisht të fyer dhe e kuptonte se zonja Filld qe penduar tashmë për shoqërinë që patën lidhur. Me një të njohur mori fund - për këtë Xheni nuk dyshonte. Atë përsëri e pushtoi ndjenja shtypëse për jetën që s'i eci. Tashmë nuk mund të ndreqej asgjë, kurse për të ardhmen nuk kishte shpresa. Lesteri nuk donte të martohej me të dhe t'ia shpëtonte emrin.

Koha kalonte pa sjellë me vete ndonjë ndryshim. Duke parë vilën e bukur, lëndinën e përkryer dhe pemët e shpërndara nëpër kollonatë e verandës që qenë pështjellë nga degët e gjelbra të hardhisë së egër; duke parë se si merrej Gerhardti me kopshtin, se si kthehej Vesta nga shkolla dhe Lesterin që nisej mëngjeseve

251

me pajtonin luksoz dy-rrotësh - çdonjëri do të mendonte se ndoshta këtu mbretëronte paqe e lumturia dhe se në këtë shtëpi të mrekullueshme nuk kishin vend andrallat dhe hidhërimet. Dhe ashtu ishte; jeta në shtëpi rridhte e qetë, pa tronditje. Vërtet që fqinjët pushuan krejt së vizituari Lesterin dhe Xhenin dhe argëtimet mondane mbaruan; por kjo nuk qe ndonjë mungesë për ta, sepse edhe brenda katër mureve gjenin mjaft kënaqësi dhe ushqim për mendjen. Vesta mësonte t'i binte pianos dhe pati arritur suksese të mëdha - kishte vesh të shkëlqyer. Xheni, me fustanet shtëpiake të kaltra, lejla apo të gjelbër të errët, të cilat i shkonin aq shumë me fytyrën, kujdesej për shtëpinë, qepte, fshihte pluhurat, përcillte Vestën në shkollë, kontrollonte pas shërbyeseve. Gerhardti kapitej që nga mëngjesi gjer në darkë - donte patjetër të vinte dorë në çdo punë shtëpie. Një nga detyrat që mori përsipër, ishte t'i binte qark shtëpisë pas ikjes së Lesterit dhe shërbyesit, duke mbyllur gazin ose llambat elektrike, nëse ndokush i kishte harruar ndezur, gjë që, në sytë e tij, ishte një shpërdorim kriminal.

E hidhëronin plakun kursimtar dhe manitë e Lesterit për të veshur kostume nga më të shtrenjtat vetëm për ca muaj dhe pastaj t'i hidhte. Për pak sa nuk qau për këpucët e shkëlqyera, të cilat Lesteri nuk donte t'i vishte më, vetëm ngaqë ishin ngrënë pak te thembrat apo i qenë rrudhosur. Gerhardti mendonte se ato duheshin shpënë të riparoheshin, por të gjitha vërejtjeve dhe shfryrjeve të tij, Lesteri i përgjigjej se me ato këpucë nuk i rrinin këmbët rehat.

- Çfarë shpenzimesh të kota! - i ankohej Gerhardti të bijës. Sa gjëra të mira humbasin kot! Ja, do të shikosh, keq do të përfundojë, do të mbetet pa para.

- Ai kështu është mësuar baba,- e justifikonte Xheni. Kështu e kanë edukuar.

- Ama, edukim! Këta amerikanët s'marrin vesh fare nga ekonomia. Të jetonin në Gjermani, atëherë pa ia shihnin vlerën dollarit.

Lesteri, duke i dëgjuar këto biseda nga Xheni, vetëm buzëqeshte. Plaku Gerhardt e zbaviste.

Plaku nuk mund të pajtohej as me zakonin e Lesterit për të ndezur fijet e shkrepëses. Qëllonte që Lesteri, duke e shkrepur fijen, e mbante ca kohë ndezur dhe bisedonte, në vend që të ndizte cigaren menjëherë dhe pastaj ta hidhte. Ose, fillonte të shkrepte fije pas fijesh shumë më përpara se të nxirrte cigaren. Në verandë qe një qoshe, ku atij i pëlqente të pinte duhan mbrëmjeve verore ndërsa bisedonte me Xhenin; duke ndezur çdo minutë fijet e shkrepëses, i hidhte ato njëra pas tjetrës në kopsht. Njëherë, ndërsa po krasite barin, për tmerrin e tij, Gerhardti gjeti një tufë të tërë shkrepëseh gjysmë të kalbura. U mërzit shumë dhe, duke mbledhur në gazetë lëndën dëshmuese të krimit, i shpuri në dhomën ku ishte Xheni me qëndisjen.

- Shiko se ç'gjeta! - i tha. Jo, vetëm shikoji! Ky njeri kupton nga ekonomia jo më shumë se... se... - ai nuk gjeti dot fjalën e duhur. Rri ulur, pi duhan dhe ja si sillet me shkrepëset. Po ato kushtojnë pesë cent kutia, pesë cent! Është interesant, si mendon ai xhanëm, të jetojë me të tilla shpenzime. Jo, vetëm vështro se ç'janë këto.

Xheni i pa dhe tundi kokën.

- Po, Lesteri është tepër i shkujdesur,- tha ajo.

Gerhardti i shpuri shkrepëset në qilar. Të paktën t'i digjte në sobë - kjo do të qe diçka me mend. Ai mund të ndizte me to llullën e tij, por për këtë e kishte gjetur më rehat me gazetat e vjetra dhe prej tyre pati mbledhur pirgje të tëra, gjë që tregonte sërish shkujdesjen e të zotit të shtëpisë. Gerhardti tundi kokën i hidhëruar. Hë, si të punonte këtu! Gjithçka qe kundër tij. Por ai s'i uli armët dhe nuk rreshti s'e përpjekuri që t'i ndërpriste këto shpërndarje mëkatare. Për veten e vet bënte një ekonomi të rreptë. Nja dy vjet, për ditët e diela, vishte një kostum të zi të Lesterit, të cilën e kishte përshtatur sipas trupit dhe që në kohën

253

e vet pati kushtuar mjaft shtrenjtë. Mbathte këpucët e tij të vjetra, duke u hequr trimërisht sikur gjoja i rrinin mirë në këmbë si edhe kravatat e tij, por vetëm të zezat, të tjerat Gerhardti nuk i pëlqente. Ai do ti vishte mbase edhe këmishët e Lesterit sikur të dinte t'i ujdiste sipas shtatit, kurse të brendshmet i pati ujdisur për përdorim vetjak, duke përfituar nga ndihma miqësore e kuzhinieres. Sa për çorapet, s'ke ç'thua. Në këtë mënyrë, për veshjet, Gerhardti nuk prishte asnjë cent.

Gjërat e tjera, që tashmë s'i bënin më Lesterit,- këpucët, këmishët, kostumet, kravatat dhe jakat,- i ruajti me javë e me muaj dhe pastaj, me një vendosmëri të zymtë, i shpuri në dyqanin e prestarit apo grumbulluesit të vjetërsirave, të cilat ia shiti pa pasur pikë mëshire për t'ia ulur ndopak çmimin. Kishte mendimin se të gjithë grumbulluesit e vjetërsirave qenë merimanga gjakpirëse dhe se asnjërit prej tyre s'i duhej zënë besë. Të gjithë gënjejnë. Ankohen sikur gjoja janë të varfër, por në fakt, flenë në para. Gerhardti u bind për këtë me sytë e tij - i ndoqi grumbulluesit e vjetërsirave dhe pa se si silleshin me mallin që patën blerë prej tij.

- Maskarenjtë! - tërbohej ai. Më propozuan dhjetë centë për një palë këpucë, kurse për vete i kanë nxjerrë në vitrinë me dy dollar. Hajdutë, ja se ç'janë! Të më jepnin makar një dollar. Xheni buzëqeshte. Vetëm ajo i dëgjonte ankesat e tij, Gerhardti nuk priste keqardhje nga Lesteri. Qindarkat e veta i sakrifikonte thuajse të tëra për kishën dhe pastori e konsideronte si shembull të paqësimit, të sjelljes së mirë, të ndershmërisë - mishërimin e të gjithë mirëbërësve.

Dhe kështu, pavarësisht nga zhurmat apo mërmëritjet dashaliga të njerëzve, këta vite qenë nga më të lumturit në jetën e Xhenit. Lesteri, ndonëse nganjëherë e mundonin dyshimet në lidhje me drejtësinë e rrugës së zgjedhur prej tyre, qe vazhdimisht përkëdhelës dhe i vëmendshëm ndaj saj dhe dukej plotësisht i kënaqur me mjedisin familjar.

- Gjithçka në rregull? - e pyeste ajo, kur ai kthehej mbrëmjeve në shtëpi.

- Vetëkuptohet! - i përgjigjej ai dhe, duke e kapur për faqe në ecje e sipër, shkonte me të nëpër dhomat, në kohën që Zhaneta e shkathët, varte në vend pallton dhe kapelën.

Dimrit, ata uleshin në bibliotekë përpara oxhakut të madh. Në pranverë, verë dhe vjeshtë, Lesteri pëlqente verandën, nga e cila hapej një pamje e bukur në gjolin e kopshtit dhe rrugën e qetë. Këtu mbaronte së piri puron e shtrenjtë, kurse Xheni, e ulur në krahun e kolltukut të tij, i ledhatonte kokën.

- Flokët nuk të kanë rënë fare,- i thoshte ajo. Je i kënaqur? Ose e qortonte: - Përse e rrudh ballin? A mund ta mbash kështu? Dhe përse sot në mëngjes nuk e ndërrove kravatën? Se unë të nxora të rënë.

- Harrova,- i përgjigjej ai dhe fërkonte rrudhat në ballë ose parashikonte me të qeshur se së shpejti do të mbetej tullac. Në dhomën e ndenjes, në praninë e Vestës dhe të Gerhardtit ajo sillej me të po aq përkëdhelëse, por më e përmbajtur. Xheni i kishte qejf lodrat dhe fjalëkryqet, zaret nën xham, rebuset, bilardon e tryezës. Lesteri gjithashtu, merrte pjesë në këto lojëra të thjeshta. Nganjëherë, rrinte me orë të tëra mbi ndonjë fjalëkryq. Xheni ua dilte atyre mjaft shkathët dhe ndihej krenare dhe e lumtur, kur Lesteri i drejtohej për ndihmë. Nëse ai donte ta zgjidhte fjalëkryqin patjetër vetë, ajo vështronte e heshtur pas tij, duke i hedhur krahun përqafe dhe duke i mbështetur mjekrën në sup. Kjo atij i pëlqente, kënaqej me dashurinë që ajo derdhte mbi të kaq bujarisht dhe nuk lodhej së adhuruari rininë dhe bukurinë e saj. Me Xhenin ndihej edhe vetë i ri, ngaqë më shumë se çdo gjë tjetër në jetë, Lesterin e trembet afrimi i padukshëm i pleqërisë. Ai shpesh thoshte:

- Dua të mbetem i ri ose të vdes i ri.

Dhe Xheni e kuptonte. Duke e dashur Lesterin, edhe vetë tashmë qe e kënaqur që ishte kaq më e re se ai.

Sidomos, Xhenin e gëzonte lidhja në rritje e Lesterit ndaj Vestës. Mbrëmjeve, ata mblidheshin shpesh në bibliotekë. Vesta, e ulur pas tryezës së madhe, përgatiste mësimet. Xheni qepte. Gerhardti lexonte gazetat e tij të pafundme gjermane. Plaku u hidhërua që Vestën s'e lanë të mësonte në shkollën fillore të kishës luteriane, por Lesteri as që deshi ta dëgjonte për këtë.

- Që ta mësojnë si gjermanët? Jo moj! - tha ai, kur Xheni i tregoi për dëshirën e shenjtë të plakut. Të mësojë në shkollën fillore si të gjithë fëmijët, që ç'ke me të. Dhe i thuaj atij, ta lerë rehat.

Nganjëherë e kalonin mbrëmjen mjaft mirë. Lesteri kishte qejf të ngacmonte nxënësen shtatëvjeçare. Duke e mbajtur mes gjunjëve, nisi të kthente së prapthi fakte të thjeshta, për të parë se si i perceptonte vetëdija paradokset e saj.

- Çfarë është uji? - e pyeti ai dhe, duke dëgjuar përgjigjen: - Uji është ky që pimë,- hapi sytë i habitur dhe vazhdoi ta pyesë: -Mirë, po çfarë është, nuk e di? Çfarë të kanë mësuar në shkollë pas kësaj?

- Por ne pimë ujë? - nuk dorëzohej Vesta.

- Për të pirë, e pimë, po ç'është uji, nuk e ditke. Pyet mësuesen, ndoshta ta tregon ajo.

Dhe e linte vajzën të vriste mendjen vetë mbi problemin e vështirë.

Ushqimin, enët, fustanet e vajzave - Lesteri qe gati t'i kthente të gjitha në element kimikë dhe Vesta, duke dyshuar turbullt se pas guaskës së madhe të gjërave të njohura, fshihej diçka tjetër, nisi madje ta ketë frikë atë. Në mëngjes, përpara se të shkonte në shkollë, ajo vinte që ta shihte Lesteri, se ai qe tepër kapriçoz ndaj pamjes së saj të jashtme. Donte ta shihte përherë të veshur bukur, me fjongon e madhe dhe të kaltër në flokë; urdhëronte t'i vishnin herë këto, herë ato këpucë, sipas stinës dhe, duke e

256

veshur, zgjidhte nuancat që i shkonin me ngjyrën e fytyrës dhe karakterin e saj.

- Vajza ka natyrë të shkueshme, të gëzuar,- tha ai njëherë. Mos i vish asgjë të errët.

Xheni e pa se edhe në këto çështje duhej të ndiqte këshillat e Lesterit dhe shpesh i thoshte të bijës:

- Vrapo, të të shohë xhaxhi.

Vesta shkonte dhe niste të rrotullohej përpara tij, duke i thënë:

-Vështro!

- Ashtu, ashtu! Gjithçka në rregull. Mund të shkosh. Dhe ajo vraponte.

Thjesht, ai nisi të krenohej me Vestën. Kur dilnin për shëtitje të dielave, e mbante shtrënguar me vetes dhe Xhenit; ai nguli këmbë që vajzën ta shpinin të mësonte të vallëzonte dhe Gerhardti shkalloi mendsh nga tërbimi dhe hidhërimi.

- Mëkat! - i ankohej Xhenit. Vetëm djalli e shtyn! Na u dashka edhe të vallëzojë! Përse? Apo që prej saj të dalë ndonjë bishtdredhur, me të cilën të turpërohemi pastaj?

- Ç'thua kështu baba,- e kundërshtonte Xheni. Këtu nuk ka asgjë të tmerrshme. Shkolla është shumë e mirë. Lesteri thotë se Vestës i bën mirë të mësojë.

- Oh, edhe ky Lesteri tani! Na ditka shumë se ç'është e mirë për fëmijën. Për vete veç luan letra dhe pi uiski!

- Pusho, pusho baba, nuk duhet të flasësh kështu,- e qetësonte Xheni. Lesteri është njeri i mirë, ti e di edhe vetë këtë.

- Ka gjëra të mira, por jo në gjithçka. Oh, jo në gjithçka.

Dhe ai largohej, duke ngulcuar i pakënaqur. Në prani të Lesterit heshte, kurse Vesta bënte me të ç'deshte.

- Gjysh,- i thoshte, duke e tërhequr nga mënga ose duke e ledhatuar në faqet e ashpra dhe Gerhardti shkrihej. Ndihej i pafuqishëm përpara përkëdheljeve të saj, se çfarë i ngjitej në grykë dhe e mbyste.

- Të njoh unë ty, çapkëne,- i thoshte.

Kurse Vesta qëllonte që e cimbiste nga veshi.

- Mjaft,- hungërinte ai. Mjaft u llastove.

Por çdo njeri mund të vinte re se Vesta pushonte vetëm atëherë, kur i mërzitej vetë kjo gjë. Gerhardti e adhuronte dhe i plotësonte edhe dëshirat më të vogla vajzës. Ai qe skllavi i saj i bindur.

Kapitulli 39

Gjatë gjithë kohe, pakënaqësia e familjes së Lesterit, e shkaktuar si pasojë e trajtës së parregullt të jetës së tij, vazhdoi të rritej. Të afërmve iu bë e qartë se herët a vonë do të plaste ndonjë skandal. Tashmë po qarkullonin thashetheme dashakeqe. Dukej sikur të gjithë dinin gjithçka, ndonëse nuk e shprehnin hapur. Plaku Kejn, thjesht bënte çudi se si i biri mund t'i hidhte kështu sfidë shoqërisë! Të qe ndonjë grua me interes të veçantë, ndonjë aktore e njohur, piktore, poeteshë, epo, mbase joshja e Lesterit edhe mund të shpjegohej, nëse s'mund të justifikohej; por sipas përshkrimit të Luizës, ajo qe një grua krejt e rëndomtë, që nuk shkëlqente as nga bukuria, as nga talentet... - kjo qe e pakuptueshme, krejt e pakuptueshme!

Lesteri, i biri, kanakari i tij; ç'mjerim që nuk e rregulloi dot jetën si njeri. Në Cincinat u pëlqente mjaft grave. Merr qoftë edhe atë, Leti Pejsin. Ja, me cilën duhet të qe martuar. E bukur, e zgjuar, edhe zemrën e kishte flori. Plaku Kejn hidhërohej, shfrynte e pastaj xhindosej. Turp të kishte që ia nxinte faqen kështu të atit! Sjellja e tij qe e panatyrshme, e pafalshme dhe për më tepër, e pahijshme. Arcibald Kejnin e sfilitën gjatë këto mendime dhe më në fund ndjeu se nuk mund të vazhdohej më kështu, ndonëse e kishte të vështirë të thoshte se si duhej bërë ndryshimi. Lesteri qe kokë më vete dhe nuk i duronte dot vërejtjet. Dilte se s'kishe ç'të bëje asgjë.

Ecurinë e ngjarjeve të familjes e përshpejtoi ndarja. Pak kohë pas udhëtimit të saj famëkeq në Çikago, Luiza u martua dhe shtëpia e pleqve u boshatis, nëse nuk përmendim këtu, vizitat e të nipërve. Lesteri nuk vajti në dasmën e Luizës, ndonëse mori ftesë. Pastaj vdiq zonja Kejn, dhe me këtë rast, Arcibaldit iu desh të ndryshonte testamentin. Kjo kërkonte edhe praninë e Lesterit. Lesteri erdhi i vrarë nga vetëdija se kohët e fundit e pa aq pak dhe i shkaktoi aq hidhërime s'ëmës, por për punët e tij nuk foli asnjë fjalë. I ati sikur desh të fliste me të birin, por pastaj ndërroi mendje,- shumë i zymtë iu duk. Lesteri u kthye në Çikago dhe për disa muaj përsëri gjithçka ra në heshtje.

Pas martesës së Luizës dhe vdekjes së të shoqes, plaku Kejn u shpërngul të Roberti, sepse për të, gëzimi më i madh në vitet e pleqërisë qenë të nipërit dhe mbesat. Roberti tashmë, mbante në duar të gjitha punët e firmës, ndonëse ndarja përfundimtare e kapitalit mund të bëhej vetëm pas vdekjes së plakut. Duke llogaritur që, në fund të fundit, të bëhej kreu i të gjithë firmës, Roberti nuk kursehej, i bënte qejfin të atit, të motrave dhe të kunetërve. Ndoshta nuk do të qe e drejtë të thoshim se u bënte qejfin, por thjesht, qe një llogari e ftohtë afaristi, ku e ku më dinake se sa ç'mund ta merrte me mend Lesteri. Pasuria personale e Roberti qe dyfish më e madhe se e fëmijëve të tjerë, por këtë e mbante fshehur dhe hiqej sikur kishte vetëm ca të ardhura të thjeshta. E dinte se zilia e të afërmve mund t'i prishte punë dhe prandaj bënte një jetë spartane, duke i investuar herë pas here paratë në afera që s'binin në sy, por që jepnin të ardhura të sigurta. Për sa kohë që Lesteri notonte sipas rrjedhës, Roberti punonte, punonte pa u lodhur.

Fakti që ai sajonte plane për ta mënjanuar të vëllain nga drejtimi i firmës, nuk kishte ndonjë rëndësi të veçantë, gjer atëherë, kur plaku Kejn, pas meditimesh të gjata për jetën që bënte Lesteri në Çikago, erdhi vetë në përfundimin se, do të qe e paarsyeshme t'i caktonte atij ndonjë pjesë sado të madhe të kapitalit. Me sa duket, ai paskësh mbivlerësuar të birin. Lesteri edhe mund të qe më i zgjuar, apo më i përzemërt se i vëllai (përsa i përket çështjeve estetike dhe suksesit në shoqëri, ata as që krahasoheshin me njëri-tjetrin), por Roberti kishte një zell të shkëlqyer afaristi, dinte si ta merrte pa zhurmë atë që synonte. Nëse Lesteri nuk kthente rrugë tani, atëherë, përse ta prisje? A nuk do të qe më mirë t'ia linte pasurinë atij që dinte të kujdesej për të? Dhe, Arcibald Kejni qe gati t'i jepte të besuarit të tij urdhër për ta ndryshuar testamentin në atë mënyrë, që nëse nuk ndreqej, Lesteri të mos merrte asgjë nga trashëgimia, përveç një të ardhure qesharake vjetore. Mirëpo, ai vendosi t'i jepte të birit edhe një mundësi - t'i kërkonte të hiqte dorë nga forma mëkatare e jetës dhe të zinte vendin që i takonte në shoqëri. Mbase nuk qe ende vonë. Se ai kishte perspektiva të ndritura për të ardhmen. Mos vallë s'ia donte të mirën vetes? Arcibaldi plak i shkruajti Lesterit se, kur të gjente kohë, kishte dëshirë të bisedonte me të dhe mbas tridhjetë e gjashtë orësh, Lesteri arriti në Cincinat.

- Dua të bisedoj me ty edhe një herë mbi një çështje, Lester,- nisi plaku,- ndonëse nuk e kam të lehtë. Ti e di së për çfarë e kam fjalën.

- E di,- iu përgjigj i qetë Lesteri.

- Kur qesh shumë i ri, mendoja se nuk do të ndërhyja kurrë në punët personale të fëmijëve të mi, por me vite, ky mendim më ka ndryshuar. Nga shembujt e të njohurve të mi të punës, pashë se sa e ndihmon njeriun një martesë e goditur dhe që atëherë doja shumë që fëmijët e mi të martoheshin në mënyrë sa më të suksesshme. Kisha merak për ty Lester dhe e kam edhe sot e kësaj dite. Lidhja jote e tanishme më ka shkaktuar mjaft çaste të rënda. Edhe nënës tënde, gjer sa vdiq, kjo s'i jepte qetësi. Asgjë tjetër nuk e hidhëronte më shumë. A nuk mendon vallë, se çdo gjë ka një kufi? Fjalët kanë arritur madje gjer në qytetin tonë. Përsa i përket Çikagos, nuk e di, por edhe atje, besoj, nuk është më sekret për askënd. Dhe kjo patjetër që i dëmton interesat e sektorit tonë në Çikago. Të dëmton edhe ty. Zgjati tashmë aq gjatë, sa kërcënohet e gjithë e ardhmja jote, kurse ti, si edhe më parë, vazhdon me kokëfortësi. Përse?

- Me siguri ngaqë e dua,- iu përgjigj Lesteri.

- Nuk besoj se e thua seriozisht,- e kundërshtoi i ati. Nëse do ta doje, do të ishe martuar me të qysh në fillim. Nuk do të rrije e të jetoje kaq gjatë me atë grua, duke e turpëruar edhe atë, edhe veten e duke thënë veç me fjalë se e do. Mbase ky është pasion, por në asnjë mënyrë dashuri.

- Nga e di ti se nuk jam martuar me të? - e pyeti pa u turbulluar Lesteri. Ishte kureshtar të dinte se si do ta priste i ati një mundësi të tillë.

- Nuk është e vërtetë! - plaku madje u ngrit nga kolltuku.

- Po, nuk është e vërtet,- tha Lesteri,- por mund të jetë edhe e vërtetë. Ka mundësi të martohem me të.

- Nuk e besoj! - thirri i ati. Nuk e besoj që një njeri i zgjuar mund të bënte një budallallëk të tillë. Po, ku të humbën mendtë e kokës, Lester? Pas kaq vjetësh bashkëjetese mëkatare, më flet ende për martesë! Po, nëse kjo hyn në planet e tua, përse, ki mirësinë të më thuash, s'u martove qysh në fillim me të? Turpërove prindërit, nënës i theve zemrën, punët na i dëmtove, u dhe shkak gjuhëve të flasin, kurse tani na dashke të martohesh? Nuk e besoj.

Plaku Arcibald u çua dhe drejtoi shtatin.

- Mos u nxeh, baba,- nxitoi t'i thoshte Lesteri. Kështu nuk merremi dot vesh. Po e përsëris që, ndoshta do të martohem me të. Ajo nuk është grua e ligë dhe të lutem mos fol keq për të. Ti s'e ke parë kurrë dhe nuk di asgjë për të.

- Di aq sa duhet,- e kundërshtoi i vendosur i ati. Di atë që asnjë grua e rregullt nuk do të sillej ashtu si ajo. Se ajo, i shtrenjti im, rend pas parave të tua. S'i duhet asgjë më shumë,- këtë e kupton edhe më budallai.

- Ç'janë këto fjalë, baba? - foli mbyturazi Lesteri. Ti nuk e njeh, madje s'e ke parë as në fytyrë. Luiza erdhi dhe u foli diçka e nxehur dhe ju i besuat. Ajo nuk është aspak ashtu siç e mendon dhe më kot shprehesh për të kaq prerë. Nuk e kuptoj përse, por po fyen pa shkak një grua, vetëm ngaqë nuk dëshiron të arsyetosh ashtu siç duhet.

- Siç duhet! - e ndërpreu Arcibaldi. Po ti, po sillesh siç duhet? Të bukur punë po bën ndaj familjes dhe nënës tënde të mjerë, duke marrë një grua rrugësh e duke jetuar me të? Të bukur punë...

- Mjaft baba! - thirri Lesteri, duke ngritur dorë. Të paralajmëroj, - nuk dua të dëgjoj gjëra të tilla. Po flet për gruan me të cilën jetoj, me të cilën ka mundësi të martohem. Unë të dua, por s'mund të të lejoj të flasësh gjëra të pa vërteta. Nuk e gjeta në rrugë. Ti e di shumë mirë se me një të tillë s'do të kisha punë. Ose t'i gjykojmë gjërat qetësisht, ose këtu nuk qëndroj. Më fal. Më vjen shumë keq. Por nuk pranoj të vazhdoj bisedën me këtë frymë.

Plaku Arcibald heshti. Pavarësisht nga të gjitha këto, e nderonte të birin e papërkulur. Ai u mbështet në shpinën e kolltukut dhe uli sytë. Si t'ia bënte?

- Ti jeton gjithnjë atje? - e pyeti më në fund.

- Jo, kemi lëvizur në Haid-Park. Kam marrë me qera një shtëpi.

- Dëgjova që ka një fëmijë. Fëmija yt është?

- Jo.

- Po ti vetë, ke fëmijë me të?

- Jo.

- Edhe kjo, shyqyr Zotit.

Lesteri fërkonte i heshtur mjekrën.

- Dhe ti ngul këmbë se do të martohesh me të?

- Nuk është ashtu. Thashë se ka mundësi të martohem.

- Ka mundësi! - thirri plaku, duke shpërthyer me inat. Çfarë tragjedie! Dhe të mendosh për të ardhmen tënde! Gjykoje vetë, a mund t'i besoj unë një pjesë të pasurisë time një njeriu që s'e përfill mendimin e botës? Dalka se edhe firma jonë, edhe familja, edhe emri yt - të gjitha këto, nuk qenkan veçse një tingull bosh për ty? Ku vajti krenaria jote, Lester? Jo, këto s'janë veç fantazira të pabesueshme, të shëmtuara!

- E kam tepër të vështirë të ta shpjegoj baba, thjesht, nuk dua t'i hyj shpjegimit. Di vetëm një gjë, që tërë ketë mesele e kam gatuar vetë dhe tani jam i detyruar ta shpie gjer në fund. Gjithçka mund të përfundojë mbarë. Mbase martohem me të, mbase jo. Tani për tani s'mund të them asgjë të përcaktuar. Duhet të presësh. Unë do të bëj çmos.

Plaku Arcibald tundi kokën me qortim.

- Me sa shoh, e paske humbur toruan krejt, Lester. Kështu nuk shtyhet më. Dhe, me sa kuptoj, paske ndërmend të qëndrosh në tënden. Gjithë sa të thashë, duket, s'të bënë përshtypje.

- Më vjen shumë keq baba, por tani për tani, ashtu është.

- Mirë atëherë, ki parasysh se po nuk tregove respektin e duhur ndaj familjes dhe vetvetes, siç e meriton firma jonë, do të jem i detyruar ta ndryshoj testamentin. Duke u lëshuar pe kodoshllëqeve të tua të ndyra, në fund të fundit u bëra edhe vetë pjesëmarrës. Kështu nuk vazhdohet më. Ja ndahu prej saj, ja martohu. Këtë apo tjetrën je i detyruar ta bësh. Nëse ndahesh, gjithçka do të jetë në rregull. Mund ta sigurosh mirë - dakord, s'kam kundërshtim. Do të paguaja me gjithë qejf sa të më kërkoje dhe do të merrje pjesën tënde të trashëgimisë njëlloj si të tjerët, siç do të qe ngaherë. Por, po u martove me të - atëherë ndryshon puna. Zgjidh. Dhe mos m'u zemëro. Unë të dua. Jam yt atë. Sillem ashtu siç ma thotë ndjenja e detyrës. Mendoji të gjitha këto dhe jepmë të kuptoj për vendimin tënd.

Lesteri psherëtiu. E kuptoi se qe e kotë të grindej. Me sa duket, i ati nuk bënte shaka, por si ta braktiste Xhenin? Këtë poshtërsi s'do t'ia falte kurrë vetes. Vërtet thua që i ati t'ia hiqte pjesën e trashëgimisë? Natyrisht që jo? Pavarësisht nga të gjitha këto, plaku e donte, kjo dukej qartë. Lesteri qe turbulluar dhe i qenë prishur nervat. Nuk i duronte detyrimet. Veç ta mendosh,-atë, Lester Kejnin, e shtyjnë në këtë poshtërsi - të linte Xhenin. Ai uli kokën dhe heshti i zymtë.

Plaku Arcibald e kuptoi se shigjeta e tij goditi në shenjë.

- Po mirë,- tha më në fund Lesteri,- tashmë s'kemi çfarë të bisedojmë për asgjë; gjithçka duket e qartë. Nuk e di ende si të sillem. Duhet të mendohem. Menjëherë, nuk mund të vendos asgjë.

Ata vështruan njëri-tjetrin. Lesterit i vinte keq që mendimi i botës qe kundër tij dhe që i ati e përjetonte kaq rëndë këtë gjë. Plakut i vinte keq për të birin, por nuk e pati prerë me vendosmëri mendjen gjer në fund. Nuk qe i bindur nëse arriti t'ia mbledhë mendtë në vend Lesterit, por s'i humbi shpresat. Mbase i biri do ta mendonte edhe një herë.

- Mirupafshim baba,- tha Lesteri, duke i zgjatur dorën. Më duket se duhet të nxitoj për trenin e orës sy. Atë duhem më për ndonjë gjë?

- Jo.

Pas ikjes së Lesterit, plaku ndenji për një kohë të gjatë i menduar. Ta humbasë kështu karrierën e tij! Të hiqte dorë nga tërë ato mundësi! Të shfaqte kaq këmbëngulje të verbër për mëkatet dhe paudhësitë! Ai tundi kokën. Jo, Roberti qe më i zgjuar. Ishte vërtet i përkushtuar për të udhëhequr një ndërmarrje të madhe. Ishte i kujdesshëm, i arsyeshëm. Ah, sikur t'i zotëronte edhe Lesteri këto cilësi! Plaku ndenji pa lëvizur dhe s'pushonte së menduar e menduari, duke ndjerë fshehtazi, se i biri plëngprishës, si edhe më parë, zinte vendin kryesor në vendin e tij.

Kapitulli 40

Lesteri u kthye në Çikago, duke qortuar veten për faktin se e fyeu rëndë të atin. Kurrë nuk pati folur me të plaku Arcibald, aq i zemëruar. Por edhe tani, Lesteri nuk qe i bindur se kjo punë s'mund të ndreqej; mendimi se mund ta ruante dashurinë dhe besimin e të atit, vetëm nëse merrte një vendim të përcaktuar, thjesht, nuk i dilte nga koka. Përsa i përket "mendimit të botës" - le të llapnin njerëzit ç'të donin e sa të donin. Do të dinte si t'ia hidhte edhe pa ata. E megjithatë, a qe vallë kështu? Çdo lloj dobësie, madje edhe shenja më e vogël e dobësisë, i tremb njerëzit. Ata u shmangen pavetëdije dështakëve, u shmangen njëlloj sikur t'u ketë rënë murtaja. Lesteri s'i mbetej veçse të bindej vetë për forcën e këtij paragjykimi.

Njëherë, takoi Beri Doxhin, milioner dhe kreu i firmës "Doxh, Hollburk dhe Kingsberi" - e cila në industrinë tekstile zinte po të njëjtin vend, siç zinte kompania "Kejn" në prodhimin e pajtoneve. Lesteri e konsideronte Doxhin si një nga miqtë e tij më të ngushtë, po aq të afërt sa Henri Brejsbrixhin nga Klivlendi dhe Xhorxh Noullzin nga Cincinati. I pati qenë në shtëpinë e bukur në bregdet dhe e takonte shpesh, ja në punë, ja nëpër pritjet mondane. Por me shpërnguljen e Lesterit në Haid Park, shoqëria e tyre ra në zero. Dhe ja, tani u takuan në Miçigan Avenju, pranë sektorit të firmës Kejn.

- Hej, Lester, kemi kohë pa u parë,- i tha Doxhi, duke i zgjatur dorën me mirësjellje. Nga zëri, Lesterit iu duk më i ftohtë se zakonisht. Kam dëgjuar që ndërkohë je martuar?

- Asgjë e tillë,- iu përgjigj Lesteri, me tonin e një njeriu, i cili kërkon që fjalët t'i merren në kuptimin e gjithëpranuar.

- E pse e mban të fshehtë? - vazhdoi Doxhi dhe deshi të buzëqeshë, por vetëm sa ngërdheshi buzët. Po përpiqej shumë të ruante tonin shoqëror e të dilte me nder nga kjo situatë delikate.

Zakonisht këto gjëra ne s'i fshehim. Me shokët e afërm mund t'i ndash këto!

- Ashtu është, por unë,- tha Lesteri, duke ndjerë se si po i futej spica e helmuar,- kam vendosur të heq dorë nga ky rregull. Nuk mendoj se ngjarje të tilla duhen reklamuar.

- Punë shijeje, punë shijeje,- foli i shpërqendruar Doxhi. Ti natyrisht jeton në qytet?

- Në Haid Park.

- Qoshe e këndshme. Hë, po si të shkojnë punët në përgjithësi?

Ai ndërroi me shkathtësi temën e bisedës, dhe pas pak i tha mirupafshim, duke i tundur dorën me moskokëçarje.

Lesterin e theri si me thikë mendimi që, nëse Doxhi e konsideronte vërtet burrë të martuar, ai patjetër do ta mbyste me pyetje. Si mik i afërm, do të donte ndoshta të dinte më shumë për zonjën e re Kejn. Do të niste një bisedë të lehtë, e zakonshme mes njerëzve të të njëjtit rreth. Doxhi do ta ftonte për vizitë me gruan, do t'i premtonte mbase, do të shkonte vetë tek ai. Kurse këtu - asnjë fjalë, asgjë, Lesteri e kuptoi se kjo nuk qe rastësisht.

Po kështu u sollën edhe bashkëshortët Mur, Olldrixhët dhe një radhë të njohurish të tjerë. E pyesnin ku banonte, bënin shaka me fshehtësinë e tij, por nuk shfaqnin ndonjë kureshtje për zonjën e supozuar Kejn. Lesteri nisi ta kuptojë se rruga që pati zgjedhur nuk premtonte asgjë të mirë.

Një nga goditjet më të ndijshme i dha pa ndonjë paramendim, por që e sëmboi keqas, një miku i vet i vjetër, Uilliam Uitni.

Njëherë, në mbrëmje, Lesteri erdhi të hante drekën në klub; pasi hoqi pallton, u drejtua për te banaku i duhanit që të blinte një puro dhe aty, në sallën e leximit, ndeshi me Uitnin. Ai qe klient tipik klubi - shtatlartë, i hollë, i rruar dhe i kruar, veshur me sqimë, paksa cinik, kurse atë mbrëmje sidomos, ndihej çakërrqejf.

- O-ho, Lester! - thirri ai. Ç'është kjo folesë që ke ngritur për vete në Haid Park? Duket që nuk e humbet kohën kot? Po si do t'ia shpjegosh të tërë këtë gruas, kur të martohesh?

- Nuk jam i detyruar t'i shpjegoj asgjë,- iu përgjigj i zemëruar Lesteri. Dhe, përse fut hundët në punët e mia? Me sa di, edhe ti vetë, nuk je i shenjtë.

- Ha-ha-ha! E the mirë, për fjalë të nderit, e the mirë! Mos je martuar për ndonjë orë me atë bukuroshen që shëtisje në anën Veriore, ë? Ha-ha! Hej, ç'punë! U martove! Apo mbase të gjithë njerëzit ia fusin kot?

- Qepe, Uitni,- e ndërpreu Lesteri. Do të të shpëtojë ndonjë budallallëk.

- Më fal,- tha Uitni pa lidhje, por tashmë duke nisur të bëhej esëll. Të kërkoj falje. Mos harro se jam pakëz i dehur. Tetë gota uiski, rrumbullak. Sapo i hodha te bufeja. Jam fajtor. Ne të dy do të flasim, kur të jem në formë, apo jo Lester, ë? Ha-ha-ha! Me gjithë mend jam ca i dehur! Epo, gjithë të mirat! Ha-ha-ha! Lesterit, kjo e qeshur e shëmtuar, i mbeti në vesh për një kohë të gjatë. I tingëllonte si një fyerje, ndonëse Uitni qe i pirë. - Bukuroshja me të cilën shëtisje në anën Veriore. Mos je martuar me të për ca kohë? Lesteri e kujtoi me zemërim dërdëllitjen e paturpshme të Uitnit. Djalli e mori, kjo qe e tepërt! Që atij, Lester Kejnit t'i thoshin gjëra të tilla... ai u mendua. Po, po e paguante shtrenjtë vendimin për t'u sjellë me Xhenin siç i ka hije një njeriu të rregullt.

Kapitulli 41

Por nuk ishte kjo më e keqja. Publiku amerikan ka qejf të gjykojë për të fortët e botës së vet, kurse Kejnët qenë të pasur dhe binin në sy të të gjithëve. Dhe ja, u përhapën zëra se Lesteri, një nga trashëgimtarë kryesorë dhe të drejtpërdrejtë të firmës, qe martuar me një shërbëtore. Dhe këtë e bënte ky, i biri i milionerit! Vallë, a qe e mundur kjo? Ja një llokmë vërtet e shijshme për gazetarët. Dhe shtypi nuk vonoi ta kapte zërin pikant. Faqja mondane, "Lajme nga ana Jugore", pa ia përmendur emrin Lesterit, shkruajti për "Të birin e fabrikantit pasanik të pajtoneve nga Cincinati", dhe përshkroi shkurtimisht romancën e tij, duke shtuar në përfundim: - Mbi zonjën *** dihet vetëm se më parë ka qenë shërbyese në një familje të nderuar në Klivlend, kurse përpara kësaj, ka punuar në Kolombus, shteti i Ohaios. Kush do të guxonte të mohonte se romantikja ka vdekur, kur në shoqërinë e lartë shpërthejnë episode kaq të bukura!

Lesteri e lexoi artikullin. Ai vetë nuk e merrte këtë gazetë, por se kush njeri shpirtmirë që kujdesur t'i dërgonte me postë një ekzemplar, ku artikulli i duhur qe nënvijëzuar me laps të kuq. Lesteri u zemërua, duke dyshuar menjëherë se mos kishin ndërmend t'i bënin shantazh, por nuk dinte si t'ia bënte. Padyshim, donte t'u jepte fund këtyre logjeve të gazetave, por mendoi se protestat, veçse do ta përkeqësonin punën. Dhe nuk ndërmori asgjë. Shënimi në "Lajmet", sikurse edhe duhej pritur, tërhoqi vëmendjen e gazetave të tjera. Materiali qe i bollshëm dhe një redaktor i sjellshëm i gazetës të së dielës, vendosi të shtrydhte rreth kësaj çështjeje gjithçka që mundte. Ta botonte këtë histori romantike në një kolonë të tërë, më titullin sensacional: "Sakrifikon milionat, për hir të dashurisë me shërbyesen", të jepte fotografi të Lesterit, Xhenit, shtëpisë në Haid Park, fabrikës Kejn në Cincinat, depos në Miçigan Avenju dhe buja do të qe e siguruar. Kompania Kejn nuk paguante për reklamat e saj në këtë gazetë. Pra, gazeta nuk i kishte asnjë detyrim. Po ta kishin paralajmëruar, Lesteri mund ta ndërpriste këtë sajesë, duke i dërguar gazetës ndonjë njoftim ose duke shkuar vetë në redaksi. Por nuk dinte asgjë dhe prandaj nuk ndërmori asnjë përçapje. Kurse redaktori punoi me ndërgjegje. Korrespondentëve në Cincinat, Klivlend dhe Kolumbus, iu kërkua të lajmëronin me telegraf, a qe e njohur historia e Xhenit në këto qytete. Në Klivlend u drejtuan te Brejbrixhët, që të merrnin vesh a pati punuar Xheni në shtëpinë e tyre. Nga Kolombusi erdhën lajme tepër të shtrembëruara për familjen Gerhardt. U sqarua se pikërisht në anën Veriore, Xheni pati jetuar disa vjet përpara martesës së supozuar. Kështu, pjesë-pjesë u krijua i tërë romani. Redaktori as që kishte pasur ndërmend të fshikullonte apo të zemëronte dikë, përkundrazi, atij më tepër i dukej se po u bënte nder. U hoqën të gjitha detajet e pakëndshme - që Vesta, me siguri ishte fëmijë jashtë-martesore, që Lesteri dhe Xheni, siç dukej, kishin mjaft kohë në marrëdhënie të paligjshme bashkëjetese, që pakënaqësia e familjes Kejn dihej nga të gjithë dhe se, për shkak të martesës së Lesterit, kishin arsye të shëndosha për këtë. Në një farë mënyre, redaktori sajoi një lloj romance si ajo e Romeos dhe Xhulietës, ku Lesteri figuronte si dashnor i përvëluar dhe vetëflijues, kurse Xheni si një vajzë e varfër magjepsëse nga populli i thjeshtë, të cilën, dashuria besnike e milionerit, e ngriti në botën e pasur e të famshme. Piktori i gazetës, ilustroi më pas disa faza të romancës. Portretin e Lesterit e siguruan me anë të një ryshfeti të majmë nga një fotograf në Cincinat, kurse Xhenin, pa u vënë re, fotoreporteri e mori gjatë shëtitjes. Me një fjalë - gjithçka u bë sipas recetave të provuara të shtypit të bulevardeve.

Dhe ja - gazeta doli në dritë - tërë lavde e fjalë të sheqerosura, por midis rreshtave merrej me mend i gjithë falsifiteti i trishtuar dhe i zymtë. Xheni nuk e mori vesh këtë lajm menjëherë. Lesteri, që e lexoi rastësisht faqen fatale, nxitoi t'ia fshehë. Ishte i habitur dhe i pezmatuar jashtë mase. Veç ta mendoje, që një dreq gazete mund të sillej kështu me një individ, me një individ që donte të jetonte i qetë e pa trazuar kënd. Që të mos i jepej ndjenjës së hidhur të fyerjes, ai doli nga shtëpia. Mori rrugën jo për nga qendra e gjallë e qytetit, po larg saj, drejt Kotixh Grouv Avenjusë, në fushat e hapura. Duke u trohitur në sediljen e tramvajit, u përpoq të përfytyronte se ç'mendonin tashmë miqtë e tij - Doxhi, Bernhem Muri, Henri Olldrixhi. Po, kjo ishte një goditje e vërtetë. Ç'të bënte? Të shtrëngonte dhëmbët e të heshte apo të hiqej mospërfillës ndaj këtyre andrallave të reja? Një gjë e kishte të qartë: më, të tilla gjëra, s'do t'i duronte. Në shtëpi u kthye paksa më i qetësuar dhe nisi të presë me durim të hënën, që të takohej me të besuarin e tij, zotin Uotson. Megjithatë, kur e takoi, të dy ranë shpejt në një mendje se të hapnin gjyq, do të ishte e palogjikshme. Më mirë të heshte.

- Por kjo nuk duhet të përsëritet më,- përfundoi Lesteri.
- Për këtë do të kujdesem unë,- e qetësoi i besuari i tij.
Lesteri u ngrit.
- Djalli e merr vesh se në ç'vend jetojmë! - thirri. Nëse njeriu është i pasur, ai s'ka ku të fshihet, tamam sikur është ndonjë përmendore në sheshin e qytetit.
- Nëse njeriu është i pasur,- tha zoti Uotson,- ai të kujton macen me këmborë në qafë. Çdo mi e di me saktësi se ku ndodhet dhe çfarë po bën.
- Po, krahasim i goditur,- hungëroi Lesteri.

Xheni mbeti edhe disa ditë e pa informuar. Lesteri nuk e preku qëllimisht këtë çështje të dhimbshme, kurse Gerhardti s'e pati lexuar gazetën mëkatare të së dielës. Por pastaj, njëra nga fqinjët ia dha lajmin Xhenit, duke përmendur pa takt në bisedë, se kishte lexuar një histori mjaft interesante për të. Xheni, në fillim, nuk e kuptoi.

271

- Për mua? - thirri e habitur.

- Po, po, për ty dhe zotin Kejn,- iu përgjigj mikja,- e gjithë romanca juaj.

- Unë nuk di asgjë,- tha Xheni. Po ju, jeni e bindur se kjo ishte për ne?

- Patjetër! - ia krisi gazit zonja Stendl. Nuk mund të gabohesha në asnjë mënyrë. Dhe e kam gazetën në shtëpi. Nëse doni, po ua dërgoj me vajzën. Keni dalë shumë bukur në fotografi.

Xheni u tkurr e tëra.

- Do t'ju isha shumë mirënjohëse,- mërmëriti ajo.

E brente mendimi se ku patën mundur t'ia gjenin fotografinë dhe çfarë shkruante gazeta. Dhe kryesorja - ç'do të thoshte Lesteri? A e kishte parë ai këtë artikull? Përse nuk i kishte thënë asgjë?

Vajza e fqinjës i solli gazetën dhe Xhenit i ngriu zemra. Ja ajo, e zeza mbi të bardhë. Në të majtë, portreti i Lesterit, në të djathë portreti i Xhenit, kurse në mes, titulli me gërma të mëdha dhe shigjetën: "Ja, ky milioner u josh pas kësaj shërbyeseje" në tekst shpjegohej se Lesteri, biri i fabrikantit të njohur në Cincinat, kishte sakrifikuar pozitën e shquar shoqërore që të martohej me gruan që dashuronte. Më tej, vazhdonin vizatimet - Lesteri, duke biseduar me Xhenin në vilën e zonjës Brejsbrixh; Lesteri, që rrinte mjaft afër saj, përballë pamjes së nderuar e të rreptë të pastorit; Lesteri, që udhëtonte me të në një pajton luksoz; Xheni, duke qëndruar te dritarja e një dhome me mobilie të shtrenjta (për luksin dëshmonin palët e rënda të perdeve) dhe duke vështruar një shtëpi të vogël e të qetë, që mezi dukej larg.

Xheni ndjeu se qe gati të futej e gjallë nën dhe nga turpi. Vuante jo aq për vete, sa për Lesterin. Çfarë duhej të ndiente ai? Po të afërmit e tij? Tani ata kishin në duar një armë të re kundër saj dhe Lesterit. U përpoq të qetësohej, të mblidhte mendimet, por lotët i vërshonin pa pushim në sy. Qenë lot zemërimi. Përse

272

e ndjekin, pse ia helmojnë kështu jetën? Nuk e lënë dot vallë të qetë? Ajo, edhe kështu përpiqej të sillej mirë. Vallë njerëzit, nuk mund ta ndihmonin, në vend që ta shtynin drejt greminës?...

Kapitulli 42

Po atë mbrëmje, Xheni u bind se Lesteri dinte gjithçka prej kohësh: ai e pruri vetë gazetën ogurzezë, duke menduar se qe i detyruar ta bënte këtë. Dikur i pati thënë Xhenit se midis tyre nuk duhej të mbanin asnjë sekret, prandaj nuk e quajti të drejtë që t'ia fshihte këtë artikull, i cili ua prishi qetësinë kaq vrazhdë dhe papritur. Do t'i thoshte të mos shqetësohej, se kjo nuk kishte rëndësi, por për atë vetë kishte rëndësi të madhe. Gazeta e pacipë i solli një dëm të pariparueshëm. Pak e nga pak, të gjithë njerëzit me mend - dhe në numrin e tyre hynin të gjithë të njohurit e tij, por edhe lloj-lloj të panjohurish - e kuptuan tashmë se si pati jetuar tërë këta vite. Në gazetë thuhej se e kishte ndjekur Xhenin nga Klivlendi në Çikago, se ajo sillej e ndrojtur dhe në mënyrë të paafrueshme dhe se ai i erdhi rrotull për një kohë të gjatë,përpara se t'i merrte pëlqimin. Me këtë donin të shpjegonin bashkëjetesën në anën Veriore. Përpjekja idiote për ta ngjyrosur historinë e marrëdhënieve të tyre, e tërboi Lesterin, ndonëse e kuptonte se kjo qe më mirë se ndonjë sulm i paturpshëm. Pasi hyri në dhomën e pritjes, nxori gazetën nga xhepi dhe e hapi në tryezë. Xheni, duke e ditur se ç'do të pësonte ai, i qëndroi pranë dhe ndiqte me vëmendje lëvizjet e tij.

- Këtu ka diçka interesante për ty,- i tha me një ton të thatë, duke treguar në faqen e ilustruar.

- E lexova, Lester,- iu përgjigj ajo e lodhur. Se si, këtë gazetë, ma tregoi zonja Stindl. Vetëm nuk e dija nëse e kishe parë ti, apo jo.

- Hë, më kanë pikturuar, s'ke ç'thua. As që e dija se paskam qenë Romeo kaq i zjarrtë.

- Më vjen shumë keq, Lester,- tha Xheni, duke e marrë me mend se në ç'gjendje të rëndë ndodhej ai. E dinte prej kohësh se atij nuk ia kishte ënda të bisedonte për ndjenjat e vërteta apo andrallat serioze. Kur ndeshte me të pakthyeshmen apo të pashmangshmen, përpiqej të ndahej prej tyre me shaka. Edhe tani, fjalët e tij do të thoshin: "gjersa s'ke ç'ti bësh kësaj pune, s'ke pse të mërzitesh".

- Nuk e quaj aspak tragjedi,- vazhdoi ai. Dhe as nuk kemi ç'ti bëjmë. Me sa duket, ata kanë pasur qëllime nga më të mirat. Vetëm se tani kemi rënë shumë në sy.

- E kuptoj,- tha Xheni, duke iu afruar. E megjithatë, më vjen shumë keq

Në atë kohë i thirrën të hanin drekë dhe biseda u ndërpre. Mirëpo, vetes së tij, Lesteri nuk mund t'ia fshihte që s'i kishte punët mirë. I ati i la ta kuptojë këtë mjaft qartë gjatë bisedës së fundit, kurse tani, si për t'i vënë kapakun gjithçkaje, me të po merrej edhe shtypi! Nuk kishte më arsye të shtirej sikur gjoja mbante marrëdhënie të ngushta me të afërmit e rrethit të vet. Ata as që donin ta njihnin, ose të paktën, ata të afërm që pak a shumë ruanin pikëpamje të rrepta. Natyrisht, kishte edhe beqarë qejflinj, burra të jetës së shthurur, edhe gra bishtdredhura, si të martuara ashtu edhe të vetmuara,- të cilët, duke e ditur të vërtetën, vazhdonin të silleshin mirë ndaj tij; por nuk qenë këta njerëz që formonin "shoqërinë" e tij. Në fakt, ai gjendej në situatën e një njeriu të dëbuar dhe asgjë nuk mund ta shpëtonte, veçse po ta ndërpriste njëherë e mirë trajtën e tanishme të jetës; me fjalë të tjera, të ndahej nga Xheni.

Por ai nuk donte të ndahej me të. Edhe vetë ky mendim i dukej i pështirë. Xheni e pati zgjeruar pa u lodhur horizontin e saj. Tashmë, shumë gjëra ajo i kuptonte jo më keq se Lesteri. Xheni nuk ishte ndonjë karrieriste apo egoiste, por që grua e regjur dhe e mirë. Ta braktiste, do të qe poshtërsi dhe veç kësaj, ishte shumë e bukur në vetvete. Ai qe dyzet e gjashtë vjeç, kurse ajo njëzet e nëntë dhe në dukje jo më tepër se njëzet e pesë. Është lumturi e rrallë nëse te gruaja me të cilën jeton gjen rininë, bukurinë, mendjen, karakterin e urtë dhe pikëpamje origjinale, veçse në formë më të butë e më emocionale. I ati kishte të drejtë,- ai vetë e ndërtoi jetën e tij dhe vetë do ta jetonte, ashtu siç dinte.

Shumë shpejt, pas rastit të pakëndshëm me gazetën, Lesteri mësoi se i ati qe sëmurë rëndë dhe nga minuta në minutë zuri të priste thirrjen për në Cincinat. Mirëpo punët e mbanin të lidhur në zyrë dhe ndodhej ende në Çikago, kur erdhi lajmi mbi vdekjen e tij. Lesteri nxitoi i tronditur për në Cincinat. Trajta e të atit i rrinte përpara syve dhe s'i shqitej. Pavarësisht nga marrëdhëniet e tyre personale, për të, ai mbetej përherë një njeri i madh, interesant e me rëndësi. Iu kujtua se si në fëmijëri e shtrëngonte mes gjunjëve, se si i rrëfente për rininë e vet në Irlandë, për përpjekjet si të hynte në shoqëri dhe pastaj i nxiste ato principe pune, të cilat i qenë grumbulluar gjatë përvojës vetjake. Plaku Arcibald qe njeri i drejtë dhe i ndershëm. Tamam si ai, edhe Lesteri nuk i duronte dot dredhitë dhe banalitet. "Mos gënje kurrë" - i thoshte pa pushim Arcibaldi. Mos u përpiq asnjëherë t'i paraqitësh faktet jo ashtu siç i sheh vetë. Vërtetësia - kjo është frymëmarrja e jetës, ky është themeli i çdo lloj dinjiteti dhe në sferën e biznesit i siguron emër të mirë cilitdo që mbahet fort pas saj. Lesteri besonte shumë në këtë parim. Ai përherë entuziazmohej me drejtësinë luftarake të të atit dhe tashmë u hidhërua nga humbja e tij. I vinte keq që i ati nuk jetoi gjersa të pajtoheshin. Madje nisi t'i dukej se, nëse plaku do ta kishte parë Xhenin, do ta kishte pëlqyer. E përfytyronte se si do të rregullohej çdo gjë - thjesht, e ndiente, se Xheni do t'i vinte plakut sipas shpirtit.

Kur erdhi në Cincinat, binte dëborë e madhe. Era të shponte fytyrën me flokët si gjilpërë. Dëbora i shuante zhurmat e zakonshme të rrugës. Në stacion, Lesteri takoi Emin. Ajo u gëzua, pavarësisht nga fërkimet e së kaluarës. Nga të gjitha motrat, ajo qe më e durueshme. Lesteri e përqafoi dhe e puthi.

- Sa mirë bëre që më takove, Emi,- tha ai. Tamam sikur u kthyem në kohët e dikurshme. Hë, si janë tanët? Me siguri do të jenë mbledhur të gjithë. I gjori baba, i erdhi edhe atij ora. Por jetoi një jetë të nderuar e të plotë. Me siguri qe i kënaqur që arriti të bëjë kaq gjëra.

- Po,- tha Emi,- por pas vdekjes së mamasë u mërzit shumë. Ata u larguan nga stacioni duke biseduar miqësisht dhe duke kujtuar të kaluarën. Në shtëpinë e vjetër qenë mbledhur i gjithë farefisi - të afërm e të largët. Lesteri shkëmbeu me ta shprehjet e zakonshme ngushëlluese, por me vete, gjatë gjithë kohës, mendonte se i ati pati një jetë të gjatë. Ai e arriti qëllimin e tij dhe vdiq - njëlloj si molla që kur piqet, bie në tokë. Pamja e të atit, shtrirë në arkivolin e zi, në mes të dhomës së madhe të pritjes, i zgjoi ndjenjën e humbur prej kohësh, të dashurisë fëminore. Ai madje buzëqeshi, duke parë pamjen e fytyrës së vendosur, me vijat e mprehta të tipareve, që dukej sikur shprehnin vetëdijen e plotësimit të detyrës.

- Qe njeri i mirë,- i tha Robertit, që qëndronte pranë tij. Nuk gjen njeri tjetër si ai.

- Ke të drejtë,- pohoi hijerëndë Roberti.

Pas varrimit u vendos të lexohej testamenti pa vonesë. Burri i Luizës nxitoi për në shtëpinë e tij në Bufalo, Lesteri në Çikago. Ditën e dytë, të afërmit u mblodhën në zyrën juridike -Najt, Kitli dhe O'Brajen,- që merrej me punët e plakut Kejn.

Lesteri shkoi në mbledhje me besimin se i ati nuk mund ta kishte mënjanuar nga trashëgimia. Biseda e tyre e fundit qe bërë vetëm para disa kohësh; ai i tha të atit se i duhej një afat që ta mendonte gjithçka siç duhej dhe i ati i dha këtë afat. I ati përherë e kishte dashur dhe i miratonte gjithçka, përveç lidhjes me Xhenin. Afërsia e Lesterit në punë i kishte sjellë firmës jo pak fitime. E ndiente qartë se i ati nuk kishte baza të sillej ndaj tij, më keq se sa ndaj fëmijëve të tjerë.

Zoti O'Brajen, një burë i shëndoshë e i shkueshëm, u shtrëngoi me përzemërsi dorën të gjithë trashëgimtarëve dhe atyre që kishin të drejta, të cilët i erdhën në zyrë. Ai kishte qenë për njëzet vjet i besuari personal i Arcibald Kejnit. I dinte të gjitha simpatitë, antipatitë apo tekat e tij dhe në marrëdhënie me të, e konsideronte veten si ndonjë lloj prifti. Dhe ia donte fëmijët, sidomos Lesterin.

- Ja kështu, më duket se u mblodhëm të gjithë,- tha, duke nxjerrë nga xhepi syzet e mëdha me skelet briri dhe duke parë i merakosur te të pranishmit. Shumë mirë. Mund t'ia nisim nga puna. Do ta lexoj testamentin pa asnjë lloj hyrje apo parathënie. Ai mori nga tryeza një fletë të madhe letre, u kollit dhe nisi të lexojë.

Dokumenti qe ndërtuar jo krejt si zakonisht: në fillim renditeshin shumat e vogla, që u liheshin bashkëpunëtorëve të vjetër, shërbyesve të shtëpisë dhe miqve; pastaj - dhuratat që u bëheshin institucioneve të ndryshme pas vdekjes dhe më në fund, trashëgimia që u lihej të afërmeve të familjes, duke nisur me të bijat. Imoxhinit, si bija e dashur dhe besnike, i qe lënë një e gjashta e kapitalit e vënë në fabrikë dhe një e gjashta e pasurisë tjetër të të ndjerit, që përbënin rreth tetëqindmijë dollarë. Po kaq morën Emi dhe Luiza. Të nipërve, me arritjen e moshës së pjekurisë, u takonin dhurata jo të mëdha për sjellje të mirë. Më pas, fjala shkonte për Robertin dhe Lesterin:

- Duke marrë parasysh disa ndërlikime që u zbuluan në punët e tim biri, Lesterit, e quaj për detyrë të jap udhëzimet e mija të veçanta, ta cilat duhen zbatuar në ndarjen e pasurisë së mbetur dhe pikërisht: një e katërta pjesë e kapitalit të "Kompanisë industriale Kejn" dhe një e katërta pjesë e pasurisë sime tjetër, e luajtshme dhe e paluajtshme, në para, aksione dhe letra me vlerë, ia lë trashëgim birit tim të dashur, Robertit, si shpërblim për plotësimin e palodhur të detyrave të tij, kurse një të katërtën e kapitalit të "Kompanisë industriale Kejn" dhe një të katërtën pjesë të pasurisë tjetër, të luajtshme dhe të paluajtshme, në para, aksione dhe letra me vlerë, ia lë atij ta drejtojë në dobi të të vëllait, Lesterit, gjer atëherë, kur ai të plotësojë kushtet e poshtëshënuara. Dhe dua të kërkoj nga të gjithë fëmijët e mi, që ta ndihmojnë atë në drejtimin e "Kompanisë industriale Kejn" dhe të kapitaleve të tjera që i qenë besuar, gjer atëherë, kur ai vetë do të dëshirojë ta shkarkojë veten nga ky drejtim, ose do të tregojë një mënyrë tjetër më të mirë drejtimi.

Lesteri mallkoi me zë të ulët. Gjaku i iku nga fytyra, por nuk lëvizi - për të mos bërë skandal. Dilte se as që përmendej veçan në testament.

- Kushtet e poshtëshënuara - nuk iu lexuan të gjithë të pranishmëve, gjë që sipas fjalëve të zotit O'Brajen, qe në përputhje me amanetin e të ndjerit. Mirëpo Lesterit dhe fëmijëve të tjerë u dha ta lexonin po ata ditë. Lesteri mësoi se do të merrte nga dhjetë mijë dollar në vit, në vijim të tre viteve, afat gjatë të cilit duhej të bënte zgjedhjen e mëposhtme: Ose të ndahej nga Xheni, nëse ende nuk qe martuar me të dhe kështu jeta e tij përputhej me dëshirën e të atit. Në këtë rast, Lesterit do t'i jepej pjesa e trashëgimisë që i takonte ose, të martohej me Xhenin, nëse ende nuk e kishte bërë këtë dhe atëherë, çdo vit, do të merrte nga dhjetë mijë dollar, përgjatë gjithë jetës. Por, pas vdekjes së tij, Xhenit nuk do t'i takonte asnjë qindarkë. Të dhjetë mijë dollarët e përmendur përfaqësonin në vetvete të ardhurat e vjela nga dyqind aksione, të cilat po ashtu i qenë besuar Robertit, gjer atëherë, kur Lesteri të merrte një vendim përfundimtar. Nëse Lesteri as nuk martohej dhe as nuk do të ndahej prej Xhenit, në përfundim të tre viteve i ndërpritej çfarëdolloj shume që merrte. Pas vdekjes së tij, aksionet nga të cilat do t'i përfitonte këto të ardhura, do të ndaheshin barabar mes vëllezërve dhe motrave që do të qenë ende gjallë. Çdo trashëgimtar apo pjesëtar me të drejtë trashëgimi, që kundërshtonte testamentin, e humbiste vetvetiu të drejtën e pjesës së tij të trashëgimit.

Lesterin e habiti me sa hollësi i pati parashikuar i ati të gjitha mundësitë. Pasi i lexoi kushtet përfundimtare, atij madje i lindi dyshimi se mos në përpilim të tyre kishte marrë pjesë Roberti, por kuptohet, këtë s'e thoshte me siguri,- Roberti nuk pati shfaqur kurrë ndaj tij, ndjenja armiqësore.

- Kush e përpiloi testamentin? - e pyeti O'Brajenin.

- Po të gjithë u përpoqëm nga pak,- iu përgjigj juristi i turbulluar . Nuk qe detyrë e lehtë. Se ju e dini, zoti Kejn, babait tuaj ishte vështirë t'ia kthente mendjen njeri. Qe shkëmb, jo njeri. Në disa prej këtyre pikave, për pak sa nuk shkonte edhe kundër vetvetes. Për thelbin e testamentit natyrisht, ne nuk mbajmë përgjegjësi. Kjo u përket vetëm juve dhe babait tuaj. Unë e pata shumë të rëndë të plotësoja urdhëresat e tij.

- Ju kuptoj plotësisht,- tha Lesteri. Ju lutem, mos u shqetësoni.

Zoti O'Brajen i shprehu mirënjohjen e tij të thellë. Lesteri, që gjatë gjithë kohës pati ndenjur pa lëvizur në kolltuk, sikur të qe ngulur, tani u çua tok me të tjerët dhe mori një pamje moskokëçarëse. Roberti, Luiza, Emi, Imoxhini - të gjithë qenë habitur, por s'mund të thuash se u dhembte shpirti për Lesterin. Se fundja, ai qe sjellë shumë keq. I pati dhënë shkas të atit për pakënaqësi.

- Plaku, ndoshta e tejkaloi masën,- tha Roberti, që qëndronte pranë Lesterit. Nuk e prisja aspak se do të shkonte aq larg. Sipas meje duhej ta kishte përpiluar krejt ndryshe.

- S'ka rëndësi,- hungëriti Lesteri, duke nënqeshur shtrembër. Motrat deshën ta ngushëllojnë, por nuk dinin ç'ti thoshin. Në fund të fundit, Lesteri qe vetë fajtor.

- Mua më duket se babai nuk u soll ashtu siç duhej,- deshi të fliste Emi, por Lesteri ia preu shkurt: - Në ndonjë mënyrë, do të mbijetoj.

Ai llogariti shpejt me mend se ç'të ardhura do të kishte, po të mos e plotësonte vullnetin e të atit. Në bursë, dyqind aksionet e tij vlenin pak më tepër se një mijë dollarë copa dhe të jepnin pesë gjer në gjashtë përqind të ardhura. Po, më shumë se dhjetë mijë dollarë në vit nuk do të merrte.

Njerëzit u shpërndanë nëpër shtëpi; Lesteri vajti tek e motra, por, duke nxituar të largohej nga qyteti i lindjes, nuk pranoi të hante mëngjes, duke u thënë se kishte punë urgjente dhe me trenin më të parë iku në Çikago.

Gjatë gjithë mëngjesit nuk e linin të qetë mendimet. Pra kështu, kuptohet se sa pak e paskësh dashur i ati! A qe e mundur vallë? Atij, Lester Kejnit, i hodhën dhjetë mijë dollarë, madje edhe këto, vetëm për tre vjet, kurse më tutje do t'i merrte veçse po të martohej me Xhenin. "Dhjetë mijë dollarë në vit" - mendoi,- dhe kjo vetëm për tre vjet! O Zot, aq sa ç'mund të fitojë një nëpunës i zakonshëm zyre! Dhe ta mendosh, se babai mund të sillej kështu me mua!

Kapitulli 43

Asgjë nuk mund ta revoltonte kaq fuqishëm Lesterin kundër të afërmve të tij, se sa kjo orvatje për ta gjunjëzuar. Gjatë këtyre kohëve të fundit iu bë e qartë se ai pati kryer dy gabime të rënda: e para, që s'u martua me Xhenin, gjë e cila do ta shpëtonte nga thashethemet dhe paragjykimet; dhe e dyta: që nuk pranoi të ndahej prej saj, kur ajo u përpoq të ikte vetë prej tij. Ç'të thoshte, qe ngatërruar keqas. Nuk mund të shkonte gjer aty sa të humbiste të gjithë pasurinë. Para kishte fare pak. Xheni nuk ndihej e lumtur, kjo vihej re menjëherë. Megjithatë, s'kishte si të ndodhte ndryshe, sepse edhe ai vetë ndihej fatkeq. A ishte gati të pajtohej me këto dhjetë mijë dollarë në vit, edhe sikur të martohej me Xhenin? A do të pranonte ta humbiste Xhenin, pra, që ajo të largohej një herë e përgjithmonë nga jeta e tij? Problemi qe tepër i koklavitur. Nuk mund të prirej as në këtë, as në atë.

Kur Lesteri u kthye prej varrimit, Xhenit i ra përnjëherë në sy se tek ai kishte diçka që nuk shkonte, se atë nuk e pati dërmuar vetëm hidhërimi i natyrshëm i vdekjes të të atit. Çfarë mund të qe kjo? Ajo u përpoq t'ia shfaqte ngushëllimin e saj, por që t'ia shëronte plagën nuk qe e lehtë. Kur i fyej krenaria, Lesteri mbyllej me inat në vetvete dhe po të shpërthente, kishte rrezik të godiste njeri. Xheni e ndiqte me kujdes, duke dashur me gjithë shpirt ta ndihmonte, por ai nuk e ndau hidhërimin e vet me të. Ai vuante dhe asaj s'i mbetej gjë tjetër, veçse të vuante bashkë me të.

Ditët iknin njëra pas tjetrës dhe erdhi koha kur Lesterit iu desh të mendonte seriozisht për situatën e tij financiare, në lidhje me dëshirën e pas-vdekjes së plakut Arcibald. Drejtimi i fabrikës do të riorganizohej. Roberti, sipas dëshirës së t'et, do të bëhej president i kompanisë. Lindte pyetja për rolin e saktë dhe pjesëmarrjen në punë të vetë Lesterit. Po të mos e ndryshonte qëndrimin ndaj Xhenit, nuk mund të ishte madje as aksioner; ta thuash më saktë, në përgjithësi, ai qe një hiç. Që të mbante edhe në të ardhmen postin e sekretarit dhe të arkëtarit, duhej të kishte qoftë edhe një aksion të kompanisë. A do të donte vallë Roberti ose ndonjë nga të motrat, t'i jepnin një pjesë të aksioneve të tyre? A do të binin vallë dakord, në rastin më të keq, që t'ia shisnin këto aksione? Apo, të afërmit nuk do të ndërmerrnin asnjë hap në dëm të ndryshimeve të reja që do të bënte Roberti? Tani, të gjithë mbanin ndaj Lesterit një qëndrim që më shumë dukej armiqësor. Po, e vetmja rrugëdalje nga kjo situatë e koklavitur, ishte të braktiste Xhenin. Nëse do ta braktiste, nuk kishte pse të kërkonte aksione. Nëse jo, kjo do të qe shkelje e vullnetit të fundit të të atit dhe atëherë duhej të qe i përgatitur për çdo lloj pasoje. Ai i peshoi përsëri e përsëri të gjitha përfundimet kontradiktore dhe panorama iu bë përherë e më e qartë. Duhej të hiqte dorë, ose nga Xheni, ose nga e ardhmja e tij.

Roberti, ndonëse i pohoi se gjithçka mund të qe përpiluar ndryshe, ndihej mjaft i kënaqur që ngjarjet u rrokullisën në këtë mënyrë. Planet e tij iu afruan realizimit; se, tashmë, ai i pati përpunuar ato me hollësi qysh prej kohësh, duke menduar që jo vetëm ta riorganizonte ndërmarrjen, por edhe ta zgjeronte, duke u shkrirë me kompani të tjera që prodhonin pajtone. Një bashkim i tillë me dy apo tri ndërmarrje të tjera, në perëndim dhe në lindje të vendit, do bënte që të uleshin çmimet e shitjes, ta shmangeshin prodhimet e njëllojta, të shkurtoheshin ndijshëm shpenzimet e përgjithshme.

Nëpërmjet përfaqësuesit të tij në Nju Jork, Roberti kishte shtënë në duar tashmë një sasi aksionesh të kompanive të tjera dhe tashmë qe gati të vepronte. Para së gjithash, duhej të zgjidhej president i kompanisë Kejn; pas kësaj, për aq kohë sa Lesterin s'e kishte në hesap, kishte ndërmend që, postin e zëvendës presidentit, t'ia jepte burrit të Emit dhe mundësisht ta zëvendësonte Lesterin me dikë tjetër në detyrën e sekretarit dhe arkëtarit. Sipas kushteve të testamentit, në detyrimet e Roberti thyente edhe detyra e menaxhimit të pjesës së pasurisë që i qe caktuar Lesterit, me shpresën se ai do të vinte mend. Me sa duket, i ati pati llogaritur se në këtë mënyrë, Roberti do të ndikonte tek i vëllai. Ky rol jo i këndshëm e bezdiste disi Robertin, por në vetvete, detyra nuk paraqiste vështirësi. Nga disa anë, madje, kjo qe një detyrë e nderuar. Lesteri, ose duhet të vinte mend, ose duhej ta linte të vëllain që ta drejtonte ndërmarrjen sipas mendjes së vet.

Duke plotësuar detyrat e tij në filialin e Çikagos, Lesteri e ndjeu tashmë se nga frynte era. Ai pa se doli jashtë bordit, se nuk ishte veçse një sektor drejtues në vartësi të të vëllait dhe ky fakt e tërbonte. Roberti s'i tha asnjë fjalë mbi ndryshimet; gjithçka dukej sikur shkonte si më parë; por ishte e qartë se tashmë çdo urdhër i Robertit qe ligj. Në fakt, Lesteri shërbente tek i vëllai dhe merrte rrogë. Kjo ishte poshtëruese dhe e neveritshme

Pas disa javësh, ndjeu se nuk mund ta duronte dot më,- se gjer tani pati jetuar i pavarur. Po afronte data e mbledhjes së përvitshme të aksionarëve, mbledhje që më parë bëhej vetëm formalisht, përderisa i ati i kryente vetë të gjitha punët. Tani do të dilte në krye Roberti, motrat patjetër do të përfaqësoheshin nga burrat e tyre, kurse ai vetë, nuk do të qe madje as i pranishëm. Përderisa Roberti nuk i propozoi t'i jepte apo t'i shiste aksione, të cilat do t'i krijonin të drejtën të ishte anëtar i drejtorisë dhe të zinte ndonjë post me përgjegjësi, ai vendosi, sado e rëndë qe kjo për egon e tij, t'i kërkonte të vëllait leje për lirim. Kjo do ta elektrizonte atmosferën. Roberti do ta kuptonte se, Lesteri, nuk pranonte të merrte prej tij hua dhe se parapëlqente të kufizohej vetëm me ato çka do të fitonte falë aftësive të veta dhe në përputhje të plotë me testamentin e të atit. Por edhe në rast se do ta braktiste Xhenin e do të kthehej në detyrat e tij, nuk do të kthehej aspak në cilësinë e drejtuesit të filialit. Dhe ai shkruajti një letër të thjeshtë e të sinqertë pune:

I dashur Robert! E di se në ditët e ardhshme kompania do të riorganizohet nën drejtimin tënd. Përderisa nuk kam aksione, nuk kam të drejtë të jem as anëtar i drejtorisë, as të mbaj postin e sekretarit dhe arkëtarit. Të lutem konsideroje këtë letër si një njoftim zyrtar për dorëheqje nga të dy këto poste dhe drejtoria le ta gjykojë se si do t'i zëvendësojë ato, si edhe shfrytëzimin e mëtejshëm të shërbimeve të mia. Vendin e drejtuesit të filialit, siç është tani, nuk e çmoj shumë, por nuk dua në asnjë mënyrë të prish planet e tua. Nga gjithçka që po të shkruaj, duhet ta kesh të qartë se tani për tani s'kam ndërmend të plotësoj kushtet e caktuara në testamentin e babait. Do të doja të di me përpikëri se si e sheh ti këtë çështje. Pres përgjigje nga ty.

Yti Lester.

Në zyrën e vet, në Cincinat, Roberti e studio me vëmendje këtë letër. Kështu pra, Lesteri kërkon qarësi të plotë,- kjo qe tamam sipas karakterit të tij. Me këtë lloj sinqeriteti dhe pak më tepër kujdes, mbase do të bëhej njeri i shquar, por atij i mungonin si dhelpëria ashtu edhe mendjemprehtësia. Ai nuk do ta përdorte kurrë mashtrimin, kurse Roberti, në thellësi të shpirtit, mendonte se pa to nuk mund të arrije suksesin e dëshiruar. - Nganjëherë janë të domosdoshme, si shkathtësia, edhe egërsia,- thoshte shpesh. Përse të mos i përdorësh, kur luan me shuma të mëdha? Dhe këtij rregulli i përmbahej mjaft rreptë.

Tashmë, Roberti ndjeu se ndonëse Lesteri qe djalë i shkëlqyer dhe veç kësaj, i vëllai, por atij i mungonte zhdërvjelltësia e duhur. Qe tepër i drejtpërdrejtë, i kishte tepër qejf diskutimet. Nëse do t'i qe bindur vullnetit të t'et dhe do të merrte pjesën e tij të trashëgimisë, do të bëhej patjetër pjesëtar aktiv në drejtimin e firmës. Por do t'ia lidhte duart vëllait të madh. A e donte këtë Roberti? Pa fjalë që jo. Atij më tepër i leverdiste që të paktën edhe në të ardhmen, Lesteri të mbetej me Xhenin dhe në këtë mënyrë të mënjanohej vetvetiu nga punët.

Duke i menduar të gjitha siç duhet, Roberti hartoi një letër të sjellshme... Nuk qe ende i bindur se si do të vepronte. Nuk e dinte se ç'mendim do të kishin të kunetërit. Duhej të këshillohej me ta. Personalisht, do të donte ta mbante Lesterin në pozitën e sekretarit dhe arkëtarit, nëse kjo mund të rregullohej. A nuk do të qe më mirë sikur ta vononin dhe ca vendimin përfundimtar?... Lesteri shau. Ç'dreq ka Roberti që dredh bishtin dhe e zgjat? Ai e di shumë mirë si ta rregullojë këtë. T'i jepte Lesterit një aksion dhe ai do të ishte aksionar me të drejta të plota. Roberti e ka frikë, ja se ku fle lepuri. Po mirë, në rolin e drejtuesit të filialit ai nuk do të rrijë, të jetë i qetë. Do të dalë në lirim pa vonesë.

Dhe Lesteri i shkruajti të vëllait se kishte menduar gjithçka dhe se do të përpiqej ta gjente lumturinë në një lëmë pune i pavarur. Le të shpinte Roberti në Çikago ndokënd, të cilit t'i dorëzonte punën. Qe gati të priste një muaj, por jo më shumë. Para disa ditësh, erdhi përgjigja. Roberti i shkruante se i vinte shumë keq, por nëse kishte marrë këtë vendim, nuk donte ta pengonte në realizimin e këtyre planeve të reja. Burri i Imoxhinit, Xheferson Mixhli, kishte shprehur prej kohësh dëshirën që të shkonte në Çikago. Si fillim, drejtimi i filialit mund t'i jepej atij.

Lesteri buzëqeshi. Me sa duket, Roberti përpiqej të nxirrte përfitime nga vështirësitë e krijuara. Ai e dinte se Lesteri mund ta hidhte në gjyq dhe ta kundërshtonte caktimin e të kunatit, por dinte edhe këtë, që Lesterit kjo i leverdiste më pak se gjithçka. E tërë historia do të dilte nëpër gazeta. Do të nisnin përsëri thashethemet e heshtura mbi marrëdhëniet e tij me Xhenin. Rrugëdalja më e mirë do të qe të ndahej. Kështu, gjithçka do të kthehej sërish në pikënisjen e mëparshme.

Kapitulli 44

Lesteri mbushi dyzet e gjashtë vjeç. Në këtë moshë, të mbeteshe krejt i vetëm, pa miq dhe lidhje pune, qe diçka e trishtuar dhe e tmerrshme, madje dhe me të ardhura prej pesëdhjetë mijë dollarësh në vit (ku përfshiheshin edhe dhjetë mijtë, sipas testamentit të të atit.) Ai e kuptonte që nëse në të ardhmen e afërme, nuk do të binte në ndonjë damar ari, karriera e tij do të qe e mbaruar. Kuptohej, mund të martohej me Xhenin. Kjo do t'i siguronte një të ardhur prej dhjetë mijë dollarësh gjer në fund të jetës, por gjithashtu, i hiqte mundësinë të merrte pjesën e tij në kapitalin e kompanisë Kejn. Nga ana tjetër, mund t'i shiste aksionet e veta që vlerësoheshin në afro shtatëdhjetë e pesë mijë dhe i jepnin një përqindje prej pesë dollarësh në vit,- për t'i futur paratë në ndonjë firmë, për shembull, në një ndërmarrje tjetër që ndërtonin pajtona. Por, a donte vallë të futej në konkurrencë me kompaninë e vjetër të të atit? Konkurrenca edhe kështu mbrehej dita me ditën, ku kompania Kejn mbante më këmbëngulje vendin e parë. I tërë kapitali i Lesterit kapte vetëm shtatëdhjetë e pesë mijë dollarë. A kishte vallë kuptim të hynte në luftë me mjete kaq të mjera? Me konjukturat e tanishme, që të forcoheshe në këtë degë të prodhimit, duheshin kapitale të mëdha.

Lesteri, i pajisur me imagjinatë të pasur e mendje të shëndoshë, për fatin e tij të keq, nuk e zotëronte atë besimin e trashë dhe të vetëkënaqur të superioritetit të vet, që është aq i domosdoshëm për arritjen e sukseseve serioze në çështjet e biznesit. Zënia e një vendi të dukshëm në botën afariste, i ecën zakonisht atij njeriu, të cilit i është fiksuar bindja, sikur vetë providenca i ka përgatitur një karrierë të shkëlqyer në këtë apo atë lëmë të zgjedhur. Një lloj i ri sapuni apo thike për hapjen e llamarinave të konservave, një brisk roje apo një çelës automati - pra diçka si këto, ia pushton tërësisht mendjen njeriut, e djeg

287

si kongjill i skuqur dhe ia mbush jetën plot e përplot. Që ta djegë kështu, nevojitet varfëria dhe rinia. Objekti, të cilit njeriu vendos t'i kushtojë jetën, duhet t'i hapë rrugë mundësive të panumërta dhe gëzimeve të pallogaritshme. Dhe pikësynimi duhet të jetë lumturia, ndryshe zjarri nuk do të flakërijë aq qartë, forca shtypëse nuk do të jetë aq e fortë dhe suksesi nuk do të jetë i plotë.

Por Lesteri nuk qe i aftë për një zjarr të këtillë. Tashmë ai e pati konsumuar pjesën më të madhe të ashtuquajturave gëzime të jetës. Iluzionet, që kaq shpesh dhe me plot gojën quhen kënaqësitë e jetës, nuk e miklonin më. Paratë, vetëkuptohet, qenë të domosdoshme dhe para kishte, sidoqoftë, për një jetë të ngeshme e të papunë. E pse t'i vinte në lojë? E megjithatë, pse jo. Do të ishte ku e ku më e tmerrshme të rrije duarkryq e të bëje sehir se si çanin përpara të tjerët.

Në fund të fundit, vendosi t'u gjejë një fushë aktiviteti forcave të veta. E bindi veten se nuk kishte pse të nxitonte; se nuk duhej të lejonte asnjë gabim. Si fillim, duhej që, në rrethin e industrialistëve, të cilët merreshin me prodhimin me shumicë të pajtoneve, të bëhej e ditur se nuk qe më i lidhur pas ndërmarrjes të të atit dhe se ishte gati të dëgjonte çdo propozim. Dhe te të gjithë përhapi lajmin se tërhiqej nga kompania Kejn dhe se do të shkonte në Evropë për pushime. Nuk pati qenë kurrë përtej detit, por edhe Xheni duhej marrë me të mirë. Vestën mund ta linin në shtëpi me shërbyesen dhe Gerhardtin, kurse Xheni le të shëtiste, të shihte se sa interesante ishte Evropa. Lesteri vendosi të shkojë në Venecia, në Baden-Baden dhe në shtëpi të tjera pushimi, që qenë të dëgjuara. Kishte kohë që donte të shihte edhe qytetet egjiptiane, edhe Parteonin. Do të rrinte ca kohë në vendet e huaja, do të freskohej dhe pastaj, kur të kthehej, do të merrej seriozisht me diçka të re.

Udhëtimi u bë në pranverë, një vit pas vdekjes së Kejnit plak. Lesteri bëri dorëzimet e depos së Çikagos dhe pa u nxituar, përpiloi me kënaqësi të madhe itinerarin, duke u këshilluar vazhdimisht me Xhenin. Pasi morën gjithçka që u nevojitej për rrugë, u nisën me vapor nga Nju Jorku, në Liverpul, kaluan disa javë në Angli, pastaj shkuan në Egjipt. Rruga e kthimit kalonte për në Greqi, Itali, pastaj në Austri dhe më tej, përmes Zvicrës, në Paris dhe në Berlin. Përshtypjet e reja e tërhoqën Lesterin, megjithëse nuk e linte ndjenja e pakëndshme, se kot që po humbiste kohë. Duke udhëtuar, nuk krijon ndërmarrje të mëdha afarizmi, kurse për të përmirësuar shëndetin, nuk kishte nevojë...

Mirëpo Xheni u entuziazmua nga të gjitha këto që shihte dhe thjesht u deh nga kjo jetë e re. Në Luksor dhe Karnaka, për ekzistencën e të cilave as që kishte dyshuar më parë, asaj iu shpalos kultura e fuqishme dhe e shumanshme e lashtësisë që tashmë kishte marrë fund. Miliona njerëz patën jetuar dhe vdekur këtu, duke besuar në perëndi të tjera, në forma të ndryshme drejtimi dhe rregulla të tjera jete. Xheni, për herë të parë kuptoi se sa e gjerë qe toka. Duke menduar mbi Greqinë e lashtë e të humbur, për perandorinë e shuar romake, për Egjiptin e tretur në lashtësi, ajo e kuptoi se sa të mjera qenë paragjykimet dhe andrallat tona të vogla. Tashmë, ndershmëria luteriane e të atit s'i dukej me aq vlerë, kurse struktura shoqërore e Kolombusit në shtetin e Ohaios, i dukej e pathyeshme. E ëma përherë i pati dhënë rëndësi të madhe asaj çka thoshin njerëzit, se ç'mendonin fqinjët, kurse këtu, Xheni pa një mori të panumërt varresh, ku preheshin njerëz, edhe të liq, edhe të mirë. Lesteri i shpjegoi se ndryshimet në kriteret zakonore, nganjëherë vinin si shkak i klimës, nganjëherë si shkak i fesë dhe kishte raste edhe si dukuri e ndonjë personaliteti të shquar, si për shembull, e Muhametit. Lesteri kishte qejf të nxirrte në pah se sa pak rëndësi kishin traditat zakonore në gjerësinë e kësaj bote, që ishte kaq e pamasë në krahasim me botën e tyre të zakonshme dhe Xheni, me aq sa ia priste, e kuptoi. Merr qoftë edhe të kaluarën e saj. Ta zëmë se u soll keq; për ndonjë grusht njerëzish, ndoshta, kjo edhe mund të qe e rëndësishme, por në kuadrin e tërë historisë njerëzore, apo të të gjitha forcave lëvizëse të botës - ç'kuptim kishte? Do të kalojnë ca kohë dhe të gjithë do të vdesin,- edhe ajo, edhe Lesteri, edhe këta njerëz. Nuk ka asgjë reale dhe të përjetshme, përveç mirësisë, zemrës së madhe, dashurisë njerëzore. Gjithçka tjetër është kalimtare si një ëndërr.

Kapitulli 45

Qëlloi që, jashtë shtetit, në fillim në Londër dhe më pas në Kajro, Lesteri takoi përsëri të vetmen grua, po të mos marrim parasysh Xhenin, e cila vërtet i pati pëlqyer dikur. Kishte kohë pa e parë Leti Pejsin; për katër vjet, ajo pati qenë e martuar me Malkolm Xheraldin, kurse tashmë, këto dy vjet, ishte një vejushë magjepsëse. Malkolm Xheraldi, bankier dhe bursist nga Cincinati, i pati lënë të shoqes një pasuri të madhe. Me të kishte një vajzë, të cilën e pati lënë nën kujdestarinë e një mëndeshe të kujdesshme, kurse për vete jetonte e rrethuar përherë nga ajka e adhuruesve të të gjithë kryeqyteteve të botës se qytetëruar. Leti Xherald ishte grua e talentuar, e bukur, elegante, sqimatare, shkruante vjersha, lexonte shumë, studionte artet dhe e adhuronte me gjithë shpirt Lester Kejnin.

Në kohën e saj, e pati dashuruar vërtet, sepse, duke i studiuar me vëmendje njerëzit, nuk gjente burrë më të mirë se Lesteri. Ai i dukej mjaft i drejtpeshuar, i qetë, njeri që s'i honepste dot shtirjet dhe që nuk e tërhiqnin bisedat e ngeshme dhe të kota mondane, por pëlqente të fliste për gjëra të thjeshta e konkrete. Sa herë që u pati rastisur të rrëshqitnin nga salla e ballos e të bisedonin diku në ballkon, Lesteri, diskutonte me të tema filozofike, hahej për librat, i tregonte për situatën politike apo kushtet shoqërore në qytetet e tjera me një fjalë, sillej me të si ndaj një qenie njerëzore të logjikshme dhe për një kohë të gjatë, ajo shpresoi shumë se ai do t'i propozonte. Sa herë, duke parë kokën e tij masive, flokët e dendur ngjyrë gështenjë, të qethura shkurt, ajo mezi përmbahej që të mos ia përkëdhelte. Transferimi i tij në Çikago qe një grusht i egër për të - në atë kohë, ajo s'dinte asgjë për Xhenin, por instinktivisht ndjeu se për të, Lesteri humbi.

Dhe këtu, Malkolm Xheraldi, një nga adhuruesit e saj më të zjarrtë dhe besnikë, për të njëzetën apo tridhjetën herë, i bëri propozim dhe ajo pranoi. Nuk e dashuronte, por ja që duhej të martohej me dikë. Ai pati mbushur dyzet e pesë vjeç dhe jetoi me të gjithsej katër vjet, gjatë të cilës u bind se e shoqja qe grua e shkëlqyer dhe mjaft e shkueshme, që dinte ta shihte jetën gjerësisht. Pastaj vdiq nga infeksioni në mushkëri dhe zonja Xherald mbeti vejushë e pasur. Duke qenë mjaft tërheqëse, e sprovuar në çështjet mondane, ajo qe pushtuar nga i vetmi merak - si të prishte paratë e saj.

Mirëpo, nuk paraqiste ndonjë prirje për t'i hedhur paratë në erë. Që nga vitet e rinisë, ideali i burrit për të, mbeti Lesteri. Kontët, lordët dhe baronët mendjecekët, që takonte nëpër pritjet mondane (se me vite i qenë krijuar mjaft të njohur dhe lidhje të reja) nuk i interesonin aspak. Asaj i erdhën në majë të hundës shkëlqimi i jashtëm i gjahtarëve me tituj, të cilët i takonte jashtë kufijve dhe që rendnin pas dollarëve të saj. Tashmë i njihte mirë njerëzit, kishte parë shumë, dinte të kapte edhe anën sociale dhe atë psikologjike të asaj që shihte, dhe, në mënyrë të natyrshme, nuk ushqente iluzione mbi këta zotërinj, mishërues të - qytetërimit.

- Do të isha e lumtur, madje edhe në një kasolle të varfër, me një njeri, të cilin e kam njohur dikur në Cincinat,- i tha njëherë një mikeshe aristokrate, me origjinë amerikane,- ai qe njeri i madh, njeri me mendje të kthjellët dhe shpirt të pastër. Sikur të më bënte propozim, do të martohesha me të, edhe sikur të më duhej të punoja për të marrë një rrogë.

- Dhe ai qe shumë i pasur? - e pyeti mikja.

- Përkundrazi, qe mjaft i pasur. Por për mua kjo nuk lozte asnjë rol. Mua më duhej vetëm ai.

- Me kalimin e viteve, megjithatë, kjo mund të bëhet realitet.

- Hë, mos e thoni,- e kundërshtoi zonja Xherald. Këtë e di, e kam pritur kaq vjet.

Lesteri ruante për Leti Pejsin e dikurshëm kujtimet më të këndshme. Dikur i pati pëlqyer shumë. Përse nuk u martua me të? Këtë pyetje ia bënte vetes shpesh herë. Ajo do të kishte qenë për të gruaja më e përshtatshme, i ati do ta bekonte patjetër atë martesë dhe të gjithë do të qenë të kënaqur. Kurse ai e shtyu pambarim, pastaj u duk Xheni dhe menjëherë Leti pushoi së ekzistuari në mendimet e tij. Tani u takuan sërish - pas një ndërprerjeje prej gjashtë vitesh. Ai e dinte se ajo qe martuar. Kurse ajo pati dëgjuar zëra të turbullt mbi lidhjen e tij, sikur në fund të fundit qe martuar me dashnoren dhe jetonte në anën Jugore. Mbi vështirësitë financiare nuk dinte asgjë. Për herë të parë u takuan një mbrëmje qershori në hotel "Karlton". Dritaret qenë të hapura, vinte një kundërmim lulesh nga kopshti, ndihej gëzimi i jetës së re që pushton tërë botën me kthimin e pranverës. Në çastin e parë, Leti u hutua, iu muar fryma. Por e mblodhi veten shpejt dhe i zgjati dorën miqësisht.

- O Zot, po ky qenka Lester Kejni! - thirri. Epo tungjatjeta, sa gëzohem që të shoh! Kurse kjo është zonja Kejn? Jam e lumtur që njihemi. Sa gjë e këndshme është të takosh një mik të vjetër; tamam sikur të kthehet rinia! Ju më falni, zonja Kejn, por, t'ju them të drejtën, jam tmerrësisht e gëzuar që po e takoj burrin tuaj. Madje, më vjen turp sa vjet kemi që s'jemi parë, Lester! Kur e kujtoj tani, e ndjej veten fare plakë. Jo, mendojeni edhe vetë, kanë kaluar gjashtë vjet! Gjatë kësaj kohe edhe u martova, edhe linda vajzë, edhe i ndjeri zoti Xherald më vdiq, edhe, o Zot, çfarë s'ka ndodhur!

- Kur të sheh nuk e tregon,- i tha Lesteri, duke buzëqeshur. Ai u gëzua për këtë takim,- dikur qenë miq të mirë. Por edhe tani, ajo e pëlqente,- kjo binte menjëherë në sy,- edhe ai e pëlqente   atë.

Xheni buzëqeshi me dashamirësi, duke parë mikeshën e dikurshme të Lesterit. Kjo grua, me krahë të zhveshura e të bukura, me fustanin mëndafshi rozë të lehtë, me jakë dantelle të mrekullueshme dhe një trëndafil të kuq alle në bel, iu duk më se e përkryer. Xheni, po ashtu si edhe Lesteri, kishte qejf të shikonte të gratë e bukura, duke ia treguar jo rrallë edhe atij vetë dhe duke e ngacmuar në mënyrë lozonjarë për hiret e tyre.

- Ti më mirë shko dhe njihu me të, Lester, në vend që rri tërë ditën me mua,- i thoshte, kur vinte re ndonjë grua vërtet interesante apo që të linte përshtypje.

- Punë e madhe, edhe këtu jam mirë,- ia kthente shakanë ai, duke e parë në sy, ose psherëtinte: - Mosha ime nuk është më si dikur, se ndryshe do t'i isha qepur pas.

- Vrapo, vrapo,- e ngacmonte ajo. Unë do të të pres.

- Po ç'do të thoshe sikur të vrapoja vërtet?

- Asgjë nuk do të thosha. Ndoshta do të ktheheshe përsëri tek unë.

- Dhe ty, s'të bën përshtypje?

- Ti e di shumë mirë që s'është kështu. Por nuk do të të ndaloja. Nuk mendoj aspak se duhet të jem për ty e vetmja grua, nëse ti vetë nuk do ta doje këtë.

- Nga i ke nxjerrë këto koncepte, Xheni? - e pyeti ai njëherë, i habitur me gjerësinë e pikëpamjeve të saj

- Vërtet nuk e di, por përse?

- Në to ka shumë durueshmëri dhe shpirtmadhësi. Jo shumë si puna jote do ta pranonin këtë.

- Sipas meje, Lester, nuk duhet qenë egoiste. As vetë nuk e di përse më duket kështu. Disa gra mendojnë ndryshe, por, nëse burri dhe gruaja nuk duan të jetojnë bashkë, përse ta detyrojnë njëri-tjetrin, - a je dakord me mua? Madje, edhe nëse burri ikën për njëfarë kohe dhe pastaj kthehet sërish, kjo nuk është gjë aq e tmerrshme.

Lesteri buzëqeshi; ai nuk mund të mos e admironte atë, për ndjenja kaq njerëzore.

Atë mbrëmje, duke parë se sa shumë u gëzua Leti për Lesterin, Xheni e kuptoi menjëherë se ata kishin dëshirë të bisedonin për mjaft gjëra; dhe ajo i mbeti besnike vetes.

- Ju do të më falni, do t'ju lë vetëm për pak kohë,- tha ajo, duke buzëqeshur. Më duhet të ve në rregull diçka në dhomë. Do të kthehem shpejt.

Ajo u largua dhe ndenji në dhomë aq sa e quajti të mundur, kurse midis Lesterit dhe Letit u ndez menjëherë një bisedë e gjallë. Ai i tregoi për veten, duke lënë ca hollësi mënjanë, kurse ajo i përshkroi jetën e saj të këtyre viteve të fundit.

- Tani që je i martuar dhe i paarritshëm,- i tha ajo me guxim,- do të pohoj: Gjithmonë ëndërroja se do të ishe pikërisht ti, që do të më propozoje, por kjo nuk ndodhi.

- Ndoshta nuk guxoja,- i tha ai, duke parë në sytë e saj të bukur e të zezë dhe duke pyetur veten, a e dinte vallë ajo, që nuk ishte i martuar.

Atij iu duk se Leti qe zbukuruar edhe më shumë, se tani, ajo ishte e përkryer, elegante, mendjemprehtë dhe e sigurt në vetvete, ideali i gruas mondane, që di t'i afrohet kujtdo e të magjepsë këdo.

- Lëri këto! E di unë se çfarë t'i zinte mendimet e tua. Mendimi yt i shtrenjtë sapo qe ulur në këtë karrige.

- Mos u nxito në përfundime, e dashur. Se ç'mendime kam pasur unë, nuk mund ta dish.

- Kështu apo ashtu, i jap hakun shijes tënde. Ajo është magjepsëse.

- Te Xheni ka mjaft gjëra të mira,- vërejti thjesht ai.

- Jeni të lumtur?

- Pak a shumë. Natyrisht, i lumtur me aq sa mund të jetë njeriu, nëse jeton me sytë hapur. Kurse unë, siç e sheh, nuk kam asnjë iluzion.

- Ç'do të thuash asnjë?

- Ka mundësi, asnjë, Leti. Nganjëherë, për këtë më vjen keq. Me iluzionet është më kollaj të jetosh.

- Të kuptoj. Kurse unë në përgjithësi, mendoj se jeta ime nuk më eci, ndonëse para kam aq sa ç'ka pasur Krezo, ndoshta, një cikë më pak.

- O Zot! Dhe këtë e thua ti! - me bukurinë tënde, talentet, pasurinë!

- E ç'më duhen ato? Të bares nëpër botë, të bëj logje të kota, të shastis idiotët, të cilët u qepen dollarëve të mi? Ah, sa e lodhshme dhe e mërzitshme është kjo!

Leti vështroi te Lesteri. Takimi me Xhenin nuk ia pengoi ndjenjën e dikurshme që t'i zgjohej në zemër. Përse Lesteri nuk zgjodhi atë? Ata ndiheshin mirë bashkë, njëlloj sikur të qenë martuar prej kohësh apo sikur po i shprehnin njëri-tjetrit dashurinë. Ç'të drejtë kishte Xheni ta merrte për vete? Sytë e Letit flisnin më qartë se fjalët. Lesteri buzëqeshi me hidhërim.

- Ja, po vjen ime shoqe,- tha ai. Duhet të ndërrojmë temën e bisedës. Ndoshta Xheni mund të të interesojë.

- E di,- iu përgjigj ajo dhe i drejtoi Xhenit një buzëqeshje të ndritur.

Xhenit i fëshfëriu një dyshim i dobët. Mbase kjo ishte ndonjë dashnore e vjetër e Lesterit? Ja se ç'grua duhej të kishte zgjedhur. Ajo qe një nga të rrethit të tij, me të Lesteri do të kishte qenë jo më pak, por ndoshta më shumë i lumtur. A nuk mendonte edhe ai vetë kështu? Pastaj i shkundi tutje këto mendime shqetësuese; e ç'fitonte po të nisej e po të bëhej xheloze, kjo do të qe e ulët.

Zonja Xherald u soll me Kejnët në mënyrë mjaft të sjellshme. Të nesërmen i ftoi për shëtitje me pajton në Haid Park; njëherë drekuan bashkë në hotel "Klerixh" dhe pastaj erdhi dita e nisjes së saj. Kishte lënë të takohej me disa miq në Paris. U nda përzemërsisht me Kejnët, duke shprehur shpresën që t'i takonte sërish. Ndihej e hidhëruar dhe e kishte zili lumturinë e Xhenit. Për të, Lesteri nuk e pati humbur magjinë e dikurshme. Madje, asaj iu duk se ai qe bërë edhe më i këndshëm, më i shkueshëm dhe më i mençur. I vinte keq tmerrësisht që nuk qe i lirë. Dhe Lesteri - ndoshta pavetëdije - ndante të njëjtën keqardhje me të.

Njëlloj si të ndiqte mendimet e saj, e përfytyronte veten se si do të ishte sikur të qe martuar me të. Pikëpamjet mbi jetën, mbi artin, për çështjet praktike, u përputheshin në mënyrë të habitshme. Flisnin lirisht dhe lehtë si miq të vjetër. Duke i përkitur të njëjtit rreth shoqëror, e kuptonin njëri-tjetrin që në gjysmë fjale, gjer në hollësitë më të vogla, të cilat Xheni nuk do të mundej mbase t'i kapte dhe mbase as t'i shprehte. Mendja e saj nuk punonte aq shpejt sa ajo e zonjës Xherald. Nga natyra, Xheni qe e aftë për ndjenja më të thella e për një kuptim më të madh shpirtëror, por nuk dinte ta spikaste veten në biseda mondane. Ajo përherë qe e sinqertë deri në fund; ishte kjo cilësi e saj, që mund ta kishte tërhequr Lesterin. Por tani, si edhe në raste të tjera, ajo humbi prej kësaj. Dhe Lesterit nisi t'i dukej tashmë, se mbase do të bënte më mirë sikur ta vendoste zgjedhjen e tij për Leti Pejsin. Sidoqoftë, kjo s'do të qe keq dhe atë s'do ta mundonin mendimet torturuese për të ardhmen.

Herën e dytë, e takuan zonjën Xherald në Kajro. Duke u endur me puron në kopshtin e hotelit, Lesteri papritur u ndesh ballë për ballë me të.

- Sa mirë,- thirri ai,- nga dole ti?

- Imagjinoje edhe vetë, nga Madridi. Gjer të enjten e kaluar as vetë s'e dija që do të bija këtu. Ma mbushën mendjen Elikotët që të bashkohesha me kompaninë e tyre. Tani sa po mendoja se ku do të ishit dhe pastaj u kujtova se patët ndërmend të shkonit në Egjipt. Ku është gruaja juaj?

- Tani, në këtë minutë, me siguri në vaskë. Këtu bën aq vapë, sa Xheni është gati të mos dalë nga uji. Edhe unë vetë jam gati të lahem.

Ai e soditi sërish zonjën Xherald. Ajo kishte veshur një fustan mëndafshi të kaltër, në duar mbante një çadër të bukur me vija të bardha e të kaltra.

- Ah, o Zot! - thirri papritur. Thjesht nuk di si t'ia bëj. Nuk mund të endem tërë kohës. Po mendoja, a të kthehem vallë në Shtetet e Bashkuara?

- Pse, ku qëndron puna?

- E ç'fitoj nga këto? Të martohem nuk dua. Tani s'kam asnjeri me të cilin do të doja të martohesha.

Ajo vështroi në mënyrë shprehëse te Lesteri dhe ktheu kokën.

- Po, do të gjendet ndokush,- i tha jo aq sjellshëm Lesteri. Me bukurinë dhe paratë që ke, sido që të bësh, nuk shpëton dot.

- Mos fol kështu, Lester!

- Mirë, ashtu qoftë. Por unë e di se ç'flas.

- Ti, vallëzon akoma? - e pyeti ajo me një ton tepër mondan, se u kujtua që atë mbrëmje organizohej një ballo në hotel. Dikur Lesteri vallëzonte shkëlqyeshëm.

- Po ti, shikomë si jam bërë!

- Lëri këto, Lester, mos vallë ke hequr dorë nga një zbavitje e tillë e mrekullueshme? Gjer tani e adhuroj vallëzimin. Po zonja Lester?

- Jo, ajo s'e ka qejf. Sidoqoftë, nuk e tërheq. Ndoshta pjesërisht është faji im. Këto kohët e fundit se si kam harruar që mund të merresh edhe me gjëra të tilla.

Ai u kujtua se kohët e fundit, në përgjithësi, i kishte ndërprerë daljet në shoqëri. Lidhja e tij qe bërë një pengesë e pakapërcyeshme për të.

- Eja të vallëzojmë sonte në darkë. Gruaja jote nuk do të ketë asnjë kundërshtim. Salla këtu është e përsosur. E pashë sot në mëngjes.

- Të shohim,- iu përgjigj Lesteri. Me siguri, do të kem harruar të vallëzoj. Dhe, në moshën time, nuk do të jetë e lehtë ta nis përsëri.

- Ç'thua kështu, Lester,- e kundërshtoi ajo. Del se edhe unë u dashka të mos vallëzoj? Mos u hiq kaq i ndrojtur. Të të dëgjojë kush, do të thotë sikur je plakur fare.

- Po, plak jam, nëse më gjykon nga përvojat e jetës.

- E pastaj? Kjo të bën më interesant,- i tha me kokëfortësi zonja Xherald.

Kapitulli 46

Në darkë, kur në sallën e vallëzimit të hotelit të madh, që binte nga ana e shtegut të kopshtit me palma, nisi të luajë orkestra, zonja Xherald po kërkonte Lesterin në njërën prej verandave. Xheni qe ulur pranë tij, veshur me një fustan të bardhë atlasi dhe këpucë të bardha, me kurorën e flokëve të dendura mbi ballin e pastër. Lesteri pinte duhan dhe mendonte mbi fatet e Egjiptit, për brezat që kishin pasur njëri-tjetrin; për njerëzit e pafuqishëm; për rripin e ngushtë të tokës mes brigjeve të Nilit që ushqente këtë brez, për klimën e habitshme të tropikëve; për këtë hotel me pajisje bashkëkohore dhe turmën e larmishme të turistëve që ishte mbledhur në këtë vend të lashtë, të lodhur e të shteruar. Në mëngjes, tok me Xheninin patën vajtur të shihnin piramidat. Udhëtuan me tramvaj gjer te këmbët e sfinksit. Panë rrugicat e ngushta, ngjyrat e zbardhultë dhe aromat e përziera, burra e fëmijë gjysmë lakuriq, me veshje të çuditshme e të leckosura, që lëvrinin ngado.

- Është tmerrësisht e vështirë ta kuptosh këtë,- tha Xheni. Janë kaq të pisët, të frikshëm. Ti vështrosh është interesante, por të gjithë vërtiten në një lëmsh.

Lesteri buzëqeshi me tallje.

- Pjesërisht ke të drejtë. Por shkak për këtë është klima. Nxehtësia, tropiku. Kjo zakonisht të drobit, ta ul ndjeshmërinë. Njerëzit s'kanë faj.

- Natyrisht, nuk u vë faj. Por, thjesht, më duken të çuditshëm. Tashmë Lesteri e kujtonte këtë bisedë, duke parë në palmat e ndriçuara nga drita magjike e hënës.

- Më në fund ju gjeta! - thirri zonja Xherald. Në drekë s'arrita. U vonuam shumë në ekskursion. E binda burrin tuaj të vallëzojë me mua, zonja Kejn,- vazhdoi ajo me një buzëqeshje.

Atë, sikurse edhe Lesterin dhe Xheninin, e kishte zbutur nata e ngrohtë jugore. Ajri kundërmonte mbushur nga aromat dehëse të kopshtit dhe lëndinës; që nga larg jehonin dobët tingujt e këmborëve dhe britmat e huaja: -Hajt! Ush! Ush!- nëpër rrugicat e ngushta yshtnin gamilet.

- O, shumë mirë,- iu përgjigj këndshëm Xheni. Le të vallëzojë. Unë do të kërceja edhe vetë, por nuk di.

- Ti duhet të marrësh tani ca mësime,- e kundërshtoi me gjallëri Lesteri. Unë do të të bëj kavalierin. Natyrisht që jam rënduar mjaft, por megjithatë, diçka do të dalë.

- Hë, po nuk kam edhe aq qejf të vallëzoj,- buzëqeshi Xheni. Por ju shkoni, kurse unë, pas pak, do të shkoj në dhomën time.

- Po, mbase mund të rrish në sallë? - i tha Lesteri, duke u çuar. Se ja, do të bëj një apo dy vallëzime, jo më shumë dhe pastaj mund të vështrojmë të tjerët.

- Jo. Më mirë po rri këtu,- më pëlqen shumë. Por ti shko. Merreni atë, zonja Xherald.

Lesteri dhe Leti u larguan. Krijonin një çift tepër të goditur. Fustani vishnjë i errët i zonjës Xherald, stërpikur nga cërka të ndritshme të zeza, ia hijezonte bardhësinë e krahëve dhe qafës së zhveshur; në flokët e errëta i shndërronte një brilant i madh. Buzët të plota të kuqe qenë ravijëzuar në një buzëqeshje që i zbulonte dhëmbët e bardhë dhe të rregullt.

Lesteri, me frakun që i spikaste trupin e fortë e të bëshëm, dukej hijerëndë dhe fisnik.

- Ja me cilën duhet të ishte martuar,- mendoi Xheni, kur ai humbi nga sytë pas dyerve të hotelit dhe padashje nisi të sjellë ndërmend jetën e vet. Nganjëherë i dukej se tërë e kaluara e saj qe një ëndërr dhe sikur kjo ëndërr vazhdonte dhe tani. Tingujt e jetës vinin fluturimthi gjer tek ajo, të paqartë, si tingujt e kësaj nate. Ajo nuk dëgjonte, veçse britmat më të larta, nuk vështronte, veçse tiparet më të përgjithshme, kurse pas tyre, si nëpër gjumë, notonin duke u këmbyer njëra me tjetrën ca hije të pakapshme. Përse i tërhiqte kaq shumë burrat? Përse Lesteri e mbante me kaq këmbëngulje? A mundej, që në kohën e saj, t'i kundërshtonte? Solli ndër mend se si jetonte në Kolombus, se si dilte të mblidhte qymyr. Kurse tani, ndodhej në Egjipt, në këtë hotel të madh; në dispozicion të saj qe një apartament luksoz prej disa dhomash dhe Lesteri e donte si më parë. Sa gjëra kishte hequr ai prej saj! Përse? Vallë - kaq grua e jashtëzakonshme ishte? Dikur, edhe Brenderi e pohonte këtë. Edhe Lesteri i kishte thënë të njëjtën gjë. E megjithatë, e ndiente se këtu nuk qe në vendin e saj, ishte njëlloj sikur kishte në duar një grusht gurësh të çmuar që s'i përkisnin asaj. Shpesh, i rikthehej ndjenja që pati provuar gjatë udhëtimit të parë me Lesterin në Nju Jork,- sikur kjo jetë përrallore nuk do të zgjaste shumë. Diku, fati i kishte ngritur pusi dhe e përgjonte. Diçka do të ndodhte dhe ajo do të gjendej sërish atje ku kishte qenë - në rrugicën e humbur, në shtëpinë e mjerë, me fustanin e vjetruar e të grisur.

Pastaj, mendimet e shpinin në Çikago; kujtoi të njohurit e Lesterit dhe iu bë e qartë se pikërisht kështu do të ndodhte. Atë nuk do ta pranonin në shoqëri, madje, edhe sikur ai të martohej me të. Tani e kuptonte edhe shkakun përse. Duke parë në fytyrën të qeshur e të ndritur të gruas me të cilën sapo u largua Lesteri, ajo lexoi mendimin; - ti mbase edhe je shumë e mirë, por nuk je e rrethit të tij. Dhe tani, duke vallëzuar me të, zonja Xherald me siguri mendon se ajo vetë do të qe grua shumë më e përshtatshme për të. Ai i duhej një grua e rritur nga prindër të po atij rrethi. Nga Xheni ai s'mund të priste njohuri për të gjitha vogëlsitë me të cilat qe mësuar që fëmijë, si edhe vlerën e tyre të drejtë. Tashmë ajo kuptonte plot gjëra. Mësoi të orientohej shpejt në hollësitë e situatave, tualeteve, manierave, zakoneve mondane, por të gjitha këto qenë të fituara me anë të të mësuarit të zellshëm dhe jo të lindura.

Nëse ajo largohej, Lesteri do të rikthehej në botën e mëparshme, në botën ku mbretëron gruaja e bukur, e mençur, e edukuar me përsosmëri, si ajo, e cila po rrotullohej tashmë, duke vallëzuar në krahët e tij. Sytë e Xhenit u mbushën me lot; ndjeu papritur se deshi të vdiste. Vërtet, kështu do të qe më mirë. Në këtë kohë, Lesteri vallëzonte me zonjën Xherald, kurse në pushimet midis vallëzimeve bisedonte me të për vendet dhe njerëzit e njohur. Ai vështronte Letin dhe habitej me rininë dhe bukurinë e saj. Nuk qe aq e hollë sa në rini, tashmë qe e fortë dhe madhështore, si Diana. Në trupin lastar ndihej forca, sytë e zezë i shkreptinin me një shkëlqim të lagësht.

- Për fjalë të nderit, Leti, nuk u përmbajt ai,- ti je zbukuruar më shumë. Je e mahnitshme. Sa vjen e rinohesh edhe më.

- Me të vërtetë të duket kështu? - buzëqeshi ajo, duke hedhur sytë mbi të.

- Ti e di shumë mirë, ndryshe s'do të ta thoja këtë.

Komplimentet boshe nuk janë pasioni im.

- Ah, Lester, ti ari, me ty s'ia vlen as të spitullohesh? Vallë, a s'e di ti që gratë kanë qejf t'i pinë lëvdatat pika-pika, e jo t'i kthejnë me fund?

- Përse e ke fjalën? - e pyeti ai. Çfarë thashë?

- Asgjë. Thjesht, ti je ari. Djalë i madh, pa dredha dhe kokëfortë. Por të gjitha këto janë vogëlsira. Ti më pëlqen. Kjo, të mjafton?

- Plotësisht,- tha ai.

Muzika heshti dhe ata dolën në kopsht. Lesteri i shtrëngoi dorën butë. Nuk mund të përmbahej, dukej sikur kjo grua i përkiste atij. Kurse ajo, përpiqej me të gjitha forcat, t'ia nxiste këtë. Ndërsa rrinte me të në kopsht dhe vështronte fenerët që vareshin pemëve, mendonte: po të ishte i lirë apo sikur t'i bënte thirrje, ajo do të shkonte më të. Mbase do të shkonte edhe kështu, por me siguri ai s'do të donte. Qe tepër puritan, kujdesej shumë për sjelljet e denja. Nuk u ngjante burrave të tjerë që njihte dhe nuk do të kryente kurrë një sjellje të ulët. Kurrë.

Më në fund, Lesteri u ngrit dhe zuri të ndahej prej saj. Në mëngjes, tok me Xhenin do të shkonin më tej, sipër Nilit, në Karnak, në Fivi dhe në tempujt e ishullit File, që ngriheshin mbi

303

ujë. U duhej të çoheshin pa gdhirë, kështu që i pati ardhur ora të shlodhej.

- Po, kur ke ndërmend të kthehesh në atdhe? - e pyeti e mërzitur zonja Xherald.

- Në shtator.

- I ke porositur biletat?

- Po, do të lundrojmë më nëntë nga Hamburgu, me vaporin "Fullda".

- Ndoshta në vjeshtë, edhe unë do të kthehem gjithashtu në shtëpi,- qeshi Leti. Mos u habit po u takuam në vapor. Vërtet, ende s'kam vendosur asgjë.

- Jo, në fakt, shkojmë bashkë,- i tha Lesteri. Shpresoj se nuk do të ndërrosh mendje... Mund të shihemi përsëri nesër në mëngjes.

Ai heshti dhe ajo i hodhi një vështrim të hidhëruar pyetës.

- Mos u mërzit,- i tha ai dhe i shtrëngoi dorën. Pak gjëra ndodhin vallë në jetë? Nganjëherë, duket sikur punët janë fare keq, por pastaj dalin për të mirë.

Ai mendoi me sa duket, se asaj i vinte keq ta humbiste atë, kurse atij vetë, i vinte keq që s'ia plotësoi dëshirën. E megjithatë, tha me vete, një rrugëdalje e tillë nga situata, do të qe e papranueshme. Por mbase, edhe ishte një rrugëdalje. Përse nuk e pati bërë këtë, vite më parë?

Por atëherë ajo nuk qe kaq e mirë sa tani, edhe jo kaq e zgjuar, jo kaq e pasur... ah, sikur!... Mirëpo, nuk mund ta tradhtonte Xhenin apo t'i donte të keqen. Edhe kështu, ajo s'e kishte të lehtë dhe po mbarte me trimëri barrën e saj.

Kapitulli 47

Dhe vërtet, në rrugën e kthimit, Lesteri dhe Xheni kaluan një javë të tërë me zonjën Xherald, e cila pati vendosur të rrinte për ca kohë në vendlindje. Ajo u nis për në Cincinat, duke i rënë në Çikago, se llogariste që edhe në të ardhmen të takohej me të rrallë me Lesterin. Kur e pa në vapor, Xheni u habit mjaft dhe mendimet alarmuese nisën ta mundonin sërish. Situata ishte e qartë: po të mos qe Xheni, zonja Xherald padyshim që do të martohej me të. Kurse tani... vështirë të thoje diçka. Leti qe gruaja më e përshtatshme që i përputhej shkallës shoqërore të tij; e edukuar, me pozitë në shoqëri. Por në një plan më të gjerë njerëzor, Xheni i qe më e afërt, - këtë e ndiente në mënyrë të pagabueshme. Mbase kjo do ta ndihmonte që ta zgjidhte këtë çështje të vështirë, por tani për tani, të tre ata mbetën miq si edhe më parë. Në Çikago u ndanë: zonja Xherald vazhdoi për në Cincinat, kurse Lesteri me Xhenin u kthyen në shtëpinë e tyre, në Haid Park.

Pas kthimit nga Evropa, Lesteri nisi të mendonte seriozisht ndonjë fushë të re veprimtarie. Asnjë nga kompanitë e mëdha nuk iu drejtuan me ndonjë propozim; kryesisht për shkak se ai kishte emër si njeri i fuqishëm dhe autoritar dhe se patjetër do të kërkonte të luante me ta në violinën e parë; mbi ndryshimin e gjendjes së tij financiare nuk dihej ende asgjë. Kompanitë e vogla për të cilat ai mblodhi të dhëna, mezi e shtynin ekzistencën e tyre të mjerë, ose nxirrnin prodhime jo cilësore, sipas pikëpamjes së tij. Në një qytet jo të madh, në veri të shtetit Indiana, zbuloi vërtet një ndërmarrje që dukej sikur kishte një lloj perspektive. Në krye të saj ishte një mjeshtër pajtonesh me përvojë - siç pati qenë në kohën e vet babai i Lesterit - por pa aftësi të veçanta afarizmi. Ai merrte një fitim fare të thjeshtë nga të pesëmbëdhjetë mijë dollarët e investuar në ndërmarrjen që kushtonte njëzet e pesë mijë dollarë. Lesteri vendosi që, me përdorimin e metodave të duhura dhe me aplikimin e një lufte të vërtetë biznesi, këtu mund të arrinte diçka. Për suksese të shpejta as që mund të bëhej fjalë, fitimet e mëdha, nëse do të qenë të mundura, do të arriheshin vetëm në një të ardhme të largët. E megjithatë, Lesteri mendonte që të hynte në bisedime me pronarin e kësaj ndërmarrjeje, por këtu i mbërriti lajmi i krijimit të trustit të pajtoneve.

Gjatë gjithë kësaj kohe, Roberti punoi me vrull për riorganizimin që pati menduar prej kohësh. U përpoq me çdo mënyrë që t'u tregonte konkurrentëve të tij se bashkimi u premtonte shumë më tepër fitime se sa konkurrenca apo synimet për t'i kufizuar njëri-tjetrit tregun. Përfundimet e tij qenë kaq bindëse, sa që kompanitë e mëdha iu dorëzuan njëra pas tjetrës. Pas disa muajsh, marrëveshja u firmos dhe Roberti u bë president i "Shoqërisë së bashkuar të prodhimit të pajtoneve" duke u mbështetur në kapitalin prej dhjetë milionë dollarësh të aksionarëve dhe në pajisjet bazë, që arrinin në thuajse tre të katërtat e kësaj shume. Ai e arriti të tijën dhe qe i kënaqur. Në lidhje me këto ndryshime të rëndësishme, Lesteri nuk kishte asnjë lloj dijenie. Disa artikuj të shkurtër gazetash, mbi shkrirjen e pritshme të një varg ndërmarrjesh që prodhonin pajtona, nuk i patën rënë në sy, ngaqë asokohe ndodhej jashtë shtetit. Pasi u kthye në Çikago, mësoi se burri i Imoxhinit, Xheferson Mixhli, udhëhiqte si edhe më parë nëndegën e Çikagos dhe jetonte në Invenston; mirëpo grindja me të afërmit e pengoi Lesterin që të merrte ndonjë lajm të dorës së parë. Rastësia ia hapi sytë shpejt për atë që ndodhi dhe duhet thënë, në rrethana krejt të dëshpëruara.

Lajmin e habitshëm ia njoftoi jo tjetër njeri, por vetë Henri Brejsbrixhi nga Klivlendi, të cilin Lesteri e takoi në klub, një muaj pasi qe kthyer nga Evropa.

- Dëgjova se je shkëputur nga firma e babait,- vërejti Brejsbrixhi me një buzëqeshje të sjellshme.

- Po,- tha Lesteri. U shkëputa.

- Po tani, çfarë planesh ke?

- Tani po mendoj për ndonjë punë. Dua të hap një ndërmarrjen time.

- Por vështirë se do t'ia dalësh kundër vëllait. Ai s'e ka menduar keq me atë bashkimin e tij.

- Me çfarë bashkimi? Nuk kam dëgjuar asgjë. Tani sapo jam kthyer nga Evropa.

- Oh, shiko, Lester, kështu do të flesh tërë jetën,- tha Brejsbrixhi. Yt vëlla krijoi trustin më të madh në degën tuaj të prodhimit. Pandeha se ishe në dijeni të ngjarjeve... U bashkuan të gjitha firmat e mëdha. "Budsi, Laimn-Uintropi, Majer-Bruksi". Vëllai yt është zgjedhur president. Me siguri, vetëm nga shpërndarja e aksioneve ka fituar dy milionë.

Lesteri ngriti vetullat, sytë e tij vështruan ftohtë.

- Po mirë, e pastaj? Jam shumë i gëzuar për Robertin.

Brejsbrixhi e kuptoi se Lesterit iu përzje në bark.

- Mirupafshim, i dashur, më erdhi koha,- i tha. Kur të jesh në Klivlend, duku nga ne. Unë me gruan, të duam, ti e di këtë.

- E di,- tha Lesteri. Mirupafshim.

Ai u end në sallën e pirjes së duhanit. Pas kësaj që mësoi, plani i tij i ri humbi çdo interes. Do të dukej bukur në rolin e pronarit të ndonjë fabrike të humbur, kur i vëllai ishte president i trustit të pajtoneve! Po, Roberti do ta flakte në rrugë pas një viti. Njëherë e një kohë, ai e ëndërronte vetë një bashkim të tillë. Ai e ëndërronte, kurse Roberti ia mori dhe e realizoi.

Është tjetër gjë të durosh goditjet e fatit që derdhen kaq shpesh mbi njeriun e talentuar, kur ai është i ri, i guximshëm, i mbushur me shpirt luftarak dhe krejt tjetër gjë, kur rininë e ke lënë tashmë pas, kur aktiviteti bazë me të cilën merresh të rrëshqet prej duarve dhe rrugët e reja drejt pasurimit dhe suksesit, mbyllen përpara teje njëra pas tjetrës. Mosdashja e hapur e "shoqërisë" për ta pranuar Xhenin, rrëmuja e krijuar rrotull tij nga gazetat, grindja me të atin dhe vdekja e tij, humbja e pasurisë, shkëputja prej ndërmarrjes së të atit, sjellja e Robertit dhe më në fund, trusti i ri - të gjitha këto e shkurajuan dhe e dërmuan Lesterin. Përpiqej të mos e jepte veten dhe gjer tani dukej sikur ia doli, por ndjeu se ç'do gjë ka një kufi. Në shtëpi u kthye i vrerosur. Xheni e vuri re këtë menjëherë, ose më saktë, sikur e priste diçka të tillë. Gjithë mbrëmjen, për sa kohë Lesteri nuk qe në shtëpi, atë e mundoi një hidhërim i pashpjegueshëm. Dhe ja, kur u kthye, e kuptoi se ai kishte telashe serioze. Shtysa e parë ishte ta pyeste: -Ç'ka ndodhur, Lester?- por u përmbajt me zgjuarsi dhe vendosi se, po të donte, ai do t'i kallëzonte vetë gjithçka. Kështu, bëri sikur nuk vuri re asgjë dhe u përpoq ta zbavitë në mënyrë përkëdhelëse dhe jo të bezdisshme.

- Vesta ishte e kënaqur sot me veten,- nisi ajo. Solli nga shkolla nota të shkëlqyera.

- Shumë mirë,- iu përgjigj ai i ngrysur.

- Edhe të vallëzojë, ka nisur për mrekulli. Se si, përpara se të vije ti, më tregoi një vallëzim të ri, të cilën sapo e ka mësuar. Aq e mrekullueshme dukej, sa nuk e merr dot me mend.

- Gëzohem shumë që e dëgjoj,- hungëriti ai,- se e kam thënë, që ia vlente të mësonte. Dhe ka ardhur koha ndoshta, që ta dërgosh në një shkollë tjetër, më të mirë.

- Kurse babai zemërohet, sa të bën për të qeshur. Ajo çapkënia deshi ta ngacmojë. I propozonte që t'i mësonte të kërcejë. Të mos e donte aq shumë, do t'ia kishte shkulur veshët.

- Mund ta përfytyroj! - buzëqeshi Lesteri. Gjyshi ynë po na kërcyeka. Epo, ç'pamje!

Ai e donte sinqerisht Vestën dhe përherë e më tepër interesohej për të.

Xheni vazhdonte të llomotiste dhe në njëfarë mënyre arriti t'ia shpërndante zymtësinë Lesterit. Dhe, kur erdhi koha të shtriheshin për të fjetur, ai i foli vetë më në fund, për hallet e tij.

- Gjatë kohës që ishim jashtë shtetit, Roberti ndërtoi këtu një kombinacion financiar jo të keq.

- Çfarë kombinacioni! - u merakos Xheni.

- Përlau trustin e pajtoneve, as më pak, as më shumë. Ky trust tashmë, do të mbledhë në duar gjithçka të rëndësishme në këtë vend. Brejsbrixhi më tha se Roberti u zgjodh president dhe se ata kanë thuajse tetë milionë kapital.

- Ç'thua! - thirri Xheni. Atëherë ti nuk duhet të hysh në kompaninë e re për të cilën the.

- Po, tani do të qe budallallëk. Ndoshta, më vonë, nuk e di.Tani për tani duhet të pres, të shohë se ç'do të dalë nga ky trust i ri. Kushedi se ç'drejtim do të marrë.

Xheni u pikëllua thellë në shpirt. Asnjëherë më parë s'kishte dëgjuar nga Lesteri fjalë ankimi. Donte ta ngushëllonte, por e kuptonte se kjo qe jashtë forcave të saj.

- Po mirë,- i tha. Në botë ka plot gjëra të tjerë interesante. Kohë ke. Të isha në vendin tënd, nuk do të nxitohesha. Ajo vendosi të mos shtonte më asnjë fjalë, por menjëherë ai ndjeu se vërtet nuk kishte pse ta torturonte veten. Në fund të fundit, edhe për dy vjet të tjerë e kishte të siguruar një të ardhme më se të mjaftueshme. Po të donte, mund edhe ta shtonte. E megjithatë, e gërryente mendimi që i vëllai po ngjitej me aq nxitim në majë, kurse ai vetë po rrinte në vend-numëro, ose më saktë, po lundronte sipas rrjedhës. Kjo qe fyese; dhe kryesorja - nisi të ndjejë se po i rrëshqiste trualli nën këmbë.

Kapitulli 48

Sado që shtrydhi trutë, Lesteri nuk mundi të shpikte ndonjë mënyrë se si të përfshihej në jetën e botës afariste. Kur mori vesh se Roberti krijoi trustin, menjëherë e hodhi poshtë mendimin për t'u lidhur me ndërmarrjen e thjeshtë të fabrikantit nga India. E kishte ndjenjën e krenarisë dhe të masës, që të kuptonte se sa punë boshe do të ishte të matej me të vëllain, i cili, përsa u përket mundësive financiare ia kalonte në mënyrë të padiskutueshme.

Pyeti sa andej-këtej për shoqërinë e re dhe u bind se Brejsbrixhi s'i pati zmadhuar aspak përmasat dhe fuqinë e saj. Kjo ishte punë milionash. Fabrikantëve të vegjël dhe të pavarur nuk u mbetej asnjë shans të mbijetonin. Kështu, mos duhej vallë t'i ngjitej pas bishtit të vëllait të tij të famshëm? Jo, kjo do të qe poshtëruese. Të sorollateshe dhe të përdridheshe në një luftë të pabarabartë kundër trustit të ri, duke e ditur se i vëllai qe i lirë ta shtypte dhe ta mëshironte dhe se kundër teje shfrytëzon kapitalin që të takon në mënyrë të ligjshme? Jo, e pamundur. Më mirë të priste. Diçka do të ndryshonte. Tani për tani kishte me se të jetonte dhe veç kësaj, rezervonte të drejtën, nëse e dëshironte këtë, që të bëhej sërish pjesëtar aksionesh i kompanisë Kejn. Por, a e donte vallë këtë? Ja pyetja së cilës Lesteri s'po mundej në asnjë mënyrë t'i përgjigjej.

Ishte ende nën trysninë e mëdyshjeve dhe dyshimeve, kur një ditë të bukur, tek ai u duk njëfarë Samuel Ros, sekser shitjesh i pasurive të patundshme, reklamat masive të të cilit, zbukuronin të gjitha preritë rrotull Çikagos. Lesteri qe takuar nja dy herë me të në klub, kishte dëgjuar se qe afarist i guximshëm e i suksesshëm dhe i kujtohej fasada tërheqëse e zyrës së tij në rrugën Uashington dhe La Sal. Rosi qe pesëdhjetë vjeç, ai tregonte kujdes për pamjen e jashtme - shtatlartë, me mjekër dhe sy të zezë, hundë-shkabë, me flegra nervoze e flokë të dendura kaçurrela. Leserit i kujtohej e ecura e butë si prej maceje dhe duart shprehëse të holla, me gishta të gjatë.

Zoti Ros erdhi te zoti Kejn me një propozim biznesi. Zoti Kejn, kuptohet, e di se cili është ai? Nga ana e tij, zoti Ros është plotësisht në dijeni mbi zotin Kejn. A ka dijeni zoti Kejn se jo shumë kohë më parë, ai, Rosi, bashkë me zotin Norman Hjell, përfaqësues i tregut me shumicë të ushqimeve "Hjell, Simpson dhe Rajs:, krijuan lagjen e re – Hjellud?

Po, zoti Ros qe në dijeni të kësaj.

Nuk patën kaluar as gjashtë javë kur trojet e fundit në Hjellud qenë shitur; mesatarisht ato sollën një fitim prej dyzet e dy përqind. Rosi numëroi edhe ca afera që kishte përfunduar me pasuritë e patundshme, për të cilat gjithashtu, Lesteri pati dëgjuar diçka. Rosi e pranoi haptas se në punën e tij qëllonin edhe dështime; ai vetë e kishte pësuar dy herë. Por siç dihej, shumë me shpesh, aferat me pasuritë e patundshme sillnin fitme. Ja kështu, përderisa Lesteri nuk qe më i lidhur me kompaninë Kejn, ai, me siguri, nuk do të qe kundër t'i investonte paratë e tij. Kishte një propozim interesant. Lesteri pranoi ta dëgjonte zotin Ros dhe ai, duke përpëlitur sytë e rrumbullakëta si të maces, iu fut shtrimit të thelbit të punës.

Çështja qëndronte në propozimin që i bëri Lesterit për të hyrë si ortak në blerjen dhe shfrytëzimin e një sipërfaqeje të madhe toke prej dyzet akrash, që ndodhej në skajin jug-lindor të qytetit dhe kufizohej nga rrugët Pesëdhjetë e pesë, Shtatëdhjetë e një, Holsted dhe Eshlend Strit. Çmimet për këtë truall do të rriteshin patjetër,- vihej re një bum i vërtetë në këtë fushë dhe që për më tepër, kishte nisur prej kohësh. Bashkia pati vendosur tashmë të lidhte me urë rrugën Pesëdhjetë e pesë. Vetvetiu dilte se edhe linja e tramvajit nëpër Holted Strit, do të zgjatej. Kompania që kalonte përgjatë hekurudhës Çikago-Berlindton-Kuins, padyshim, do të donte të ndërtonte në lagjen e re, një stacion pasagjerësh. Për tokën duheshin paguar dyzet mijë dollarë,- këtë shpenzim do ta ndanin përgjysmë. Nivelimi dhe ndarja e parcelave, shtrimi i rrugës, mbjellja e pemëve, fenerët, të gjitha këto do të kushtonin njëzet e pesë mijë. Duhej shpenzuar edhe shuma e njohur për reklamën, përgjatë dy, ose, më saktë, tre vjetëve, nga dhjetë përqind e kapitalit të futur - gjithsej nëntëmbëdhjetë-njëzet mijë dollarë. Pra, në fund të fundit, të dyve do t'u duhej të futnin në punë nëntëdhjetë e pesë, le të themi njëqind mijë dollarë, nga të cilët, në pjesën e Lesterit binin pesëdhjetë. Pastaj, zoti Ros kaloi në përllogaritjen e fitimeve.

Për perspektivat e shitjes së tokës në fjalë dhe ngritjen e çmimeve, mund të gjykohej nga parcelat veriore ngjitur ndanë saj, të rrugës Pesëdhjetë e pesë në lindje të Holsted Stritit. Merr qoftë edhe parcelën e Mortimerit, në qoshen midis Holstedit dhe Pesëdhjetë e pesës. Në 1882 ajo u shit me dyzet e pesë dollarë akrin. Pas katër vitesh, akri kushtonte tashmë pesëdhjetë dollarë - këtë çmim kishte paguar për parcelën zoti Sllosen. Në 1889, pra, tre vjet më pas, ai ia shiti tokën zotit Mortimer, më një mijë dollarë akrin. Me këtë çmim propozohej tani edhe e reja, që ishte truall i papërpunuar. Atë mund ta ndanin në parcela pesëdhjetë me njëqind këmbë dhe ta shisnin me pesëqind dollarë parcelën. A nuk qe një fitim i vërtetë ky?

Lesteri e pranoi, se në këtë mënyrë, fitimi qe i siguruar. Rosi, jo pa u lëvduar, nisi t'i shpjegojë se si mblidhen fitimet në pasuritë e patundshme. Njeriu që s'merr vesh, as që duhet t'i hyjë kësaj pune. Për disa javë, madje edhe për disa vjet, as që nuk duhet shpresuar ta arrish atë mençuri që kanë grumbulluar njohës si puna e atij vetë, gjatë rrjedhës së një çerek shekulli. Këtu bënin punë edhe prestigji, edhe shija, edhe nuhatja. Nëse do të binin dakord e do të nisnin nga puna, këtë operacion do ta udhëhiqte ai. Kishte në dispozicion një staf të aftë nëpunësish të stërvitur dhe sipërmarrësish të mëdhenj. Kishte të njohur në drejtorinë e taksave, drejtorinë e ujësjellësit - me një fjalë, në të gjithë sektorët komunalë të qytetit, nga të cilat varej fati i rajonit të ri. Nëse Lesteri bëhet ortak me të, ai, Rosi, i garanton fitimin, se sa - këtë s'mund t'ia thoshte me përpikëri: më e pakta pesëdhjetë mijë, por ka më shumë mundësi, njëqind e pesëdhjetë ose dyqind. Sapo Lesteri të shprehë dëshirën, ai do ta njihte me të gjitha hollësitë dhe do t'i shpjegonte radhën e vënies në zbatim të planit të tij. Pasi u mendua ca ditë, Lesteri vendosi se projekti i zotit Ros, meritonte vëmendje.

Kapitulli 49

Dukej sikur nuk kishte asnjë arsye që të dyshoje në suksesin e këtij operacioni të studiuar. Përvoja e madhe dhe logjika e shëndoshë e zotit Ros, shërbenin si garanci për suksesin e nismës së tij. Kësaj pune i njihte dhëmbë e dhëmballë. Dinte të bindte këdo dhe për çfarëdo, veç t'i jepje kohë të t'i sqaronte hollësisht të gjitha anët e çështjes.

Lesteri s'e la veten të joshej menjëherë, ndonëse në përgjithësi, operacionet me pasuritë e patundshme i vinin sipas midesë. Toka i interesonte. Mendonte se ky qe një investim i mirë i kapitalit, po të mos shpërndaheshe mjaft gjerë. Gjer tani nuk pati provuar t'i vinte paratë në troje tokash, por kjo vetëm ngaqë jetonte në mjedise larg këtyre interesave. Ai ishte njeri "pa tokë", kurse tani, në një lloj mënyre edhe i papunë.

Zoti Ros i pëlqeu, me sa duket, ai merrte vesh nga puna që bënte. Fjalët e tij nuk qe vështirë t'i kontrolloje dhe Lesteri nuk e la pas dore këtë. Veç kësaj, iu kujtuan reklamat e Rosit në preritë dhe shpalljet e tij nëpër gazeta. Dhe, kishte ardhur koha që më në fund ta ndërpriste këtë ndenje të pa punë dhe ta shumëfishonte qoftë edhe me diçka kapitalin e tij.

Fatkeqësisht, gjatë kohëve të fundit, Lesteri ishte çmësuar t'u hynte hollësive të vogla. Qëkurse pati nisur punë në ndërmarrjen e t'et, atij i ngarkonin detyra të një karakteri të përgjithshëm si: blerje materialesh me shumicë, shpërndarjen e porosive me shumicë, gjykimin e çështjeve që kishin lidhje me aspektet e përgjithshme të firmës, larg detajeve praktike, të cilat kanë rëndësi të dorës së parë për tregtarët e vegjël. Në fabrikë, nuk qe ai, por Roberti, që llogariste gjer në qindarka shpenzimet e prodhimit, që kontrollonte pas punëve, për të mos lejuar askund edhe firon më të vogël. Kurse Lesteri plotësonte me ndërgjegje dhe interes detyrat e një kategorie më të përgjithshme. Edhe tani, kur vrau mendjen për propozimin e Rosit, atë e interesonin perspektivat e gjëra e jo vogëlsitë. E dinte mjaft mirë se Çikagoja po rritej me shpejtësi dhe se çmimet e tokës nuk mund të mos rriteshin po ashtu. Atje, ku tani preria qe djerr, shumë shpejt, pas disa vitesh, do të mbushej me lagje banimi. Qe e pamundur të mendoje se çmimet e trojeve do të binin. Shitja e parcelave mund të zgjaste dhe ritmi i rritjes së çmimeve nuk do të qe mbase përherë njëlloj, por sidoqoftë, ato nuk do të binin. Për këtë e bindi Rosi, por edhe vetë Lesteri e dinte.

Një mori rastësish, nuk i parashikoi. Nuk i vajti mendja se edhe vetë zoti Ros, s'qe i përjetshëm; që rajoni, i cili tani dukej i ideal për ndërtime banesash, mund të dëmtohej nga ndërtimet e rajoneve të tjera fqinje; që konjukturat e pafavorshme financiare mund të sillnin rënie të çmimit të tokave, për më tepër - tendencat e panikut, që të detyronin t'i shisje tokat për hiç gjë dhe përpara të cilit nuk do të qëndronte dot madje edhe një sekser aq i zoti si Samuel Rosi.

Për disa muaj Lesteri e studioi situatën që i paraqiti mësuesi dhe udhëheqësi i tij i ri dhe pastaj, duke marrë vendimin, që, edhe nëse kishte risk, ai qe tepër i parëndësishëm, vendosi të shesë një pjesë të aksioneve që i sillnin një fitim të mjerë prej gjashtë përqind dhe t'i fuste paratë në ndërmarrjen e re. Kësti i parë do të ishte njëzet mijë dollarë - gjysma e çmimit për tokën, të cilën, sipas ofertës së Rosit, do ta paguanin barabar, kjo ofertë do të mbetej në fuqi gjer atëherë, kur të shiteshin të gjitha parcelat. Pastaj, dha dymbëdhjetë mijë e pesëqind dollarë për nisjen e punimeve dhe më pas, edhe dy mijë e pesëqind, për pagesat e taksave dhe shpenzimeve të paparashikuara. Dilte se, për këtë truall të veçantë, nivelimi kushtonte më shumë se sa qe parashikuar në preventive; se pemët nuk mbijnë gjithmonë që me herën e parë; se, për kryerjen me sukses të disa punimeve, duhej -grasatuar- dikush nga ndërmarrja e gaz-sjellësit apo ujë-sjellësit të sektorit të qytetit. Me të gjitha këto merrej zoti Ros, por, përderisa ato sillnin pas vetes rritje të shpenzimeve, ai nuk mund të mos e mbante Lesterin në dijeni të punëve.

Afërsisht, një vit pas bisedës së tyre të parë, parcelat qenë gati, por që t'u bëje një reklamë të përshtatshme, duhej pritur pranvera. Për mbulimin e shpenzimeve të reklamave, Lesterit iu desh të bënte derdhjen e tretë të këstit dhe kështu, shiti akoma aksione për pesëdhjetë mijë dollarë, duke e quajtur të domosdoshme që ta çonte punën gjer në fund dhe pastaj priste fitimet e premtuara.

Në fillim qe plotësisht i kënaqur me zbatimin e planeve të tij. Rosi, padyshim, do ta tregonte veten si një afarist parashikues e me tru, që di të kapë një mori detajesh të gjithfarëllojshme. Parcelat u punuan për mrekulli. Rajonit të ri iu vu emri tërheqës Grinud - pyll i gjelbër,- ndonëse, siç vërejti Lesteri, atje nuk kishte pyll fare. Por Rosi e siguroi se njerëzve që kërkojnë për vete ndonjë qoshe jashtë qytetit, një emër i tillë u vinte sipas zemrës; dhe, kur të shihnin me sa zell po mbilleshin pemët, që në të ardhmen do të hijezonin rrugët e sheshet, ata do t'i merrnin fare kollaj ëndrrat, si të vërteta. Lesteri buzëqeshi në përgjigje të këtij konkluzioni.

Hija e parë që errësoi të ardhmen e ndritur të Grinudit, qenë zërat sikur Kompania e madhe "Konservat ndërkombëtare" që ishte bashkuar me trustin e konservimit të mishit, zyrat e të cilit gjendeshin në qoshe të rrugës Holstëd dhe Tridhjetë e dyshit - vendosej të shkëputej nga trusti e të themelonte një ndërmarrje më vete. Nëpër gazeta shkruanin se "Ndërkombëtarja" kishte ndërmend të vendosej në jug, ose më saktë, në rajonin e rrugës Pesëdhjetë e pesë dhe Eshlend Avenjusë. Kjo lagje do të puqej patjetër nga perëndimi me tokën e Lesterit dhe vetëm dyshimi se aty afër do të ngrihej një uzinë konservash, mjaftoi që ta shuante perspektivën e porsalindur të lagjes së vilave.

Rosi qe tërbuar fare. Duke e vlerësuar me të shpejtë situatën, vendosi se e vetmja rrugëdalje ishte t'i ndërprisnin reklamat

316

nëpër gazeta dhe të përpiqeshin t'i shitnin parcelat, përsa kohë nuk kishin lindur ende rrëmujat. Rosi ia paraqiti pikëpamjen e tij Lesterit dhe ai ra dakord se kështu do të qe më mirë. Gjer tani, patën shpenzuar gjashtë mijë dollarë për reklamat dhe gjatë dhjetë ditëve shpenzuan edhe tre mijë të tjera, që të krijonin përshtypje se Grinudi qe një rajon ideal, i pajisur sipas fjalës së fundit të teknikës dhe se, përsa i përket bukurisë dhe qetësisë, nuk kishte dhe nuk do të kishte të shoqen në Çikago. Por kjo qe një vrimë në ujë. Për disa parcela i gjetën blerësit; mirëpo zërat ogurzinj për planet e "Ndërkombëtares" dëgjoheshin ende. Tani mbase, Grinudi vlente veçse si parcela për punëtorët e huaj; kurse ideja për një lagje vilash, pësoi disfatë të plotë.

Kjo goditje e re, e shtiu Lesterin në dëshpërim të plotë. Pesëdhjetë mijë dollarë - dy të tretat e pasurisë së tij, nëse nuk llogarisje të ardhurat vjetore të lëna nga i ati,- dolën të humbura; duheshin paguar taksat, të bëhej rimonti dhe të përgatiteshin për fillimin e rënieve të çmimeve të tokës. Ai propozoi që parcelat e mbetura të shiteshin me vlerën e tyre reale ose t'i linin me qera, duke hequr dorë nga shfrytëzimi i mëtejshëm; por Rosi e shihte këtë punë shumë të zymtë. Nja dy herë, pati hyrë në marrëveshje të tilla. Ai qe supersticioz dhe besonte se, gjersa puna nuk u vajti mbarë qysh prej fillimit, kuptohet, s'të ka ndihur fati dhe sado të përpiqesh - njëlloj është, fatkeqësisë s'ke ç'i bën. Nga përvoja e hidhur, e dinte se shumë nga kolegët e tij mendonin po kështu. Ata pritën afro dy vjet dhe pastaj parcelat u shitën në ankand. Në pjesën e Lesterit që pati vënë pesëdhjetë mijë dollarë, u mblodhën pak më tepër se tetëdhjetë mijë; dhe, se kush nga njerëzit që kishte parë më shumë nga jeta, e siguroi se edhe me kaq, qe ndarë mjaft lehtë.

Kapitulli 50

Operacioni me parcelat në qytet qe në kulmin e vet, kur zonja Xherald vendosi të shpërngulej në Çikago. Duke jetuar në Cincinat, ajo mësoi mjaft gjëra mbi rrethanat e jetës së Lesterit, të cilat shkaktuan aq qortime dhe thashetheme. Çështja nëse ishte apo nuk ishte i martuar me Xhenin, mbetej kështu e hapur. Por zonja Xherald dëgjoi po ashtu - të tërë historinë e Xhenit dhe se si gazetat e paraqitën Lesterin në rolin e milionerit që sakrifikon pasurinë për hir të dashurisë, si edhe të dhëna të sakta për mënyrën se si e pati shmangur Roberti të vëllain nga pjesëmarrja në punët e "Kompanisë Kejn". Asaj i erdhi edhe inat, edhe keq, që Lesteri po e humbiste veten e tij kështu.

Kaloi një vit dhe ai s'kishte ndërmarrë asgjë. Do të kalonin edhe dy të tjera dhe atëherë do të qe shumë vonë. Në Londër ai i pati thënë se pothuaj nuk i patën mbetur iluzione. Mbase, Xheni - ishte një prej tyre. Si qe puna, e donte apo thjesht i vinte keq për të? Leti qe mjaft e interesuar që ta sqaronte këtë çështje. Në Çikago mori me qera një vilë luksoze në bulevardin Dreksell.

- Këtë dimër do ta kaloj në anët e juaja,- i shkroi Lesterit,- dhe kam ndërmend të takohem shpesh me ty. Në Cincinat do të vdisja nga mërzia. Të shtunën takova zonjën Noullz, më pyeti si ia shpie. Ki parasysh se ndaj teje sillet në mënyrë të shkëlqyer. E bija, këtë pranverë, martohet me Xhimi Sevrensin.

Lesteri e priste ardhjen e zonjës Xherald me një ndjenjë të përzierë kënaqësie dhe ndrojtjeje. Ajo, me siguri, do të organizonte në shtëpinë e saj darka dhe pritje. Po sikur t'i tekej e ta ftonte edhe atë me Xhenin? Por jo, si zor. Duhej besuar se tashmë ajo kishte marrë vesh diçka se si qëndronin punët. Kjo dukej edhe nga letra. Fjalët: "kam ndërmend të takohem shpesh me ty" - do të thonë pikërisht me të dhe jo me Xhenin. Ai vendosi t'i tregojë Letit gjithçka dhe t'ia linte asaj vetë të vendosë se si do të qenë marrëdhëniet e tyre të mëtejshme.

318

Për këtë bisedë zemërçiltër, zgjodhi çastin kur u ul në dhomën komode të pritjes bashkë me Letin, që dukej e përsosur me atë fustanin e mëndafshtë ngjyrë safari. Se si, në atë kohë, si pati nisur të dyshojë për suksesin e operacionit të tij me parcelat; gjendjen shpirtërore e kishte përtokë dhe ndiente nevojën si kurrë ndonjëherë për dhembshuri e mirëkuptim. Xhenit s'i pati thënë ende asnjë fjalë për hallet e veta.

Kur shërbyesja u largua, duke i dhënë të zonjës çaj, kurse Lesterit një konjak me sodë, Leti vendosi ta ndihmojë dhe e prishi vetë heshtjen.

- Dëgjova shumë gjëra për ty Lester, qëkurse u ktheva nga Evropa. Tregomë për veten tënde. Ti e di sa për zemër e marr gjithçka që ka të bëjë me ty.

- Çfarë ke dëgjuar Leti? - e pyeti ai i qetë.

- Mirë, pikë së pari dëgjova për testamentin e babait tënd dhe se ti nuk merr pjesë në punët e kompanisë akoma, - lloj-lloj thashethemesh për zonjën Kejn, të cilat nuk më interesuan edhe aq. Ti më kupton. Por vallë, nuk dëshiron ta përmirësosh jetën tënde, të marrësh atë që të takon me të drejtë? Mua më duket se kjo është një sakrificë e madhe, nëse, natyrisht, nuk ke ndonjë ndjenjë vërtet të thellë. A është kështu Lester? - e pyeti ajo me dhelpëri.

Lesteri nuk iu përgjigj menjëherë.

- Nuk di ç'të të them, Leti. Nganjëherë më duket se e dua, nganjëherë nuk jam aq i bindur për këtë. Do të të flas krejt hapur. Asnjëherë në jetë nuk jam gjendur në një situatë kaq të vështirë. Ti sillesh me mua kaq mirë, kurse unë... nuk do të nis e të të them tani se ç'mendim kam për ty. Por sidoqoftë, nuk dua të mbaj të fshehta prej teje. Unë nuk jam i martuar.

Ai heshti.

- Kështu mendova edhe unë,- tha ajo.

- Dhe s'jam martuar,- vazhdoi ai,- ngaqë jam lëkundur prej shumë kohësh. Kur e pashë për herë të parë, mendova se grua më tërheqëse se ajo, nuk kishte në botë.

-Asokohe nuk kisha aq rëndësi për ty,- e ndërpreu zonja Xherald.

- Nëse do që të flas, mos më ndërpre,- buzëqeshi Lesteri.

- Më thuaj vetëm një gjë dhe nuk do të të pyes më për asgjë. Kjo ndodhi në Klivlend?

- Po.

- Kështu më thanë edhe mua,- pohoi ajo.

-Te Xheni kishte diçka të tillë…

- Dashuri me shikim të parë,- s'iu durua përsëri Letit; Asaj i erdhi shumë hidhur në shpirt. Kjo ndodh.

- A do të më lesh të flas?

- Më fal, Lester. Ç'të bëj, kur më vjen keq për të kaluarën.

- Pra, në përgjithësi, e humba mendjen. Tek ajo pashë idealin e përkryer, ndonëse e dija se nuk ishte e një sëre me mua. Jetojmë në një vend demokratik… mendova,- po shkoj me të dhe pastaj… hë, ti e di se si ndodh kjo. Ja, këtu e lejova edhe gabimin. Nuk e mendova kurrë se do të qe gjë kaq serioze. Përpara kësaj nuk më pëlqente asnjë grua, përveç teje, por edhe për këtë - që të jem i sinqertë gjer në fund - nuk qesh aspak i bindur se dëshiroja të martohesha me ty. Më dukej sikur martesa, në përgjithësi, nuk qe për mua. Dhe pastaj i thashë vetes: vetëm Xheni të bëhej e imja, se më vonë, kur të më mërzitej, mund ta lija. Do të kujdesesha që të mos i mungonte asgjë. Më troç, s'do të më bëhej vonë. Edhe asaj gjithashtu. E kupton?

- E kuptoj,- iu përgjigj ajo.

- Ja kështu, Leti. Por punët nuk rrodhën kështu. Ajo është grua e një tipi krejt të veçantë. Ka një botë shpirtërore jashtëzakonisht të pasur. Nuk është e arsimuar në kuptimin siç e marrim ne, por zotëron një përpikëri dhe takt të lindur. Është

320

nikoqire e përsosur dhe nënë e mrekullueshme. Tek ajo, sikur ka një burim të pashtershëm dashurie për njerëzit. Babait dhe s'ëmës së vet, i ka qëndruar besnike me gjithë shpirt. Dashuria e saj ndaj të bijës - është vajza e saj, jo e imja,- nuk njeh kufij. Sa për sjelljet mondane, s'i vlejnë asnjë grosh. Nuk ka shkëlqyer kurrë me ndonjë fjalë të goditur, është e paaftë të mbajë një bisedë të lehtë e mendjemprehtë. Dhe, me siguri, mendon shumë ngadalë. Madje edhe mendimet e saj më serioze s'arrin t'i shprehë me fjalë, por s'është e vështirë ta kuptosh se gjatë gjithë kohës ajo mendon dhe ndjen.

- Fole në mënyrë të mrekullueshme për të, Lester,- tha zonja Xherald.

- Po si mund të flas ndryshe, Leti,- iu përgjigj ai. Xheni është grua e mirë. Por sido që të flas, nganjëherë më duket, se me të, më lidh vetëm mëshira.

- Nuk besoj! - dhe ajo e kërcënoi me gisht.

- Po, po, por më është dashur të jetojë e të duroj mjaft gjëra. Tani e shoh, se duhej të isha martuar menjëherë me të. Por më pas lindën aq telashe, aq grindje dhe kushtëzime, sa u ngatërrova. Pastaj erdhi testamenti i tim eti. Nëse martohem, humbas tetëqind mijë, madje edhe më tepër, tani që kompania është riorganizuar në trust. Po, me siguri,- dy milionë. Po s'u martova, mbas dy vjetësh, bile edhe më pak, humbas gjithçka përfundimisht. Natyrisht, mund të bëj sikur gjoja u ndamë, por nuk dua të gënjej. Kjo do të ishte shumë e dhimbshme për sedrën e saj, ajo s'e meriton një fyerje të tillë. Me dorë në zemër, tani s'mund të them më, nëse dua apo nuk dua të ndahem me të. Për fjalë të nderit, thjesht, nuk di si t'ia bëj.

Lesteri heshti, thithi puron dhe drejtoi sytë bosh në dritare.

- Po, është një detyrë mjaft e vështirë,- tha Leti, duke ulur sytë.

Pastaj u çua dhe duke shkuar te Lesteri, i vuri dorën në kokën masive e të bukur. Fustani i parfumuar i preku paksa shpatullën.

- I gjori Lester,- psherëtiu ajo. Çfarë nyje paske ngatërruar! Por kjo është nyja e krenarisë, i dashuri im, dhe duhet ta këputësh. Përse nuk i gjykon të gjitha këto me të, ja, siç bëre tani me mua dhe të sqarosh se ç'mendim ka ajo vetë?

- Do të ishte tepër mizore,- tha ai.

- Epo, diçka duhet bërë Lester, ta them unë,- nguli këmbë Leti. Nuk bën të notosh më sipas rrymës. Kështu dëmton veten në mënyrë të tmerrshme. Të martohesh, nuk ta këshilloj; dhe vërtet, jo se kujdesem për vete, megjithëse do të martohesha me gëzim me ty, pavarësisht se dikur e shpërfille dashurinë time. Nuk e fsheh, vjen apo nuk vjen tek unë, njëlloj është. Unë të dua dhe do të të dua gjithmonë.

- Këtë e dija,- tha Lesteri.

Ai u çua, ia mori të dy duart në të tijat dhe e vështroi në sy. Pastaj u kthye. Leti mbajti frymën, e emocionuar nga vështrimi i tij.

-Jo, Lester,- vazhdoi ajo,- një njeri kaq i madh si ti, nuk mund të qetësohet me dhjetë mijë dollarë në vit. Dhe nuk bën të rrish duarkryq, ty të njohin shumë mirë. Ti duhet të zësh sërish vendin që të takon në botën afariste dhe mondane. Askush nuk do të të sjellë ngatërresa, askush nuk do të përmendë të kaluarën; ti vetëm merr pjesën tënde të pasurisë të babait dhe mund t'i diktosh vetë kushtet. Kurse ajo, kur ta mësojë të vërtetën, me siguri s'do të kundërshtojë. Nëse të dashuron, siç thua, do ta bënte këtë sakrificë me gëzim. Për këtë nuk dyshoj. Ti, vetëkuptohet, do ta sigurosh atë me bujari.

- Xhenit nuk i duhen para,- e kundërshtoi i vrenjtur Lesteri.

- Po mirë, njëlloj është, ajo mund të jetojë edhe pa ty; por po të ketë shumë para, do ta ketë më të lehtë dhe më interesante jetën.

- Derisa të jem gjallë ajo s'do të vuajë për asgjë,- deklaroi ai me madhështi.

- Ti duhet të largohesh prej saj, duhet,- tha me vendosmëri Leti, duke ngulur këmbë. Çdo ditë që kalon është e shtrenjtë. Përse nuk vendos ta bësh këtë gjë tani, që sot? Përse?

- Mos u nxito,- e kundërshtoi ai. Nuk është puna aq e lehtë. Të them të drejtën, më tmerron shpjegimi me Xhenin. Është sjellje e padrejtë ndaj saj, tepër mizore. Se unë, si rregull, nuk i diskutoj punët e mia personale. Madje, gjer tani, s'kam dashur t'i diskutoj me asnjeri, bile as me prindërit. Por ty, nuk e di pse, të kam ndjerë përherë si njeri të afërt dhe gjatë kohës së takimit tonë të fundit, mendoja vazhdimisht se duhej të ta tregoja këtë histori. Dhe vërtet doja. Më je tepër e shtrenjtë. Nuk e di, mbase të duket e çuditshme në rrethanat e tanishme, por kështu është. Madje nuk dyshoja që më je e afërt, edhe si njeri, edhe si grua. Mos i vrenjt vetullat, se deshe vetë të dëgjoje të vërtetën? Ja, kjo është e vërteta. Kurse tani, po munde, thuamë se ç'njeri jam.

- Nuk dua të grindem me ty, Lester,- i tha ajo butë, duke e prekur në dorë. Unë kërkoj vetëm të të dua. E kuptoj mjaft mirë se si është pleksur e gjitha kjo. Më vjen keq për veten. Më vjen keq për ty. Më vjen keq edhe... - asaj iu muar goja,- për zonjën Kejn. Ajo është grua magjepsëse. Më pëlqeu shumë. Por nuk është gruaja që të duhet, Lester. Besomë, ty të duhet një lloj gruaje tjetër. Natyrisht, nuk është mirë që po themi gjëra të tilla për të, por kjo është e vërteta. Secili ka dinjitetin e vet. Kurse unë jam e bindur, që po ia shpjegove asaj gjithçka, siç bisedove me mua, do të të kuptonte dhe do të binte. Të isha në vendin e saj, Lester, do të të kisha lëshuar, sinqerisht. Them, se më beson. Vërtet do të më dhembte shumë, por do të të lija të lirë. Edhe asaj do t'i dhembë, por do të të lërë të lirë. Të siguroj. Mua më duket se e kuptoj atë jo më keq se ty, madje, edhe më mirë, ngaqë jam grua. Ah,- shtoi ajo, pasi heshti një çast,- sikur të mundja e të bisedoja vetë me të! Ndoshta do t'ia shpjegoja gjithçka.

Lesteri vështroi tek Leti dhe u habit me flakën e saj. Qe e bukur, tërheqëse, premtonte kaq shumë...

- Mos u nxito,- përsëriti ai. Jepmë kohë të mendohem. Unë kam ende kohë.

Leti u mërzit, por s'u dorëzua.

- Duhet të veprosh tani,- e nxiti, duke ngritur mbi Lesterin sytë, ku shprehej e gjithë forca e shpirtit. Ajo e arriti këtë njeri dhe nuk turpërohej që t'ia tregonte këtë.

- Kështu mendoj edhe unë,- foli ai i turbulluar dhe, duke u ndarë me nxitim prej saj, u largua.

Kapitulli 51

Lesteri tashmë, e mendoi gjatë dhe seriozisht situatën; mbase do të ndërmerrte ndonjë hap, e ndoshta mjaft shpejt, nëse jeta në shtëpinë e tij nuk do të ngrysej nga një prej atyre rrethanave që na i ndryshon aq shpesh planet: shëndeti i Gerhardtit nisi të përkeqësohej me shpejtësi.

Gradualisht, atij iu desh të heqë dorë nga të gjitha detyrat e veta në shtëpi dhe pastaj zuri shtratin. Xheni kujdesej tërë merak pas tij. Vesta e vizitonte disa herë në ditë. Edhe Lesteri vinte ta shihte. Shtrati i Gerhardtit ndodhej pranë dritares dhe ai, me orë të tëra, vështronte pemët e kopshtit dhe rrugën që dukej pas tyre, duke menduar se qysh do t'i vinte filli tërë ekonomisë së shtëpisë pa mbikëqyrjen e tij. Ishte i sigurt se karrocieri Udsi, i pastronte shkel e shko kuajt dhe pajimet; se postieri, nuk i sillte në rregull gazetat, kurse kaldajisti harxhonte shumë qymyr, e megjithatë, shtëpia nuk ishte e ngrohtë sa duhej. Këto telashe të vogla përbënin gjithë jetën e tij. Ai qe ekonomist i lindur shtëpie. Për vete i zbatonte pa u lodhur e me dëshirë detyrat që pati marrë përsipër dhe tani shqetësohej seriozisht se, pa të, çdo gjë do të shkonte dëm dhe kuturu. Xheni i pati dhuruar një robdëshambër të hijshëm me kopsa dhe astar të kaltër mëndafshi si dhe pantofla të buta nate, por ai thuajse nuk i veshi. Preferonte të shtrihej në shtrat, të lexonte biblën apo gazetat luteriane si edhe të dëgjonte prej Xhenit të rejat e shtëpisë.

- Sikur të zbrisje njëherë andej nga qilari e të shihje ç'bën ai birbua. Ja, sa ftohtë bën nëpër dhoma,- ankohej Gerhardti. E di unë me se merret ai - rri e lexon libra, kurse për kaldajën kujtohet vetëm kur digjet i tërë qymyri. Më mban edhe birrë atje. Ti, ta kishe kyçur qilarin. Po nga ta dish se ç'njeri është. Mbase, ndonjë maskara.

Xheni u përpoq ta qetësonte se në shtëpi qe mjaft ngrohtë, se kaldajisti qe amerikan i mirë dhe mjaft i rregullt, se, edhe nëse kthente ndonjë gotë birrë, s'kishte ndonjë gjë të keqe. Gerhardti nisej e nxehej.

- Ja, gjithmonë kështu juve,- shpërthente. Nuk merrni vesh fare nga ekonomia. Një çikë mos të kontrolloj unë dhe gjithçka shpërdorohet. Shumë i mirë! E nga e di ti se qenka kaq i mirë? E ngroh shtëpinë si duhet? Jo! Rrugën e pastron? Jo! Të gjithë ata janë të mirë ngaqë duhet t'i ndjekësh hap pas hapi. Ty të duhet të merresh vetë pas ekonomisë.

- Mirë, baba, do të merrem,- e qetësonte me përkëdheli Xheni. Mos u shqetëso. Kurse birrën do ta mbyll. A të të sjell një gotë kafe me sheqer?

- Jo,- gulçonte Gerhardti,- se ç'kam diçka në stomak që më dhemb. Sikur të shërohesha sa më shpejt!

Xheni i solli mjekun Mejkin, një specialist i vjetër e me përvojë që mbahej si më i miri në këtë anë të qytetit. Ai i rekomandoi pushim, qumësht të nxehtë, ca pika për zemrën, por e paralajmëroi Xhenin se nuk duhej të shpresonte për një shërim të plotë.

- Në një farë mënyre, vitet bëjnë punën e tyre. Ai është mjaft i dobët. Të kishte qenë nja njëzet vjet më i ri, e ngrija unë në këmbë, por kështu... Megjithatë, nuk është aq keq. Ka ende mundësi të shërohet; ndoshta edhe mund të çohet nga shtrati; megjithatë, për këtë s'të siguroj. Askush, kupton, nuk është i përjetshëm. Unë, ja nuk shqetësohem fare që më kanë mbetur edhe pak vite për të jetuar. Jetova gjer në pleqëri dhe gjene mirë me kaq.

Mendimi për vdekjen e afërme të të atit e hidhëroi Xhenin, por ngushëllohej kur mendonte se të paktën ditët e fundit, i kaloi në paqe e kënaqësi, i rrethuar me gjithë të mirat.

Shpejt, për të gjithë u bë e qartë se Gerhardti i kishte ditët e numëruara dhe Xheni vendosi të lajmërojë të vëllezërit dhe të motrat. I shkruajti Basit mbi sëmundjen e t'et, por në përgjigje, ai i thoshte se qe mjaft i zënë dhe s'i zor të vinte, veç nëse kishte

326

ndonjë rrezik të pashmangshëm. Veç kësaj, i shkruante se Xhorxhi jetonte në Rocester, punon në fabrikën e tapicerive,- më duket se në kompaninë Shef-Xheferson; Marta me të shoqin kanë ikur në Boston dhe jetojnë në Belmont, një lagje jo larg qendrës. Uilliami në Omah, punon teknik për një kompani elektrike. Veronika është martuar, i shoqi, Albert Shriden, shërben në depon e mallrave farmaceutike të Klivelndit. Ajo s'ka qenë fare nga unë, - shtonte i fyer Basi,- por do t'i çojë një fjalë. Xheni u shkrojti letra të gjithëve. Nga të motrat erdhën përgjigje të shkurtra: u vinte keq, por le t'i njoftonte Xheni në ndodhte diçka. Xhorxhi i shkruajti se as që mendonte të vinte në Çikago, veçse nëse i ati bëhej shumë keq dhe kërkonte që ta mbanin në kursin e ngjarjeve. Uilliami, siç e mësoi më vonë Xheni, nuk i pati marrë letrat e saj.

Xheni e përjetoi rëndë vdekjen e ngadaltë të të atit; në të kaluarën ata qenë larg njëri-tjetrit, por këto vitet e fundit i afruan shumë. Më në fund, Gerhardti e kuptoi se e bija që pati përzënë, qe vetë mirësia, sidomos në marrëdhëniet me të. Ajo s'u grind kurrë me të, s'e qortoi kurrë për asgjë. Gjatë kohës së sëmundjes, i shkonte disa herë në ditë dhe e pyeste se mos i duhej gjë, në i pëlqeu dreka apo mëngjesi. Kur u dobësua edhe më, nisi t'i rrijë më gjatë pranë shtratit, me librin apo qëndisjen. Njëherë, kur i rregullonte jastëkun, ai i mori dorën dhe ia puthi. Ajo ngriti kokën e habitur dhe zemra i pikoi. Gerhardti kishte një pamje të mjerë e të pafuqishme dhe në sy i patën dalë lot.

- Je vajzë e mirë, Xheni,- i tha me zërin që i ndërpritej. U solle mirë me mua. Unë zemërohem shpesh dhe dërdëllit, por jam plak. Ti do të më falësh.

- Po ç'thua kështu baba! - iu lut ajo gati më të qarë. Çfarë të të fal? Jam unë ajo që duhet të të kërkoj ndjesë.

- Jo, jo,- tha ai. Xheni iu ul në gjunjë poshtë shtratit dhe qau. Ai i ledhatoi kokën me dorën e rreshkur e të zverdhur. Mos qaj,- i tha qetësisht,- tani i kuptoj shumë gjëra. Sa të rrosh, do të mësosh.

Ajo doli nga dhoma, duke i thënë se desh të lahej dhe kur mbeti vetëm, u dha liri lotëve. Vallë, më në fund, e fali? Kurse ajo e pati gënjyer aq shumë! Xheni u përpoq të kujdesej akoma më mirë pas tij, por s'kishte ç'ti bënte më. Kurse Gerhardti, pas këtij pajtimi, sikur u bë më i lumtur e i qetë dhe së bashku kaluan mjaft orë të këndshme. Njëherë i tha: - E di, e ndjej veten si fëmijë krejt i mitur. Sikur mos më dhembnin kockat, ja, më duket se do të rendja e do të kërceja në bar.

Xheni buzëqeshi dhe ngashëreu.

- Do ta marrësh veten shpejt, baba,- i tha,- do të shërohesh e atëherë do të dalim tok me pajton. Ajo përsëri u gëzua që falë saj, këto vitet e fundit, Gerhardti i kaloi pa halle e telashe. Lesteri sillej i vëmendshëm dhe miqësor ndaj plakut. Çdo mbrëmje, pyetja e parë qe: "Hë, si është ai sot?" - dhe akoma përpara drekës, do të dukej patjetër për disa minuta tek i sëmuri.

- Nga pamja nuk tregon gjë,- i vërejti ai Xhenit. Sipas meje, do të jetojë ende, ti mos u shqetëso.

Vesta kalonte mjaft kohë me gjyshin, pas të cilit qe lidhur fort. Ajo i mësonte me zë të lartë mësimet në dhomën e tij, ose, duke e lënë derën hapur, i luante në piano. Lesteri i pati dhuruar asaj një kuti të bukur muzikore dhe nganjëherë Vesta e merrte atë në dhomën e Gerhardtit. Qëllonte që atë e mërzitnin të gjithë përveç Xhenit dhe kërkonte të mbetej vetëm me të. Atëherë, ajo i ulej qetësisht pranë me punëdoren. E kishte të qartë se shpejt, shumë shpejt ai do të mbaronte.

Duke i qëndruar besnik vetvetes, Gerhardti i pati menduar të gjitha se ç'i duhej pas vdekjes. Dëshironte ta varrosnin në varrezën e vogël luteriane, këtu, në anën jugore dhe që shërbesën mortore t'ia kryente pastori i po asaj kishe ku shkonte përherë dhe të cilin e donte shumë.

- Le ta bëjë gjithçka fare thjesht,- tha ai. Më vishni kostumin e zi, këpucët e së dielës dhe kravatën e zezë të hollë. Më shumë s'më duhet asgjë. Kështu do të jem mirë.

Xheni i kërkoi të mos fliste të tilla gjëra, por atij kjo i sillte kënaqësi. Njëherë, aty nga ora katër e ditës, e zuri një dobësi e tmerrshme. Xheni i mbante dorën, duke vështruar pas frymëmarrjes së tij; nja dy herë ai i hapi sytë dhe i buzëqeshi.

- Nuk e kam frikë vdekjen,- i tha. Unë bëra sa munda.

- Nuk duhet të flasësh për vdekjen, baba,- rënkoi Xheni.

- Njëlloj është, ky është fundi,- psherëtiu ai. Ti ke qenë e mirë me mua. Ti je grua e mirë.

Këto qenë fjalët e fundit. Në orën pesë dha shpirt. Fundi i qetë e pa vuajtje i kësaj jete të rëndë, e tronditi thellë Xhenin. Në zemrën e saj bujare e të gjindshme, Gerhardti pati jetuar jo vetëm si baba, por edhe si mik e këshillues. Tani ai u paraqit asaj në pamjen e tij të vërtetë - gjerman i ndershëm, punëdashës që i shteri të gjitha forcat për të ngritur familjen dhe të bënte një jetë pa mëkate. Xheni qe barra e tij më e rëndë, por edhe kështu, ai s'e mësoi të gjithë të vërtetën mbi të. Ajo vriste mendjen se ku do të ishte ai tani dhe a e dinte vallë se ajo e gënjeu. Dhe, a e fali atë? Se ai i tha, që ajo ishte grua e mirë. U dërguan telegrame të gjithë fëmijëve. Basi u përgjigj dhe të nesërmen erdhi edhe vetë. Të tjerët telegrafuan se nuk mund të vinin dhe kërkuan t'u njoftonin të gjitha hollësitë. Xheni u shkruajti letra. Prifti luterian lexoi mbi të ndjerin lutje dhe u muar vesh për ditën e varrimit. Rregullimet iu lanë në dorë nëpunësit të shëndoshë e të vetëkënaqur të zyrës së varrimeve. Erdhi edhe dikush nga fqinjët,- se, si të thuash, jo të gjithë i patën shkëputur lidhjet me këtë shtëpi. Varrimi u bë ditën e tretë. Lesteri, bashkë me Xhenin, Vestën dhe Basin u nisën për te kisha luteriane me tulla të kuqe dhe ndenjën me durim gjer në fund të shërbesës së mërzitshme e të thatë. Ai e dëgjoi me përulësi predikimin e gjatë mbi lumturinë në botën tjetër, duke u

329

kruspullosur me mërzi nga kujtimet e këtyre përrallave. Basi, gjithashtu u mërzit, por e mbajti veten siç e kërkonte rasti. Gerhardti kishte kohë tashmë, që ishte bërë njeri i huaj për të. Vetëm Xheni e vajtoi sinqerisht të atin. Përpara saj kaloi tërë jeta i tij - vitet e gjata plot halle e vuajtje, ajo kohë, kur dilte shtëpi më shtëpi për të çarë dru dhe kur jetonte në kthinën e depos së fabrikës, shtëpia e mjerë në rrugën Trembëdhjetë, ditët e mundimshme në Lori-Strit të Klivlendit, i gjithë hidhërimi që i shkaktoi mëkati i së bijës dhe vdekja e së shoqes, përkujdesjet e tij të dhimbshme për Vestën; dhe pastaj - java e fundit para vdekjes.

- Ishte njeri i mirë,- mendoi Xheni. U përpoq shumë që të ishim mirë të gjithë. Kur kënduan himnin "Zot, jepna forcë e durim" ajo qau me dënesë.

Lesteri e tërhoqi nga mënga. Ai qe prekur thellë nga hidhërimi i saj.

- Nuk bën kështu,- pëshpëriti. Mendo për të tjerët. Nuk mund t'i shoh dot lotët e tua, më duket sikur dua të çohem e të iki që tani.

Xheni u qetësua, por ndjesia se iu këputën fijet e fundit të dukshme, që e lidhnin me të atin, ia bënë zemrën t'i rridhte gjak. Në varrezën luteriane, ku Lesteri pati urdhëruar të blihej vendi, arkivolin e thjeshtë e shtinë në varr dhe e mbuluan me dhe. Lesteri vështroi i menduar në pemët e zhveshura, në barin e thatë e të zverdhur, në dheun e murrmë të prerisë, të gërmuar me lopatë. Varreza qe e varfër, e mjerë - streha e fundit e njeriut punëtor, por gjersa Gerhardti deshi ta varrosnin pikërisht këtu, kuptohet që kështu duhej. Lesteri vështroi në fytyrën e hollë e të menduar të Basit dhe hamendësoi se çfarë planesh ndërtonte ai për të ardhmen. Se pse, iu duk sikur atij po i shkonin punët fjollë me tregtinë e duhanit. Ai pa se si Xheni fshinte sytë e skuqur dhe përsëri tha me vete: - Po, është e habitshme! Aq të sinqerta e të fuqishme qenë ndjenjat e saj. Gruaja e mirë, është një gjëegjëzë e pashpjegueshme,- mendoi.

Të gjithë bashkë e kthyen në shtëpi nëpër rrugën me pluhur që e rrihte era.

- Xheni e merr shumë pranë zemrës gjithçka,- tha Lesteri. Preket shpejt. Ja, jeta i duket më e ngrysur se ç'është në fakt. Të gjithë kemi hidhërimet tona, kush më shumë e kush më pak, por në një farë mënyre duhet t'i përballojmë. Nuk është e vërtetë që disa njerëz janë më të lumtur se disa të tjerë. Halle kanë të gjithë.

- Po ç'të bëj,- i tha Xheni,- kur më vjen kaq keq për disa njerëz.

- Xheni përherë ka qenë e ndjeshme,- tha fjalën e vet Basi.

Gjatë gjithë kohës ai mendonte për atë se sa njeri i shquar ishte Lesteri, në çfarë begatie jetonin, sa zonjë e madhe qe bërë e motra. Dilte e qartë se në kohën e vet ai s'e kuptoi se ç'ishte ajo në vetvete. Sa çuditshëm del nganjëherë jeta,- se, jo shumë kohë më parë, ai mendonte që Xheni nuk vlente për asgjë dhe se jeta e saj pati humbur.

- Megjithatë, përpiqu ta mbledhësh veten, kuptoje që jo çdo ngjarje në jetë duhet marrë si katastrofë,- i tha Lesteri më pas. Basi qe plotësisht dakord me të.

Xheni vështronte e heshtur në dritaren e pajtonit. Ja, tani do të kthehej në shtëpinë e madhe e të heshtur, kurse Gerhardti nuk do të ishte më atje. Veç ta mendosh që ajo s'do ta shihte më kurrë. Pajtoni u kthye në oborr. Në dhomën e pritjes, Zhaneta e heshtur dhe me sytë e përlotur kishte shtruar tryezën për çaj. Xheni u muar me punët e zakonshme të shtëpisë. Atë s'e linte të qetë mendimi, që diçka do të ndodhte me të, pas vdekjes.

Kapitulli 52

Lesteri u soll ndaj vdekjes së Gerhardtit mjaft moskokëçarës, atij veçse i vinte keq për Xhenin. I çmonte cilësitë e padiskutueshme të plakut, por nuk ushqente ndonjë ndjenjë të veçantë për të. Ai e shpuri Xhenin për dhjetë ditë në bregdet që t'i jepte mundësi të shlodhej e të merrte veten dhe pas kthimit në Çikago, vendosi që më në fund, ta njihte me thelbin e punëve dhe ta diskutonte bashkë me të situatën. Këtë detyrë ia lehtësoi pjesërisht rrethana se Xheni tashmë e dinte dështimin e operacionit të tokave. Për të nuk qenë të fshehta as vizitat te zonja Xherald. Lesteri i pati treguar vetë për to, njëherë, zonja Xherald i pati ftuar për gosti bashkë me Xhenin, por vetë nuk erdhi kurrë tek ta dhe, siç e kuptoi mirë Xheni, as kishte ndërmend të vinte. Pas varrimit t'et, gjithnjë e më tepër, Xheni nisi ta vrasë mendjen për fatin e saj të mëtejshëm; për martesë me Lesterin nuk shpresonte më dhe në përfytyrimet e saj asgjë nuk i jepte shkak për ndonjë gjë të tillë.

Qëlloi që, në atë kohë, edhe Roberti gjithashtu erdhi në përfundimin se qe e domosdoshme të ndërmerreshin veprime të vendosura. Nuk e konsideronte më të mundshme që të ndikonte mbi vetë Lesterin - me të boll qenë përpjekjet e mëparshme,- por, pse të mos përpiqej të merrej vesh me Xhenin? Nga të gjitha gjasat, asaj mund t'i nguliste zërin e arsyes. Nëse Lesteri nuk qe martuar gjer tani me të, ajo natyrisht, e kupton se kjo gjë nuk hyn në planet e tij. I duhej ngarkuar ndonjë personi të tretë dhe të besuar që ta takonte, t'ia shpjegonte si qëndronin punët dhe vetëkuptohet, t'i sugjeronin një sigurim solid. Mbase do të binte dakord të shkëputej nga Lesteri e t'i jepte fund kësaj historie të pakëndshme. Se, sidoqoftë, Lesteri qe i vëllai dhe do të dukej ofenduese ta humbiste pasurinë e tij. Roberti mund t'ia lejonte vetes këtë gjest shpirtmadhësie,- se tani, pati arritur t'i mblidhte siç duhet në duar, të gjitha punët e trustit të ri. Në fund të fundit, mendoi se ndërmjetësi më i përshtatshëm do të ishte zoti O'Brajen, nga zyra juridike "Najt, Kitli dhe O'Brajen". Qe tip i sjellshëm, babaxhan dhe i talentuar si jurist. Do të dinte t'ia shpjegonte me kujdes Xhenit se ç'mendim kishin të afërmit e Lesterit për të dhe se çfarë humbiste ai po të mos ndahej prej saj. Nëse Lesteri qe martuar, do të dinte si ta merrte vesh këtë. Xheni do të sigurohej, do të merrte pesëdhjetë, njëqind, fundja, edhe njëqind e pesëdhjetë mijë dollarë. Roberti e thirri në shtëpi zotin O'Brajen dhe i dha udhëzimet përkatëse, duke i sqaruar paraprakisht se, përderisa ai qe caktuar si përmbarues i amanetit shpirtëror të Arcibald Kejnit, në detyrimet e tij hynte edhe përkujdesja mbi të, që Lesteri ta pranonte vendimin përkatës. Zoti O'Brajen arriti në Çikago. Që nga stacioni i telefonoi Lesterit dhe për kënaqësinë e tij të madhe, mësoi se qe larguar tërë atë ditë jashtë qytetit. Atëherë u drejtua për në Haid Park dhe i la Zhanetës kartëvizitën e tij. Pas disa minutash tek ai erdhi Xheni, që nuk dyshonte se ç'porosi të rëndësishme sillte tek ajo zoti O'Brajen. Ai e përshëndeti në mënyrë të sjellshme e me një ton fisnik.

- Kam nderin të flas me zonjën Kejn? - e pyeti, duke përkulur kokën mënjanë.

- Po,- iu përgjigj Xheni.

- Siç mund të bindeshit edhe vetë duke parë kartëvizitën time, unë jam zoti O'Brajen, nga firma "Najt, Kitli dhe O'Brajen". Ne jemi të ngarkuarit dhe përmbaruesit shpirtërorë të të ndjerit zoti Kejn, atit të... mm... zotit Kejn tuaj. Vizita ime mund t'ju duket paksa e çuditshme, por puna qëndron se në testamentin e të atit të zotit Kejn, ka disa pika që u përkasin më afër atij dhe juve. Këto pika janë kaq të rëndësishme, sa që më duket e domosdoshme t'ju njoh edhe juve me to, nëse natyrisht, zoti Kejn, s'e ka bërë vetë këtë gjë. Unë... më falni, por, duke pasur parasysh karakterin e këtyre pikave, jam gati të supozoj se ai... ka mundësi që të ketë heshtur për to.

Zoti O'Brajen bëri një pushim, e gjithë figura e tij, çdo linjë e fytyrës, pasqyronte pyetjen.

- Nuk ju kuptova krejtësisht,- tha Xheni. Mbi testamentin nuk di asgjë. Nëse atje do të kishte diçka që unë duhet ta dija, zoti Kejn me siguri do të ma thoshte. Por gjer tani s'më ka thënë asgjë.

- Aha! - psherëtiu i kënaqur zoti O'Brajen. Kuptohet, nuk qeshë gabuar. Kështu më lejoni t'ju njoh shkurtimisht me thelbin e gjërave, pas të cilave mund të vendosni, nëse do të doni t'i dini të gjitha hollësirat. Ndoshta mund të uleni?

Gjer atëherë ata kishin biseduar duke qëndruar në këmbë. Xheni u ul dhe zoti O'Brajen afroi një karrige dhe u ul pranë saj.

- Ja kështu, fillojmë,- tha ai. Unë, kuptohet, nuk kam pse të zgjerohem për faktin se i ati i zotit Kejn e shihte me mjaft mosdashje lidhjen tuaj me të birin e tij.

- E di... - deshi të nisë Xheni, por pastaj heshti. Ndihej e shqetësuar, e turbulluar dhe e ndiente tashmë të keqen.

- Jo shumë kohë përpara vdekjes së tij,- vazhdoi juristi,- zoti Kejn, i ati, pati një bisedë për këtë temë me... mm... zotin Lester Kejn tuajin. Në testament, ai vendosi ca kushte në lidhje me ndarjen e pasurisë, disi të vështira për të birin, ... mm... burrin tuaj, që të marrë pjesën që i takon. Në rrethana të zakonshme ai do të trashëgonte ndoshta një të katërtën e kapitalit të "Kompanisë Kejn" - e cila në kohën tonë përbën rreth një milionë dollarë, mbase edhe më shumë; si edhe një të katërtën e pjesës së mbetur të pasurisë, e cila vlerësohet pikërisht pesëqind mijë. Me sa mund të gjykoj unë, zoti Kejn, i ati, dëshironte shumë që i biri ta trashëgonte këtë pasuri. Por sipas kushteve të vëna prej tij, zoti Lester Kejn mund të marrë këtë pjesë vetëm në rast se plotëson... hm... një nga amanetet e tij përpara vdekjes.

Zoti O'Brajen heshti, vetëm sytë i rendnin me shqetësim sa andej-këtej. Pavarësisht nga parabindjet që kishte patur, ai arriti të ndjejë tërheqjen e Xhenit. Tashmë e kuptoi përse Lesteri, kundër të gjitha këshillave dhe shtytjeve nuk deshi të ndahej prej saj. Duke pritur përgjigjen, ai e vështronte pa u vënë re.

- Dhe cila ishte kjo dëshirë? - e pyeti ajo më në fund, kur heshtja e tendosur iu bë e paduruar.

- Ju jam shumë mirënjohës për pyetjen tuaj,- tha zoti O'Brajen. Unë vetë e kisha shumë të vështirë që të flisja për këtë temë, shumë të vështirë. Tek ju erdha në cilësinë e përmbaruesit shpirtëror të testamentit të zotit Kejn plakut. E di sa dhimbshëm e përjeton këtë zoti Kejn... mm... juaji, e di se sa dhimbshëm do të silleni edhe ju ndaj kësaj. Por ja që kjo është një prej atyre çështjeve tepër të rënda, të cilat nuk ke si i anashkalon dhe që, kështu apo ashtu, duhet zgjidhur. Dhe, sado të vështirë e kam, më duhet t'ju them se zoti Kejn plaku, në testamentin e tij shprehet që, nëse... - sytë e tij rendën sërish andej-këtej, -nëse i biri e quan të pamundur të ndahet prej jush... - zoti O'Brajen mbajti frymën, - ai s'do të marrë asgjë nga trashëgimia, ose më saktë, veçse një të ardhur vjetore të parëndësishme prej dhjetë mijë dollarësh; dhe kjo, vetëm me kusht që të martohet me ju. Përsëri ra heshtje. Do të shtoja akoma, se në përputhje me testamentin, atij i qenë lënë tre vjet afat, gjer në marrjen e vendimit përfundimtar. Ky afat skadon për një kohë të afërme.

Ai heshti i gatshëm të priste një skenë të stuhishme, por Xheni vetëm drejtoi mbi të vështrimin e përhumbur, të errësuar nga habia dhe hidhërimi. Ajo e kuptoi: falë saj, Lesteri sakrifikoi pasurinë e tij. Operacioni me pasuritë e patundshme qe një përpjekje për t'u ngritur në këmbë dhe për të ringjallur situatën e tij të pavarur. Tani ishte e qartë përse këto kohët e fundit ishte shpesh i merakosur, nervoz dhe qejfprishur. I ati thjesht, e pati fshirë nga trashëgimia. Ai qe thellësisht fatkeq, mendonte pa pushuar për humbjen që e priste, kurse asaj s'i pati thënë asnjë fjalë.

Zoti O'Brajen gjithashtu qe në siklet dhe i turbulluar. Fytyra që i ndërroi Xhenit e mbushi atë me keqardhje. Mirëpo qe i detyruar t'i thoshte gjithë të vërtetën.

- Më vjen shumë keq,- foli përsëri, duke parë se ajo s'kishte ndërmend t'i përpiqej,- shumë keq, që më ra mua në pjesë t'ua njoftoj këtë të re të pakëndshme. Ju siguroj, se situata ime nuk është e lehtë. Unë vetë nuk ushqej ndaj jush asnjë mendim të keq, - shpresoj se do të besoni. Siç edhe i thashë zotit Kejn atë ditë, kur u lexua testamenti, personalisht e quaj të padrejtë vendimin e t'et, por duke qenë thjesht përmbarues i dëshirës së tij, nuk mundem, vetëkuptohet, të ndërhyj në asgjë. Dhe mendoj se ju duhet ta dini gjithë të vërtetën, me qëllim që, nëse është e mundur, ta ndihmoni... ta ndihmoni burrin tuaj... - ai bëri një pauzë tjetër kuptimplotë,- të marrë këtë apo atë vendim. Mua, njëlloj si edhe anëtarëve të tjerë të familjes së tij, më vjen mjaft keq që ta humbasë të gjithë pasurinë e tij.

Xheni, e cila gjer tani kishte ndenjur e kthyer mënjanë dhe me kokën ulur, i hodhi avokatit një vështrim të sigurt e të qetë.

- Ai nuk do ta humbasë pasurinë e tij,- tha ajo. Kjo do të ishte e padrejtë.

- Më vjen shumë mirë që e dëgjoj këtë prej jush, zonja Kejn,- tha ai, duke iu drejtuar për herë të parë me guxim, ndonëse kundër fakteve, si gruas së Lesterit. T'ju them ndershmërisht, pata frikë se do ta prisnit këtë lajm krejt ndryshe. Natyrisht, ju e dini se familja Kejn i jep rëndësi mjaft të madhe martesës. Zonja Kejn, nëna e bashkëshortit tuaj, qe grua krenare, madje, paksa mendjemadhe; të motrat dhe i vëllai i tij paraqesin kërkesa plotësisht të përcaktuara për ata që pranojnë në gjirin e familjes së tyre. Marrëdhëniet e juaja i quajnë anormale dhe, dhe më falni nëse pa dashje po tregohem i vrazhdë - të palejueshme. Aq herë është diskutuar kjo këto vitet e fundit, sa plaku Kejn nuk shpresonte më që ta rregullonte këtë punë me anë të bindjeve familjare. Ai mendonte se i biri nuk u soll drejt qysh prej fillimit dhe për këtë arsye i vuri kushte të veçanta në testament, sipas të cilave burri juaj... më falni,... biri i tij, nëse s'do të donte të ndahej prej jush dhe të merrte pjesën e vet të kapitalit, duhej që të paktën të fitonte diçka, dhe pikërisht, ato dhjetë mijë dollarët në vit, për të cilët ju fola qëparë... më falni, nëse fjalët e mia tingëllojnë paksa vrazhdë, ju siguroj se i kam padashje,- me kusht që të martohej me ju.

Xheni u kruspullos e tëra. Sa e rëndë ishte kur ta thoshin këtë drejt e në fytyrë! Po, përpjekja për të jetuar së bashku, pa e ligjëruar pa martesë, nuk mund të mbaronte mirë. Dhe tashmë, nga e tërë kjo ngatërresë, kishte veç një rrugëdalje - ata duhej të ndaheshin. Që Lesteri të jetonte vetëm me dhjetë mijë dollarë në vit, kjo qe e pafalshme!

Zoti O'Brajen e vështronte me interes Xhenin. Sipas mendimit të tij, Lesteri qe gabuar vetëm në një gjë; përse s'u martua që atëherë me të? Ajo qe grua magjepsëse.

- Më mbetet t'ju them vetëm një gjë zonja Kejn,- vazhdoi ai në mënyrë përkëdhelëse. E kuptoj se për ju kjo s'ka rëndësi, por duhet të plotësoj gjithçka që më kanë porositur. Shpresoj se nuk do ta keqkuptoni propozimin tim. Nuk e di, a jeni në dijeni të gjendjes financiare të burrit tuaj?

- Jo,- iu përgjigj thjesht Xheni.

- Mirë, s'ka rëndësi. Ja kështu, që t'ua lehtësoj detyrën tuaj në këtë rast, nëse ju vendosni ta ndihmoni burrin tuaj që ta zgjidhë këtë çështje të ndërlikuar, ta themi hapur,- në rast se e konsideroni të nevojshme që me dëshirën tuaj të largoheni prej tij dhe të jetoni e ndarë,- unë do të isha i lumtur të deklaroj se çfarëdolloj shume... le të themi... hm...

Xheni u ngrit dhe, duke mbledhur buzët, shkoi si e verbër te dritarja. Zoti O'Brajen u ngrit gjithashtu.

- Kjo është në dorën tuaj. Por mua më porositën t'ju them që nëse e shkëputni lidhjen tuaj, juve do t'ju lihet me kënaqësi çfarëdolloj shume e arsyeshme që do të donit të kërkoni,-

pesëdhjetë, shtatëdhjetë, njëqind mijë dollarë... - Zotit O'Brajen iu duk vetja tepër fisnik dhe dorëlëshuar. Shuma në fjalë do të ruhet për ju, kështu që në çdo kohë, mund ta kërkoni. Ju nuk duhet të ndieni mungesë për asgjë.

- Ju lutem, mjaft,- tha Xheni, duke ndjerë se nuk kishte më fuqi ta dëgjonte dhe se nga dhimbja e tmerrshme, thuajse fizike, edhe pak e do të humbiste aftësinë e të folurit. Ju lutem, mos vazhdoni. Ju lutem, më lini vetëm. Unë mund të largohem prej tij. Do ta bëj këtë. Gjithçka do të shkojë mirë. Por, ju lutem, mos më flisni më asnjë fjalë.

- I kuptoj plotësisht ndjenjat e juaja, zonja Kejn,- shqiptoi zoti O'Brajen, duke e parë më në fund se ç'dhimbje i shkaktoi. Më besoni, më vjen keq me gjithë shpirt. Unë i thashë të gjitha ç'kisha për t'ju thënë. Ishte e vështirë, shumë e vështirë. Por qe një e hidhur e domosdoshme. Këtu keni kartëvizitën time. Mund të më thërrisni në çdo kohë apo të më shkruani. Më, nuk do t'ju ha kohë. Ju kërkoj leje. Shpresoj se nuk do ta quani të nevojshme t'i kallëzoni burrit tuaj për vizitën time,- do të ishte më mirë, nëse e vendosni këtë çështje në mënyrë të pavarur. E vlerësoj shumë kohën që më dhatë në dispozicion. Më vjen shumë keq, ju kërkoj ndjesë.

Xheni qëndronte e heshtur me kokën varur.

Zoti O'Brajen u drejtua për në paradhomë. Xheni shtypi butonin e ziles dhe Zhaneta doli të përcillte vizitorin. Ai eci me gjallëri tutje nëpër rrugicën e kopshtit, kurse Xheni, duke mbetur vetëm, u kthye në bibliotekë. Ajo u ul duke mbështetur mjekrën mbi duar dhe në lajle-lulet e koklavitura të sixhadesë së mëndafshtë turke, i bëheshin pamje të çuditshme. Ja, ajo vetë, në një shtëpi të vogël, vetëm me Vestën; ja, Lesteri, larg, tamam si në një botë të huaj dhe pranë tij zonja Xherald. Ja, u boshatis shtëpia e tyre e madhe dhe e përkryer, kurse më tej... shtriheshin vite të gjata... kurse më tej...

Ajo ofshau thellë, duke mbajtur ngashërimin, por lotët e nxehtë ia mbushën sytë. Pastaj u çua.

- Kështu duhet,- mendoi. Kishte kohë që ajo duhej të përfundonte. Dhe po këtu u kujtua: -Sa lumturi që babai vdiq, që ai nuk e arriti këtë ditë!

Kapitulli 53

Shpjegimi, pa të cilën Lesteri e quante të pamundur t'ia dilte mbanë, pavarësisht nëse kjo do ta shpinte në ndarjen apo në ligjërimin e lidhjes së tyre, ndodhi shumë shpejt, pas vizitës së zotit O'Brajen. Atë ditë, kur ndodhi vizita, Lesteri shkoi në Hagevish, një qytet jo i madh industrial në Uiskonsin, ku e ftuan për një motor të ri ashensori,- sepse mendonte të bëhej aksionar i kompanisë që i prodhonte këta motorë. Kur u kthye ditën tjetër në shtëpi, duke u përgatitur si zakonisht t'i rrëfente Xhenit mbi udhëtimin e tij,- madje edhe tani që mendonte të ndahej prej saj,-u habit me zymtësinë që mbretëronte në shtëpi; Xheni, ndonëse arriti në një vendim logjik e të vendosur, nuk qe e aftë t'i fshihte ndjenjat. I pati bluajtur me trishtim planet e saj, duke sjellë ndërmend tërë kohës se qe e domosdoshme të largohej, por kishte frikë se nuk do t'i mjaftonte guxmi të bisedonte me Lesterin, nuk qe e aftë t'i fshinte ndjenjat. I pati bluajtur me trishtim planet e saj, duke sjellë ndërmend tërë kohës se qe e domosdoshme të largohej, por kishte frikë se nuk do t'i mjaftonte guxmi të bisedonte me Lesterin. Dhe, të largohej pa folur me të, nuk bënte. Ai duhej ta pranonte që të ndaheshin. Sipas bindjes së thellë të Xhenit, kjo qe e vetmja rrugëdalje e drejtë. Mendimi që, falë saj, Lesteri mund të kryente një sakrificë aq të madhe, thjesht, nuk i hynte në kokë. Habitej se si kishte mundur ai të heshte gjer tani, kur e tërë e ardhmja i varej në qime të flokut.

Kur e dëgjoi të hynte, u përpoq ta takojë buzagaz si zakonisht, por i doli vetëm një buzëqeshje e dobët.

- Gjithçka në rregull? - e pyeti ajo, siç e pyeste ditë për ditë.

- Kuptohet,- iu përgjigj ai. Po ti, si i ke punët?

- Po, si gjithmonë.

Ata shkuan së bashku në bibliotekë dhe, duke u afruar tek oxhaku, ai përzjeu me mashë qymyrin. Ishte ditë e ftohtë janari dhe në orën pesë errësohej. Xheni uli grilat. Kur u kthye, Lesteri e pa në mënyrë pyetëse.

- Ti se çfarë ke sot, nuk je si ngaherë,- i tha, duke e ndjerë menjëherë ndryshimin.

- Jo, s'kam gjë,- iu përgjigj ajo, por buzët iu drodhën dhe kjo nuk i shpëtoi atij nga vështrimi.

- Sipas meje po fsheh diçka,- vijoi ai, pa ia hequr sytë. Ç'ka ngjarë me ty? Ka ndodhur gjësend?

Ajo u kthye mënjanë që të mbushej me frymë dhe të mblidhte veten. Pastaj, përsëri ngriti sytë mbi të.

- Po, ndodhi. Më duhet të të them diçka.

- E shoh.

Ai buzëqeshi, ndonëse ndjeu se pas këtyre fjalëve fshihej diçka serioze.

- Dje mbrëma këtu erdhi një burrë,- zoti O'Brajen nga Cincinati. E njeh?

- Po e njoh. Ç'punë kishte këtu?

- Erdhi të bisedonte me mua mbi ty dhe testamentin e babait tënd.

Ajo heshti, duke vënë re se si atij iu murrëua fytyra.

- Ç'dreq kishte që duhej të të fliste ty mbi testamentin e tim eti! - thirri ai. Çfarë të dërdëlliti?

- Të lutem Lester, mos u nxeh,- tha e qetë Xheni, duke e kuptuar se nuk do të arrinte asgjë po të mos ruante plotësisht gjakftohtësinë. Zoti O'Brajen më tregoi se çfarë humbet ti. Më paralajmëroi se ka mbetur fare pak kohë dhe se mund të humbasësh pjesën tënde të trashëgimisë. A nuk mendon se ka ardhur koha të veprosh? Koha, që të ndahesh prej meje?

- E marrtë djalli! - shau me inat Lesteri. Si guxon ai të fusë hundët në punët e mia! Nuk më lenë dot rehat vallë?

Ai mblodhi supet i zemëruar. "Mallkuar qofshin!" - shpërtheu sërish. Të gjitha këto i kurdis Roberti. Përse "Najt, Kitli dhe O'Brajen" - përzihet në punët e mia? Oh, ua tregoj unë qejfin!

Ai qe tërbuar, fytyra i ishte skuqur dhe sytë i lëshonin shkëndija. Xheni, e trembur nga ky zemërim, nuk mundi të shqiptojë asnjë fjalë.

Kur u qetësua disi, Lesteri e pyeti:

- Hë pra, ç'të tha ai?

- Tha se, po të martohesh me mua, ti do të marrësh dhjetë mijë dollar në vit. Kurse, po të mos martohesh, por të vazhdosh të jetosh me mua si tani, atëherë nuk merr asgjë. Nëse largohesh nga unë, ose largohem unë nga ty, ti merr një milionë e gjysmë dollarë. A nuk mendon se tani duhet të ndahemi?

Ajo nuk pati ndërmend t'ia bënte kaq shpejt këtë pyetje, më kryesoren, por fjalët iu shkëputën padashje. Dhe po atë çast, e kuptoi që, nëse Lesteri e dashuronte vërtet, ai do t'i përgjigjej me vendosmëri "Jo". Nëse s'i bëhej vonë, do të zinte të lëkundej, do ta zvarriste, do të përpiqej ta shtynte ndarjen.

- Nuk e di, përse,- kundërshtoi i zemëruar. Nuk shoh domosdoshmëri, as për ndërhyrje, as për veprime të nxituara! Tërbohem që vijnë këtu dhe fusin hundët në punët tona! Xhenin e sëmboi thellë indiferenca e tij, ky shpërthim inati në vend të fjalëve të dashurisë. Për të kishte veç një gjë - ndarja e pritshme. Kurse ai, përsëri e përsëri kthehej te vizita e O'Brajenit. Dikush pati guxuar t'i ndërhynte në punët e veta, ndërkohë që ai s'e kishte marrë ende një vendim,- ja se çfarë nuk mund të harronte. Kurse Xheni, pavarësisht nga të gjitha këto, shpresonte se mbase kaq e kaq vitesh bashkëjetese, ku patën ndarë gëzime e hidhërime, Lesteri e dashuronte thellësisht dhe se kjo ndjenjë s'do ta lejonte të ndahej prej saj, madje edhe sikur nevoja e ndarjes t'i dukej e domosdoshme. Le të mos martohej me të,- për këtë kishte mjaft arsye serioze. Por, tani kur gjithçka mbaroi, ai s'mund t'i kishte folur për dashurinë e tij, madje, edhe përpara se ta linte. Asaj iu duk se, duke jetuar me të kaq vite, nuk e paskësh njohur fare, por megjithatë, e kuptonte. Ai, sipas mënyrës së tij, e donte, por nuk qe i aftë për shfrime, nuk dinte të fliste për ndjenjat. Dikur diti ta nënshtrojë e ta bëjë të tijën, por dashuria e tyre nuk mjaftonte që tashmë, kur i lindën andralla, ta mbante. Ja, ai do të vendoste tani fatin e saj. Ajo vuante shumë, zemra i pikonte gjak, por kësaj radhe vendimi i saj qe i palëkundur. Donte apo nuk donte Lesteri, ajo s'do të lejonte ta bënte këtë sakrificë. Ajo duhej të largohej prej tij, nëse ai nuk largohej vetë prej saj. Nuk do të rrinte sikur ç'të bëhej. Përgjigja mund të ishte vetëm një. Por vallë, a nuk gjente dot një fjalë të ëmbël për të?

- A nuk mendon se erdhi koha të veprosh,- vazhdoi Xheni, duke shpresuar gjithmonë se ai do të kujtohej për të. Se, të ka mbetur fare pak kohë!

Ajo lëvizte mekanikisht librin mbi tryezë, para e mbrapa, me të vetmin mendim, që të ruante qetësinë e jashtme. Çfarë t'i thoshte, ç'të bënte? Shpërthimet e zemëruara të Lesterit e patën tmerruar përherë. Por tani ai s'e kishte problem të ikte,- tani kishte zonjën Xherald. Veç të donte dhe duhej të donte. Se, për të, pasuria qe shumë më e rëndësishme se sa Xheni.

- Kjo s'është puna jote,- i tha me kokëfortësi Lesteri. Atë e gërryente ende inati kundër të vëllait, të motrave, O'Brajenit. Kohë ka. Tani për tani nuk kam vendosur asgjë. Çfarë paturpësie! E megjithatë, nuk dua të bisedoj për këtë gjë. Gati është dreka?

Duke menduar vetëm për sedrën e tij të thyer, Lesteri nuk u përpoq madje as të fliste me mirësjellje. Harroi krejt për Xhenin, për ndjenjat e saj. E urrente Robertin dhe do t'ua këpuste me gjithë qejf qafën Najtit, Kitlit dhe O'Brajenit - veç e veç, ose të gjithëve bashkë.

Tema, vetëkuptohet, nuk u konsumua, por nisi sërish gjatë drekës. Xheni u qetësua disi dhe mblodhi mendimet. Nuk mund të fliste lirisht në prani të Vestës dhe Zhanetës, por megjithatë, bëri edhe një orvatje tjetër.

- Ndoshta mund të marr me qera një shtëpi të vogël,- i tha me zë të ulët, me shpresë se ai kishte mundur të qetësohej. Këtu nuk dua të rri. E ç'të bëj në një shtëpi kaq të madhe...

- Ka mundësi ta lësh këtë bisedë,- e ndërpreu therazi Lesteri. Nuk jam në gjendje të vazhdoj. Nuk kam vendosur ende si të veproj. Nuk kam vendosur ende.

Ai këmbënguli, duke e fshehur inatin ndaj O'Brajenit dhe më në fund, Xheni u tërhoq. Vesta, e mësuar ta shihte njerkun e tij të sillej këndshëm, vështroi me habi në vetullat e tij të ngrysura. Edhe ditën tjetër ajo vazhdoi ta bindë.

- Kështu duhet Lester, të siguroj. Nuk do të të qepem më për këtë, por kështu duhet. S'do të të lejoj të bësh asgjë tjetër. Tashmë, ky debat riniste çdo ditë - herë në dhomën e gjumit apo në bibliotekë, herë gjatë mëngjesit, ndonëse më shpesh ai s'thoshte asnjë fjalë. Xheni nuk e fshihte shqetësimin. Qe e bindur se duhej ta detyronte Lesterin të vepronte. Kur ai nisi të sillej ndaj saj më i vëmendshëm dhe përkëdhelës, kjo bindje iu forcua edhe më. Ajo nuk dinte ç'duhej bërë, por duke e vështruar me hidhërim, përpiqej ta ndihmonte që të merrte një vendim. E bindte veten se do të qe e lumtur - do të qe e lumtur nga mendimi i lumturisë së tij, kur më në fund të ndaheshin. Ai qe njeri i mirë, i pajisur me të gjitha virtytet, me përjashtim ndoshta, të dhuntisë së dashurisë. Ai nuk e dashuronte me të vërtetë - me siguri, nuk mund ta dashuronte pas gjithë këtyre andrallave që i ndodhën, ndonëse ajo e dashuronte thellësisht. Tek ai ndikonte kundërshtimi i egër i familjes së tij. Edhe këtë, ajo e kuptonte gjithashtu. Tashmë e kishte të qartë se, pavarësisht nga mendja e tij e kthjellët, ai s'mund të shkëputej prej atij rrethi shtrëngues. Qe njeri tepër i rregullt që ta shkëpuste vrazhdë nyjën dhe ta hidhte tutje, qe tepër delikat që të shihte haptas interesin e tij apo edhe të ardhmen e saj, por këtë gjë duhej ta bënte.

- Vendos Lester,- e nxiste ajo përsëri e përsëri. Më lër. Përse dyshon? Unë do të jem mirë. Ndoshta, më pas, kur gjithçka të rregullohet, mund të duash të kthehesh sërish. Dhe, kur të kthehesh, unë do të të pres.

- Nuk kam ardhur ende në asnjë përfundim,- qe përgjigja e tij e pandryshuar. Nuk jam aspak i bindur se dua të ndahem. Trashëgimia, natyrisht, më intereson, por paratë nuk janë gjithçka. Nëse është e nevojshme, mund ta shtyjë edhe me dhjetë mijë në vit. Nuk jam i pari që e bëj.

- Po, por tani ke një pozitë tepër të dukshme në shoqëri, e kundërshtoi ajo. Tani për këtë as që duhet menduar. Pa kujto sa të ka kushtuar vetëm kjo shtëpi! Ndërsa këtu bëhet fjalë për një milionë e gjysmë dollarë. Po unë thjesht nuk të lejoj që t'i humbasësh ato. Më mirë do të iki vetë prej teje.

- Po ku do të vesh, nëse arrin puna gjer aty? -e pyeti ai me kureshtje.

- O, ndoshta do të gjej ndonjë vend. A të kujtohet ajo qyteza e vogël, Sendud, pa vajtur në Kenoshi? Kam menduar shpesh se atje do të ishte shumë e këndshme të jetoje.

- E kam të rëndë të mendojë për këtë,- nuk u përmbajt ai më në fund. Është krejt e padrejtë. Të gjithë, të gjithë qenë kundër nesh. Me siguri, duhej të isha martuar menjëherë me ty. Kot nuk e bëra këtë.

Xheni për pak sa nuk shpërtheu në lot, por u përmbajt.

- Megjithatë, do të përpiqem që ky të mos jetë fundi,- shtoi më pas.

Ai mendoi se mbase gjithçka do të kalonte. Duheshin marrë paratë, kurse pastaj... Mirëpo, çdo lloj dredhie apo marrëveshje me ndërgjegjegjen, i qenë thellësisht të neveritshme.

Më në fund ranë dakord që aty nga fundi i shkurtit, Xheni të shkonte në Senud e të shihte se mos gjente gjë atje. Lesteri i tha të mos kursehej në shpenzime, ajo do të kishte gjithçka që do t'i nevojitej. Edhe vetë ai këtë do tek ajo. Me vete vendosi se ndokush do t'ia paguante keq këto minuta të rënda që i shkaktuan. Do ta thërriste zotin O'Brajen dhe do t'i fliste mirë. Duhej të zbrazte shpirtin - le ta dinte se ç'mendim kishte për të! Dhe gjatë gjithë kësaj kohe, në thellësi të vetëdijes së tij, jetonte zonja Xherald - mikluese, e stërholluar, e përkryer në të gjitha aspektet. Ai përpiqej të mos mendonte për të, por nuk e dëbonte dot imazhin e saj nga mendja. Dhe përherë e më shpesh, i regëtinte mendimi: - E fundja, pse jo? Në fillim të shkurtit mori vendimin.

Kapitulli 54

"Qyteti pa arritur në Kenoshi," Sendudi, siç u shpreh Xheni, gjendej fare pranë Çikagos, gjithë-gjithë një orë e një çerek udhëtim me trenin veror. Përbëhej nga afro treqind vila, të shpërndara në mjedisin piktoresk të bregut të liqenit. Banorët nuk qenë të pasur. Shtëpitë kushtonin jo më shumë se pesëmijë dollarë, por në pjesën më të madhe qenë ndërtuar me shije, kurse pemët shekullore rreth e qark, i jepnin tërë qytetit një pamje të gëzuar verimi. Dikur, prej kohësh, Xheni me Lesterin patën udhëtuar këtej me pajtonin e tërhequr nga një çift i shpejtë kuajsh dhe ajo kishte admiruar kishën me kullën e bardhë të kambanës mes gjelbërimit të pemëve dhe barkat që përkundeshin lehtë-lehtë mbi ujin e qetë të liqenit.

- Është diçka e bukur të jetosh në këtë vend,- kishte thënë atëherë Xheni, kurse Lesteri i qe përgjigjur se sipas mendjes së tij, ky vend dukej i mërzitshëm.

- Ndonjëherë mbase, edhe mund të më tërheqë, por jo tani për tani. Këtu qenka si shumë qetë.

Xheni i pati sjellë shpesh herë ndërmend këto fjalë. I kujtoheshin sidomos, kur jeta i dukej tepër e rëndë dhe e vështirë. Nëse do të mbetej e vetmuar dhe po të kishte mjete për të jetuar, sa mirë do të ishte sikur të vendosej në këtë qytezë! Kopsht, pula, një shkop të lartë me folesë gargujsh në majë, kurse liqeni rreth e rrotull, lule, bar dhe pemë. Të jetonte në një shtëpi të vogël me pamje nga liqeni, të dilte mbrëmjeve verore në verandë me qëndisjen... Vesta do të kthehej nga shkolla; ndoshta mund të krijonte edhe miq të rinj. Xhenit nisi t'i duket tashmë, se nuk do të qe edhe aq e vetmuar, ndonëse e ardhmja e Vestës e shqetësonte vazhdimisht. Kishte qejf të lexonte, e pati lexuar mjaft herë -"Blloku i skicave" të Uashington Irvingut, "Elia" të Llembit, "Histori të shkruara dy herë" të Hothronit. Vesta e kënaqte me sukseset e saj në muzikë. Kishte vesh mjaft të mprehtë dhe një ndjenjë të lindur për ritmin. Pëlqente sidomos ato pjesë dhe këngë shpirtërore, ku tingëllonin gjendjet e pikëlluara dhe prekëse, por edhe vetë luante e këndonte jo keq. Zëri ende nuk i qe pjekur, se nuk ishte veçse katërmbëdhjetë vjeç, por qe kënaqësi ta dëgjoje. Tek ajo qenë ndërthurur në mënyrë të mrekullueshme tiparet e së ëmës dhe të të atit; nga Xheni pati trashëguar meditimin e butë, kurse nga Brenderi, energjinë dhe gjallërinë e mendjes. Me t'ëmën bisedonte me zgjuarsi mbi natyrën, librat, fustanet apo dashurinë dhe Xheni, duke ndjekur ecurinë e interesave të saj, përfytyronte horizontet e reja që i shpaloseshin përpara së bijës. Vajzës iu shtuan lëndë mësimore të tjera dhe tok me të, Xheni shijonte jetën e shkollës bashkëkohore, programet e saj të larmishme, ku gjenin vend si muzika, ashtu edhe historia e natyrës. Vesta premtonte të bëhej grua aktive dhe e shumanshme, jo edhe aq e hedhur, por mjaft e pavarur. Të ëmën e ngushëllonte mendimi se e bija do të dinte të luftonte për vetveten dhe shpresonte shumë në të ardhmen e saj.

Shtëpia që zgjodhi Xheni në Sendud për të banuar, ishte një banesë njëkatëshe, me atik dhe verandë mbi kolona tullash të kuqe, të bashkuara nga një gardh dërrasash jeshile. Dritaret e të pesë dhomave binin nga liqeni. Kanatat e dhomës së ngrënies qenë prej xhami, raftet e bibliotekës së madhe mund të nxinin mjaft libra, salloni i pritjes mbytej tërë ditën nga dielli. Në lëndinën përpara shtëpisë rriteshin disa pemë të bukura. Pronari i mëparshëm kishte gërmuar në kopsht postate dhe pati përgatitur ca vazo të gjelbra për lule e bimë dekorative. Shtëpia qe e bardhë, me grila jeshile dhe pullaze të dala, po jeshile.

Lesteri i propozoi që të mbante edhe shtëpinë në Haid-Park, por Xheni nuk deshi. Vetëm mendimi që të jetonte atje pa Lesterin, qe i padurueshëm; kaq kujtime qenë mbjellë në atë shtëpi. Në fillim madje, nuk deshi të merrte asgjë me vete, por megjithatë, pastaj ndoqi këshillën e Lesterit për të marrë veçse sendet që do t'i nevojiteshin për në shtëpinë e re, mobiliet, perdet dhe argjendaritë e dhomës së ngrënies.

- Pak gjëra do të të duhen vallë,- tha ai. Merri të gjitha. Mua s'më duhet asgjë.

Shtëpinë e mori me qera për dy vjet, me të drejtë shtyrje afati ose blerje të mëvonshme. Duke vendosur më në fund që ta linte Xhenin, Lesteri u tregua mjaft bujar,- nuk mund ta duronte dot mendimin që asaj do t'i mungonte gjësend. Qe tërë merak se si do t'ia shpjegonin këtë ndryshim në jetë, Vestës. Ai e donte vajzën dhe donte ta mbronte nga përjetimet e rënda.

- Mbase, gjer në pranverë, mund ta rregullojmë në ndonjë konvikt? - i propozoi njëherë.

Por viti mësimor qe në pikën e tij dhe nga ky mendim iu desh të hiqte dorë. Atëherë, vendosën që t'i thoshin që për shkaqe pune, Lesteri do të largohej nga Çikago për një kohë të gjatë, kurse ato të dyja do të qe më mirë që të jetonin në ndonjë qytet të vogël. Më pas, Xheni do t'ia shpjegonte vajzës se u nda nga Lesteri dhe do të shpikte ndonjë arsye. Xhenit i qe bërë shpirti vrer. E kuptonte që vendimi i Lesterit qe i arsyeshëm, por, sa zemërgurtësi fshihej në të! Se, edhe nëse ai e dashuronte, kjo qe një dashuri tepër e cunguar.

Në marrëdhëniet midis burrit dhe gruas, të cilat ne i ndjekim me interes aq të madh, duke shpresuar se mos gjejmë në to ndonjë shpjegim të mistereve shekullore, çastet më të vështira e të rënda janë ato, kurse dashuria reciproke sakrifikohet për shkak të faktorëve të jashtëm, kaq të largët nga bukuria dhe forca e vet ndjenjës. Edhe Lesteri, edhe Xheni, vuanin tmerrësisht gjatë ditëve të fundit përpara ndarjes, kur u shemb jeta e tyre e përbashkët në këtë shtëpi, ku gjithçka qe ngritur me aq dashuri, ku kaluan orë aq të lumtura. Xhenit iu copëtua zemra, se ajo u përkiste atyre natyrave të qëndrueshme, të cilat nuk kërkojnë ndryshime, por veç të ndjejnë se i duan dhe se u janë të nevojshme të tjerëve. E tërë jeta e saj, si nga fije të padukshme, përbëhej nga dashuri dhe kujtime, që lidhnin përshtypje të veçanta, duke i shkrirë fort në një të tërën. Një prej këtyre fijeve ishte edhe shtëpia në Haid-Park, shtëpia e zbukuruar nga dashuria dhe vëmendja e saj e kujdesshme ndaj secilit banor që pati jetuar atje, ndaj çdo vogëlime. Tani, të gjitha këtyreve u erdhi fundi.

Nëse dikur, Xheni do të kishte zotëruar thesare të tilla, tani nuk do ta kishte edhe aq të rëndë, ndonëse në ndjenjat e veta nuk udhëhiqej aspak nga përfytyrimet materiale. Në dashurinë e saj ndaj jetës dhe njerëzve nuk kishte asnjë pikë egoizmi. Dhe ja, tani endej nëpër dhomat, duke zgjedhur; këtu qilimin, atje pikturën, karrigen, divanin apo kolltukët dhe duke vuajtur pa reshtur nga fakti se i duhej të merrej me këtë gjë. Veç ta mendosh, do të kalonin ca kohë dhe Lesteri nuk do të kthehet më mbrëmjeve në shtëpi! Në mëngjes, asaj nuk do t'i duhej më të çohej e para, të kontrollonte nëse ishte gati kafeja për sundimtarin e saj dhe a qe shtruar tryeza në dhomën e ngrënies. Çdo ditë ajo vendoste mbi tryezë një buqetë lulesh nga më të bukurat, ç'të gjente në kopshtin dimëror, duke qenë përherë e vetëdijshme se këtë e bënte për të. Tani, edhe buqetat nuk nevojiteshin - ai s'do t'i shihte më ato. Kur mësohesh të presësh mbrëmjeve zhurmën e njohur të rrotave mbi guralecët, që jehojnë gjithnjë më afër e më afër, kur i vë veshin orës, edhe në një, apo në dy të natës dhe zgjohesh lehtë e me gëzim nga çapet që trokasin shkallëve teksa ngjiten,- atëherë, ndarja, e cila këput gjithçka me një të rënë, është e dhimbshme sa nuk mund të shprehet. Dhe Xheni mendonte pa pushim se çdo ditë, çdo orë që kalonte, po e afronte këtë ndarje.

Lesteri gjithashtu vuante, por në një mënyrë tjetër. Atë s'e mundonte dashuria e flakur dhe e shkelur me këmbë, por vetëdija e rëndë e fatit që provon njeriu, kur e di se falë llogarive të tij të ndyra, ka përdhosur mirësinë, besnikërinë, ndjenjën. Tani, përpara tij hapeshin perspektiva të gjera. Duke mos qenë më i lidhur me Xhenin, pasi e siguroi atë bujarisht, qe i lirë të ndiqte udhën e tij, t'u jepej detyrimeve të shumëllojta që i sillte pasuria e madhe. Por gjatë gjithë kohës, mendonte se sa shumë bëri Xheni për të, se sa u përpoq ajo që jeta e tij të qe përherë e rehatshme, e këndshme dhe e bukur. Ai ia njihte mirë të gjitha vlerat dhe i jepte hakun. Tani qe i detyruar të pranonte edhe një cilësi tjetër të paçmueshme të saj - ajo dinte të vuante pa u ankuar. Këto ditët e fundit, Xheni u soll ndaj tij si gjithmonë - as më mirë, as më keq. Nuk shpërtheu në histerizma, siç do të bënte mbase në vend të saj çdo grua tjetër; nuk u përpoq të dukej më e fortë se ç'ishte, apo të merrte ndonjë pamje gjoja si të gëzuar, me qëllim që ai të shihte se sa vuante. Xheni mbeti e qetë, e butë, e vëmendshme, duke u interesuar si edhe më parë për planet e tij, por nuk e mërziste me pyetje të tepërta. Lesteri habitej me fisnikërinë e saj, ajo e mahniste. Çfarëdo që të thoshin njerëzit, ajo qe grua e mrekullueshme. Ç'mjerim dhe turp që jeta iu ndërthur aq ligsht. Dhe në të njëjtën kohë, Lesteri dëgjonte thirrjen tjetër, thirrjen e botës së gjerë. Kjo botë nuk qe ngaherë mikpritëse. Lesteri e mbante mend skërmitjen kafshërore të dhëmbëve të saj. Kështu, a mundej vallë të mos ia vinte veshin kësaj thirrje?

Dhe ja, vunë në dijeni disa prej fqinjëve se do të shkonin jashtë shtetit; Lesteri zuri një dhomë në hotel "Auditorium"; të gjitha mobiliet që i mbetën i çuan për ruajtje dhe erdhi koha të ndaheshin prej Haid-Parkut. Xheni, e shoqëruar nga Lesteri, pati vajtur disa herë në Sendud. Ai e studio me hollësi qytetin dhe mbeti me mendimin e parë, se atje qe bukur, por e mërzitshme. Mirëpo, afroi pranvera dhe Xhenit i pëlqenin lulet. Ajo mendoi të punësonte një koshtar.

- Shumë mirë,- tha Lesteri. Gjithçka që të dëshirosh, vetëm ta ndiesh veten mirë këtu.

Në këtë kohë, ai u muar energjikisht edhe me punët e veta. Ndërmjet të besuarit të tij, zotit Uotson, i bëri të ditur zyrës -

Najt, Kitli dhe O'Brajen-, që me këtë rast t'i jepej pjesa e aksioneve të të atit. Ai vendosi që, gjersa rrethanat e detyruan të shkonte gjer këtu, të ndërmerrte një radhë hapash të tjera pak a shumë të pamëshirshme. Sipas të gjitha gjasave, do të martohej me zonjën Xherald. Do të hynte ne grupin drejtues të "Trustit të pajtoneve" -tani, kur të kishte në xhep paketën e aksioneve, ata s'mund ta pengonin. Nëse do të kishte në dispozicion edhe paratë e zonjës Xherald, do të merrte në duar "Kompaninë e traktorëve" në Cincinat, me të cilën lidheshin shpresa të mëdha të të vëllait, si edhe "Uzinën e shkrirjes së çeliqeve Perëndimore", ku Roberti qe konsulent kryesor. Po, kjo nuk do të ishte më e njëjta situatë që kishte pasur këto vitet e fundit!

Xhenin s'e zinte vendi nga vetmia dhe mërzia. Aq shumë kuptim kishte për të kjo shtëpi! Kur erdhën këtu dhe fqinjët nisën t'u vijnë për vizitë, mendonte se për ta do të niste një jetë e re; se me kohë, Lesteri do të martohej me të. Dhe pastaj u derdhën goditje pas goditjesh dhe s'mbetën më ëndrra, nuk mbeti më shtëpi. I ati vdiq, Zhaneta dhe shërbyesit e tjerë u lanë të lirë, mobiliet u dërguan në depo dhe Lesteri... Lesteri iku nga jeta e saj.

Xheni e kuptonte qartë se ai nuk do të kthehej. Gjersa mundte të ikte tani,- ndonëse i lëkundur e me dhimbje,- ç'do të prisje nga ajo kohë, kur të ishte i lirë dhe larg saj? Do ta tërhiqnin punët më të rëndësishme dhe thjesht do ta harronte. Dhe mirë do të bënte. Ajo s'i përshtatej për grua. Sa herë qe bindur për këtë. Vetëm me dashuri në këtë botë nuk shtyhet, kjo është e qartë për këdo. Duhet edhe arsimi, edhe pasuria, edhe zgjuarsia për të arritur qëllimet e tua, edhe aftësia për të intriguar. Por që të merrej me to, ajo nuk donte. Le që, edhe nuk do të dinte mbase.

Më në fund, shtëpia e madhe u mbyll dhe jeta e mëparshme mbeti pas. Lesteri e shoqëroi Xhenin në Sendud dhe ndenji pak me të në shtëpinë e re, duke u përpjekur ta bindë se shtëpia qe e shkëlqyer dhe se ajo do të mësohej lehtë me mjedisin e ri. I premtoi se do të vinte shpejt ta shihte dhe pastaj u përgatit të ikte. Përpara ndarjes së pashmangshme, fjalët e tij humbën çdo lloj kuptimi. Xheni i dha puthjen e lamtumirës, i uroi lumturi, suksese, qetësi shpirtërore dhe iku në dhomën e saj të fjetjes. Duke e parë në dritare se si po largohej nëpër rrugicën e shtruar me pllaka, trupbëshëm dhe elegant, me kostumin e ri, me pallton e hedhur përmes krahut,- mishërim i vetëbesimit dhe mbarësisë,- ajo ndjeu sikur tashmë do të vdiste. Mirëpo, kur pas një farë kohe tek ajo erdhi Vesta, sytë e saj qenë të thatë. Mbeti veçse një dhimbje çpuese e mpirë. Kështu nisi jeta e saj e re - jeta pa Lesterin, pa babanë, vetëm me Vestën.

- I çuditshëm paska qenë ky fati im! - mendoi, duke u ulur në kuzhinë. Vendosi që një pjesë të punëve të shtëpisë t'i kryente vetë. I duhej të humbiste mendjen. Nuk bënte të mendohej tërë kohës. Sikur të mos ishte Vesta, do të qe futur gjëkundi në punë. Veç të mos mbetej vetëm për vetëm me mendimet e saj, ndryshe do të luante mendsh.

Kapitulli 55

Gjatë një apo dy viteve pasardhës, rrethet afariste dhe mondane të Çikagos, Cincinatit, Klivlendit dhe qyteteve të tjerë, qenë dëshmitar të rilindjes origjinale të Lester Kejnit. Gjatë kohë së lidhjes me Xhenin ai qe larguar mjaft nga njerëzit dhe aktivitetet, aq sa dukej sikur pati humbur çdo lloj interesi ndaj tyre; kurse tani, pasi u nda prej saj, doli sërish në skenë, i armatosur me të gjitha mjetet e tij të mëdha dhe nisi të depërtojë në çdo punë, si një njeri i bindur në forcën e vet, duke u pranuar shpejt si një autoritet në botën e biznesit dhe financave. Vërtet, qe plakur. Në disa aspekte nuk qe më Lesteri i dikurshëm. Përpara takimit me Xhenin, ai shquhej për vetëbesim, që është veti e të gjithë atyre që s'e kanë njohur humbjen. Kur je edukuar në rrethe luksoze, kur shoqërisë i njeh veç anët e saj të këndshme, që janë aq shumë mashtruese, kur ke të bësh veçse me sipërmarrje të mëdha, jo sepse i ke krijuar ti, por ngaqë je vetë pjesë e tyre dhe se, qysh kur ke lindur, ato janë për ty si ajri që thith - atëherë, në mënyrë krejt të natyrshme të krijohet iluzioni i pathyeshmërisë së jetës, që ka mundësi të errësojë edhe trurin më të ndritur. Është e vështirë të krijosh përfytyrime mbi ato fenomene që s'i kemi parë, që s'i kemi ndjerë, që s'i kemi përjetuar vetë. Njëlloj si gjithësia, që na duket e përjetshme dhe e pandryshuar vetëm ngaqë asgjë për ligjet që e kanë krijuar, edhe Lesterit, bota i dukej e përjetshme dhe e pandryshuar. Vetëm kur u dendësuan retë dhe shpërtheu uragani, kur mbi të u derdh kërcënueshëm e gjithë forca e traditave shoqërore,- vetëm atëherë kuptoi se mund ta kishte mbivlerësuar veten; se dëshirat dhe pikëpamjet e tij vetjake paskëshin qenë një hiç përpara mendimit të shoqërisë; se ai, nuk pati të drejtë. I bëhej sikur fryma e kohëve, apo *Zeitgeist*, siç e quajnë gjermanët, qëndron në roje të një lloj sistemi, apo që shoqëria jonë është e organizuar sipas një lloj shëmbëllytyre njerëzore, ku mendja e njeriut e ka të pamundur të çajë. Ai nuk mund të hynte në një luftë të vetmuar kundër kësaj shoqërie. Nuk mund të mos u bindej urdhrave të saj. Bashkëkohësit e tij, e quanin këtë ndërtim të shoqërisë të domosdoshëm dhe u bind se, duke thyer ligjet e saj, do të gjendej fare lehtë matanë bordit. Të gjithë i kthyen shpinën, i ati, e ëma, të motrat, të njohurit, miqtë. O perëndi e madhe! Çfarë stuhie ngjalli sjellja e tij! Njëlloj sikur vetë fati pati vendosur ta dënojë. Operacioni me pasuritë e patundshme, mbaroi me humbje të padëgjuara. Përse? Mos vallë perënditë qëndrojnë në ruajtje të ligjeve të shoqërisë, të cilat ai deshi t'i përbuzë? Me sa duket po. Kështu apo ashtu, atë e detyruan t'i dorëzojë llogoret dhe ja, tani është përsëri në botën e mëparshme, plot energji dhe vendosmëri, disi i dërmuar pas gjithçkaje që përjetoi, por megjithatë, një figurë mjaft e shquar dhe autoritare.

Ky dorëzim pas asaj lufte të gjatë, nuk kaloi pa u ndëshkuar. Ai u bë njeri mjaft i vrazhdë. Ndjenë se e shtynë në sjelljen e parë të shëmtuar e të egër të jetës së tij. Xheni meritonte një fat më të mirë. Qe e turpshme që e braktisi, pasi mori aq shumë prej saj. E ç'të thoshe, ajo ia kaloi me fisnikëri. Dhe kryesorja, nuk kishte pse ta justifikonte veten sikur pati qenë në një situatë pa rrugëdalje. Mund të kishte jetuar edhe me dhjetë mijë dollarë në vit; mund ta kishte shtyrë edhe pa këto një milion e gjysmë dollarë, që zotëronte tani. Mund ta kalonte edhe pa shoqërinë mondane, e cila dilte se nuk e pati humbur forcën e saj tërheqëse për të... Ndoshta, por nuk donte ta thellonte edhe më fajin e tij, duke menduar për një femër tjetër.

E ç'kishte ajo, më shumë se Xheni? Ja pyetja që ngrihej vazhdimisht përpara Lesterit. A qe vallë grua e mirë? A nuk bëri haptazi përpjekje që ta shqiste prej asaj gruaje, e cila detyrimisht e quante veten si e shoqja e tij? Kjo na qenkësh merita? Kështu do të sillej vallë një grua zemërmadhe? Në fund të fundit, a ishte vërtet ajo, aq e mirë për të? Ndoshta, ai nuk duhej të martohej me të? Ndoshta, në përgjithësi, ai s'duhej të martohej fare, përderisa jo ligjërisht por moralisht qe ende i lidhur me Xhenin? Çfarë lloj bashkëshorti do të dilte prej tij? Këto mendime s'e linin të qetë dhe nuk shkëputej dot nga vetëdija se po prirej drejt një sjellje zemërgurtësie dhe jo fisnike.

Ai bëri një hap të rremë, duke ndjekur përfytyrimet materiale, kurse tashmë qe gati t'u hapte rrugë edhe përfytyrimeve zakonore.

Me gabimin e dytë, përpiqej të rregullonte të parin. Por, a do të sillte vallë kënaqësi kjo, a do ta kënaqte nga pikëpamja materiale dhe morale, a do ta qetësonte shpirtërisht? Ai vriste mendjen pa pushim mbi këtë, ndërsa ujdiste jetën si njëherë e një kohë, ose më saktë, e përshtaste sipas kushteve të reja, por qetësi nuk ndiente. Madje, u bë më keq, se e pushtoi zymtësia, ndjenja e hakmarrjes. Nganjëherë mendonte se po të martohej me Letin, këtë do ta bënte veç që me ndihmën e parave të saj, të hakmerrej egër ndaj armiqve të tij, por pastaj menjëherë niste ta urrente veten për këto mendime. Jetonte në hotel "Auditorium", shkonte në mbledhjet e drejtuesve në Cincinat, ku sillej me arrogancë e në mënyrë sfiduese; vuante nga çekuilibri i brendshëm dhe indiferenca që ndiente ndaj gjithçkaje në botë. Por me Xhenin, sikurse edhe më parë, nuk u takua më.

Kuptohet vetvetiu që zonja Xherald i priste me interes të gjallë lajmet mbi kthesën e re në jetën e Lesterit. Duke pritur për mirësjellje ca kohë, ajo i shkroi në adresën në Haid-Park, njëlloj sikur s'e dinte që ishte larguar s'andejmi. Ku po fshihesh? - e pyeste. Lesteri, në atë kohë, sapo kishte nisur të mësohej më ndryshimin që i ndodhi. I thoshte vetes se kishte nevojë për dashamirësi dhe kujdes,- vetëkuptohet, prej gruaje. Sapo u sqarua se jetonte i vetëm dhe se situata e tij financiare qe rivendosur, nisën ta ftojnë si mik. Tashmë pati qenë në disa shtëpi jashtë qytetit, i shoqëruar vetëm nga shërbyesi japonez -

shenja më e sigurt se ishte bërë sërish beqar. Mbi të kaluarën nuk i thoshte askush ndonjë fjalë.

Duke marrë letrën e zonjës Xherald, Lesteri vendosi se duhej ta shihte. Ndihej fajtor përpara saj - muajt e fundit gjersa u largua nga Xheni, as nuk kishte vajtur tek ajo. Por edhe tani vendosi të mos nxitohej. Pas një farë kohe, ajo e ftoi me telefon për drekë dhe atëherë, më në fund ai shkoi.

Zonja Xherald qe madhështore në rolin e mirëpritëses. Mes të ftuarve qe pianisti Albon, skulptori Adam Raskjevic, shkencëtari anglez, sër Nelson Kis, si edhe, për habinë e Lesterit, zoti dhe zonja Beri Doxh, me të cilët nuk qe takuar veçse kalimthi që prej disa vitesh. Lesteri dhe e zonja e shtëpisë shkëmbyen përshëndetje me gëzim, si njerëz që e kuptojnë mirë njëri-tjetrin dhe i gëzohen rastit për ta kaluar kohën së bashku.

- A s'të vjen turp, zotëri? - i tha ajo, sapo Lesteri u duk te dera. Vallë, a mund t'i harrosh kështu miqtë e vjetër? Për këtë do të dënohesh.

- Kam qenë tmerrësisht i zënë,- iu përgjigj ai. Po ç'dënim më pret? Shpresoj, nëntëdhjetë kamxhikë, mjaftojnë?

- Nëntëdhjetë kamxhikë, posi! - e kundërshtoi ajo. Dashke të ndahesh lehtë. Kam harruar, si i dënonin keqbërësit në Siam?

- Me siguri, me vaj të nxehtë.

- Jo, edhe kjo është pak. Do të mendoj për ty ndonjë dënim të tmerrshëm.

- Epo atëherë, kur ta mendosh, ma thuaj,- qeshi ai, por këtu zonja dë Linkum, që po e ndihmonte të zonjën e shtëpisë ne pritjen e miqve, e mori t'ua paraqiste të huajve të shquar. U ndez një bisedë e gjallë. Lesteri, i cili në këto rrethana e ndiente veten si peshku në ujë, ndjeu një vërshim të guximshëm. Duke u kthyer, pa se gjendej pranë Beri Doxhit.

Doxhi u shkri në një buzëqeshje dashamirëse.

- Nga endesh ti? - e pyeti ai. Nuk të kemi parë, s'mbaj mend sa vjet. Shkojmë te zonja Doxh, ajo do të bisedojë me ty.

357

- Po, kemi kohë që s'jemi parë,- iu përgjigj pa teklif Lesteri, duke kujtuar takimin e tyre të fundit dhe tonin e Doxhit, që s'i ngjante aspak dashamirësisë së sotme. Jetoj në "Auditorium".

- Kurse unë s'ka disa ditë që pyeta për ty. Ti e njeh Xhekson Dybuanë? Po, patjetër e njeh. Ja kështu, ne me të kemi ndërmend t'ia mbathim në Kanada, për gjah. A do të na bësh shoqëri?

- Tani nuk mundem,- iu përgjigj Lesteri. Jam tepër i zënë. Në ndonjë rast tjetër, me kënaqësi.

Doxhi nuk u largua prej tij. Jo shumë kohë më parë, ai lexoi se Lesteri qe zgjedhur në bordin drejtues edhe të një kompanie tjetër. Me sa duket, ky njeri po ngjitej përsëri në majë. Por këtu njoftuan se dreka qe shtruar dhe Lesteri zuri vend në të djathtë të zonjës Xherald.

- A s'ke ndërmend të vish tek unë për një vizitë më pak zyrtare? - e pyeti ajo me gjysmë zëri, duke përfituar nga një çast, kur biseda në tryezë u bë veçanërisht e gjallë.

- Po, kam ndërmend,- iu përgjigj ai,- dhe shumë shpejt. Në fakt, kam dashur të vij prej kohësh. Po ti, a e di se si qëndrojnë tani punët e mia?

- E di. Kam dëgjuar shumë. Prandaj dua të vish, të bisedojmë. Ai vajti tek ajo pas dhjetë ditësh. Donte ta takonte; pas tërë atyre viteve që pati jetuar nën një çati me Xhenin, jeta në hotel i dukej e padurueshme. Duhej t'i zbrazte shpirtin dikujt; e ku të gjente ngushëllim veçse këtu? Leti veç këtë ëndërronte, që ta ngushëllonte. Të varej prej saj, do ta kishte përqafuar dhe do t'i ledhatonte kokën si fëmijë.

- Kështu,... -tha ai, pasi shkëmbyen ca shaka si zakonisht. Çfarë shpjegimi pret nga unë?

- A i dogje anijet e tua? - pyeti ajo.

- Oh, nuk e di,- iu përgjigj Lesteri i menduar,- dhe në përgjithësi, nuk mund të them se e gjithë kjo më ka gëzuar.

- Edhe unë kështu mendova,- psherëtiu zonja Xherald,- se, të njoh. Mund ta marr me mend gjithçka që ke ndjerë. Të kam ndjekur në çdo hap dhe dëshiroja veç një gjë - që të gjeje sërish qetësinë shpirtërore. Këto gjëra arrihen përherë me mundim, por edhe tani, jam e bindur se do të dalë për mirë. Ajo nuk bënte për ty. Se njëlloj, ti nuk do ta mbaje dot. S'kishe pse të jetoje si kërmill në guaskën e saj. Ti nuk je krijuar për këtë, njëlloj si unë. Ty të vjen keq për atë që bëre, por po të mos e kishe bërë, do të të vinte edhe më keq. Ta vazhdoje atë jetë, do ta kishe të pamundur, vallë, a nuk je dakord me mua?

- Vërtet, nuk di ç'të them, Leti. Se, kam dashur të vij tek ty prej kohësh, por mendoja që s'kisha të drejtë. Nga jashtë lufta mbaroi - ti më kupton?

- Të kuptoj,- i tha ajo me përkëdheli.

- Por nga brenda vazhdon. Kam ende plot gjëra që s'i kuptoj. Nuk jam i qartë sa më tërheq ana financiare. Ta them sinqerisht, madje nuk e di nëse e dua vallë, apo jo. Por më vjen keq për të dhe kjo nuk është pak.

- Ajo, vetëkuptohet është siguruar mirë. Kjo tingëlloi jo si pyetje, por si një vërejtje fluturake.

- Natyrisht. Por Xheni është grua e një tipi të veçantë. Asaj s'i duhet shumë. Është nga natyra shtëpiake dhe nuk e tërheq shkëlqimi i jashtëm. Në Sendud, i mora me qera një shtëpi pranë liqenit, në veri të Çikagos, por ajo e di se mund të jetojë ku të dëshirojë; para në dispozicion ka sa të dojë.

- Unë e kuptoj se si ndihet ajo, Lester. Dhe e kuptoj se si ndihesh ti. Në fillim do të vuajë shumë, të gjithë vuajmë, kur e humbasim atë që duam. Por gjithçka kalon dhe njerëzit vazhdojnë të jetojnë. Edhe me të, kështu do të ndodhë. Në fillim do ta ketë mjaft të rëndë, por pastaj do të qetësohet dhe nuk do të të verë faj.

- Xheni nuk do të më qortojë kurrë, këtë e di,- e kundërshtoi ai. Jam unë ai që do të qortojë veten edhe për shumë kohë.

Kështu jam gatuar. Tani, edhe sikur të më rrahin, s'mund të them nëse shqetësimi më vjen për shkak të forcës së zakonit, apo të ndonjë ndjenje të thellë. Nganjëherë më bëhet sikur jam njeriu më gdhe në botë. Si shumë e vras mendjen.

- I gjori Lester! - tha ajo me ëmbëlsi. Unë të kuptoj. Mërzitesh që jeton vetëm në hotel?

- Shumë.

- Përse të mos shkosh disa ditë në Uest-Baden? Edhe unë, atje do të shkoj.

- Kur? - e pyeti ai.

- Të martën e ardhshme.

- Një minutë, të shohim. Ai nxori bllokun e shënimeve. Mund të vij të enjten për disa ditë.

- Ja, shkëlqyeshëm. Duhet të dalësh në njerëz. Atje do të shëtitim dhe do të bisedojmë. Kështu, do të vish?

- Do të vij.

Ajo shkoi tek ai, duke tërhequr pas vetes bishtin ngjyrë trëndafili të fustanit.

- Mos e vrit mendjen kaq shumë, zotëri,- i tha e shkujdesur. Dashke patjetër që t'i gërmosh gjërat me rrënjë. E përse? Megjithëse, ti kështu ke qenë përherë.

- Epo, ç't'i bësh,- iu përgjigj ai. Nuk rri dot pa u menduar.

- Hë, një gjë di,- ajo e pickoi lehtë pas veshit. Herën e dytë, ndjenjat e tua të mira s'do të të shtyjnë të bësh gabime. Këtë s'do të ta lejoja,- shtoi ajo me guxim. Duhet të jesh i lirë gjersa t'i mendosh të gjitha siç duhet dhe të vendosësh se ç'të nevojitet. Ndryshe nuk bën. Kurse unë desha të të kërkoj që të marrësh mbi vete drejtimin e punëve të mia. Mund të më japësh këshilla ku e ku më të vlefshme se sa i besuari im.

Ai u çua, vajti te dritarja dhe e vështroi vjedhurazi.

- Unë e di se çfarë kërkon ti,- tha i vrenjtur.

- E përse jo? - e pyeti ajo, duke i shkuar përsëri pranë. Në sytë e saj kishte lutje dhe thirrje. E përse jo?

- Ti s'e di as vetë çfarë po bën,- hungëriti ai, po s'e largoi prej saj vështrimin. Ajo qëndronte përpara tij me joshjen e plotë të një gruaje të pjekur, të zgjuar e të vëmendshme, plot gatishmëri dhe dashuri.

- Leti,- tha ai. Kot kërkon të martohesh me mua. Nuk ia vlej për këtë, besomë. Unë jam njeri i ftohtë, skeptik, i pashpresë. Asgjë nuk do të dilte prej kësaj.

- Kurse sipas meje do të dalë,- nuk u dorëzua ajo. Unë e di se ç'njeri je. Dhe as që më bëhet vonë. Ti më duhesh. Ai e mori për dore, pastaj e tërhoqi pranë vetes dhe e pushtoi.

- E gjora Leti! - tha. Nuk e meritoj këtë. Vështromë e më mëshiro.

- Jo, nuk të mëshiroj,- kundërshtoi ajo. Unë e di se ç'bëj. As e çaj kokën se ç'mendon për veten tënde. Ajo e mbështeti faqen në shpatullën e tij. Je ti ai që më duhesh.

- Kështu, bëre ç'bëre, por më more,- tha ai dhe, duke u përkulur, e puthi.

- Ah! - thirri ajo dhe e fshehu fytyrën në gjoksin e tij.

- Nuk bëra mirë,- mendoi ai, duke e përqafuar,- nuk duhej ta kisha bërë këtë.

Por megjithatë e mbajti përqafuar dhe, kur ajo ngriti kokën, duke u zgjatur drejt tij, e puthi edhe shumë herë të tjera.

Kapitulli 56

Nëse nuk do të qenë ndikimet e disa rrethanave, ka mundësi që me kohë, Lesteri do të ishte kthyer me kohë te Xheni. Ai e kuptonte mirë se, pasi të merrte në duar drejtimin e pasurisë së tij e të priste gjersa të qetësoheshin pasionet, mund të sajonte dredhia diplomatike dhe në këtë apo atë formë të riniste marrëdhëniet me të. Por për këtë do t'i duhej të ndeshej me rregullin e pandryshuar, pra, të plotësonte detyrimet e tij, madje edhe nëse për to nuk flitej gjëkundi drejtpërsëdrejti. Përveç kësaj, nuk mund të shkëputej nga mendimet mbi mundësitë e gjera që i hapeshin përpara po të martohej me zonjën Xherald. Dhembshuria e sinqertë ndaj Xhenit s'e pengonte që të pranonte në vetvete se sa shumë do të thoshin personaliteti dhe pasuria e kundërshtares së saj - një nga përfaqësueset më interesante të botës së lartë. Në mendimet e tij, i vinte përherë këto dy gra përballë njëra-tjetrës. Njëra qe elegante, e arsimuar, tërheqëse, e stërvitur në të gjithë imtësitë e jetës mondane dhe mjaft e pasur, që të kënaqte çdo kapriço të saj; tjetra, qe e domosdoshme, e dashur, përkëdhelëse, e pa mësuar me sjelljet mondane, por e aftë si asnjë tjetër që të ndiente bukurinë e jetës dhe gjithçka që është e mrekullueshme në marrëdhëniet njerëzore. Zonja Xherald e kuptonte dhe e pranonte këtë. Duke e gjykuar lidhjen e Lesterit, ajo nuk qortonte Xhenin, por logjikën e gabuar të kësaj lidhjeje nga pikëpamja e karrierës së tij. Qe tjetër punë martesa me atë vetë, kjo mbase do të ishte përfundimi ideal i të gjitha ambicieve të saj egoiste. Do të ishte mirë në të gjitha aspektet. Ai do të qe po aq i lumtur me të, sa me Xhenin - pothuajse po aq - dhe veç kësaj, do t'i vinte mirë të ndjente se ishte personi më i rëndësishëm në rrethet mondane dhe financiare të Perëndimit të mesëm. Edhe problemet e tij materiale do të zgjidheshin me këtë rast, si s'ka më mirë. Lesteri mendoi shumë dhe seriozisht dhe më në fund vendosi se nuk kishte më kuptim ta zgjaste. Duke u ndarë me Xhenin, i shkaktoi asaj një fyerje të pandreqshme. A nuk qe njëlloj nëse i shkaktonte edhe të dytën? Xheni qe e siguruar. Tashmë kishte gjithçka që i nevojitej, përveç atij vetë, Lesterit. Ajo pati thënë vetë se ata duhej të ndaheshin. Kështu, i lodhur nga kjo jetë e çrregullt dhe e parehatshme, ai sikur u pajtua me këtë justifikim dhe gradualisht poqi në vetvete mendimin për lidhjen e re.

Takimet e vazhdueshme me zonjën Xherald u bënë edhe shkaku vendimtar, i cili e pengoi Lesterin të bashkohej sërish me Xhenin. Gjithçka u rregullua si kasten, që të ishte pikërisht ajo, e cila duhej ta shpëtonte atë nga gërryerja e lodhshme e streseve të brendshme. Përderisa jetonte vetëm, herë pas here ai mund edhe të shkonte te ndonjë mik, por kjo gjë pak i interesonte. Qe rënduar ca si tepër që të ngrihej e të merrte mundimin me dashjen e vet për të mbledhur rrotull vetes njerëz, të cilët i vinin pas shijes dhe që një gruaje si zonjës Xherald, s'i kushtonte gjë t'i mblidhte. Kurse të dyve kjo do t'u dilte mjaft e lehtë. Kudo që vendosnin për të jetuar, shtëpia e tyre do të qe ngaherë e plot me njerëz interesantë. Atij s'i mbetej veç të dukej mes të ftuarve e të kënaqej duke biseduar. Leti e kuptonte shkëlqyeshëm se çfarë lloj jete i pëlqente atij. Ajo preferonte po atë kategori njerëzish që donte dhe ai. Aq shumë interesa të përbashkëta kishin, sa jeta e tyre do të ishte thjesht një kënaqësi e plotë.

Dhe kështu, Lesteri kaloi disa ditë me zonjën Xherald në Uest-Baden, kurse në Çikago e la veten në dispozicion të saj për drekat, shëtitjet apo daljet në botën mondane. Në shtëpinë e saj e ndiente veten, thuajse zot shtëpie - ajo vetë e pati rregulluar këtë. Leti i tregoi me hollësi për punët e saj, duke i shpjeguar përse i duheshin këshillat e tij për këtë apo atë çështje. Nuk donte që ta linte gjatë, vetëm për vetëm me mendimet dhe keqardhjet e tij. Dhe ai shkonte tek ajo kur kishte nevojë të ngushëllohej, të harrohej, apo të shlodhej nga telashet. Në shtëpinë e saj u takua me mjaft njerëz dhe mes të njohurve, nisën të përhapen fjalë se ata do të martoheshin. Përderisa lidhja e mëparshme e Lesterit pati sjellë aq paragjykime, Leti vendosi ta shmangte me çdo kusht dasmën madhështore. Mjaftonte një lajmërim i shkurtër në gazetë dhe pas një farë kohe, kur gjithçka të qetësohej dhe thashethemet të binin, ajo, për hir të tij, do të verbonte të tërë qytetin me pritjet e saj.

- Mund të martohemi në prill e të shkojmë për pushime verore jashtë shtetit? - propozoi ajo njëherë. Sa për atë që martesa e tyre ishte çështje e vendosur, as ai dhe as ajo nuk dyshonin. Shkojmë në Japoni. Kurse në vjeshtë, kthehemi dhe marrim me qera një shtëpi në bregdet.

Patën kaluar aq kohë qëkurse Lesteri u nda nga Xheni, saqë ndërgjegjja s'e mundonte më. Zëri i brendshëm nuk pati heshtur ende, por Lesteri përpiqej që ta shuante.

- Po mirë, ç'ka,- iu përgjigj me shaka. Vetëm, të lutem, pa asnjë lloj zhurme.

- Me gjithë mend je dakord, i dashur? - thirri ajo, duke parë me gëzim tek ai; përpara kësaj, ata e patën kaluar mbrëmjen qetësisht me lexime dhe biseda.

- E kam menduar gjatë,- iu përgjigj ai,- dhe nuk shoh asnjë arsye përse ta zgjas.

- Mua thjesht nuk më besohet që i the këto fjalë,- foli ajo,- duke parë e habitur tek ai.

- Epo çfarë, t'i marr fjalët mbrapsht?

- Jo, jo! Kuptohet, u vendos, në prill. Dhe shkojmë në Japoni. Por, o Zot, çfarë prike do t'i porosis vetes!

Ajo ia shpupuriti flokët me gëzim. Ai nënqeshi me një buzagaz paksa të tendosur; diçka i mungonte në qiellin pa re të lumturisë së tij, ndoshta këtë do ta tregonin vitet.

Kapitulli 57

Gjatë kësaj kohe Xheni sikur u mësua pak me situatën e re, në të cilën i qe shkruar të shtynte ditët e saj. Në fillim iu duk e tmerrshme të jetonte pa Lesterin. Ndonëse edhe vetë qe grua e kalitur, por prapë, kaq shumë i qe pleksur jeta me të tijën, sa që i dukej se, t'i prisje apo t'i ngatërroje këto fije, qe e pamundur. Me mendje nuk pushonte së jetuari me të, njëlloj sikur nuk qe ndarë. Ku është tani? Çfarë po bën? Çfarë po thotë? Si duket?

Mëngjeseve zgjohej me ndjenjën sikur i ndodhej pranë. Mbrëmjeve - sikur nuk duhej të binte të flinte, gjersa ai s'qe kthyer ende. Ai duhej të kthehej shpejt... ah, jo, ai s'do të kthehej më kurrë... O Zot, veç ta mendosh! Kurrë! Kurse Xhenin e merrte malli kaq shumë për të.

I duhej ta rregullonte jetën gjer në hollësitë më të vogla; gjë që gjithashtu nuk ishte kollaj, - qe mjaft sëmbuese dhe dhembëse.

Më kryesorja ishte se e gjitha kjo i duhej shpjeguar në një lloj mënyre Vestës. Vajza tashmë, kishte vënë re mjaft gjëra dhe pati vrarë mendjen shumë, kështu që kishte dyshimet dhe hamendjet e veta. Mbante mend bisedat se, kur kishte lindur ajo, e ëma s'pati qenë e martuar. Në atë kohë kishte lexuar gazetën e së dielës me historinë romantike të Xhenit dhe të Lesterit - se ia patën treguar në shkollë,- por qe treguar mjaft e zgjuar që të mos e bënte fjalë në shtëpi: e ndiente se s'ëmës nuk do t'i vinte mirë. Zhdukja e Lesterit e habiti pa masë; mirëpo, gjatë këtyre dy-tre viteve të fundit, qe e bindur se sa e ndjeshme ishte e ëma dhe sa lehtë mund t'i shkaktoje dhimbje. Prandaj u përmbajt nga pyetjet. Xhenit iu desh t'i tregonte së bijës se Lesteri rrezikonte pasurinë po të mos i linte, ngaqë Xheni qe e një rangu shoqëror më të ulët se ai. Vesta e dëgjoi e qetë, por dyshoi për të vërtetën. Ndjeu keqardhje për të ëmën dhe duke e parë se sa e dërmuar ishte, përpiqej të tregohej më e hedhur dhe më e gjallë. Ajo

365

kundërshtoi me vendosmëri që të shkonte në konvikt dhe kalonte sa më shumë kohë që mundej me Xhenin. Zgjidhte librat më tërheqës që t'ia lexonte me zë të lartë, i kërkonte që të shkonin bashkë në teatër, i luante në piano, i tregonte pikturat e saj dhe i kërkonte mendim. Duke u miqësuar me disa vajza në shkollën e shkëlqyer të Sendudit, i ftonte në shtëpi mbrëmjeve dhe shtëpia mbushej me zëra gazmorë. E ëma e çmonte përherë e më shumë karakterin e mrekullueshëm të vajzës dhe u lidh me të akoma më shumë. Ja se kush do të qe mbështetja e saj në perëndimin e jetës.

Xheni e dinte se do t'i duhej t'ua shpjegonte situatën e saj fqinjëve dhe të njohurve të rinj. Qëllon që njeriu të jetojë në vetmi, duke mos u hapur për të kaluarën e tij, por zakonisht diçka duhet të thotë. Njerëzit janë kureshtarë, sidomos kasapët dhe bukëpjekësit dhe t'u shmangesh pyetjeve të tyre ishte e vështirë. Kështu ndodhi edhe me Xhenin. Ajo nuk mund të thoshte se i pati vdekur burri - se Lesteri mund të kthehej. Mbeti t'u thoshte se pati ikur vetë prej tij dhe t'u linte përshtypjen sikur e kishte ajo në dorë ta pranonte apo të mos e pranonte të kthehej. Kjo qe menduar mirë dhe ndaj saj nisën të sillen me simpati. Kurse ajo bënte një jetesë të qetë e të njëllojtë, në pritje të ndarjes së panjohur.

Jetën e saj e zbukuronin dashuria e Vestës dhe bukuria përrallore e natyrës së Sendudit. Xheni nuk ngopej së vështruari liqenin, nëpër të cilin që nga mëngjesi e gjer në mbrëmje rrëshqisnin barka të shpejta nga qytezat fqinje piktoreske. Ajo kishte një pajton të vogël dhe kalë, një nga ata të dy me të cilin shëtitnin, kur jetonte në Haid-Park. Me kohë dolën edhe kanakarë të tjerë dhe mes tyre një buçe stani, të cilën Vesta e quante "Miushja". Xheni e solli atë që këlysh që nga Çikagoja, kurse tani qe bërë një qen roje e bukur, e zgjuar dhe përkëdhelëse. Kishin edhe një maçok, Xhimi Budsin,- Vesta e pagëzoi kështu për nder të një djali të njohur, me të cilin, sipas fjalëve të tij, ai ngjante shumë. Kishin një bilbil këngëtar, të cilin e ruanin shumë nga sulmet grabitqare të Xhimi Budsit si edhe një akuarium me peshq të artë. Dhe jeta në shtëpi rridhte e qetë, e patrazuar, kurse përjetimet dhe ndjenjat e stuhishme qenë fshehur thellë nga sytë e njerëzve.

Kohët e para, pas largimit të tij, Lesteri nuk i shkruajti Xhenit; ai ra kokë e këmbë mbas punëve që e lidhnin me kthimin në sferat komerciale dhe veç kësaj, mendonte se nuk qe mirë ta shqetësonte Xhenin me letra, të cilat, në rrethanat e krijuara, nuk do të kishin asnjë lloj kuptimi. Vendosi që ta linte të qetësohej dhe vetëm më vonë do t'i shkruante i qetë për të gjitha punët e tij. Ai heshti një muaj dhe pastaj i njoftoi me letër se ishte i zënë gjer në grykë me punë, se pati vajtur disa herë në Çikago (kjo përputhej me të vërtetën) kurse në të ardhmen mendonte të vinte atje veç në të rrallë. Pyeste për Vestën, për atë se si shkonte jeta në Sendud. Ka mundësi, që të vij së shpejti tek ju,- i shkruante por në fakt nuk e kishte këtë qëllim dhe Xheni e kuptoi menjëherë.

Kaloi dhe një muaj dhe ai i shkroi sërish, tashmë një letër krejt të shkurtër. Duke iu përgjigjur herën e parë, Xheni i kallëzoi me hollësi për jetën e tyre. Për ndjenjat e saj nuk përmendte asnjë fjalë, por i shkruante se do të qe e kënaqur me gjithçka dhe se ndihej mjaft mirë në Sendud. Shpresonte se punët e tij do të rregulloheshin për mirë tashmë dhe gëzohej me gjithë shpirt që më së fundi të gjitha çështjet e vështira i pati zgjidhur. - Mos mendo se nuk jam e lumtur,- i shkruante,- kjo s'është e vërtetë. Jam e bindur se vepruam drejt e ndoshta do të hidhërohesha po të kishim vepruar ndryshe. Kurse ti, ndërtoje jetën ashtu si të të bëhet më mirë. Ti meriton më shumë lumturi, Lester. Çfarëdo që të bëje, për mua do të jetë mirë. Unë qeshë dakord që më parë. Ajo e kishte fjalën për zonjën Xherald dhe duke lexuar letrën e saj, Lesteri e kuptoi këtë, siç kuptoi dhe sa vetëmohim e dhimbje e heshtur fshihej pas shpirtmadhësisë së saj. Ishte pikërisht kjo gjë që e detyroi të lëkundej aq gjatë, përpara se të ndërmerrte hapin përfundimtar.

Sa pafundësisht larg njëra-tjetrës janë fjalët e shkruara dhe mendimet e fshehta! Pas gjashtë muajsh, Lesteri thuajse pushoi së shkruari; pas tetë muajsh, letërkëmbimi u ndërpre përfundimisht.

Njëherë, në mëngjes, duke u hedhur një sy gazetave, Xheni pa në kolonën e rubrikës mondane njoftimin e mëposhtëm:

Të martën, në shtëpinë e saj, në bulevardin Dreksel, Nr.4044, zonja Malkolm Xherald u deklaroi të afërmve që qenë të mbledhur, mbi fejesën e saj me Lester Kejnin, djalin e vogël të të ndjerit Arcibald Kejn, nga Cincinati. Martesa do të bëhet në prill.

Asaj i ra gazeta nga duart. Për disa minuta ndenji palëvizur, duke vështruar në një pikë. - A është e mundur? - mendoi. Vërtet ndodhi? E dinte se do të ndodhte, e megjithatë...megjithatë shpresonte. Për çfarë shpresonte vallë? A nuk këmbënguli vetë që ai të largohej prej saj? A s'i dha vetë të kuptonte se kështu do të qe më mirë? Dhe ja, kjo ndodhi. Çfarë të bënte tani? Të rrinte këtu dhe të jetonte me paratë e tij? Jo, vetëm kjo jo! Dhe, mes të tjerash, Lesteri i la asaj të ardhura të mëdha jetese. Në bankën La-Sal-Strit ruheshin aksionet e hekurudhës prej shtatëdhjetë e pesë mijë dollarësh, të ardhurat vjetore të të cilave, katërmijë e pesëqind, i paguheshin asaj, drejt e në dorë. A mund të hiqte dorë ajo, nga këto para? Se, duhej menduar për Vestën.

Xheni e ndjeu veten thellësisht të helmuar në shpirt, por pastaj e kuptoi menjëherë se do të qe budallallëk të zemërohej. Jeta përherë qe sjellë egërsisht me të. Me siguri, kështu do të vazhdonte gjer në fund. Ja, le të provonte të jetonte e pavarur, ta nxirrte vetë bukën e gojës, e ç'rëndësi do të kishte kjo për Lesterin, apo për zonjën Xherald? Ajo, Xheni, e mbyllur brenda katër mureve të dhomës në këtë qytet të vogël, e pa vënë re, e vetmuar, kurse ai atje, në botën e gjerë, bën një jetë të plotë, kënaqet me lirinë. Nuk është mirë kjo, nuk është e drejtë. Po përse të qante? Ç'dobi kishte?

Dhe sytë qenë të thatë, por shpirti i kullonte nga lotët. Ajo u çua ngadalë, e fshehu gazetën në fund të valixhes dhe e mbylli me kyç.

Kapitulli 58

Kur fejesa me zonjën Xherald u bë fakt i kryer, Lesteri s'e kishte të vështirë tashmë të pajtohej me situatën e re të krijuar. Se, padyshim, gjithçka doli për së mbari. I vinte jashtëzakonisht keq për Xhenin. Edhe zonjës Xherald, po ashtu, i vinte keq, por ngushëllohej me mendimin se kështu do të qe më mirë si për Lesterin, ashtu edhe për atë grua fatgjorë. Ai do të ndihej shumë më i lumtur, kjo tashmë dukej. Kurse Xheni, me kalimin e kohës, do ta kuptonte se u soll me zgjuarsi dhe vetëmohim. Kjo vetëdije e shpirtmadhësisë së vet, do t'i sillte gëzim. Vetë zonja Xherald, që nuk pati ushqyer kurrë ndjenja të ëmbla për të ndjerin bashkëshort të parë, ndihej në qiellin e shtatë: më në fund, ndonëse ca me vonesë, iu plotësua ëndrra e vajzërisë! Nuk mund të përfytyronte asgjë më të mirë se jetën më Lesterin. Ku s'do të shkonin, çfarë s'do të shikonin! Dimrin e ardhshëm, ajo, e riquajtur tani zonja Lester Kejn, do t'i tregonte tërë qytetit se ç'janë ballot dhe pritjet! Kurse Japonia... Thjesht fryma të merret, aq mrekulli do të ishte.

Lesteri i shkroi Xhenit mbi martesën e pritshme. Nuk i dha fare shpjegime, ato iu dukën të tepërta. Mendohej se duhej të martohej me zonjën Xherald dhe se Xheni, duhej ta dinte këtë. Shpresonte se është mirë me shëndet. Duhet ta dijë gjithnjë se fatin e saj e ka përherë pranë zemrës. Do të përpiqej me të gjitha forcat që t'ia bënte jetën mundësisht më të këndshme e më të lehtë. Le të mos e kujtojë për të keq. Dhe t'i bëjë shumë të fala prej tij, Vestës. Atë duhej ta shpinte në shkollën e mesme më të mirë...

Xheni e kuptonte fare mirë se si qëndronin punët. E dinte se zonja Xherald e tërhiqte Lesterin qysh atëherë, kur u takuan në Londër, në hotelin "Karlton". Kjo grua kishte kohë që e gjuante. Tashmë e kishte arritur! Gjithçka në rregull. Le të qe e lumtur. Xheni kështu edhe i ktheu përgjigje, duke shtuar se njoftimin për dasmën e pati lexuar në gazetë. Kur mori letrën e saj, Lesteri u mendua; mes rreshtave lexoi shumë më tepër se ç'i shkruante ajo. Madje u habit me forcën e shpirtit të saj. Pavarësisht nga të gjitha fyerjet që i shkaktoi dhe po përgatitej t'i shkaktonte, e dinte se ndjenja e tij ndaj Xhenit nuk qe shuar plotësisht. Ajo qe grua fisnike dhe magjepsëse. Të kishin qenë punët më ndryshe, nuk do të qe ende i përgatitur që të martohej me Letin. E megjithatë, u martua.

Lidhja martesore u krye në pesëmbëdhjetë prill, në shtëpinë e zonjës Xherald; kurorën ua vuri prifti katolik. Lesteri nuk qe aspak bir shembullor i kishës, ishte ateist, por gjersa qe edukuar në kishë, mendoi se nuk kishte kuptim të kundërshtonte martesën kishtare. U mblodhën rreth pesëdhjetë miq e të ftuar - të gjithë njerëz të afërm. Ceremonia vijoi pa pengesë. Të sapo martuarit i shurdhuan me urime, i mbuluan me grushte orizi dhe karamelesh. Miqtë festonin ende, kur Lesteri me Letin u përvodhën nga shtëpia përmes një dere anësore, ku i priste pajtoni. Pas një çerek ore, tufa gazmore rendi pas tyre në stacionin hekurudhor Çikago-Rok Ajllënd-San Francisko. Por, kur arritën, çifti i lumtur pati zënë vend tashmë në vagon. Përsëri të qeshura, thirrje gazmore, shampanjë dhe ja, më në fund, treni lëvizi dhe të sapo martuarit u nisën për udhë.

- Pra, ti më more,- tha i gëzuar Lesteri, duke e ulur Letin pranë vetes. Hë, po tani?

- Ja, tani! - thirri ajo, dhe duke e përqafur fort, e puthi tërë afsh.

Katër ditë më vonë ata arritën në bregun e Paqësorit dhe pas dy ditësh nxitonin me vaporin më të shpejtë drejt vendit të mikados.

Kurse Xheni mbeti e vetmuar në hidhërimin e saj. Duke marrë vesh se Lesteri martohej në prill, nisi të shohë me vëmendje gazetat, në kërkim të njoftimeve plotësuese. Më në fund, lexoi se dasma do të bëhej në mesditën e pesëmbëdhjetë prillit, në

371

shtëpinë e zonjës Xherald. Pavarësisht se i qe nënshtruar fatit, Xheni e shihte tërë lakmi këtë lumturi të paarritshme - kështu sheh një i uritur dhe i braktisur pemën e krishtlindjeve, në vitrinën e ndriçuar.

Erdhi pesëmbëdhjetë prilli. Xheni mezi priste gjersa të binte ora dymbëdhjetë, aq mprehtë i përjetonte të gjitha ngjarjet e asaj dite, njëlloj sikur merrte pjesë vetë në to. Me sytë e mendjes shikonte vilën e shkëlqyer, pajtonet, miqtë, ceremoninë e kurorëzimit, gostinë e hareshme të martesës. Shihte se sa mirë ndiheshin ata në kupenë elegante, sa udhëtim tërheqës i priste. Në gazeta përmendej se çifti i ri do ta kalonte muajin e mjaltit në Japoni. Muajin e mjaltit! Lesteri i saj! Me të bukurën zonjën Xherald! Dhe ajo,- zonja e re Kejn, që tashmë ishte e vetmja zonjë Kejn - përqafonte Lesterin! Xhenit iu mblodh një lëmsh në fyt. O Perëndi! Ajo ofshau, duke shtrënguar duart sa i dhembën, por nuk lehtësohej - hidhërimi e mbyste si edhe më parë.

Kur kaloi ajo ditë, u ndje si më lehtë; puna mbaroi dhe s'kishte më asnjë forcë ta kthente. Vesta, e cila gjithashtu i lexoi gazetat, e kuptonte mjaft mirë se ç'po ndodhte dhe i vinte keq me gjithë shpirt për t'ëmën, por heshti. Pas dy-tri ditësh, Xheni u qetësua disi, duke u pajtuar me të pashmangshmen, por kaluan ende kohë, përpara se dhimbja e mprehtë t'i qetësohej, duke ia lënë vendin trishtimit të thellë e të zakonshëm. Xheni numëronte ditët dhe javët gjer në kthimin e tyre, ndonëse e dinte, se s'duhej të priste më. Por i dukej se Japonia ndodhej shumë larg dhe, se përse, sikur ndihej më lehtë, kur e dinte se Lesteri qe më pranë saj në Çikago.

Kaloi pranvera, pas saj vera dhe hyri tetori. Njëherë, një ditë të ftohtë e me erë, pasi u kthye nga shkolla, Vesta u ankua nga dhimbja e kokës. Xheni, duke kujtuar këshillat e s'ëmës, i mbushi një gotë qumësht të nxehtë, e këshilloi të vinte në qafë një peshqir ta lagur dhe vajza vajti në dhomë të shtrihej. Mëngjesin tjetër iu rrit pak temperatura. Mjeku vendas, doktor

Emri, dyshoi menjëherë për tifo zorrësh,- në lagjet pranë, qenë vënë re disa raste të kësaj sëmundjeje. Ai i tha Xhenit se organizmi i vajzës qe i fortë dhe se do t'ia dilte mbanë me sëmundjen, por kishte mundësi të sëmurej rëndë. Duke mos pasur besim në aftësitë e veta, Xheni kërkoi nga Çikagoja një infermiere dhe vijuan ditë pritjeje, ku guximi i linte vend dëshpërimit, ndërsa frika-shpresës.

Nuk kaloi shumë dhe të gjitha dyshimet u përputhën. Vesta pati marrë vërtet tifon e zorrëve. Xheni nuk i shkroi menjëherë Lesterit, ndonëse mendonte se gjendej në Nju Jork: duke gjykuar nga gazetat, ai kishte ndërmend ta kalonte dimrin atje. Por, pas një jave, kur mjeku e përcaktoi formën e sëmundjes si të rëndë, ajo megjithatë vendosi t'i shkruajë,- si ta ndjente se ç'mund të ndodhte. Lesteri e deshi shumë vajzën. Me siguri do të donte të dinte rreth saj.

Lesteri nuk e mori letrën: kur letra mbërriti në Nju Jork, ai qe në rrugë e sipër për në Indinë perëndimore. Xhenit iu desh të bënte roje e vetmuar pranë shtratit të Vestës. Fqinjët e mirë, duke e kuptuar seriozitetin e situatës, e vizitonin dhe e pyesnin me keqardhje për të sëmurën, por ata nuk mund t'i jepnin Xhenit atë përkrahje të vërtetë e të natyrshme, të cilën e ndjejmë vetëm atëherë kur vjen nga njerëzit e afërm. Për një farë kohe u duk sikur Vesta u përmirësua; edhe mjeku, edhe infermierja filluan t'i jepnin shpresa Xhenit. Por pastaj, vajzës nisën t'i shternin në mënyrë të dukshme forcat. Doktor Emri i shpjegoi se sëmundja pati dhënë ndërlikime në zemër dhe veshka.

Dhe ja, hija e vdekjes varej tani mbi shtëpi. Fytyra e mjekut u bë serioze dhe e përqendruar; infermierja për gjithçka i përgjigjej tërthorazi, kurse Xheni lutej - madje s'mund t'i quaje as lutje, por fjalë të zjarrta, ku qenë përmbledhur të gjitha mendimet,- vetëm që Vesta të shërohej! Gjatë këtyre viteve të fundit vajza iu bë shumë e afërt; ajo e donte të ëmën. Me atë mendjen e saj fëminore e pati kuptuar se sa shumë kishte hequr dhe vuajtur e ëma. Kurse vetë Xheni, falë saj, pati ndjerë një ndjenjë më të thellë përgjegjësie. Tashmë e dinte se ç'do të thoshte të ishte nënë e mirë. Po të kishte dashur Lesteri, nëse ajo do të kishte qenë bashkëshortja e tij e ligjshme, sa e gëzuar do të qe sikur të kishte prej tij fëmijë. Dhe veç kësaj, vazhdimisht, e ndiente veten të detyruar karshi Vestës; jetë të gjatë e të lumtur, ja se çfarë qe e detyruar t'i jepte së bijës, që të shtynte turpin e lindjes dhe të fëmijërisë së hershme. Xheni e vështronte me gëzim të madh se si vogëlushja e saj po shndërrohej në një vajzë të bukur, elegante e të zgjuar. Dhe ja, tashmë po i vdiste. Doktor Emri thirri për konsultë një doktor të njohur nga Çikagoja.

- Mjekimi ka qenë i rregullt,- pohoi ai. Mesa duket, organizmi s'ka qenë edhe aq i fortë. Jo të gjithë janë njëlloj të aftë për ta luftuar këtë sëmundje.

Mjekët dhanë verdiktin - nëse për tri ditë, nuk do të kishte ndonjë kthesë përmirësimi, duhej pritur fundi.

Këtë të vërtetë qe e pamundur ta fshinin nga Xheni; ajo i rrinte ulur së bijës pranë shtratit, pa pikë gjaku në fytyrë, pa mendime, e përthithur vetëm nga ndjenjat dhe e tendosur si tel. Dukej, sikur e gjithë qenia e saj i përgjigjej çdo ndryshimi të gjendjes së Vestës. Ajo ndiente fizikisht edhe ardhjen më të vogël të fuqive të vajzës, edhe keqësimin më të vogël.

Një nga fqinjët e Xhenit, zonja Devis, një grua jo e re dhe e shëndoshë, sillej ndaj saj me një butësi nëne. Duke iu dhimbsur thellë Xheni, ajo, tok me mjekët dhe infermieren, bënë gjithçka që nga fillimi, për të mos e lënë të binte në dëshpërim.

- Po sikur të shkonit në dhomën tuaj e të shtriheshit pak, zonja Kejn,- i tha ajo, duke parë se Xheni nuk i shqiste sytë nga Vesta ose endej nëpër dhoma pa ndonjë qëllim. Do të kujdesem unë pas çdo gjëje. Do të bëj gjithçka jo më keq se ty. Ç'kujton ti, se nuk di unë. Kam lindur vetë shtatë, tre i kam varrosur. Vallë, nuk e kuptoj?

Njëherë, Xheni ia plasi të qarit, duke e mbështetur kokën në supin e butë dhe të ngrohtë të saj. Zonja Devis qau bashkë me të.

- E gjora ime, vallë nuk e kuptoj. Hë, eja me mua.

Dhe e shpuri në dhomën e gjumit. Por Xheni nuk mundi të rrinte gjatë vetëm. Pas ca minutash, pa u shlodhur fare, u kthye tek e bija.

Dhe më në fund, njëherë në mesnatë, pasi infermieria pati thënë e sigurt, se gjer në mëngjes nuk do të ndodhte asgjë, në dhomën e të sëmurës nisi një lloj ec e jaku. Xheni, që sapo ishte shtrirë në dhomën karshi, kur i dëgjoi këto, u çua. Te shtrati i Vestës, duke u këshilluar me zë të ulët, qëndronin infermieria dhe zonja Devis.

Xheni kuptoi gjithçka. Duke u afruar tek e bija, ia nguli vështrimin fytyrës së saj të bërë dyllë. Vajza mezi merrte frymë, sytë i kishte të mbyllur.

- Është shumë e dobët,- pëshpëriti infermierja.

Zonja Devis, e kapi Xhenin nga dora.

Kaluan minuta dhe ora në korridor ra një. Kohë pas kohe, infermieria shkonte te tryeza me ilaçet dhe duke zhytur një leckë në ujë, i lagte buzët Vestës. Në dy e gjysmë, trupi i dobësuar lëvizi. U dëgjua një psherëtimë e thellë. Xheni u përkul e etur përpara, por zonja Devis e tërhoqi nga dora. Motra infermiere u bëri shenjë të largoheshin. Frymëmarrja u ndërpre.

Zonja Devis e pushtoi fort Xhenin nga shpatullat.

- E gjora ime, e mira ime,- pëshpëriti ajo, duke parë se si Xheni dridhej nga ngashërimet. Hë, nuk duhet të qash, me lot nuk e mund dot hidhërimin.

Xheni ra në gjunjë te krevati dhe ledhatonte dorën ende të ngrohtë të të bijës.

- Vesta,- i lutej,- mos ik nga unë, mos ik.

Zëri përkëdhelës i zonjës Devis i erdhi si nga larg.

- Nuk duhet ta shkatërrosh kështu veten, xhan. Gjithçka është në dorën e Perëndisë. Çfarëdo që bën ai, e bën për të mirë.

Xheni ndjeu se toka po çahej përfund saj. Të gjitha fijet u këputën. Asnjë rreze drite nuk mbeti në errësirën e pamasë që po e rrethonte.

Kapitulli 59

E dërmuar nga kjo goditje e re dhe e pamëshirshme e fatit, Xheni ra sërish në atë gjendjen e trishtuar, nga e cila e patën shëruar vitet e lumtura dhe të qetë që bashkëjetoi me Lesterin në Haid-Park. Kaloi mjaft kohë, përpara se të bëhej e vetëdijshme që Vesta i vdiq. Trupi i tretur në të cilën vështronte gjatë dy ditëve, nuk i ngjante aspak trupit të së bijës. Ku qe hareja e mëparshme? Ku vajtën lehtësia dhe gjallëria e lëvizjeve, shkëlqimi plot jetë i syve? Gjithçka humbi. Mbeti vetëm guaska dyllë e verdhë dhe heshtja. Xheni nuk qau, ndiente veç një dhimbje të thellë e të padurueshme. Dhe nuk kishte pranë asnjeri, i cili t'i pëshpëriste mbase ca fjalë të urtësisë së përjetshme - ca fjalë të thjeshta e depërtuese për atë që, nuk ka vdekje.

Doktor Emri, motra infermiere, zonja Devis dhe fqinjët e tjerë - të gjithë u treguan të dhimbsur e të vëmendshëm ndaj Xhenit. Zonja Devis i telegrafoi Lesterit për vdekjen e Vestës, por ai qe larg dhe s'u erdhi përgjigje. Se kush përgatiti drekën dhe vuri rregull me zell nëpër dhoma,- vetë Xheni nuk interesohej për asgjë. Ajo vetëm merrte dhe vështronte e vështronte sendet e dashura të Vestës, sende që dikur ia pati dhuruar Lesteri ose ajo vetë dhe psherëtinte kur mendonte se këto nuk do t'i hynin më në punë të bijës. Xheni porositi që trupin e vajzës ta shpinin në Çikago dhe ta varrosnin në varrezat e Shpëtimtarit,- kur vdiq Gerhardti, Lesteri pati blerë atje një copë truall. Sipas kërkesës së saj, prifti i kishës luteriane, ku shkonte përherë Gerhardti, duhej të thoshte disa fjalë mbi varr. Në shtëpinë këtu në Sendud, ndoqën ceremonitë e zakonshme. Prifti metodist i kishës vendase lexoi pjesë të fillimit të të dërguarit të parë, apostull Pavlit te selanikasit; kori i shoqeve dhe shoqeve të klasës së Vestës këndoi

- Tek ty o Zot, tek Ty. Hodhën lule mbi arkivolin e bardhë, pati ngushëllime të pafundme dhe pastaj Vestën e morën. Arkivolin e futën në arkë, e ngarkuan në tren dhe e shpunë në varrezën luteriane në Çikago.

Ato ditë, Xheni i jetoi thuajse si në kllapi. E nemitur nga hidhërimi, as nuk ndiente dhe as nuk perceptonte gjë. Sipas këmbënguljes së zonjës Devis, ajo dhe katër fqinje të tjera shkuan në Çikago për të ndjekur varrimin. Kur e kallën arkivolin në dhe, Xheni qëndronte dhe vështronte si pa jetë, tamam sikur kishte ngrirë. Pas varrimit u kthye në Sendud, por jo për shumë kohë. Donte të ishte në Çikago, sa më pranë Vestës dhe të atit. Duke mbetur fillikat, Xheni u përpoq të mendonte për jetën e saj të mëtejshme. E ndiente se kishte nevojë të domosdoshme të punonte, ndonëse kjo s'i vinte për shkak të nevojës materiale. Mund të bëhej motër infermiere, atëherë duhej të niste që tani të mësonte. U kujtua edhe për të vëllain e saj, Uilliamin. Ai nuk qe martuar. Ndoshta do të pranonte të jetonte me të. Por ja që nuk ia dinte adresën dhe më duket se as Basin gjithashtu, nuk dinte ku ta gjente. Xheni vendosi të kërkonte punë në ndonjë dyqan, duhej të merrej me gjësend. Nuk mund të rrinte e të jetonte këtu e vetmuar, duke ua lënë në dorë komshinjve të kujdeseshin për fatin e saj. Sado vështirë ta kishte, sikur do të ndihej më lehtë po të shpërngulej në Çikago dhe duke ndenjur përkohësisht në hotel, të kërkonte ndonjë punë për vete apo ndonjë shtëpi jo larg varrezës Shpëtimtari. Dhe akoma, mund të merrte për të rritur ndonjë fëmijë. Në qytet kishte plot jetimore fëmijësh.

Lesteri u kthye me të shoqen në Çikago tri javë pas vdekjes së Vestës dhe aty gjeti menjëherë letrën e parë të Xhenit, telegramin dhe akoma një letër të shkurtër me lajmin për vdekjen e vajzës. Ai u pikëllua sinqerisht, sepse qe vërtet i lidhur pas saj. I pushtuar nga keqardhja për Xheninin, i tha menjëherë të shoqes se do të shkonte ta shihte. E shqetësonte mjaft e ardhmja e Xhenit. Nuk bënte të jetonte e vetmuar.

Ndoshta do të dinte t'i jepte ndonjë këshillë të vlefshme. Ai vajti në Sendud por atje i thanë se Xheni qe vendosur në hotelin "Tremont" në Çikago. Në hotel gjithashtu nuk e gjeti, ajo pati vajtur te varri i së bijës. Ai u kthye edhe njëherë atë ditë dhe i thanë se ndodhej brenda. Kur i dhanë kartëvizitën e Lesterit, Xheni u emocionua jashtëzakonisht, shumë më tepër se sa emocionohej kur e takonte në ditët e dikurshme, sepse tani i qe më i nevojshëm.

Lesteri ende mendonte shumë për sjelljet e tij - për këtë nuk e pengonte as martesa tepër e suksesshme, as nderet dhe pasuria që iu rikthyen sërish. Dyshimet dhe pakënaqësia ndaj vetes nuk i qenë fashitur gjer tani. Mendimi se e siguroi materialisht, nuk e ngushëllonte,- përherë e kishte ditur se sa pak kuptim kishin paratë për Xheninn. Dashuria - ja kuptimi i jetës së saj. Pa dashuri ajo ishte si një varkë e vogël mes detit të hapur,- këtë e dinte mirë. Asaj i duhej vetë ai dhe Lesteri u ndje thellësisht i turpëruar nga mendimi se vuajtjet e tij ndaj saj, qenë të pafuqishme përpara ndjenjës së vetëruajtjes dhe etjes për pasuri. Atë ditë, kur ngjitej me ashensorin e hotel "Tremontit", ndërgjegjja e sfiliste egërsisht, ndonëse e kuptonte se nuk qe më në dorën e tij të rregullonte gjë. Ishte plotësisht fajtor edhe për atë që e joshi Xheninn, edhe për atë që nuk ndenji gjer në fund me të, kundër të gjithë botës. Por tani s'kishte ç'të bënte më. Duhej vetëm të sillej sa më butë, të fliste dhe ta ndihmonte me sa mundej me dhembshurinë dhe këshillat e tij.

- Tungjatjeta, Xheni,- i tha miqësisht, kur ajo i hapi derën.

Sa e kishin ndryshuar vuajtjet që pati përjetuar! Qe tretur, faqet e zbehta i qenë varur, sytë i dukeshin të mëdhenj.

- Ç'fatkeqësi e tmerrshme,- foli i turbulluar. E kush mund ta mendonte se do të ndodhte!

Këto qenë fjalët e para të ngushëllimit, të cilat i gjetën zemrën Xhenit, qysh atëherë kur i vdiq Vesta, qysh atëherë kur Lesteri e braktisi. Ardhja e tij e preku thellë; nuk mund të fliste nga ngashërimi. Lotët i përpëliteshim në qerpikë dhe i rrokulliseshin tatëpjetë faqeve.

- Mos qaj, Xheni,- i tha ai, duke e pushtuar dhe duke ia mbështetur me përkëdheli kokën në sup. Më vjen shumë keq. Për shumë gjëra më vjen keq, por për to do të të flas më vonë. Më vjen keq sa s'thuhet për Vestën. Ku e varrose?

- Pranë babait,- iu përgjigj Xheni dhe u shkri në vaj.

- Po, keq,- tha ai ngadalë dhe heshti.

Pasi u qetësua pak, ajo u largua prej tij dhe duke fshirë sytë, e ftoi të ulet.

- Sa keq që s'u ndodha këtu, kur ndodhi kjo,- vazhdoi Lesteri. Ndryshe, tërë kohës do të isha me ty. Ti tani, me siguri, nuk do të jetosh më në Sendud?

- Nuk mundem më, Lester,- tha ajo. Nuk kam më fuqi.

- Ku mendon të shkosh?

-Akoma s'e di. Atje thjesht, nuk doja t'u rëndohesha komshinjve. Po mendoja të gjeja diku ndonjë shtëpi të vogël dhe mbase marr për të rritur ndonjë fëmijë, apo futem në ndonjë punë... Nuk kam dëshirë të jetoj vetëm.

- Po, ky nuk është mendim i keq - të marrësh ndonjë fëmijë për të rritur,- tha ai. Të paktën, kështu nuk do të mërzitesh. A ke pyetur se çfarë duhet për këtë?

- Mendoj se duhet vetëm drejtuar në ndonjë jetimore.

- Ka mundësi të mos jetë aq e thjeshtë,- tha ai i menduar. Do të të duhej të plotësoje ca formalitete, nuk e di saktë çfarë, në jetimoret kërkojnë që fëmija të mbetet në shikimin e tyre, a diçka të tillë. Këshilloju me Uotsonin, ai do të të shpjegojë gjithçka. Zgjidh një fëmijë që të pëlqen, kurse të tjerat lërja atij. Unë do të flas me të, do ta paralajmëroj.

Lesteri e kuptonte sa e tmerrshme qe për Xhenin vetmia.

- Ku është yt vëlla, Xhorxhi? - e pyeti.

- Xhorxhi është në Rocester, por nuk do të vijë tek unë. Basi më shkroi se do të martohet.

- Po, a nuk ke ndonjë nga të afërmit, që të jetojë me ty.

-Ndoshta Uilliami; vetëm se nuk e di se ku ndodhet.

- Nëse mendon të jetosh në Çikago, kërko ndonjë apartament të ri, në perëndim të parkut Xhekson,- e këshilloi ai. Atje, më kujtohet, ka mjaft shtëpi të mira. Nuk ka nevojë ta blesh menjëherë. Në fillim merre me qera për një farë kohe dhe pastaj shiko, në të pëlqen apo jo.

Xheni vendosi se kjo ishte këshillë shumë e mirë,- se ajo vinte-de, nga Lesteri! Sa i mirë ishte, interesohej për të gjitha punët e saj. Kuptohet, ata, megjithatë nuk qenë fare të huaj. Ai nuk qe krejt shpërfillës ndaj saj. Ajo nisi ta pyesë për shëndetin e së shoqes, mbi atë, nëse qe i kënaqur apo jo me udhëtimet, a do të rrinte gjatë në Çikago. Kurse ai, duke iu përgjigjur, mendonte gjatë gjithë kohës se sa ndyrë u soll me të. Vajti te dritarja dhe nisi të vështrojë poshtë, në rrugën plot njerëz. Pajtone, karroca, rryma të kundërta kalimtarësh - gjithçka shtrihej në një rebus të çuditshëm. Kështu lëvizin hijet në një ëndërr. Tashmë qe errë, aty-këtu qenë ndezur dritat.

- Desha të të them diçka, Xheni,- foli Lesteri, duke shkundur nga vetja këtë gjendje meditimi. Pas gjithçkaje që ndodhi,mund të të duket e çuditshme, por ti edhe tani më je e shtrenjtë. Nuk kam pushuar së menduari për ty. Më dukej se, duke u ndarë prej teje, po sillesha në mënyrë të arsyeshme,- kështu u pleks gjithçka asokohe. Më dukej se, gjersa Leti më pëlqente, mund të martohesha me të. Nga pikëpamja që dihet, edhe tani jam gati ta pranoj se kështu qe më mirë, por kjo s'më dha lumturi të madhe. Më i lumtur se sa isha me ty, s'do të jem kurrë. Me sa duket, këtu puna nuk qëndron tek unë; një person i vetëm, në përgjithësi nuk ka aq rëndësi. Nuk e di, a më kupton, por sipas meje, të gjithë ne - pak a shumë, jemi si gurët e shahut. Na komandojnë fuqi, mbi të cilat nuk jemi të pushtetshëm

- Të kuptoj Lester,- tha ajo. Unë nuk të ankohem për asgjë. Kështu është më mirë.

- Në fund të fundit, jeta i ngjan shumë një farse,- vazhdoi ai me hidhërim. Një komedi idiote dhe asgjë më tepër. E vetmja çka mund të bësh, është të ruash "unin" tënd. Kurse ndershmërinë, me sa mundem të gjykoj, askush nuk na i kërkon.

Xheni s'e kapi plotësisht domethënien e fjalëve të tij, por e kuptoi se ai qe i pakënaqur me veten dhe i erdhi keq. U përpoq ta ngushëllonte.

- Ti mos u shqetëso për mua, Lester. Unë, s'ka gjë, do të jetoj. Në fillim, kur sapo u mësova të jetoj vetëm, ishte mjaft e vështirë. Por tani kaloi. Në ndonjë mënyrë, do të jetoj.

- Por mos harro, sjellja ime ndaj teje nuk ka ndryshuar,- i tha me zjarr ai. Për mua ka rëndësi gjithçka që ka të bëjë me ty. Kur të vendosesh në shtëpinë e re, do të vij të shoh nëse është gjithçka në rregull. Edhe këtu do të vij sërish pas disa ditësh. Ti e kupton se ç'kam unë në shpirt?

- Po,- tha ajo,- e kuptoj.

Ai i mori dorën dhe ia ledhatoi.

- Mos u mërzit,- i tha. Nuk duhet. Do të bëj gjithçka që të mundem. Merre si të duash, por për mua je Xheni e mëparshme. Unë jam njeri i keq, por megjithatë diçka e mirë më ka mbetur.

- Aspak, aspak, Lester. Unë këmbëngula vetë që të silleshe ashtu. Gjithçka e bëra për të mirë. Dhe me siguri, ti do të jesh i lumtur tani që…

- Nuk ia vlen, Xheni,- e ndërpreu ai. Pastaj e tërhoqi me përkëdheli nga vetja dhe i buzëqeshi. Nuk do të më puthësh për kujtim të kohëve të vjetra?

Ajo i hodhi krahët përqafe, e vështroi gjatë në sy, pastaj e puthi. Kur buzët u puqën, ndjeu se po dridhej. Lesteri gjithashtu me vështirësi po e përmbante veten. Duke vënë re emocionin e tij, Xheni e detyroi veten të fliste.

- Ik tani,- i tha me vendosmëri. Në rrugë është errësirë krejt. Ai iku, duke ndjerë se donte veç një gjë - të rrinte; gjer tani, ajo qe e vetmja grua në botë për të. Kurse Xheni sikur u ndje më lehtë, ndonëse, si edhe më parë, atyre u duhej të jetonin të ndarë. Ajo nuk provoi të zbërthente anën etike apo zakonore të kësaj gjëegjëze. Në ndryshim nga shumë të tjera, Xheni nuk synonte të fuste oqeanin në një filxhan çaji, apo të lidhte botën e paqëndrueshme me fillin e quajtur ligj. Lesteri ende e donte pak. Por gjithashtu donte edhe Letin. Po mirë. Dikur ajo shpresonte se atij nuk do t'i duhej askush tjetër veç saj. Kjo doli gabim, por mos vallë, edhe kjo çikëz dashuri nuk qe asgjë? Jo, natyrisht. Edhe vetë Lesteri kishte këtë mendim.

Kapitulli 60

Gjatë pesë viteve që vijuan, rrugët e Lesterit dhe Xhenit u ndanë edhe më tej. Secili u mbyll fort në botën e vet dhe nuk i ripërsëritën më lidhjet e dikurshme që mbase mund t'ua sillnin ato takime që patën bërë në hotel Tremont. Lesteri mezi arrinte t'ua dilte detyrimeve mondane dhe afariste; ai vërtitej në sfera të tilla, të cilat Xheni e thjeshtë as që i përfytyronte dot. Vetë ajo, bënte një jetë të qetë e të njëtrajtshme. Jetonte në një shtëpi mjaft modeste, në një rrugë të bukur por jo moderne, në anën jugore të Parkut Xhekson, bashkë me të bijën e adoptuar, Rozën, një vajzë flokëzezë, të cilën e mori nga jetimorja perëndimore e fëmijëve të braktisur. Fqinjët e rinj e njihnin me emrin Xh. G. Stouver, - ajo pati menduar se qe më mirë të ndahej prej mbiemrit Kejn. Kurse, zoti dhe zonja Kejn, kur jetonin në Çikago, kishin një vilë madhështore në bregdet, ku, pritjet, ballot dhe drekat ndiqnin njëra-tjetrën, me një shpejtësi marramendëse.

Megjithatë, kohët e fundit, vetë Lesteri nisi të shfaqë prirje për një jetë më të shtruar dhe më të kuptimtë. Nga lista e të njohurve pati fshirë mjaft njerëz, të cilët në ato vite të turbullta që patën mbetur tashmë si kujtime të së kaluarës, qenë treguar si tepër pedant, tepër familjarë, fodullë dhe llafazanë. Tani qe anëtar e në disa raste madje edhe kryetar i drejtorive të nëntë kompanive të mëdha financiare-tregtare të Perëndimit të Mesëm; "Junajtëd Traktors" në qendër në Cincinat, "Uzinat shkrirëse Perëndimore", "Pajtonet e bashkuar", "Banka e dytë Kombëtare e Çikagos", "Banka e dytë Kombëtare e Cincinatit" dhe disa të tjera, jo më pak të rëndësishme. Në punët e "Trustit të pajtoneve" nuk merrte pjesë domosdoshmërish, ngaqë preferonte të vepronte nëpërmjet të besuarit të tij, zotit Uotson, po nuk pati reshtur së interesuari për të. Robertin kishte shtatë vjet pa e parë, Imoxhinin tre, ndonëse jetonte në Çikago. Luiza, Emi, burrat e tyre dhe të njohurit e afërm, i qenë bërë tashmë si njerëz të huaj. Zyrën juridike Najt, Kitli dhe O'Brajen - as e qaste pranë punëve të tij.

Me vite, Lesteri vuri peshë, kurse pikëpamjet mbi jetën i morën dukshëm ngjyra skeptike. Mjedisi rrethues përherë e më tepër, po i bëhej i bezdisshëm. Dikur, në kohët e largëta, ndodhi një dukuri e pakuptueshme: nisi të evoluojë mikroqeliza organike,- ajo u shumëzua, duke u ndarë, u aftësua të puqej me qeliza të tjera, duke formuar kështu gjithfarëlloj organizmash-peshqit, kafshët, zogjtë e më në fund - njeriun. Dhe ja, njeriu, ky bashkim qelizash nga ana e tij, për të bërë një jetë më të begatë e më të larmishme, i hap rrugë vetvetes duke u bashkuar me njerëz të tjerë. Përse? Veç Zoti lart e di. Merr qoftë edhe Lester Kejnin. Qe pajisur me një mendje të shëndoshë e lloj-lloj talentesh. Trashëgoi një pasuri të madhe, të cilën, po ta mendosh hollë-hollë, s'e meritonte aspak, por thjesht ngaqë i eci. Por, gjersa këtë pasuri e shfrytëzon me po aq mençuri e në mënyrë po aq praktike dhe krijuese, siç do të bënte ndoshta në vend të tij kushdo tjetër, s'mund të thuash se të tjerët do të meritonin mbase më shumë. Ai mund të kishte lindur i varfër dhe atëherë do t'i duhej të kënaqej pak a shumë me jetën që bën çdo varfanjak. E pse të qahej, të shqetësohej e të vriste mendjen për gjëra koti? Çfarëdo që të bënte, jeta do të ecte përpara pa u shmangur, duke iu bindur ligjeve të saj. Për këtë qe i bindur. Kështu, pse të shqetësohej? Ta pret mendja, për asgjë. Nganjëherë, i dukej se po aq kollaj mund edhe të mos qe dukur fare në këtë botë. Në sytë e tij, fëmijët - gëzimi që na dërgohet nga lart,- siç thoshte një poet,- nuk qenë aspak diçka e domosdoshme apo e dëshirueshme. Këtë pikëpamje, ia përkrahte plotësisht edhe zonja Kejn.

Xhenit,- që si edhe më parë jetonte në anën jugore me të bijën e adoptuar,- po ashtu nuk i qe krijuar asnjë përfytyrim i qartë mbi atë se ç'është jeta. Ndryshe nga Lesteri dhe zonja

Kejn, ajo nuk dinte të mendonte në mënyrë analitike. Kishte parë plot gjëra në jetë, kishte vuajtur shumë, kishte lexuar diçka aty-këtu, pa ndonjë zgjidhje apo sistem. Nga degët e veçanta të dijes nuk merrte vesh asgjë. Historia, fizika, kimia, botanika, gjeologjia dhe sociologjia - të gjitha këto qenë një pyll i errët për të, jo ashtu si për Lesterin dhe Letin. Në vend të dijeve, kishte një ndjenjë të turbullt se bota s'është krijuar në mënyrë aq të qëndrueshme e të mirë. Me siguri, askush s'e kuptonte këtë tërësisht. Njerëzit lindin dhe vdesin. Disa mendojnë se bota u krijua gjashtë mijë vjet më parë; të tjerë - sikur ekziston qysh prej miliona vitesh. E çfarë fshihet pas tërë këtyre - rastësia e verbër apo vetëdija drejtuese e ndonjë lloj Zoti? Diçka, me siguri duhet të jetë, mendonte Xheni - ndonjë fuqi e lartë e krijoi të gjithë bukurinë që na rrethon - lulet, barin, pemët, ujin. Natyra është e mrekullueshme! Nganjëherë, jeta duket e vrazhdë, por bukuria e natyrës mbetet e përjetshme. Ky mendim e mbante dhe e ngushëllonte shpesh Xhenin, gjatë orëve të vetmisë së saj.

Që nga fëmijëria, kishte qenë punëdashëse. Nuk rrinte asnjëherë duarlidhur, por puna s'e pengonte të mendonte. Këto vitet e fundit qe shëndoshur, ndonëse jo aq; pamja e saj ishte e paraqitshme dhe fisnike, në fytyrë s'kishte asnjë rrudhë, pavarësisht nga andrallat dhe hidhërimet e shkuara. Në flokët e verdha e të mrekullueshme tashmë kishin nisur të dilnin thinjat. Vështrimi i syve të kaltër të hynte në shpirt. Fqinjët e përmendnin si grua përkëdhelëse, të mirë e mikpritëse. Mbi të kaluarën nuk dinin asgjë, përveç që kishte ardhur nga Sendudi, kurse më parë pati jetuar në Klivlend. Ajo fliste shumë pak për veten.

Xheni dinte të kujdesej me dashuri dhe mirë pas të sëmurëve; një kohë mendoi se, nëse studionte, mund të punonte si infermiere apo motër mirëbërëse. Por nga ky mendim iu desh të hiqte dorë - e dinte se në këtë punë marrin vetëm gratë e reja. Vrau mendjen edhe që të hynte në ndonjë shoqatë bamirësie.

Mirëpo, s'e kuptonte teorinë që pati hyrë atëherë në modë, sipas të cilës njerëzit duheshin mësuar që të dilnin vetë dhe me forcat e tyre nga situatat e vështira. Xhenit i dukej se po të të kërkonte ndihmë hallexhiu, duhej t'i jepje, pa u thelluar në arsyetime nëse e meritonte apo jo. Ja pse në të gjitha institucionet ku pyeti me të ndrojtur, hasi në një indiferencë të ftohtë, nëse jo në një mohim të drejtpërdrejtë. Më në fund vendosi të birësonte edhe një fëmijë tjetër, në mënyrë që Roza të mos rritej vetëm... I birësuari i dytë ishte djali katërvjeçar Henri, që mori mbiemrin Stouver. Si edhe më parë, banka i paguante rregullisht të ardhurat e saj, kështu që, nga ajo anë ishte plotësisht e siguruar. Sa për tregti, apo për spekulime, nuk kishte as më të voglën prirje. Më tepër se çdo gjë, i pëlqente të rriste fëmijë, të kujdesej pas luleve dhe punëve të shtëpisë.

Një nga pasojat e tërthorta që solli ndarja e Xhenit nga Lesteri, ishte takimi për herë të parë i të vëllezërve, pas leximit të testamentit të të atit. Roberti e kujtonte shpesh Lesterin dhe i ndiqte me interes sukseset e tij. Njoftimi për martesën e të vëllait i dha një kënaqësi të vërtetë,- përherë pati menduar se zonja Xherald qe grua ideale për Lesterin. Nga një radhë e tërë shenjash, Roberti kuptoi se porositë e pasvdekjes të të atit dhe përpjekjet e tij vetë për të shtënë në duar kompaninë Kejn, nuk linin vend për një qëndrim pozitiv të Lesterit ndaj tij. Mirëpo iu duk se pikëpamjet e tyre, sidomos në lëmin e biznesit, nuk ndaheshin aq fort. Tani Lesteri po lulëzonte. Ai mund t'i lejonte vetes gjestin shpirtmadh të të bërit paqe. Se, Roberti, në kohën e tij, qe përpjekur pa i kursyer forcat që t'ia sillte trutë në vend dhe për këtë e patën shtyrë motivet më të mira. Po të qenë miq dhe të punonin së bashku, përpara tyre do të hapeshin mundësi më të gjera pasurimi. Roberti mendonte gjithmonë e më shpesh nëse e tërhiqte apo jo Lesterin një perspektivë e tillë.

Njëherë, kur qe me vizitë në Çikago, Roberti i kërkoi një të njohuri, me të cilin po udhëtonte në pajton, që të ktheheshin nga bregdeti. Donte të shihte me sytë e vet vilën luksoze të Kejnëve, për të cilën pati dëgjuar aq shumë.

Dhe papritur, tek ai erdhi aroma e shtëpisë të të atit; pasi e bleu vilën, anash saj, Lesteri ndërtoi një kopsht dimëror, si ai që kishte pasur në Cincinat. Po atë mbrëmje, Roberti i dërgoi Lesterit ftesë që të darkonin bashkë në "Junion Klub". I shkruante se do të rrinte në qytet jo më shumë se dy-tri ditë dhe se deshi ta takonte. Ai, vetëkuptohet, e mbante mend se midis tyre pati ndodhur një mosmarrëveshje, por kishte dëshirë që të diskutonin bashkë një punë. A nuk vinte dot Lesteri, qoftë edhe të enjten?

Kur mori letrën, Lesteri vrenjti vetullat dhe përnjëherë u ngrys. Në shpirt vuante ende nga goditja që i pati shkaktuar i ati; gjer tani i vinte si të përzierë kur kujtonte se sa pa ceremoni e shmangu i vëllai. Vërtet që Roberti kishte pasur qëllimet e tij atëherë - tani kjo qe e kuptueshme - por sidoqoftë, Lesteri qe i vëllai dhe po të kishte qenë ai vetë asokohe në vend të Robertit, duhej shpresuar se nuk do të qe sjellë aq ndyrë. Kurse tani, se pse na i qenka tekur ta takojë.

Në fillim, mendoi të mos i përgjigjej fare. Pastaj vendosi t'i shkruajë se nuk mund ta takojë. Por e pushtoi kureshtja, i lindi dëshira të shihte, a kishte ndryshuar vallë Roberti, çfarë deshte, çfarë kombinacioni pati sajuar. Dhe e mendoi edhe një herë. Po, do ta takonte; nga kjo nuk do t'i vinte ndonjë e keqe, por as edhe ndonjë e mirë, vërtet... Kishte mundësi që t'i premtonin njëri-tjetrit se do ta harronin të kaluarën, por fjalët i merr era. Të kaluarën s'e kthen dot. Gastarja e thyer nuk ngjitet. Mund ta ngjitësh e ta quash të plotë, por s'e bën dot siç ishte. I shkroi të vëllait se do të vinte.

Të enjten në mëngjes, Roberti i telefonoi nga "Auditoriumi" dhe e kujtoi për takimin që lanë. Lesteri ia dëgjoi me kërshëri tingullin e zërit. - Po, po, më kujtohet,- i tha. Në drekë, ai shkoi në pjesën afariste të qytetit dhe aty, në sallën luksoze të "Junoin

Klubit", vëllezërit u takuan dhe panë njëri-tjetrin. Roberti, gjatë kësaj kohe qe dobësuar dhe i patën rënë flokët. Vështrimi i kishte mbetur i rreptë e depërtues, por rreth syve i qenë krijuar rrudha. Lëvizjet i kishte të gjalla dh energjike. Te Lesteri binte në sy menjëherë njeriu i një kallëpi krejt tjetër - trupngjeshur, i vrazhdë, flegmatik. Në ato ditë, shumë veta e konsideronin madje të egër. Sytë e kaltër të Robertit nuk u turbulluan aspak, nuk ndikuan fare mbi të. Ai e pa të vëllain tej për tej, sepse dinte të vështronte e të nxirrte përfundime. Kurse Roberti e pati vështirë të përcaktonte se në çfarë pikërisht kishte ndryshuar Lesteri gjatë këtyre viteve. Ai qe trashur, por nuk qe thinjur, fytyra i ruante si gjithmonë atë ngjyrë të shëndetshme dhe në përgjithësi të linte përshtypjen e një njeriu që është gati ta marrë jetën si t'i vijë. Roberti u tkurr i shqetësuar nga vështrimi i tij i mprehtë,- duket qartë se Lesteri e pati ruajtur plotësisht edhe burrërinë edhe mendjen e shëndoshë, të cilat e shquanin përherë.

- Kisha shumë dëshirë të shihesha me ty, Lester,- nisi Roberti, pasi shtrënguan fort duart, sipas zakonit të vjetër. Kemi kohë që s'jemi takuar - pothuajse tetë vjet.

- Po, afro aq,- iu përgjigj Lesteri. Hë, si të venë punët?

- Gjithë si më parë. Kurse ti dukesh shumë mirë.

- Unë nuk sëmurem kurrë,- tha Lesteri,- përveç ndonjë rrufe që marr. Por që të zë shtratin,- as që më kujtohet. Si është gruaja?

- Faleminderit, gjallë dhe shëndoshë.

- Po fëmijët?

- Ralfin dhe Bereninsin thuajse nuk i shikojmë, secili ka shtëpinë e tij, kurse të tjerët, tani për tani, janë në shtëpi. Shpresoj se jot shoqe është gjithashtu mirë,- shtoi i pavendosur, duke ndjerë se po shkelte në truall të rrëshqitshëm.

Lesteri e këqyri me një vështrim të qetë.

- Po,- iu përgjigj. Gëzon shëndet të mrekullueshëm. Edhe ajo tani, nuk ankohet për asgjë.

Ata folën ende për këtë apo atë; Lesteri e pyeti për punët e trustit, e pyeti si ia shpinin të motrat, duke pranuar sinqerisht se i kishte humbur krejtësisht nga sytë. Roberti foli për secilën nga pak dhe më në fund hyri në temë.

- Ja se për çfarë desha të të flisja,- tha ai. Mua më intereson - Kompania perëndimore e çeliqeve. E di se ti personalisht nuk je në numrin e drejtorëve të saj, ngaqë të përfaqëson i besuari yt, Uotsoni,- me që ra fjala, është burrë mjaft i zgjuar. Ja kështu, drejtimi i kompanisë është stisur keq, këtë e dinë të gjithë. Në mënyrë që të marrim fitime të majme, na duhet të kemi në krye një njeri praktik, që di të drejtojë. Gjer tani kam vepruar në një mendje me Uotsonin, sepse propozimet e tij i kam gjetur plotësisht të arsyeshme. Sikurse edhe unë, ai mendon që mjaft gjëra duhen ndryshuar. Tani është paraqitur rasti të blihen shtatëdhjetë aksione, të cilat i zotëron e veja e Rositerit. Bashkë me të miat dhe të tuat, kjo do të përbënte paketën e kontrollit. Do të dëshiroja shumë që këto shtatëdhjetë aksione t'i blije ti pikërisht, ndonëse edhe unë mund t'i blija po aq mirë në emrin tim - vetëm që t'i ruajmë për veten tonë. Atëherë, ti emëron president kë të duash, kurse më tej, gjithçka shkon si në vaj. Lesteri buzëqeshi. Propozimi qe joshës. Ai e dinte tashmë nga Uotsoni se në punët e kësaj kompanie, Roberti mbante anën e tij dhe prej kohësh i pati marrë me mend qëllimet e të vëllait për t'u pajtuar. Ja pra, ajo,- dega e ullirit, në pamjen e kontrollit mbi kompaninë, me një kapital prej një milion e gjysmë dollarë!

- Kjo është diçka shumë e mirë nga ana jote,- tha ai seriozisht. Më troç, një dhuratë bujare. Përse t'u tek kështu?

- Po ja, Lester, po të them të drejtën,- iu përgjigj Roberti. Gjithë këto vite s'më linte të qetë historia me testamentin, mënyra se si t'u hoq posti i sekretar-arkëtarit e gjëra të tjera të paarsyeshme. Nuk dua të rrëmoj në të kaluarën - ti, po shoh, po buzëqesh - po përse mos të t'i them mendimet e mia? Në të kaluarën u tregova egoist i vërtetë, se në atë kohë, kur vdiq babai, po merresha me planet e krijimit të "Trustit të pajtoneve". Kisha frikë se ti nuk do t'i miratoje ato. Që atëherë mendoja shpesh se nuk jam sjellë mirë, por puna tashmë qe bërë. T'i hyj me hollësi kësaj historie të vjetër, zor se do të të interesojë, por kjo, me çfarë ia nisa sot...

- Mund të shërbejë si një lloj kompensimi,- e përfundoi i qetë Lesteri.

- Hë, jo krejt ashtu, Lester, ndonëse, megjithatë, ka diçka të tillë. E kuptoj, se tani, gjëra të tilla nuk kanë më rëndësi për ty. E kuptoj se e rëndësishme ishte të ndërmerrja diçka atëherë dhe jo tani. Por megjithatë, mendova sinqerisht se do të të interesonte propozimi im. Mendova se kjo do të shërbente si fillim. Të them me ndërgjegje se do të dëshiroja që ky të ishte hapi i parë drejt pajtimit tonë. Se, në fund të fundit jemi vëllezër.

- Po,- tha Lesteri,- ne jemi vëllezër.

Me vete mendoi se sa ironi kishte në këto fjalë. Mos vallë e ndihmuan shumë në të kaluarën ndjenjat vëllazërore të Robertit? Se në fakt, jo tjetër kush veç Robertit, e shtyu të martohej me zonjën Xherald; dhe ndonëse personi që vuajti më shumë nga të gjithë ishte Xheni, Lesterit, gjer tani, nuk i pati rënë inati. Vërtet që Roberti s'ia hoqi një të katërtën pjesë të pasurisë të të atit, por edhe s'mundi ta shfrytëzonte atë kur i duhej, kurse tani, pandeh se me këtë propozim do ta ndreqë gjendjen menjëherë. Kjo nuk qe gjë e mirë. Ishte budallallëk. Dhe në përgjithësi, jeta qe gjë e çuditshme!

- Jo, Robert,- i tha më në fund prerë dhe me vendosmëri. I kuptoj motivet e tua, por nuk shoh se ç'punë kam me to. Rasti të është paraqitur ty, ti edhe përfiton prej saj. Kurse unë nuk dua. Nëse i ble këto aksione, do të jem dakord me të gjitha masat paraprake që do t'i shohësh të arsyeshme për t'u marrë. Tani jam mjaft i pasur. Ato që ikën, ikën. Nuk jam kundër të takohemi herë pas here e të bisedojmë. Se, kjo është gjithçka që të duhet. Kombinacioni që më propozon, është thjesht një suva për të

391

mbuluar plasaritjen e vjetër. Ty të duhet mbështetja ime - të lutem. Nuk ndiej ndonjë inat ndaj teje. Nuk kam ndërmend të të dëmtoj.

Roberti vështroi tek i vëllai dhe buzëqeshi shtrembër. Sado e fyeu në të kaluarën, sado u fye tani prej tij, megjithatë, ai mbetej një njeri i shquar.

- Ndoshta ke të drejtë, Lester,- i tha. Por dije, se mua nuk më udhëhoqën motive të vogla. Doja vërtet të pajtohesha me ty. Më nuk do t'i kthehem kësaj. Ti, a ke ndërmend të vish tani shpejt në Cincinat?

- Më duket se jo,- iu përgjigj Lesteri.

- Kurse unë desha të të propozoj të kthehesh nga ne. Eja me gjithë gruan. Të kujtojmë rininë.

Lesteri padashje buzëqeshi shtrembër.

- Po mirë, me kënaqësi,- i tha me mirësjellje, kurse me vete mendoi se në kohën e Xhenit nuk e priste një ftesë të tillë. Asgjë nuk do t'i kishte penguar të afërmit e familjes, të silleshin njerëzisht ndaj tij. E megjithatë, mbase nuk kanë faj,- mendoi. "Zoti qoftë me ta".

Vëllezërit folën edhe pak. Pastaj, Lesteri u kujtua se kishte një takim pune dhe pa orën.

- Më duhet të të lë,- tha ai.

- Po, edhe mua më erdhi koha,- foli Roberti.

Ata u çuan.

- Sido që të jetë,- shtoi i vëllai më i madh, duke zbritur shkallët,- shpresoj se në të ardhmen nuk do të jemi krejt të huaj për njëri-tjetrin.

- Vetëkuptohet,- tha Lesteri. Kohë pas kohe, do të takohemi. Ata i shtrënguan duart shoqi-shoqit dhe u ndanë krejt miqësisht. Duke vështruar fill pas Lesterit që largohej me shpejtësi, Roberti provoi një ndjenjë të turbullt pendimi dhe detyre të paplotësuar. Lesteri qe njeri i jashtëzakonshëm. Përse gjithmonë, madje edhe përpara dukjes së Xhenit, midis tyre ngrihej një mur. Pastaj

Roberti kujtoi mendimet e tij të hershme mbi "marrëveshjet e errta". Po, ja se çfarë i mungonte Lesterit,- tek ai nuk kishte dhelpëri, ai nuk qe i aftë për egërsi. Ah, që dreqi e mori!

Kurse Lesteri mendonte për të vëllain me zemërim, po pa ndjenjë armiqësore. Nuk qe aq i lig - të paktën jo aq i lig sa shumë e shumë të tjerë. Për çfarë ta gjykonte? Akoma nuk do të dihej qysh do të qe sjellë ai vetë, po të kishte qenë në vend të Robertit. Roberti qe krimbur në para. Ai, po ashtu. Tani e kishte të qartë se si i ndodhi e gjithë kjo, përse doli se ai qe viktimë, përse drejtimi i pasurisë së madhe të të atit iu besua Robertit. - E tillë është jeta,-mendoi. A nuk është njëlloj? Unë kam me se të jetoj. Kështu, për çfarë të merakosem akoma?

Kapitulli 61

Sipas ca llogarive që nga kohët e lashta, ose, më saktë, sipas formulës të ndritur biblike prej shekujsh, njeriut i janë caktuar të jetojë shtatëdhjetë vjet. Kjo formulë, e përsëritur pafundësisht brez pas brezi, aq fort është ngulitur në vetëdijen e njerëzve, sa që e marrin si një të vërtetë të padiskutueshme. Në fakt, njeriu, ndonëse e konsideron veten të vdekshëm, organikisht është i aftë të jetojë pesë herë më shumë dhe jeta e tij do të qe shumë më e gjatë në fakt, nëse do ta dinte se i jeton shpirti dhe jo trupi, se mosha është vetëm një iluzion dhe se nuk ka vdekje.

Por, mendimin e rrënjosur prej shekujsh - fryt i ndonjë hipoteze materialiste të panjohur - është mjaft vështirë ta çrrënjosësh nga vetëdija e njerëzve dhe ata vdesin çdo ditë, njëlloj sikur i binden me përulësi dhe frikë, kësaj formule të pranuar matematike.

Kësaj formule i besonte dhe Lesteri. Ai i mbushi të pesëdhjetat. Mendonte se për të jetuar i patën mbetur afro njëzet vjet e mbase më pak. Epo mirë, bëri një jetë për t'ia pasur zili. Nuk kishte pse të ankohej për asgjë. Nëse i vinte mortja, qe i përgatitur. Do të priste pa ankesa, pa luftë. Se, në shumicën e dukurive të saj, jeta s'është gjë tjetër veçse një komedi idiote.

Kudo të hedhësh sytë - ka veç iluzione, këtë nuk është e vështirë ta vërtetosh. Por mos vallë, në përgjithësi, e tërë jeta është një iluzion? Sidoqoftë, ajo i ngjan mjaft një ëndrre, më shpesh një ëndrre të ligë. Çfarë gjen në të dita-ditës vetëdija e jetës reale? Marrëdhëniet e dukshme me njerëzit: mbledhjet e drejtorisë, shqyrtimin e gjithfarëlloj planesh me individë apo organizma të veçanta, mbrëmjet mondane të gruas. Leti e adhuronte dhe e quante filozofin e saj plak. Po ashtu si Xheni, ajo entuziazmohej prej vendosmërisë së tij të patundur përpara çfarëdo lloj andralle. Dukej sikur, as goditjet, as buzëqeshjet e fatit nuk qenë në gjendje ta trazonin Lesterin apo ta nxirrnin nga binarët. Nuk dinte të frikësohej. Nuk donte të hiqte dorë nga bindjet, simpatitë dhe antipatitë e tij dhe prej tyre duhej a shkëpusje me forcë, gjë që nuk dilte mbanë përherë. Siç thoshte vetë, ai donte veç një gjë: T'i shihte faktet në sy - dhe të luftonte. Nuk qe vështirë ta detyroje të luftonte, por kjo luftë pasqyrohej në kundërvënien këmbëngulëse. I kundërvihej çdo lloj përpjekjeje për ta shtyrë me dhunë në ujë. Madje, edhe sikur në fund të fundit ta shtynit, pikëpamja për domosdoshmërinë e kundërshtimit mbetej e pandryshuar.

Kryesisht, çështjet me të cilat merrej qenë përherë të kategorisë materiale, i pëlqenin veçse të mirat tokësore dhe madje ato më të përkryerat. Mjaftonte që të veniteshin sado pak pajisjet e brendshme të shtëpisë, kur kërkonte që perdet të flakeshin tutje, mobiliet të hiqeshin dhe e tërë shtëpia të ribëhej sërish. Gjatë kohës së udhëtimeve, paratë duhej t'i hapnin e t'i spastronin rrugën. Nuk i duronte diskutimet, bisedat e panevojshme,-dërdëllitjet idiote - siç i quante. Më të duhej, ja të bisedoje temat që i interesonin, ja të mos bisedoje fare. Leti e kuptonte shumë mirë. Ajo i rrihte me shaka faqen ose ia merrte kokën me të dy duart dhe e siguronte se ai qe ari, por ari shumë simpatik dhe i mirë.

- Po, po, e di,- hungërinte ai. Unë jam kafshë, kurse ti, ma thotë mendja, je pasqyrimi pa mish i qenies engjëllore.

- Hë, mjaft, hesht,- i thoshte ajo, sepse ndonëse edhe pa ndonjë mendim të keq, nganjëherë ai e shponte keqas. Atëherë, Lesteri nxitonte ta ngushëllonte me ndonjë ledhatim,- e dinte mirë se, pavarësisht nga energjia dhe pavarësia e saj, ajo varej prej tij. Kurse Leti e kishte përherë të qartë, se ai mund t'ia dilte edhe pa të. Duke e mëshiruar, ai përpiqej ta fshihte këtë fakt dhe shtirej sikur ajo i qe gjoja e domosdoshme, por s'arrinte ta mashtronte as atë, as vete. Leti qe mbërthyer vërtet pas tij, me të gjitha forcat. Është tepër e rëndësishme, kur në këtë botë mashtruese e të lëkundur ke pranë vetes një individ kaq të

395

përcaktuar e të qëndrueshëm, si ky njeri burrëror. E ndjen veten si pranë një llambe të këndshme në dhomën e errët ose pranë një zjarri të ndezur në një rrugë të ftohtë. Lesteri nuk kishte frikë asgjë. Qe i bindur se dinte të jetonte dhe se do të dinte të vdiste.

Një temperament i tillë, natyrisht, do të shfaqej në çdo hap që bënte dhe për çdo shkak. Tani që i vuri në vijë punët financiare dhe mbante fort në duar të gjitha fijet; tani, kur pjesën më të madhe të pasurisë e futi në aksionet e kompanive më të mëdha, drejtorët e të cilave s'kishin punë tjetër veçse të ligjëronin iniciativat e administratorëve të tyre ambiciozë - Lesterit i mbetej plot kohë e lirë. Bashkë me Letin udhëtonte shumë nëpër kovaleshencat moderne amerikane ose evropiane. I pëlqen lojërat e kumarit - luante me shuma të mëdha, duke rrezikuar të humbte gjithçka, po të mos ndalonte në kohë rrota, apo të mos binte zar në folenë e duhur; nisi të pijë më dendur, jo si pijanec, por si dikush të cilit ia ka ënda të shijojë jetën dhe ta shtyjë kohën me miq. Uiskin e pinte të pa holluar; verërat nga llojet më të mira - shampanjë, burgonjas e xixëlluese, verëra të bardha që të kënaqnin shpirtin. Pinte me tepri dhe hante duke e shoqëruar. Gjithçka që i shtrohej në tryezë, mezet, supat, peshku, mishrat e skuqur, llojet e gjahut,- duhej të ishin të klasit të parë dhe prej kohësh pati ardhur në përfundimin se ia vlente të mbante vetëm kuzhinier nga më të shtrenjtët. Ata kërkuan dhe punësuan francezin plak, Lui Bedro, që dikur shërbente te një milioner tekstilesh. Lesteri i paguante njëqind dollarë në javë dhe kur e pyesnin të habitur për këtë veprim, u përgjigjej se jeta të jepet vetëm një herë.

I përfshirë nga këto pikëpamje, ai qe i pafuqishëm të ndryshonte apo të ndreqte ndonjë gjë. Jashtë vullnetit të tij, gjithçka po përkeqësohej drejt pasojave të panjohura për të. Po të qe martuar me Xhenin e të jetonte me të ardhurën relativisht të thjeshtë prej dhjetë mijë dollarësh, ai, po njëlloj, nuk do të hiqte dorë nga këto pikëpamje. Mbase do të jetonte po aq i shkujdesur, duke u kënaqur me shoqërinë e dy-tre miqve që kishin po të njëjtat huqe si ai dhe që e çmonin si djalë të lezetshëm - dhe Xheni ndoshta, si me të, si pa të, do të jetonte po njëlloj.

Një nga ngjarjet më të rëndësishme në jetën e Kejnëve qe shpërngulja e tyre në Nju Jork. Mes mikeshave të afërta, zonja Kejn, kishte disa gra të mençura - përfaqësuese të atyre katërqind familjeve më të mira të Anglisë së Re; ato dhe ia mbushën mendjen të vendosej në Nju Jork. Pasi e mori këtë vendim, ajo mori me qera një shtëpi në rrugën Shtatëdhjetë e tetë, pranë Medison Avenjusë, e pajisi çdo dhomë sipas stilit të ndonjë epoke historike dhe për herë të parë sajoi një trupë lakenjsh me uniforma, sipas stilit anglez. Lesteri tallej me sqimën dhe dëshirat e saj për dekoracione të bujshme.

- Dhe më flet ende për demokracinë tënde,- i tha njëherë. Ti je po aq demokrate sa ç'jam unë besimtar i krishterë!

- Aspak jo! - e kundërshtoi ajo. Unë jam demokratja më e vërtetë. Por të gjithë ne jemi anëtarë të klasës tonë. Edhe ti gjithashtu. Unë thjesht i bindem logjikës së gjërave.

- E ç'ndreqin hyn logjika këtu! Mos do të thuash akoma se shërbyesit dhe lakenjtë, të zbukuruar me kadife të kuqe, janë diktuar nga domosdoshmëria?

- Natyrisht! - iu përgjigj ajo. Nëse jo nga domosdoshmëria, atëherë nga tërë mënyrat e jetës sonë. E ç'të shqetësuaka kaq shumë? Ti vetë i pari këmbëngul që gjithçka të jetë e përkryer dhe po i pari shqetësohesh sapo vë re cenin më të vogël.

- E kur qenkam shqetësuar?

- Po ja, ndoshta nuk e thashë kështu. Por ti do që gjithçka të jetë ideale, që në çdo rast të ketë stil… Le që, ti e di edhe vetë këtë gjë shumë mirë.

- Të supozojmë; po ku hyn këtu demokracia jote?

- Demokrate jam. Këtë s'ma heq dot. Në shpirt jam po aq demokrate sa çdo grua tjetër. Unë thjesht i vështroj esëll gjërat dhe sipas mundësive i bëj qejfin vetes, njëlloj si ti. Nuk ka pse të hedhësh gurë në shtëpinë time prej xhami, i nderuar sundimtar. Edhe shtëpia jote është e tejdukshme, të shoh aty çdo lëvizje tënden.

- E megjithatë, demokrat jam unë dhe jo ti,- e përqeshi Lesteri.

Pavarësisht nga këto, ai miratonte çdo gjë, çfarë do që të bënte Leti. Nganjëherë i dukej se ajo e komandonte botën e saj shumë më mirë se sa ai të tijën.

Të ngrënat e të pirat e pafundme, shijimi i ujërave të llixhave, udhëtimet e rehatshme e luksoze, shpërfillja e gjimnastikës dhe sporteve - të tëra ato, në fund të fundit, ia rrënuan shëndetin Lesterit. Shtimi i tepruar i gjakut ia frenoi funksionet e forta të trupit të lëvizshëm. Tashmë, prej kohësh, stomaku, mëlçia, veshkat, shpretka, i punonin të mbingarkuara. Gjatë këtyre shtatë viteve të fundit u shëndosh shumë. Të parat nisën të mos i punojnë veshkat, por edhe enët e gjakut të trurit. Me një të ngrënë më të përkorë, me një jetë pak më të lëvizshme dhe me një drejtpeshim më të madh shpirtëror, Lesteri mund të jetonte gjer në tetëdhjetë mbase edhe nëntëdhjetë vjeç. Por ai e la fizikun t'i binte gjer aty, sa edhe sëmundja më e vogël e kërcënonte me pasoja serioze. Rrjedhojë e tërë këtyre mund të qe vetëm një gjë dhe kjo s'vonoi ta thoshte fjalën.

Njëherë, Lesteri dhe Leti, në shoqëri të disa miqve, u nisën me jaht për në brigjet veriore të Norvegjisë. Në fund të nëntorit, disa punë të rëndësishme kërkonin praninë e Lesterit në Çikago; ai ra dakord me të shoqen të takoheshin në Nju Jork për krishtlindjet. Duke lajmëruar Uotsonin që ta takonte, Lesteri erdhi dhe qëndroi në "Auditorium" vila e Çikagos që ishte shitur tashmë para dy vitesh.

Në ditët e fundit të nëntorit, kur në përgjithësi i pati mbaruar punët, papritur, Lesteri e ndjeu veten keq. Erdhi mjeku dhe i tha se kishte tëmblin e prishur, i cili jo rrallë shërben si dukuri serioze e sëmundjes së përgjithshme të gjakut ose ndonjë organi tjetër të rëndësishëm. Lesteri vuajti shumë. Mjeku e porositi t'i mbulonte këmbët me të ngrohta dhe i shkroi një recetë për ilaçe dhe kompresa me mustardë. Dhimbjet iu qetësuan, por e mundonte parandjenja e fatkeqësisë së afërme. I kërkoi Uotsonit t'i dërgonte një telegram Letit. Duhej lajmëruar se nuk kishte gjë serioze, por që thjesht u sëmur. Te koka e krevatit i shërbente infermierja, lakeu i qëndronte roje pas derës, duke mos lejuar vizitorët e mërzitshëm. Leti mund të vinte në Çikago jo më parë se sa tri javë. Lesteri ndjeu se nuk do ta shihte më kurrë.

Sado e çuditshme, por tërë ato ditë mendoi për Xhenin, jo vetëm ngaqë ishte në Çikago, por sepse thjesht, si edhe më parë, ajo i mbetej njeriu më i afërm. Kishte pasur ndërmend ta vizitonte kësaj here, sapo të çlirohej pakëz. Ditën e parë, pyeti për të Uotsonin dhe ai i tha se, sikurse edhe më parë, ajo jeton e vetmuar dhe duket mirë. Lesteri dëshironte shumë të shtrihej me të.

Ditët kalonin njëra pas tjetrës, ai nuk po përmirësohej dhe kjo dëshirë e pushtoi gjithnjë e më fort. E sfilitnin spazmat e dhimbjeve të tmerrshme, të cilat sikur ia përdridhnin rropullitë dhe pastaj e shtinin në një gjumë të thellë. Që t'ia lehtësonte dhimbjet, mjeku i bëri disa herë morfinë.

Njëherë, pas një spazme veçanërisht të fortë, Lesteri thirri pranë vetes Uotsonin, e porositi që ta largonte infermieren dhe tha:

- Dua të të lutem për një nder. Interesohu te zonja Stover nëse mund të më vizitojë. Ose, më mirë, ik vetë dhe gjeje. Infermieren dhe Kozon (kështu e quanin lakeun) mund t'i heqësh për ndonjë gjysmë dite ose gjatë kohës që ajo do të jetë këtu. Kur të vijë, fute brenda tek unë.

Uotsoni e kuptoi. Shprehja e kësaj ndjenje i gjeti shpirtin. Atij i vinte keq për Xhenin dhe keq për Lesterin. Mendoi mbi atë se sa e çuditshme është bota, kur sheh trillet romantike të këtij njeriu kaq të shquar. Uotsoni e nderonte thellë Lesterin dhe nuk harronte asnjëherë se mbarësinë e punëve të veta ia detyronte atij. Ishte gati t'i kryente Lesterit çdo lloj shërbimi.

Një pajton me qera e shpuri me të shpejtë në anën Jugore. Xheni qëlloi në shtëpi, po ujiste lulet dhe ngriti sytë e habitur kur pa Uotsonin.

- Kam ardhur tek ju me një porosi, zonja Stouver,- ia nisi ai. Juaji... desha të them, zoti Kejn, është shumë i sëmurë. Ndodhet në "Auditorium". E shoqja s'është kthyer ende nga Evropa. Më porositi të vij tek ju dhe t'ju them se kërkon ta shihni. M'u lut, nëse është e mundur, t'ju shpie tek ai... A mund të vini me mua tani?

- Po, natyrisht,- iu përgjigj Xheni dhe në fytyrë iu duk një lloj shprehje e përhumbur.

Fëmijët qenë në shkollë. Suedezja plakë, e vetmja shërbyese e saj, qe në kuzhinë. Asgjë nuk e pengonte të largohej nga shtëpia. Por u fanepse me të gjitha hollësitë e ëndrrave që kishte parë ca ditë të shkuara. I qe bërë sikur përreth saj shtrihej një liqen i fshehtë dhe i zi, mbi të cilin rrinte varur një re apo një mjegull. Ajo dëgjonte llokoçitjen e dobët të ujit dhe nga terri që e rrethonte, kishte dalë një varkë. Varka qe e vogël, pa lopata, ajo lëvizte vetvetiu dhe në të rrinin e ëma, Vesta dhe akoma dikush, që ajo s'e shquante dot. Fytyra e s'ëmës qe e zbehtë dhe e hidhëruar, siç e kishte pasur shpesh në të gjallë. Ajo vështronte te Xheni rreptë, por me sytë plot dhembshuri dhe papritur Xheni e kuptoi se i treti në varkë ishte Lesteri. Ai e vështroi me zymtësi - Xheni s'e kishte parë kurrë të tillë dhe këtu, e ëma i tha: - Epo tani mjaft, na erdhi koha. Varka nisi të largohet, ndjenja e mprehtë e humbjes e pushtoi Xhenin, jo thirri: - Mama, mos më lër vetëm! Por e ëma vetëm sa e pa me një vështrim të thellë, të butë dhe të pikëlluar dhe varka u zhduk.

Xheni u zgjua e frikësuar, iu bë sikur Lesteri i qe pranë. Zgjati dorën ta prekë në sup; pastaj duke e kuptuar se ishte

400

vetëm, u ul në shtrat dhe fërkoi sytë. Pas kësaj ndjenje të rëndë dhe mbytëse, për dy ditë nuk qe e qetë. Dhe, sapo i kalonte, kur u duk zoti Uotson me lajmin e tij të tmerrshëm.

Xheni doli nga dhoma dhe u kthye shpejt me pallton dhe kapelën; e ecura, fytyra, gjithçka, tregonte shqetësimin e saj. Ajo edhe tani qe shumë e fisme në vetvete - shtatlartë, e veshur me shije, me vështrim të kthjellët e të ëmbël. Shpirtërisht nuk qe ndarë prej Lesterit, si edhe ai nuk shkëputej kurrë prej saj. Të gjitha mendimet e saj qenë për të, si në ato vite kur jetonin bashkë. Kujtimet më të shenjta qenë të lidhura me Klivlendin, ku Lesteri i vinte rrotull dhe e nënshtroi me forcë,- me siguri, siç nënshtroi njeriu i shpellave, shoqen e tij. Tashmë Xheni dëshironte me zjarr që ta ndihmonte me gjësend. Ai dërgoi pas saj - kjo, jo vetëm që e tronditi, por edhe i hapi sytë: kuptohet, ai megjithatë... megjithatë, e dashuronte!

Pajtoni rendte shpejt nëpër rrugë, të mbuluara nga tymi i fabrikave të asaj pjese të qytetit. I dërguari heshte me delikatesë, duke mos e penguar Xheninn të mendonte. Ata arritën në "Auditorium" dhe Uotsoni e shoqëroi gjer te dera e dhomës ku shtrihej Lesteri. Xheni kishte aq kohë që s'kishte qenë me njerëz, saqë kaloi me mjaft ndrojtje përmes korridoreve të hotelit. Pasi hyri në dhomë, u afrua te shtrati i Lesterit dhe ngriu, duke e parë plot keqardhje me sytë e kaltër të zgjeruar. Ai qe shtrirë përgjysmë, kokën masive mbështetur në jastëk, kurse në flokët e errëta i patën dalë thinja. Sytë e zgjuar e të lodhur vështronin te Xheni me një kërshëri përkëdhelëse. Kurse ajo ndjeu një dhimbje përvëluese, kur pa fytyrën e tij të zbehtë e të sfilitur. Pastaj i shtrëngoi dorën butë Lesterit, i cili qe shtrirë sipër batanijeve, u përkul dhe e puthi në buzë.

- Jam kaq e pikëlluar, jam kaq e pikëlluar Lester,- pëshpëriti. Por ti nuk je i sëmurë aq shumë, hë? Të duhet ta marrësh veten dhe sa më shpejt të jetë e mundur,- ajo i fërkoi me qetësi dorën.

- Po, Xheni, por s'i kam mirë punët,- tha ai. Më ka mbërthyer keq. Nuk e di në do t'ia hedh dot apo jo. Ti më mirë më kallëzomë për veten. Si ia çon?

- Jetoj si më parë, i dashur,- iu përgjigj ajo. Me mua çdo gjë është në rregull. Por ti flet kot ashtu. Ti do ta marrësh veten shumë shpejt.

Ai buzëqeshi i hidhur.

- Ashtu mendon? - dhe tundi kokën me dyshim. Megjithatë,- vazhdoi,- kjo s'më shqetëson edhe aq. Ulu, e dashur. Dua të bisedoj me ty, si dikur. Dua që të jesh pranë meje. Ai psherëtiu dhe mbylli sytë.

Xheni afroi te shtrati një karrige, u ul dhe ia mori dorën në të sajën. Sa mirë bëri që dërgoi dhe e thirri! Keqardhja, dashuria, falënderimi, i pushtuan zemrën. Dhe papritur ngriu nga frika: ai qe sëmurë rëndë, kjo dukej menjëherë!

- Nuk e di se si do të vejë puna më tej,- tha Lesteri. Leti është në Evropë. Kam dashur prej kohësh të të shoh. Vendosa që në këtë udhëtim të vija patjetër të të shihja. Se, e di, tani jetojmë në Nju Jork. Kurse ti qenke shëndoshur pakëz, Xheni.

- Po plakem, Lester,- buzëqeshi ajo.

- Kjo s'ka rëndësi,- e kundërshtoi ai, pa ia hequr sytë. Nuk është puna te mosha. Të gjithë plaken. Puna është se si e vështron jetën.

Ai heshti dhe ngriti sytë në tavan. Dhimbja e lehtë e kujtoi për mundimet që pati hequr. Edhe disa spazma të tilla si sot në mëngjes - dhe nuk do të duronte më.

- Nuk mund të vdisja pa të parë,- foli përsëri, kur dhimbja e lëshoi. Kam dashur të ta them prej kohësh, Xheni,- ne, kot u ndamë. Tani e shoh se nuk qe e nevojshme. Kjo nuk më dha lumturi. Më fal. Edhe unë, do të isha më mirë sot e kësaj dite, po të mos e kisha bërë këtë.

- Po ç'thua kështu, Lester,- e kundërshtoi ajo dhe atë çast, e tërë jeta e tyre e përbashkët i kaloi përpara syve. Ja pra, dëshmia e bashkimit të tyre të vërtetë, afërsisë së tyre të vërtetë shpirtërore!

- Mos e mundo veten. Edhe kështu, gjithçka është mirë. Ti je sjellë mjaft mirë me mua. Nuk mund ta humbisje pasurinë tënde për shkakun tim. Edhe unë kështu jam e qetë. Natyrisht, qe e rëndë, por pak gjëra të rënda ka në jetë, i dashuri im. Ajo heshti.

- Jo,- tha Lesteri,- ky qe një gabim. Që nga fillimi gjithçka nuk shkoi ashtu siç duhej, por ti nuk ke faj në këtë. Më fal. Kam dashur prej kohësh të ta them këtë. Tani jam shumë i gëzuar që arrita...

- Mos fol kështu, Lester, të lutem,- iu lut Xheni. Gjithçka është në rregull. S'ka përse të të vijë keq për asgjë. Ti bëre shumë për mua. Kur mendoj... - zëri i saj u këput. Dashuria dhe keqardhja e mbytën. E heshtur, i shtrëngoi dorën Lesterit. Iu kujtua shtëpia në Klivlend, të cilën ai e bleu për njerëzit e saj; si e strehoi të atin; të gjitha përkujdesjet dhe përkëdheljet e tij.

- Dhe ja, tani që t'i thashë të gjitha, sikur u çlirova. Ti je grua e mirë Xheni. Falemindera që erdhe. Unë të doja. Edhe tani të dua. Këtë desha të ta them gjithashtu. Sado e çuditshme duket, por veç teje, s'kam dashur asnjë grua me të vërtetë. Nuk duhej të ndaheshim.

Xhenit iu muar fryma. Këto fjalë - vetëm këto fjalë - i priste prej vitesh. E vetmja gjë që i mungonte, ishte, ja, ky pohimi i afërsisë së tyre, nëse jo fizike, të paktën shpirtërore. Tani jeta do të ishte më e lumtur për të. Edhe vdekja gjithashtu. Ngashërimet i zunë fytin.

- Ah, Lester! - thirri dhe i shtrëngoi dorën.

Ai iu përgjigj me një shtrëngim të dobët. Një farë kohe, të dy heshtën. Pastaj ai foli sërish.

- Hë, si janë jetimët e tu?

- Fëmijë të mrekullueshëm,- iu përgjigj ajo dhe nisi t'i tregojë me hollësi mbi nxënësit e saj të vegjël. Lesteri e dëgjonte i kënaqur, zëri i saj e qetësonte. Vetë prania e saj i jepte gëzim. Kur ajo u ngrit të shkonte, vetullat e tij lëvizën me vuajtje.

- Do të shkosh Xheni?

- Mund të rri këtu, Lester,- i propozoi ajo. Mund të marr një dhomë. Kurse zonjës Svenson po i çoj një letër dhe gjithçka do të jetë në rregull.

- Jo, përse,- tha ai, por ajo e kuptoi se i duhej, se ai kishte frikë të mbetej vetëm.

Dhe, gjer në orën e tij të fundit, ajo s'u largua nga hoteli.

Kapitulli 62

Fundi erdhi pas katër ditësh, gjatë të cilave Xheni pothuajse nuk u shkëput nga shtrati i të sëmurit. Motra infermiere qe shumë e kënaqur që i doli kjo ndërresë dhe nuk ishte vetëm. Mjeku deshi të protestonte. Por me Lesterin qe vështirë të hahej.

- Jam unë ai që po vdes, jo ti,- shfryu i vrenjtur me ironi. Tani, më lejo të paktën të vdes si më pëlqen.

Uotsoni vetëm buzëqeshi. Burrëri kaq të papërkulur nuk kishte parë ende.

Lesterit i shkruanin, e pyesnin për shëndetin me telefon, i shpinin kartëvizita; njoftimet për sëmundjen e tij dolën edhe nëpër gazeta. Roberti lexoi një prej tyre dhe vendosi të shkonte në Çikago. Erdhi Imoxhini me të shoqin. Për disa minuta i lejuan të hyjnë te Lesteri, pasi Xheni vajti në dhomën e saj. Lesteri thuajse tërë kohës heshte. Infermierja i paralajmëroi se me të, nuk duhej të flisnin shumë. Më vonë, ai i tha Xhenit:

- Imoxhini ka ndryshuar shumë,- dhe nuk shtoi më asgjë.

Atë mbrëmje, kur Lesteri vdiq, vapori me të cilin udhëtonte për në atdhe zonja Kejn, ishte tri ditë larg Nju Jorkut. Ditët e fundit, Lesteri e vrau mendjen gjatë se ç'mund të bënte ende për Xhenin, por ja që nuk vendosi gjë. T'i linte akoma para? Nuk kishte kuptim, asaj s'i nevojiteshin. Dhe pikërisht atëherë, kur po mendonte se ku mund të ndodhej tani Leti dhe kur mund të arrinte, i nisën dhimbje të padurueshme. Akoma përpara se të arrinin t'i bënin një gjilpërë, i erdhi fundi. Më vonë u sqarua se vdekja nuk i erdhi nga dëmtimi i zorrëve, por nga gjakderdhja në tru.

Xheni, e rraskapitur nga shqetësimi dhe netët pa gjumë, sikur u nguros prej hidhërimit. Aq gjatë ia pati pushtuar Lesteri mendimet dhe ndjenjat, sa tani i dukej sikur i mbaroi edhe jeta e saj. E dashuronte aq, sa ndoshta nuk do të mund të dashuronte asnjë tjetër dhe ai përherë diti t'i tregojë se ajo i qe e shtrenjtë.

Hidhërimi nuk i gjente rrugëdalje me lotët, ndiente veç një dhimbje të mpirë, një lloj ngrirjeje që ia bllokonte të gjitha ndjenjat. Lesteri - Lesteri i saj - madje edhe në vdekje i dukej kaq i fortë. Fytyra i shprehte qetësi, por me një pamje të vendosur dhe sfiduese si më parë. Zonja Kejn lajmëroi se do të mbërrinte të mërkurën. U vendos që varrimi të shtyhej. Nga Uotsoni, Xheni mësoi se trupin do ta shpinin në Cincinat dhe do ta varrosnin në varrezat e familjes Pejs. Kur nisën të vijnë farefisi, ajo iku në shtëpi; këtu s'kishte se ç'të bënte më.

Në ceremoninë pasmortore mund të shohësh ilustrimin origjinal të asaj morie gjërash të pazakonta që përmban jeta jonë. Zonjën Kejn e lajmëruan me telegraf, se trupin e Lesterit do ta hiqnin nga hoteli dhe do ta shpinin në shtëpinë e Imoxhinit. Për të mbajtur arkivolin do të ishte Roberti, i cili mbërriti në Çikago disa orë pasi vdiq i vëllai, burri i Imoxhinit, zoti Mixhli, Beri Doxhi dhe mjaft xhentëlmenë jo më pak të nderuar. Nga Bufalo erdhi Luiza me të shoqin, nga Cincinati, Emi, po me të shoqin. Në shtëpi qe ngushtë nga njerëzit që vinin të ndaheshin me të ndjerin - kush nga dëshira e sinqertë, kush sa për sy e faqe. Përderisa Lesteri e të afërmit e tij e quanin veten katolikë, për kryerjen e riteve liturgjike u thërrit një prift katolik. Lesteri shtrihej në dhomën e pritjes së shtëpisë që e kishte pasur të huaj; pranë kokës dhe këmbëve digjeshin qirinjtë, gishtat dyllë të verdhë i mbanin mbi gjoks kryqin e argjendtë. Mbase do të kishte buzëqeshur, po ta kishte parë veten kështu. Por familja Kejn, e mësuar për t'i ndjekur doket, i përmbahej me përdëllim zakoneve tradicionale dhe nuk shihte këtu asgjë të parregullt. Klerikët e kishës, natyrisht, qenë gati për shërbesat. Familja e kamur, e nderuar nga të gjithë, kështu që, s'pinin ujë llafet këtu?

Të mërkurën mbërriti në Çikago zonja Kejn. Hidhërimi i saj qe i pakufishëm,- po ashtu si edhe Xheni, ajo e donte sinqerisht Lesterin. Vonë në mbrëmje, kur në shtëpi ra gjithçka në qetësi, ajo zbriti në sallë dhe qëndroi për një kohë të gjatë e përkulur mbi arkivol, duke vështruar mbi fytyrën e dashur, të ndriçuar nga vezullimet e qirinjve. Lotët i rridhnin nëpër faqe,- kujtoi sa e lumtur pati qenë me Lesterin.- I gjori im, Lesteri im! - mërmëriste. Heroi im i gjorë!- dhe i fërkonte faqet dhe duart e ftohta. Asaj nuk i rrëfyen se ai mori Xhenin. Askush në familjen e Kejnëve nuk dinte gjë për këtë.

Kurse në këtë kohë, në shtëpinë e vogël të anës Veriore, gruaja tjetër duronte në vetmi të plotë dhimbjen dhe vuajtjen e humbjes së pakthyeshme. Gjatë gjithë këtyre viteve, në shpirt i pati regëtirë me këmbëngulje shpresa, se ndoshta një ditë, ata do të bashkoheshin sërish. Vërtet, ai u kthye tek ajo, u kthye përpara vetë vdekjes, por tashmë iku përsëri. Ku? Ku iku e ëma, i ati, ku iku Vesta? Xheni nuk shpresonte më ta shihte Lesterin; në gazeta lexoi se trupin e tij e shpunë në shtëpinë e zotit Mixhli; liturgjitë do të kryheshin në një nga kishat katolike më në zë të anës Jugore - në kishën e Shën Mëhillit, anëtarë të së cilës qenë Imoxhini dhe i shoqi. Ndërsa, pas kësaj, arkivolin do ta shpinin në Cincinat.

Për Xhenin ky qe një hidhërim i ri. Do të dëshironte që Lesterin ta varroste në Çikago,- këtu mund ta vizitonte më të rrallë varrin e tij. Por edhe nga kjo e ndanë. Asnjëherë nuk pati qenë e zonja e fatit të vet, atë përjetë ia komanduan të tjerët. Varrimin në Cincinat e përjetoi si ndarjen e fundit, ndarjen përfundimtare nga Lesteri, njëlloj sikur largësia të kishte vërtet kuptim. Më së fundi, vendosi të hynte fshehtazi në kishë, gjatë shërbesës së përmotshme. Gazeta njoftonte se shërbesa do të niste në ora dy; në katër, trupin do ta shpinin në stacion; të afërmit do ta shoqëronin pas në Cincinat. Xhenit i erdhi në kokë një mendim: Ajo mund të shkonte e ta shihte në stacion.

Pak kohë përpara se kortezhi të mbërrinte në kishë, në të, përmes derës anësore, hyri një grua me të zeza e vello të trashë, që zuri vend me ndrojtje në një qoshe disi të errët. Kisha e pandriçuar qe bosh dhe Xhenin e zuri paniku: a e kishte marrë vesh mirë vendin dhe orën; por dyshimi nuk zgjati shumë: mbi kokën e saj jehoi kambana e përzishme mortore. Pastaj u duk dhjaku me petrahil të bardhë sipër rasës së zezë; ai vajti tek altari dhe nisi të ndezë qirinjtë. Në lozhën e korit u dëgjuan hapa të shurdhët,- qenë këngëtarë që zinin vendet. Disa njerëz hynë dhe u shpërndanë nëpër bangot,- mbase, të njohurit që patën marrë ftesa të posaçme, ose ndoshta kalimtarë të rastit, që i tërhoqën tingujt e kambanave.

Xheni vështroi me habi rreth e rrotull. S'kishte qenë kurrë në një kishë katolike. Gjysmë mugëtira, dritaret e gjata dhe xhamet dekorativë, altri bardhë, flaka e artë e qirinjve - të gjitha këto i lanë një mbresë të thellë. Ndjesia e bukurisë dhe të së fshehtës, pikëllimit dhe hidhërimit për të ndjerin, e mbushën plot. Dukej sikur përpara saj qëndronte vetë jeta, me të gjithë papërcaktueshmërinë e saj të mjegullt.

Kambana vazhdoi të binte dhe ja, drejt sakristisë u duk vargu i djemve. Përpara shkonte më i vogli - një djalë i shkëlqyer rreth njëmbëdhjetë vjeç që mbante një kryq vetëtitës prej argjendi. Të gjithë ecnin çift mbas tij, secili mbante nga një qiri të madh që flakërinte. Pas tyre ecte prifti me rason e zezë të mbuluar nga dantellat dhe krahas tij, dy dhjakë. Vargu vijoi përmes derës kryesore drejt sakristisë. Kaluan disa minuta, pastaj dy kore i kënduan njëri-tjetrit lutje të trishtuara latinisht, për mëshirën dhe paqtimin e shpirtit.

Me tingujt e parë, dyert e kishës u hapën kanatë më kanatë. Përsëri u duk kryqi i argjendtë, qirinjtë, prifti hijerëndë që ndërsa ecte shqiptonte lutjet prekëse, kurse pas atij, arkivoli i rëndë dhe i zi, me doreza argjendi, në shpatullat e disa burrave që ecnin me çape të matura. Xheni ngriu, njëlloj sikur një forcë e padukshme ia mbërtheu të gjitha lëvizjet. Nuk njohu asnjë prej këtyre burrave. Ajo s'e kishte parë asnjëherë Robertin, as zotin Mixhli. Mes turmës së njerëzve që ecnin çift pas arkivolit, njohu vetëm tre,- në ditët e shkuara, Lesteri ia pati treguar ata në teatër ose në restorant. Zonja Kejn ecte përpara, e mbështetur në krahun e një burri; pas saj, Uotsoni i hidhëruar dhe serioz. Ai vështroi me shpejtësi anash, me sa duket kërkoi me sy Xhenin, por duke mos e gjetur, i drejtoi përsëri sytë përpara. Xheni vështroi-vështroi dhe zemra i shtrëngoi dhimbshëm. Sa shumë i përkiste kjo ceremoni madhështore asaj vetë, e megjithatë, sa pafundësisht larg ishte prej të gjithë këtyre njerëzve!

Vargu shkoi tek altari dhe atje e ulën arkivolin përtokë. Mbi të hodhën një mbulesë të bardhë me kryq të zi - emblema e vuajtjeve,- kurse rreth e qark vendosën qirinj të lartë. Nga koret kumbonin himne harmonizuese, arkivolin e spërkatën me ujë të bekuar duke lëkundur temjanicën dhe përdëllimtarët, me gjysmë zëri, përsëritën fill pas priftit "O Ati ynë", kurse pastaj, sipas riteve katolike - lutjen e virgjërisë së shenjtë. Xheni ndihej e habitur dhe e tronditur, por as kisha hijerëndë, as kjo ceremoni madhështore nuk mundën t'ia zbusnin dhimbjen dhe hidhërimin, ndjenjën e humbjes së pakthyeshme. Qirinjtë, kundërmimi temjanit, këndimet e këngëve - e gjitha kjo bukuri i hynte thellë në shpirt dhe i ngjallte një pikëllim të thellë. Njëlloj sikur të mos kishte mbetur asgjë, veç vajeve të përmotshme dhe pranisë së vdekjes. Xheni qante e qante. Dhe, se pse u çudit, kur pa se edhe zonja Kejn po dridhej gjithashtu nga dënesat.

Shërbesa mbaroi, shoqëruesit u shpërndanë nëpër pajtone dhe arkivolin e shpunë në stacion,- mbase ajo arrinte të shihte se si do ta futnin në vagon. Me siguri, paraprakisht do ta linin në platformë,- siç ndodhi kur transportuan Vestën. Xheni u ul në një pajton dhe pas pak hyri në kubetë e stacionit. Në fillim, qëndroi pas gardhit të lartë, pas të cilët shtriheshin shinat e trenit, pastaj hyri në sallën e pritjes dhe këqyri me vëmendje njerëzit që ndodheshin atje. Dhe ja, zonja Kejn, Roberti, zoti Mixhli, Luiza, Emi, Imoxhini dhe me ta, se kush tjetër. Xheni ndjeu se mund të njihte pa u gabuar secilin prej tyre, ndonëse askush s'e pati njohur me ta.

Vetëm tani u kujtua se të nesërmen qe festë, Dita e falënderimeve. Stacioni i madh qe mbushur me zhurma të hareshme nga turma e larmishme - njerëz që shkonin për tu shlodhur jashtë qytetit, që flisnin e qeshnin me gëzim për pushimet dhe dëfrimet që i prisnin. Në stacion vinin pa pushim pajtone. Një zë kumbues lajmëroi hipjen në tren, sipas njoftimit që dhanë në peron. Xhenit i shtrëngoi zemra, kur ngadalë, fill pas kësaj, lajmëruan itinerarin sipas të cilit jo një herë, ajo kishte udhëtuar me Lesterin: -Detroit-Telodo-Klivlend-Bufalo-Nju Jork. Pastaj lajmëruan trenin e linjës -Fort Uejn-Kolombus-Pitsburg-Filadelfi-Atlantik Siti- dhe më në fund -Indianapolis-Kolombus-Cincinat-... erdhi ora.

Xheni tashmë kaloi disa herë nga salla e pritjes te gardhi prej hekuri që e ndante nga i dashuri, duke vrarë mendjen nëse do të arrinte vallë të shihte edhe një herë arkivolin e mbyllur në arkën prej dërrase, përpara se ta futnin në tren. Dhe papritur, e pa atë që priste. Atje ku duhej të ndalonte vagoni i mallrave, sollën një karrocë. Dhe në të shtrihej Lesteri - gjithçka që mbeti prej tij - i ruajtur në mënyrë të sigurt nga shikimet kureshtare brenda arkës prej dërrase me thurje argjendi. Hamallit që shtynte karrocën, nuk i shkonte as në mend se sa dhimbje e hidhërime qenë fshehur aty brenda. E nga ta dinte se në atë çast pozita shoqërore dhe pasuria mishëronin për Xhenin në formën e këtij gardhi,-pengesës së pakapërcyeshme që e ndante për jetë të jetëve nga i dashuri i saj? Kështu pati ndodhur përherë. Dukej se, që kur kishte lindur, i qe shkruar të mos kërkonte, por të bindej. Që nga fëmijëria, armata e të pasurve marshonte triumfalisht pranë saj. E ç'i mbetej tani, përveçse t'i shihte ata nga pas me hidhërim? Lesteri qe i saji në këtë botë të huaj për të. Atij i patën caktuar një vend të nderuar, kurse për të s'deshi t'ia dinte njeri. Ndërsa qëndronte me fytyrën mbështetur pas shufrave të gardhit, jehoi përsëri: -Indianapolis-Kolombus-Cincinat-... Në platformë po lëvizte një tren i gjatë dhe i kuq, me dritare të ndriçuara: vagonët

410

e mallrave, të pasagjerëve, vagoni restorant, ku ndrinin serviset e argjendta dhe mbulesat borë të bardha dhe disa vagonë fjetjeje luksozë, kurse përpara, lokomotiva e zezë vigane që villte tym dhe shtëllunga shkëndijash.

Një nga vagonët e mallrave u barazua me karrocën. Prej tij doli një hamall me uniformë të kaltër dhe duke u kthyer, i bërtiti dikujt që nuk duhej:

- Ej, Xhen, eja këtu! Do të ngarkojmë një të ndjerë. Xheni nuk dëgjoi asgjë. Pa vetëm arkën e gjatë, të cilën ja-ja po ia fshihnin nga sytë. Ndjeu vetëm një gjë - që treni do të nisej pas pak dhe gjithçka do të mbaronte. U hapën portat e gardhit dhe pasagjerët u derdhën në platformë. Ja, atje Roberti, Emi, Luiza, të gjithë po drejtoheshin nga vagonët e fjetjes në bisht të trenit. Ata qenë ndarë prej të tjerëve dhe tani ecnin më shpejt, pa vështruar anash. Tre punëtorë u mblodhën - për të ngritur arkën e rëndë. Xhenit sikur iu këput diçka në gjoks, kur ai u zhduk në thellësi të vagonit.

Pastaj ngarkuan edhe shumë sëndukë dhe valixhe të tjera, pastaj ra sirena e lokomotivës dhe dera e vagonit të mallrave u mbyll përgjysmë. U dëgjuan njoftimet: -Ju lutem, zini vendet!- dhe ja, lokomotiva e madhe lëvizi tashmë me ngadalë nga vendi. Ra sirena dhe avulli u shkëput me fërshëllimë; nga oxhaqet ngrihej lart tym i zi, i cili duke rënë pastaj poshtë, i mbulonte vagonët si me një mbulesë mortore. Fokisti njëlloj sikur ta ndiente se çfarë sendi të rëndë do të transportonte, hapi kapakun e furrës për të hedhur qymyr. Goja e kaldajës ndriçonte si një sy i zjarrtë.

Xheni qëndronte palëvizur, si e magjepsur nga kjo pamje; ashtu e zbehtë, duke shtrënguar duart dhe duke shqyer sytë, ajo dinte vetëm një gjë - Lesterin po e largonin. Mbi shinat varej qielli i hirtë i nëntorit. Treni u largua larg e më larg dhe më në fund feneri i kuq mbi vagonin e fundit të fjetjes humbi nga sytë, duke u zhytur në tisin e mjegullt.

- Po, po,- foli ndërsa kalonte pranë Xhenit një burrë, që mesa duket po largohej nga qyteti. Do t'ia kalojmë shkëlqyeshëm atje. E mban mend, Eni? Edhe xhaxha Xhimi do të vijë, edhe teta Ela. Xheni nuk dëgjoi asgjë - as këto fjalë, as rrëmujën e zhurmshme të stacionit. Përpara syve i s'pështillej filli i gjatë i viteve të vetmuar dhe monotonë. Po më tej? Ajo nuk qe ende plakë. Duhej të edukonte fëmijët e adoptuar. Do të kalojë ca kohë, ata do të rimëkëmben dhe do të ikin prej saj. Po më tej? Vargu i pafundmë i ditëve, njëra si tjetra, po pastaj?...

CIP Katalogimi në botim
BK Tiranë
Tiranë 2008 416 fq
f. 20,5/14,6 cm
ISBN 978 - 1- 936314 - 38 - 6